장애인 직업교육의
이론과 실제

김삼섭 · 구인순 · 김형완 · 박은영 · 박희찬 · 서종열
이효성 · 임경원 · 전보성 · 정민호 · 황윤의 공저

학지사

머리말

    오늘날 모든 사람들의 견해가 같은 것은 아니지만, 많은 사람들이 특수교육의 목적은 미래 사회의 삶을 준비하는 데 있고, 그 삶의 질은 주로 직업생활의 성공 여부에 의해 크게 좌우된다고 말한다. 교육부 등 정부에서도 이러한 관점을 받아들여 특수교육 관련 법규나 교육과정에 반영하여 왔다. 「장애인 등에 대한 특수교육법」은 진로 및 직업교육에 대한 지원과 더불어 전공과 설치 · 운영에 관하여 구체적으로 규정하고 있고, '2011 특수교육 교육과정'은 초등학교 5~6학년군의 실과와 중학교 · 고등학교의 진로와 직업, 그리고 선택교육과정의 전문교과의 하나인 직업 교과에 이르는 연속적이고 광범위한 내용으로 구성되어 있다.

    이처럼 직업교육은 특수교육에서 차지하는 비중이 날로 높아져 감에 따라 그에 따른 특수교육 관련자들의 책무도 점차 무거워지고 있다. 이 무거운 짐을 특수교육 분야에서 직접 직업교육을 담당하는 교사들에게만 지울 수는 없다. 특수교육교원이라면 누구나 특수교육 대상 학생의 직업교육에 어떤 형태로든 관여하고 있고 또 책임이 있다고 할 수 있다. 특수교육 교육과정은 대상 학생들이 졸업 후 일을 하면서 살아갈 수 있도록 미리 준비시키는 데 그 목적이 있기 때문이다. 이 책은 특수교육 종사자, 그리고 장애인의 직업교육이나 직업훈련에 관심이 있는 모든 사람들에게 도움을 주고자 집

필되었다.

　이 책은 Ⅰ부 이론편과 Ⅱ부 실제편으로 나뉜다. 이 책에서의 이론은 여느 분야처럼 심오한 학문적 이론을 뜻하는 것이 아니라, 직업교육과정, 관련 법규, 직업평가, 전환교육 등 학교나 직업훈련기관에서 이루어지고 있는 실제와 구분하기 위해 편의상 사용한 용어다. 그리고 실제는 특수학교와 특수학급에서의 직업교육, 평생교육, 직무분석·직무개발, 직업상담·사례관리, 지원고용·네트워크 등 실제로 직업교육이나 직업훈련이 실시되고 있는 현장의 생생한 모습을 담고 있다. 그래서 매끄럽고 빈틈이 없는 논문체 같은 문장은 아니지만, 하나라도 더 소개하고 싶은 저자들의 열정으로 너그럽게 이해해 주길 부탁 드린다.

　이 책에 실린 사진과 그림은 저자들이 속해 있는 기관에서 실제로 진행되었던 장면이거나 사람들로, 대부분 당사자 혹은 저작권자의 허락을 받아 실었다. 그러나 그중 어느 것은 여러 가지 사정으로 인하여 연락이 되지 않아 직접 허락을 받지 못한 경우도 있는데, 나중에라도 연락이 되면 적절한 절차를 거쳐 허락을 구할 생각이다. 이 지면을 통하여 사진과 그림을 제공하거나 게재를 허락해 주신 분들께 깊은 감사를 드린다.

　끝으로 판로가 한정되어 있음을 잘 알면서도 출판문화의 발전을 위해 기꺼이 이 책을 출판해 주신 학지사 김진환 사장님과 편집부 직원 여러분께 깊은 감사를 드린다.

2013년 7월
금강이 내려다보이는 연구실에서
저자 대표 김삼섭

Contents

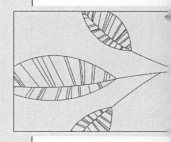

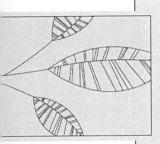

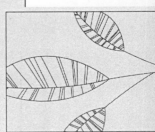

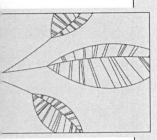

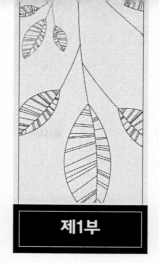

제1부

장애인 직업교육 이론

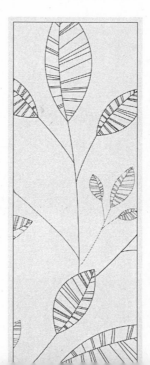

제1장
장애인 직업교육 개요

1. 직업의 개념

1) 일 · 진로 · 직업

우리나라에서는 아직도 일, 진로, 직업, 진로지도, 직업지도, 직업교육, 직업재활 등 직업과 관련된 용어들이 때로는 동의어로 사용되기도 하고, 때로는 다른 의미로 사용되기도 한다. 이 책에서는 이 용어들을 집약하여 직업교육이라는 용어로 사용하고자 하는데, 이에 대한 개념을 정립하기 위해 일, 진로 및 직업의 개념을 먼저 살펴보고자 한다.

(1) 일

일(work)은 놀이(play)와는 다르다. 놀이는 그 행동의 어떤 지향성, 즉 참여의 방법을 결정하는 정신 상태에 의해 결정되는 것으로, 그 자체가 목적인 자기충족적 활동을 말한다. 또한 일은 우연적 행동이나 자연스러운 반응과도 다르다. 일이란 노력의 소비로서, 경제학자들은 일을 재정적 보수를 위한 활동이라고 정의한다.

일은 인간 행동을 가장 잘 대변해 주는 것 중의 하나이며, 우리 자신을 적절하게 표현하는 수단이기도 하다. 또한 일은 기본적 삶의 요구를 얻는 매개체이기도 하며, 우리 자신을 변화시키는 기제이기도 하다(김병숙, 2007).

일반적으로 일의 특성은 다음과 같다(Hillsdale, 1983; 김병숙, 2007).

- 목표를 성취하는 데 반대되는 것을 극복하기 위해 계획된 에너지의 소비다.
- 목표의 변화를 조정하기 위해 계획된다.
- 모든 일은 하나 또는 여러 문화권에 의해 규정된다.
- 에너지의 소비를 통해서 목표를 성취한다.

인간이 일을 하는 목적은 다음과 같이 크게 세 가지로 압축할 수 있다(이무근, 1996).

- 생계유지의 수단이다. 직업은 여러 가지 기능을 가지고 있는데, 그중 하나는 일의 대가에 경제적 보수가 수반되어 생계유지의 수단이 된다는 점이다.
- 자아실현이다. 욕망의 충족을 한마디로 자아실현이라고 할 수 있는데, 사람은 일을 통하여 자아실현을 이룬다.
- 가정 · 사회 · 국가에 봉사하는 것이다. 사람은 돈과 욕망 충족뿐만 아니라 자신이 사랑하는 가족 · 사회 · 국가 · 세계를 위하여 일을 한다. 이처럼 일은 본질적으로 사회성을 가지고 있다.

한편, 일의 사전적 정의는 다양한데, 정의의 공통인수는 '일이란 하나의 사물 또는 실체가 다른 것에 영향을 미치는 동적인 과정'이라는 것이다. 그래서 물리학에서는 일을 하나의 개체 또는 체제에서 다른 개체 또는 체제로 전환되는 에너지의 움직임으로 정의하기도 한다.[1]

그러나 학자에 따라서는 일을 인간만이 할 수 있는 독특한 행위로 간주하기도 한다. 그들의 주장에 따르면, 일이란 인간만이 수행하는 독특한 행위로서, 어떠한 목적 달성을 위한 도구적 행동이며, 인간의 환경을 변화시키는 의도적 개조 행위라 할 수 있다. 그리고 그것은 그 시대의 사회적 · 문화적 배경과 분리되어 생각될 수 없는 것이기 때문에 시대가 바뀜에 따라 일에 대한 개념도 바뀌게 된다(이정근, 1996).

(2) 진로

진로(career)의 개념은 관점에 따라 다르게 정의된다. 좁은 의미로는 직업(occupation)을 의미하고, 넓은 의미로는 일생을 통해 행해지는 모든 행동을 포함한 보편적 생활 형태를 의미한다(김병숙, 2007).

또한 일생을 살아가는 동안 갖게 되는 직업, 직무 및 직위의 연속이기도 하고, 사람이 살아가는 과정에서 수행되는 직업적 일, 취미 활동, 가정생활 등을 의미하기도 한다. 즉, 진로란 한 개인이 일생 동안 참여하는 일과 여가 활동의 연속적 과정을 포괄하는 생활양식을 의미한다.

그러나 대부분의 학자들은 일 또는 직업을 중심 개념으로 정의를 내린다. 즉, 진로란 개인이 수행하는 일을 통하여 계획된 삶을 이루게 하는 시간적으로 계속되는 일(AVA-NAGA, 1973), 또는 자신이 종사하는 직업의 연속이나 일련의 직업(Hoyt, 1977)으로 정의한다.

(3) 직업

우리나라에서 직업이라는 용어는 '직(職)'과 '업(業)'의 합성어로, 사회적 책무로서 개인이 맡아 하여야 하는 직무성과 생계유지나 과업을 위하여 수행하는 노동 행위의 이중적 의미를 내포한다고 볼 수 있다(이무근, 1996).

---

1) 과학에서의 일은 물체에 힘이 작용하고, 그 힘의 방향으로 물체가 이동했을 경우에만 일을 했다고 한다. 그리고 일의 양은 물체에 작용한 힘의 크기와 물체가 힘의 방향으로 이동한 거리의 곱이다. 즉, 일(W)=힘(F)×이동거리(S)다.

나라마다 각기 다르기는 하지만, 외국에서는 일반적으로 좁은 의미의 직업과 넓은 의미의 직업으로 구분한다. 좁은 의미의 직업(occupation)은 자활의 한 수단으로 혹은 생활을 위한 개인의 계속적인 일이나 사업으로서 일의 대가에 따른 경제적 보수가 반드시 고려되는 일이다. 그리고 넓은 의미의 직업(vocation)은 조물주로부터 소명을 받은, 도덕의식이 함축된 천직의 의미다.

『2012 한국직업사전』(한국고용정보원, 2011)에서는 직업 성립의 일반 요건을 다음과 같이 들고 있다.

윤리성

사회의 공동생활에 기여하는 것으로서 법에 저촉되지 않는 것이어야 한다. 따라서 공공복지에 반하는 비윤리적 행위는 직업이 아니다.

경제성

임금을 받을 목적(생계유지)으로 육체적 · 정신적 노력이 제공되어야 한다. 따라서 무보수의 행위는 직업이 아니다. 그러나 부업과 같이 그 보수가 일상 생계를 유지하기 위한 일부가 되는 것은 직업이다.

계속성

생계를 유지하려고 계속적으로 노동력을 제공해야 한다. 따라서 계속성이 없는 일시적 행위는 직업이라고 할 수 없다. 그러나 일용근로자와 같이 매일 그 작업 내용이 바뀌더라도 노동력의 제공이 계속적으로 이루어지는 경우에는 직업이다. 즉, 일의 계속성이란 일시적인 것을 제외한 다음에 해당하는 것을 말한다.

- 매일, 매주, 매월 등 주기적으로 행해지는 것
- 계절적으로 행해지는 것

- 명확한 주기는 없으나 계속적으로 행해지는 것
- 현재 수행하고 있는 일을 계속적으로 수행할 의지와 가능성이 있는 것

한편, 『2012 한국직업사전』(한국고용정보원, 2011)에서는 다음과 같은 활동은 직업으로 보지 않는다.

- 이자, 주식 배당, 임대료(전세금), 소작료, 권리금 등과 같은 재산 수입을 얻는 경우
- 각종 연금법이나 사회보장에 의한 수입을 얻는 경우
- 경마 등에 의한 배당금의 수입을 얻는 경우
- 보험금 수취, 차용 또는 자기 소유의 토지나 주권을 매각하여 수입을 얻는 경우
- 자기 집에서의 가사 활동
- 정규 주간 교육기관에 재학하고 있는 경우
- 시민봉사활동 등에 의한 무급의 봉사적인 일에 종사하는 경우
- 법률 위반 행위나 법률에 의한 강제 노동을 하는 경우, 즉 강도, 절도, 매춘, 밀수 및 수형자의 활동 등

2) 직업 및 직무의 정의

『2012 한국직업사전』(한국고용정보원, 2011)에서는 직무 분석의 관점에서 직업 관련 용어들을 다음과 같이 정의하고 있다.

동작(motion, 動作)

과업 요소(task element)를 구성하는 작업자의 기본 행위를 말한다. 신체의 일부를 움직이거나 이동하는 등의 작업과 관련된 모든 행위가 포함된다.

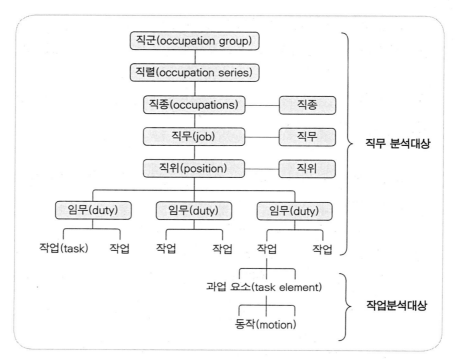

[그림 1-1] 직업 및 직무의 정의

출처: 한국고용정보원(2011)

과업 요소(task element, 課業要素)

유관한 여러 개의 동작이 하나의 과업 요소를 형성하며, 이는 과업(task)을 구성하는 하위 요소다. 이 과업 요소 하나로는 유용한 결과를 얻을 수 없지만, 몇 개의 과업 요소가 합해지면 유용한 결과를 얻을 수 있다.

직위(position, 職位)

작업자 개인에게 임무 · 일 · 책임이 분명히 존재하여 작업이 수행될 경우, 그 개인의 작업을 직위라 한다. 어떤 조직이건 작업자의 수만큼 직위가 있게 된다. 이 직위는 개개인의 사회적 · 신분적 지위(地位)를 의미하거나 위계적인 상하의 지위를 의미하는 것이 아니라 직무상의 지위를 의미하는 것으로, 직무가 조직 내의 직무 체계 안에서 차지하는 지위를 가리킨다. 조직 속의 개인은 무엇보다도 우선 직위로서 표현된다.

직무(job, 職務)

다른 직무와 구별되는 주요한 일 또는 특징적인 일의 수행 측면에서 볼 때 동일하다고 인정되는 직위의 일군으로, 작업자가 수행하는 임무(duty)와 과업(task)이 그의 직무를 이룬다. 만일 여러 사람이 동일한 임무와 과업을 수행하고 있다면 그들은 동일한 직무를 수행하고 있는 것이다. 각각의 직무는 직무 분석의 대상이 되어 독립된 직업 결정의 중요한 기준이 된다. 직무 수는 직위 수와 같거나 적다.

직업(occupation, 職業)

하나의 사업장 이상에서 발견되며, 한 사람 이상의 작업자에 의해 수행되는 공통된 직무들의 묶음으로 정의된다. 특정한 직업은 작업 목적, 작업 방법, 중간 재료, 최종 생산물, 작업자의 행동, 작업자의 특성 등의 관점에서 볼 때 유사한 관계에 있다. 여기에서 사업장의 범위는 1인이 경영하는 자영 업체부터 대규모 사업체까지를 포함한다. 직업이 유사한 직무의 집합이라는 관점은 하나의 직업이 다른 직업과 구별되는 특정한 직무를 가지고 있어야 한다는 기본 원리를 제공한다. 따라서 직무 분석가는 사업체에 존재하는 모든 직위들 중에서 유사한 직무를 변별해 냄으로써 직업의 수를 결정하게 된다.

직종(occupations, 職種)

직무의 복잡함과 책임의 비중은 다르지만, 직무 내용이 유사한 직무의 집합을 직종이라고 하며, 통상적으로 직무 순환은 이 범위에서 이루어진다. 즉, 직종이라 함은 '직무의 종류가 유사하고 그 복잡함과 책임의 비중이 다른 직무의 계열'이라고 할 수 있으며, 기업의 테두리를 넘어서 직무의 분류 구분을 생각할 경우 직무 분석 용어로는 직업(occupation)이라는 분류 개념이 쓰인다.

직렬(occupation series, 職列)

직무의 종류가 유사하고 그 책임과 곤란성의 정도가 상이한 직급의 군을 말한다(국가공무원법 제5조 8호). 업무 분야가 같은 여러 개의 직종의 무리를 말한다.

직군(job group, 職群)

이론적 기준으로 설정한 유사한 성격을 지닌 일정 직무의 군으로서, 이는 직무의 내용인 과업(작업)의 유사성이 높은 기능 · 지식 · 능력을 필요로 하는 공통 또는 상호 관련된 직무의 무리다.

- 직무(job), 과업(task), 과업 요소(task element) 등은 상대적 개념이다. 어떤 직무에서는 과업 요소가 다른 직무에서는 과업이 될 수 있고, 또 어떤 근로자에게는 하나의 직무가 될 수 있다.
- 직군, 직렬, 직업, 직무 등은 조직 내의 관리상 편의를 위하여 만들어진 추상적 개념이며, 직위 · 작업 · 과업 요소 · 동작 등은 실제로 존재하는 실제 개념이다. 이러한 직무 분석 용어는 어디서나 일반적으로 사용되지만, 직무 분석 용어의 분류는 산업 · 직업 · 업체에 따라 달리 분류되어 사용될 수 있다.

2. 직업교육의 개념

1) 직업교육의 정의

직업교육(vocational education)은 진로교육(career education)이라는 용어와 밀접한 관련을 맺고 있으면서 동시에 혼동을 불러일으키기도 하기 때문에 이 용어들의 의미를 좀 더 음미해 볼 필요가 있다.

진로교육이라는 말은 1970년대 이후 도입되어 각광을 받기 시작하였는데, 평생교육 혹은 생애교육이라는 이름으로 불리기도 하였다(이정근, 1996). 그 후 진로교육은 여러 가지 형태로 정의되어 왔다. 단순히 직업교육에 대한 새로운 명칭에 불과하다는 사람이 있는가 하면, 교육 전체를 기술하는 것으로 보는 사람도 있다. 방법적인 면에서도 많은 사람들이 진로교육은 이미 존재하는 교육 내용에 새로운 강조점을 두는 것으로 보는가 하면, 일부 사람들은 전통적 교과 내용을 새로운 내용으로 재조직해야 한다고 주장한다.

한편, 이정근(1996)은 직업교육을 진로교육의 하위 개념으로 간주하면서, 직업교육에 대한 여러 가지 오해를 다음과 같이 지적하고 있다.

- 직업교육을 기술과교육이나 농업교육처럼 어느 한 교과에 대한 교육을 지칭하는 것으로 생각하는 것이다. 그러나 분명히 직업교육은 어느 한 교과를 지칭하는 말이 아니다. 개인의 학습 목적에 따라 영어나 수학도 직업교육의 일부가 될 수 있고, 공업이나 상업도 일반 교양교육이 될 수 있다.
- 직업교육을 실업교육과 동일시하거나 그 하위 개념으로 간주하는 것이다. 실업교육이 영어로 'practical arts education'을 뜻하는 것이라면, 이를 직업교육과 동일시하는 것은 잘못이다. 미국인이 이해하고 있는 실업교육은 모든 사람이 현대 생활을 영위하기 위해서 필수적으로 알

아 두어야 할 기술, 가정, 상업, 농업 교과 중 비전문적인 부분을 지칭하는 것이다.

- 직업교육을 대학에 진학하지 않은 학생들에게 직업 알선을 목적으로 실시하는 기술훈련과 동일시하는 것이다. 이러한 오해는 미국의 직업교육협회가 직업교육에 대한 정의를 협의로 내린 것이 우리나라에 도입되었기 때문으로 추측되며, 이보다는 좀 더 포괄적인 의미로 직업교육을 받아들여야 한다.

직업교육과 일반 교양교육을 판가름하는 기준은 다음과 같다(이정근, 1996).

- 개인의 목적성으로 어느 과목 또는 어느 프로그램을 학습하는 목적이 어디에 있느냐 하는 것이다. 그 목적이 직업을 얻기 위한 것이면 직업교육이 되는 것이고, 취미나 교양을 위한 것이라면 일반 교양교육이 된다. 직업교육과 일반 교양교육을 판가름하는 가장 중요한 기준이다.
- 내용의 전문성으로 다루는 내용이 얼마나 전문적인가 하는 것이다.
- 직업과의 연관성으로 현재 학습하는 내용이 직업과 얼마나 밀접한 관계가 있느냐 하는 것이다.

2) 직업교육 관련 용어

직업교육과 관련된 용어들을 명확히 구분하기는 어렵지만, 개념상의 혼돈을 피하기 위해 개략적으로나마 구분할 필요가 있다.

(1) 실업교육

직업교육 중 특히 농업·공업·상업·수산업·해운·가정·보건·간호 등의 분야의 직업에 취업하기 위하여 필요한 지식과 기술 및 태도를 습득시킬 목적으로 고등학교나 전문대학 수준에서 실시되는 교육을 실업교육이라고 한다. 그러나 이는 우리나라에서만 사용되고 있는 용어로서 앞으로는 '직업교육'이라는 용어를 사용하는 것이 바람직하다(이무근, 1996).

(2) 기술교육

기술(technology)이란 인간에게 유용한 재화나 서비스의 제공을 위하여 도구 기법 자원 및 체제를 이용하는 모든 행위와 수단(Tracey, 1984)으로 정의되는데, 이런 기술을 교육하는 기술교육(technical education)은 시대의 변천과 국가에 따라 달리 해석되어 왔다.

첫째, 과거에는 초등학교에서 대학교육에 이르기까지 생산적 기술과 직결되는 지식이나 기술을 습득하여 반숙련공부터 전문직 종사자 양성에 이르기까지의 교육으로 정의하였다. 둘째, 고등학교와 전문대학의 수준에서 중견 직업인을 양성하기 위한 교육을 의미한다. 셋째, 고급 관리직에 종사할 공학자와 기술자를 양성하기 위하여 대학에서 실시되는 교육을 의미한다.

유네스코(UNESCO)는 기술교육을 위의 두 번째와 세 번째 정의를 포함하는 뜻으로 정의하고 있다. 이무근(1996)은 이러한 견해를 받아들여 전문대학 수준까지의 직업교육과 4년제 대학에서의 공학자와 기술자의 양성까지를 포함한 교육을 의미하는 '직업-기술 교육(vocational-technical education)'이라는 용어를 사용하고 있다.

(3) 산업교육

산업교육은 「산업교육진흥 및 산학연협력촉진에 관한 법률」에서 규정하고 있다. '산업교육'이란 산업교육기관이 학생에 대하여 산업에 종사하는 데 필요한 지식과 기술 등을 습득시키기 위한 교육을 말한다. '산업교육기관'이란 ① 산업 수요에 연계된 교육 또는 특정 분야 인재 양성을 목적으로 하는 학교로서 대통령령으로 정하는 고등학교·고등기술학교, ② 직업 또는 진로와 직업교육과정을 운영하는 특수학교, ③ 대학(「고등교육법」제2조 각호에 따

른 학교, 그 밖에 다른 법률에 따라 설립된 고등교육기관 중 대통령령으로 정하는 기
관을 말한다)을 말한다.

(4) 실과교육

실과교육(practical arts education)이란 개인이 그의 일상생활에 만족을
찾을 수 있고 시민으로서의 책임을 수행하는 데 필요한 농업 일반(general
agriculture), 산업 기술(industrial arts), 상업(business), 가정(home econom-
ics) 등에 관한 일반적인 지식, 기능, 태도 등을 기르는 교양교육의 일부다
(Robert, 1971).

(5) 생애교육

생애교육(career education) 또는 진로교육이라는 말은 1970년 미국 교육
국장이던 알렌(Allen)이 처음으로 사용하였다. 이무근(1996)은 미국에서 제
안된 생애교육의 개념 변천 과정을 종합하여, "생애교육이란 개인이 자신의
적성 · 흥미 · 능력에 알맞은 일을 자각 · 탐색 · 선택 · 준비 · 유지 · 개선할
수 있도록 취학 전 교육부터 시작하여 평생 동안 학교와 지역사회의 공동
노력에 의하여 학습하는 경험의 총체"라고 정의하고 있다.

(6) 평생교육

평생교육(life-long integrated education)이란 생애교육과 비슷한 개념으
로, 개인과 집단 모두의 생활의 질을 향상시키기 위하여 개인의 전 생애를
통한 인간적 · 사회적 · 직업적 발달을 성취시키는 과정이다(Dave, 1978: 장
진호, 1979 재인용).

3. 특수교육 대상자의 직업교육 현황

1) 진학률 및 취업률 현황

2010년 장애학생의 진학률은 고등학교 과정 졸업생의 경우, 전년도 39.8%보다 5.5% 증가한 45.3%로 나타났고, 전공과는 전년도 0.6%, 2011년 0.4%로 나타나 큰 변화가 없었다. 진학률 현황 중 주목할 만한 것은 일반 학급 배치 특수교육 대상 학생의 진학률이 전년도 31.3%보다 25.6%나 증가하여 56.9%로 나타났다(교육과학기술부, 2011).

2010년 장애학생의 취업률은 고등학교 과정 졸업생의 경우, 전년도 42.2%보다 8.3% 증가한 50.5%로 나타났고, 전공과는 전년도 42.8%보다 8.0% 증가한 50.8%로 나타났다. 취업률 현황은 고등학교 과정과 전공과 졸업생 모두 8% 이상의 증가세를 보이고 있었다.

〈표 1-1〉은 특수교육 대상자 중·고등학교 및 전공과 졸업생의 2010년과 2011년의 진학률 및 취업률을 비교한 것이고, [그림 1-2]와 [그림 1-3]은 이를 각각 그래프로 나타낸 것이다.

표 1-1 특수교육 대상 학생 중 고등학교 및 전공과 졸업생의 진학률 및 취업률 현황 비교표(2010~2011)

(단위: 명, %)

구분		2010년					2011년				
		졸업자 수	진 학		취 업		졸업자 수	진 학		취 업	
			진학자 수	진학률	취업자 수	취업률		진학자 수	진학률	취업자 수	취업률
고등 학교	계	5,909	2,353	39.8%	1,500	42.2%	5,532	2,504	45.3%	1,528	50.5%
	특수 학교	2,258	1,147	50.8%	488	43.9%	2,365	1,205	51.0%	492	42.4%
	특수 학급	2,195	750	34.2%	898	62.1%	2,273	790	34.8%	903	60.9%

(계속)

	일반 학급	1,456	456	31.3%	114	11.4%	894	509	56.9%	133	34.5%
	전공과	1,028	6	0.6%	437	42.8%	1,131	5	0.4%	572	50.8%

출처: 교육과학기술부(2011)

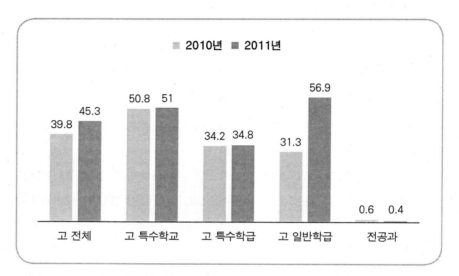

[그림 1-2] 특수교육 대상 학생 중 고등학교 및 전공과 졸업생의 진학률 현황(2010~2011)

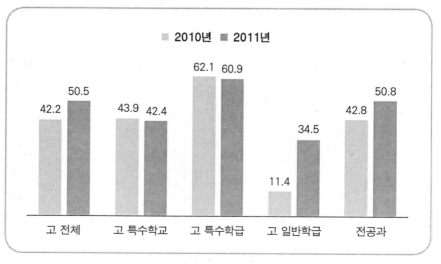

[그림 1-3] 특수교육 대상 학생 중 고등학교 및 전공과 졸업생의 취업률 현황(2010~2011)

2) 특수학교 졸업생 취업 현황

(1) 특수학교 고등학교 과정

2011년 2월 현재, 우리나라 136개 특수학교 고등학교 과정 졸업생 2,365명 중에서 취업을 한 학생은 492명으로 취업률은 42.4%다. 특수학교 고등학교 과정 졸업생의 취업 현황은 〈표 1-2〉와 같다.

표 1-2 특수학교 고등학교 졸업생 취업 현황(2011)

(단위: 명, %)

시·도	졸업생 수	진학자 수	취업자 수													취업률**
			공예	포장 조립 운반	농업 임업 어업	제과 제빵	IT 및 정보 서비스	상업	이료	서비스 업	사무직	노무직	복지관 등*	기타	소계	
서울	469	243	-	18	-	1	4	2	30	1	-	-	33	33	122	54.0
부산	186	90	5	10	1	-	-	-	6	1	-	-	3	28	54	56.3
대구	145	39	-	12	-	1	1	-	7	-	-	-	13	3	37	34.9
인천	115	51	-	6	-	-	-	-	5	-	-	1	17	8	37	57.8
광주	92	32	-	1	-	1	-	-	11	-	-	-	-	1	14	23.3
대전	75	50	-	1	-	-	-	-	5	-	-	-	2	11	19	76.0
울산	53	24	-	4	-	-	-	-	-	-	-	-	1	1	6	20.7
경기	328	155	-	5	-	2	-	-	-	2	2	4	24	26	65	37.6
강원	112	84	-	4	-	-	-	-	7	-	-	-	1	3	15	53.6
충북	132	77	-	4	-	-	-	-	6	1	-	-	4	-	15	27.3
충남	98	61	-	1	-	-	-	-	-	-	-	-	10	-	11	29.7
전북	105	51	-	-	-	-	-	-	5	1	-	1	5	28	40	74.1
전남	110	30	-	1	2	-	-	-	8	4	1	-	-	4	20	25.0
경북	169	101	-	1	-	2	-	-	-	-	-	-	10	1	14	20.6
경남	132	102	-	-	-	1	-	-	-	-	2	-	-	1	5	16.7
제주	44	15	-	1	-	-	-	-	-	-	-	-	2	15	18	62.1
계	2,365	1,205	5	70	3	8	5	2	90	12	3	6	125	163	492	42.4

* 복지시설, 보호작업장 등에서 급여를 받는 직업재활 프로그램

**취업률 = {취업자 수/(졸업자 수－진학자 수)}×100

(2) 고등학교 특수학급

2011년 2월 현재, 고등학교 특수학급 졸업생 2,273명 중에서 취업한 학생은 903명으로 취업률은 60.9%다. 고등학교 특수학급 졸업생의 취업 현황은 〈표 1-3〉과 같다.

표 1-3 고등학교 특수학급 졸업생 취업 현황(2011)

(단위: 명, %)

시·도	졸업생 수	진학자 수	취업자 수													취업률**
			공예	포장 조립 운반	농업 임업 어업	제과 제빵	IT 및 정보 서비스	상업	이료	서비스업	사무직	노무직	복지관 등*	기타	소계	
서울	374	65	1	18	-	3	1	1	1	35	3	4	138	43	248	80.3
부산	151	56	-	22	3	-	-	-	-	6	-	1	9	19	60	63.2
대구	130	72	-	16	1	-	-	-	-	2	-	-	15	-	34	58.6
인천	177	69	2	10	-	-	-	-	-	4	-	1	17	9	43	39.8
광주	62	29	-	10	-	-	3	-	-	2	-	-	7	2	24	72.7
대전	98	58	-	6	-	-	-	-	-	3	2	-	5	7	23	57.5
울산	41	28	1	1	-	1	-	-	-	-	-	-	2	1	6	46.2
경기	532	154	-	56	-	6	5	1	1	23	19	13	81	56	261	69.0
강원	51	18	-	-	-	1	-	-	-	1	1	1	4	3	11	33.3
충북	82	24	-	8	2	1	-	-	-	3	-	1	11	6	32	55.2
충남	142	65	1	9	3	-	-	-	-	6	1	2	20	6	48	62.3
전북	41	24	-	2	-	-	-	-	-	-	-	-	2	-	4	23.5
전남	119	17	-	4	2	1	-	1	-	3	-	2	10	17	40	39.2
경북	121	52	-	6	-	1	-	-	-	1	1	7	7	5	28	40.6
경남	119	39	-	8	-	2	-	-	-	1	3	1	8	9	32	40.0
제주	33	20	-	1	-	-	-	-	-	3	-	-	2	3	9	69.2
계	2,273	790	5	177	11	16	9	3	2	93	30	33	338	186	903	60.9

* 복지시설, 보호작업장 등에서 급여를 받는 직업재활 프로그램
** 취업률 = {취업자 수/(졸업자 수-진학자 수)}×100

(3) 고등학교 일반학급

2011년 2월 현재, 고등학교 일반학급 특수교육 대상자 졸업생 894명 중에서 취업한 학생은 133명으로 취업률은 34.5%다. 고등학교 일반학급 특수교육 대상자 졸업생의 취업 현황은 〈표 1-4〉와 같다.

표 1-4　고등학교 일반학급 특수교육 대상자 취업 현황(2011)

(단위: 명, %)

시·도	졸업생 수	진학자 수	취업자 수													취업률**
			공예	포장조립운반	농업임업어업	제과제빵	IT 및 정보서비스	상업	이료	서비스업	사무직	노무직	복지관 등*	기타	소계	
서울	133	62	-	3	-	-	-	-	2	5	1	-	5	12	28	39.4
부산	48	31	-	1	-	-	-	-	-	-	-	-	-	2	3	17.6
대구	67	42	-	1	-	-	1	-	-	-	1	1	1	2	7	28.0
인천	26	14	-	2	-	-	-	-	-	-	-	-	-	1	3	25.0
광주	3	2	-	-	-	-	-	-	-	-	-	-	-	1	1	100
대전	36	21	-	1	-	-	-	1	-	1	1	-	-	5	9	60.0
울산	39	29	-	-	-	-	-	-	-	1	-	-	-	-	1	10.0
경기	221	131	-	10	-	-	-	-	-	1	1	4	3	14	33	36.7
강원	16	9	-	-	-	-	-	-	-	-	-	-	1	2	3	42.9
충북	55	29	-	-	-	-	1	-	-	-	-	4	-	1	6	23.1
충남	48	21	-	-	2	-	-	-	-	-	-	-	1	7	10	37.0
전북	20	13	-	-	-	-	-	-	-	-	-	1	1	2	4	57.1
전남	30	11	-	-	-	-	-	-	-	-	-	-	1	2	3	15.8
경북	41	18	-	-	-	-	-	-	-	-	-	-	-	5	5	21.7
경남	82	54	-	-	-	-	-	-	-	1	-	-	1	10	12	42.9
제주	29	22	-	3	-	-	-	-	-	-	-	-	1	1	5	71.4
계	894	509	-	21	2	-	2	1	2	9	4	10	15	67	133	34.5

* 복지시설, 보호작업장 등에서 급여를 받는 직업재활 프로그램
** 취업률 = {취업자 수/(졸업자 수－진학자 수)} ×100

(4) 전공과

2011년 4월 현재, 전공과 설치 특수학교는 모두 100개교 312학급으로, 2010년에 비해 17개교 증가하였다. 특수학교 전공과에 재학하고 있는 특수교육 대상 학생은 시각장애 186명, 청각장애 84명, 정신지체 2,333명, 지체장애 95명, 정서장애 157명으로 총 2,855명이다. 2011년 현재 인천과 경기 일반학교 2개교에 전공과가 설치되어 있으며, 16명의 학생과 5명의 교사가 배치되어 있다.

2011년 2월 현재, 특수학교 전공과 졸업자 1,131명 중 572명이 취업하여 취업률은 50.8%다. 특수학교 전공과 졸업생의 취업 현황은 〈표 1-5〉와 같다.

표 1-5 **특수학교 전공과 졸업자 취업 현황(2011)**

(단위: 명, %)

시·도	전공과 이수자	진학자 수	취업자 수													취업률 ***
			공예	포장 조립 운반	농업 임업 어업	제과 제빵	IT 및 정보 서비스	상업	이료	서비스 업	사무직	노무직	복지관 등*	기타	소계	
서울	199	2	-	17	-	-	-	1	6	3	1	-	42	20	90	45.7
부산	92	2	1	13	-	1	-	-	-	-	-		-	16	31	34.4
대구	47	-	-	31	-	1	-	-	-	1	-		13	-	46	97.9
인천	36	-	3	2	-	-	-	-	-	-	-	1	13	10	29	80.6
광주	45	-	-	-	-	2	-	-	-	-	-	1	7	-	10	22.2
대전	55	1	-	4	-	-	-	-	3	2	-	-	25	11	45	83.3
울산	51	-	-	4	-	-	-	-	-	2	-	2	13	-	21	41.2
경기	121	-	-	6	-	-	-	-	12	1	3	19	17	58	47.9
강원	72	-	-	9	-	-	-	-	11	-	-	3	7	-	30	41.7
충북	52	-	-	3	-	-	-	-	4	3	-	-	21	-	31	59.6
충남	79	-	-	12	4	-	-	-	-	2	-	-	23	-	41	51.9
전북	44	-	-	8	1	-	-	-	-	2	-	3	4	4	22	50.0
전남	32	-	-	4	-	-	-	-	-	1	-	-	20	1	26	81.3
경북	107	-	-	7	-	2	-	-	-	-	-	5	20	-	34	31.8
경남	99	-	-	17	-	-	-	-	-	1	-	-	28	12	58	58.6

(계속)

제주	-	-	-	-	-	-	-	-	-	-	-	-	-	-	-	-
총계	1,131	5	4	137	5	6	-	1	24	29	3	17	271	75	572	50.8

* 복지시설, 보호작업장 등에서 급여를 받는 직업재활 프로그램
** 취업률 = {취업자 수/(졸업자 수-진학자 수)}×100

4. 중증장애인 직업교육의 과제와 전망

오늘날 장애인의 정상화는 하나의 시대정신으로 간주된다. 그리고 장애인의 정상화를 위해서는 그들로 하여금 직업을 가지고 일을 하면서 살아가도록 하는 것이 무엇보다 중요하다. 그러나 우리나라는 아직까지 장애인, 특히 중증장애인 중 직업을 가지고 일을 하면서 살아가는 사람이 많지 않다. 물론 중증장애인의 직업 안정 문제는 우리나라만의 문제는 아니다. 선진국으로 알려진 나라들도 사정은 우리나라보다 조금 더 나을 뿐 크게 다르지는 않다. 그래서 오늘날 어느 나라를 막론하고 어떻게 하면 중증장애인에게 직업 생활을 할 수 있도록 할 것인가에 대한 논의가 사회적 담론으로 떠오르고 있다.

중증장애인의 직업교육이 성공을 거두기 위해서는 여러 가지 요인들을 고려해야 한다. 여기서는 직업흥미 우선적 고려, 직무적 접근 그리고 고용주가 바라는 장애인의 직업적 성공 요인에 대해서 살펴보고자 한다.

1) 직업흥미 우선적 고려

흥미는 대표적인 정의적 특성으로서 각 개인에 따라 차이가 있고, 경험을 통해 학습할 수 있으며, 인지적 특성과 관련성이 있다. 또한 흥미는 선천적인 요인에 의해 영향을 받기도 하고 후천적으로 길러질 수도 있다. 학습이나 작업 등은 그에 대한 개인의 흥미가 있을 때 자발적 동기에 의해 이루어질 수 있으나, 흥미가 없을 때에는 학습이나 작업의 효과를 증진시킬 수가 없

기 때문에, 무엇보다도 흥미 유발이 선결 조건이라 할 수 있다(Athansou & Cooksey, 2001).

이처럼 인간 행동의 방향과 강도를 결정하는 중요한 정의적 요인인 흥미 중에서도 직업흥미는 더욱 그 의미가 크다. 직업흥미란 여러 가지 다양한 특정 직업 내지 직업군과 이에 관련 있는 활동에 대한 선호를 말한다. 직업흥미는 직업의 선택, 직업의 지속, 직업에서의 만족감, 직업에서의 성공 등과 관련 있으며, 직장 생활에서의 능률 및 직무 만족 등과 밀접한 관계를 가지고 있다(김삼섭, 2001; 정명현, 전미리, 2001). 일의 능률과 성공을 위해서는 일의 능률과 관련이 있는 인지적 요인뿐 아니라, 일에 대해 흥미를 느끼고 그 일에 대한 보람, 즐거움, 행복감 등을 가져다주며, 일에 대한 의미를 느끼게 하는 요인인 정의적 요인도 같이 조화를 이루어야 한다(이현주, 1998).

직업흥미는 직업 선택에서 능력이나 성격과 같은 다른 심리적 변인들보다 더 중요한 것으로 여겨져 왔다(Sharf, 1970). 최근에는 중증장애인의 직업적 성공에 관련된 요소로 선호하는 직무에 배치하는 것은 무엇보다도 중요하다는 주장이 제기되고 있다(Morgan, Gerity, & Ellerd, 2000). 일반인의 경우도 직업흥미가 직업적 성공에 미치는 영향이 크지만, 특히 정신지체인과 같은 중증장애인의 경우는 절대적 영향을 미친다. 다시 말하면, 일반인은 직업흥미가 다소 떨어지더라도 보수 등 근무 여건이 좋으면 직업적 성공을 거둘수 있다. 그러나 중증장애인의 경우는 아무리 근무 여건이 좋다 하더라도 그 직업에 대한 흥미가 없으면 직업적 성공을 기대하기 어렵다. 그래서 정신지체인을 비롯한 중증장애인의 직업 재활에서 직업흥미는 직업적 성공에 영향을 미치는 중요한 요인으로 간주된다.

2) 직무적 접근

직업이라는 용어는 여러 가지 의미를 내포하고 있을 뿐만 아니라 대칭되는 개념이 있을 수 있다. 미국에서는 일반적으로 'occupation'이라는 말이 사용되는데, 이것은 삶을 위해 일정 장소를 택하여 노동 행위를 한다는 직장의 뜻이 강하다. 반면, 'vocation'은 소명 의식이 함축된 천직 혹은 성직의 뜻이 강하다고 볼 수 있다. 그리고 'profession'은 전문 기술과 이를 이룩하기 위한 특별한 훈련 그리고 특출한 재능을 기반으로 한다면, 'business'는 금전을 획득하기 위한 사업적이고 영리적인 뜻으로 받아들일 수 있다(정우현 외, 1989).

그리고 직무(job)란 직업상의 주된 임무 혹은 직업의 최소 단위로서 일반적으로 직업보다 더 세분화된 의미로 사용된다. 그리고 직무적 접근(job approach)이란 말은 넓은 의미의 직업보다는 좁은 의미의 직무를 개발·훈련하여 가능한 그 직무에 적합한 일을 할 수 있도록 하는 것을 의미한다.

흔히 정신지체인은 단순노동은 가능하다고 생각하기 쉽다. 그러나 결코 그렇지만은 않다. 즉, 벽돌공이나 호텔의 벨보이, 토큰 판매 등은 단순노동이기 때문에 정신지체인이라 할지라도 가능하다고 생각해서는 안 된다. 아무리 단순한 노동이라 할지라도 여러 가지 직무들로 구성되며, 그 직무들 중 가능한 것이 있는가 하면 불가능한 것도 있기 때문이다.

예를 들어, 벽돌공이 하는 일(직무)은 자갈·모래·물을 섞는 일, 벽돌을 쌓는 일, 그리고 벽돌에 물을 뿌리는 일(양수 작업) 등으로 세분화된다. 자갈·모래·물을 섞는 일은 비율의 개념을 이해해야 하고, 벽돌을 쌓는 일은 눈-손 협응·공간 지각·근육운동 지각 등을 필요로 하며, 양수 작업은 적절한 판단력을 필요로 한다. 예를 들어, 눈-손 협응 능력이 떨어지면 결국 무너지고 말 것이며, 또한 너무 오랫동안 물을 뿌리게 되면 벽돌은 부서지고 말 것이다. 정신지체인에 따라 어떤 일은 가능하지만, 어떤 일은 할 수 없을 수도 있다.

또 다른 예를 들어 보자. 호텔의 벨보이도 얼핏 보기에 단순한 것 같지만 결코 그렇지만은 않다. 정신지체인에 따라서는 단순히 짐을 옮겨 주는 일은 가능할지 모르지만 짐과 손가방을 구분하지 못할 수도 있다. 실제로 어느 호텔에 취업한 정신지체인은 손님의 짐을 프런트까지 옮겨야 한다는 교육을 받았기 때문에 외국 여성들이 메고 다니는 큰 핸드백을 짐으로 오인하여 무턱대고 빼앗다시피 하여 실랑이가 벌어진 사례가 보고되기도 하였다. 벨보이에게는 최소한 옮겨야 할 것과 옮겨 주지 않아도 되는(옮겨 주어서는 안 되는) 것을 구분할 수 있는 능력이 요구된다.

따라서 무턱대고 단순노동이라 하여 직업을 갖게 하는 것보다는 그 직업의 직무들 중 어느 것은 할 수 있으나 어느 것은 할 수 없음을 명백히 하여 직업을 알선하는 것이 바람직하다 하겠다. 예를 들어, 벽돌공으로 취업시키고자 할 경우, "이 사람은 벽돌공이 하는 일들 중 양수 작업은 어렵다."는 식으로 구체적인 정보를 제공함으로써 적절한 배치가 이루어질 수 있도록 해야 한다.

직무적 접근은 직업평가부터 직업 안정에 이르기까지 모든 단계에 적용될 수 있다. 특히 직업평가 단계에서는 직무적 접근이 더욱 필요하다. 즉, 적성 직업보다는 적성 직무의 발견에 더 많은 관심을 기울이는 직업평가가 요청된다. 더욱이 산업화와 더불어 직업의 전문화 · 세분화 현상이 보편화되고 있는 추세에 직무적 접근은 직업 확대를 위한 적절한 방법이라고 할 수 있다.

3) 고용주가 바라는 장애인의 직업적 성공 요인

지금까지 우리나라 장애인 직업교육 · 훈련은 작업 관련 기술(work-related skills)에 초점을 맞추어 온 듯한 느낌을 떨치기 어렵다. 그러나 장애인의 직업적 성공에 영향을 미치는 요인들은 작업 관련 기술 외에도 의사소통 능력 등 여러 가지가 있을 수 있다. 더욱이 장애인의 고용도 수요-공급의 법칙에서 크게 벗어나기 어렵기 때문에, 장애인을 고용하는 업체의 고용주나 관리인이 요구하는 '장애인의 직업적 성공 관련 요인들'이 무엇인가를 알아볼 필요가 있다. 만약 '장애인의 직업적 성공 관련 요인들'이 밝혀진다면, 그 요인들은 특수학교 직업교육과정, 특히 직업 전 교육 내용에 반영될 수 있을 것이며, 그렇게 할 때에 비로소 장애인이 직장에서 성공적으로 직업 생활을 할 가능성이 더 높아질 것이다.

　D광역시와 C도의 장애인 고용 업체의 현황을 파악한 후, 현재 1명 이상의 장애인을 고용하고 있는 사업체의 고용주 · 지배인 · 공장장 · 감독자 등 50명을 대상으로 조사한 연구(김삼섭, 2009)에 따르면, 고용주가 바라는 장애인의 직업적 성공 요인들의 범주는 ① 의사소통 기술군, ② 작업 관련 기술군, ③ 사회적 기술군, ④ 개인적 기술군의 순서로 나타났다(〈표 1-6〉 참

표 1-6 장애인의 직업적 성공에 공헌하는 범주별 요인들의 서열

서 열	범주별 요인
의사소통 기술군(범주 서열 = 1)	
1	기본적인 요구에 대해 의사소통이 가능하다.
2	직무상 필요할 경우 감독자에게 도움을 요청한다.
3	상대방의 질문에 답할 수 있고, 또한 상대방이 설명하면 경청한다.
4	읽거나 쓸 수 있다.
5	안전 표지 등 공중 표지판을 이해하고 그에 따를 수 있다.
작업 관련 기술군(범주 서열 = 2)	
1	감독자가 옆에 없어도 직무를 원만하게 수행할 수 있다.
2	상급자나 감독자의 지시를 잘 따른다.
3	감독자가 작업과 관련하여 시정을 요구하면 그의 지시대로 따른다.
4	자신이 맡은 작업의 과정이나 일정을 이해할 수 있다.
5	새로운 작업 상황에 적응할 수 있다.
사회적 기술군(범주 서열 = 3)	
1	대인 관계가 원만하여 직장 동료 등 다른 사람들과 잘 어울린다.
2	일반적으로 사회에서 받아들여지는 행동을 하거나 태도를 보인다.
3	성격이 상냥하고 쾌활하다.
4	다른 사람에게 짜증나는 행동을 자제할 줄 안다.
5	다른 사람을 대할 때 스스로 붙임성 있게 다가간다.
개인적 기술군(범주 서열 = 4)	
1	능률적으로 작업을 수행한다.
2	용모가 단정하다.
3	자신에게 주어진 일을 깔끔하게 처리한다.
4	자신에게 주어진 직무에 대해 흥미를 가지고 있다.
5	건강한 신체와 더불어 매사에 의욕적이다.

조). 그리고 직업적 성공에 공헌하는 요인은 ① 대인 관계, ② 기본적인 요구에 대한 의사소통, ③ 감독자가 옆에 없어도 직무 수행이 가능한 것 등으로 나타났다(〈표 1-7〉 참조).

표 1-7 직업적 성공에 공헌하는 하위 요인들의 서열

서열	하위 요인
1	대인 관계가 원만하여 직장 동료 등 다른 사람들과 잘 어울린다.
2	기본적인 요구에 대해 의사소통이 가능하다.
3	감독자가 옆에 없어도 능률적으로 직무를 수행할 수 있다.
4	능률적으로 작업을 수행한다.
5	독립적인 생활이 가능하다.
6	상급자나 감독자의 지시에 잘 따른다.
7	일반적으로 사회에서 받아들여지는 행동을 하거나 태도를 보인다.
8	용모가 단정하다.
9	자신에게 주어진 직무에 대해 흥미를 가지고 있다.
10	읽거나 쓸 수 있다.
11	적극적인 자세로 직무를 수행한다.
12	매사에 성실하다.
12	열등감을 느끼지 않고 적극적으로 생활한다.
14	건강한 신체와 더불어 매사에 의욕적이다.
14	자신에게 주어진 일을 깔끔하게 처리한다.
16	상대방의 질문에 답할 수 있고, 또한 설명하면 경청한다.
16	성격이 상냥하고 쾌활하다.
18	감독자가 작업과 관련하여 시정을 요구하면 그의 지시대로 따른다.
19	자신이 맡은 작업의 과정이나 일정을 이해할 수 있다.
19	다른 사람에게 짜증나는 행동을 자제할 줄 안다.
19	다른 사람을 대할 때 스스로 붙임성 있게 다가간다.
22	새로운 작업 상황에 적응할 수 있다.
23	적절한 교육적 배경을 가지고 있다.
24	배우고자 하는 자세를 보인다.
25	안전표지 등 공중 표지판을 이해하고 그에 따를 수 있다.
26	전문가로서의 능력과 자질을 갖추고 있다.
27	뛰어난 창의력을 지니고 있다.
28	모든 일에 자신감이 넘친다.
29	자기중심적이 아니라 남을 먼저 배려하는 성격을 지니고 있다.
30	책임감이 투철하다.

　장애인에게 현대 사회에서의 기술 발달의 효과는 서로 상반되게 나타난다. 즉, 개인적 차원에서의 긍정적 효과가 사회적 차원에서는 생산합리화(자동화) 때문에 그 효과가 부정적으로 나타난다. 이것이 정보통신 기술(ICT)의 발달이 장애인의 고용에 어떤 영향을 미치는지를 섣불리 말하기 어려운 이유다. 기술 변화를 동반하는 고용 전망은 각각의 단계나 장애인 개인에 따라 다르게 나타날 수 있다. 결국 효과적인 장애인 고용 활성화를 위해서는 경제적·사회문화적 변수들을 고려한 수요자 중심의 정책 수립과 실행이 있어야 할 것이다.

　지금까지 우리나라에서는 제도나 법만으로 장애인 고용을 촉진하고자 하였으나 만족스러운 수준까지 끌어올리지 못했다는 점을 부인하기 어려울 것이다. 더욱이 실업자가 급증하여 비경제활동 인구가 늘어나는 상황에서는 장애인으로 하여금 경쟁고용을 극복해 나갈 수 있도록 준비시키는 것이 현실적이다. 물론 중증장애인에게는 지원 고용의 형태가 바람직하겠지만, 이 경우에도 어느 정도 작업 관련 기술을 갖추는 것은 필요하다. 이와 같은 현실적 어려움을 극복할 수 있는 대안은 장애인 각자의 능력에 맞는 직종을 교육·훈련해야 한다는 점이다. 특히 중증장애인에게는 정신적·신체적으로 일반인과 경쟁하기 어려운 직군보다는 서비스 직군 등 비교적 용이한 직종을 중심으로 교육·훈련하는 것이 더 바람직하다고 할 것이다. 장애인 복지 선진국들에서는 이미 장애인의 직업 재활에 있어서 서비스 직군이 점차 많은 비중을 차지하고 있는 경향이 짙다.

제2장

직업교육과정

우리나라 특수교육 교육과정은 유치원 교육과정, 기본교육과정, 공통교육 과정 및 선택 중심 교육과정으로 편성되어 있다. 기본교육과정은 공통교육 과정과 선택 중심 교육과정에 참여하기 어려운 특수교육 대상자를 지원하기 위하여 그 내용을 대체한 대안교육과정으로, 초등학교 1학년부터 고등학교 3학년까지의 교과(군)와 창의적 체험활동으로 편성되어 있다. 공통교육 과정은 초등학교 1학년부터 중학교 3학년까지의 교과(군)와 창의적 체험활동으로 편성되어 있다. 선택 중심 교육과정은 고등학교 1학년부터 3학년까지의 교과(군)와 창의적 체험활동으로 편성되어 있다(교육과학기술부, 2011a).

이 장에서는 장애학생을 위한 직업교육과정을 제시한다. 이를 위하여 기본교육과정 초등부 5~6학년군의 실과와 중학교·고등학교의 진로와 직업, 그리고 선택 중심 교육과정의 전문 교과의 하나인 직업 교과를 중심으로 2011 개정 특수교육 교육과정의 직업 관련 교육과정을 살펴본다(교육과학기술부, 2011a, b, c). 그리고 직업교육과정에 대한 논의와 기본교육과정 직업 관련 교과의 활용 방안을 제시한다.

1. 기본교육과정 – 실과

1) 성격

실과는 초등학교 5~6학년에 편제·운영되며, 중학교의 진로와 직업 교과와 연계성을 갖는 교과로서 실생활에 필요한 생활 소양을 실천적 경험을 통해 기르고자 한다. 실과에서 다루는 실천적 경험은 개인과 가정의 일을 해결하며 기술의 세계를 이해하고 적응하는 능력을 길러 주고자 하는 것으로서 가정생활과 기술의 세계와 관련된 지식 체계에 근거하여 선정된다. 실과는 노작적 체험활동을 통하여 개인과 가족의 생활에 필요한 기본적인 일의 의미와 상호 관련성을 이해하고 일상생활에서의 문제를 탐구하여 스스로 해결할 수 있도록 하며, 미래 자립 생활을 위한 건전한 생활 태도를 기르고 직업에 대한 관심의 기회를 주는 생활 교과이자 직업 교과다.

실과는 다양한 국가적·사회적 요구에 부응할 수 있도록 교과의 성격과 학습자의 특성을 고려해야 한다. 학생들이 서로 협동하며 배려하는 가운데 이루어지는 생활과 관련된 다양하고 실천적인 노작 활동을 중시하며, 활동을 통한 교육적 경험이 일상생활에 필요한 지식과 기초 생활 능력을 함양하고, 일하는 즐거움과 보람을 갖도록 운영하는 것이 중요하다. 이를 위해 학습자가 체험할 수 있는 다양한 문제 해결 방법과 활동을 제공하고 개인의 흥미와 관심을 고려하여 개인의 수준에 적합한 노작 활동을 제공함으로써 실천적 자기 관리 능력, 자립적 생활 수행 능력, 진로 개발 능력 등의 역량을 기르는 핵심 교과로서 그 역할을 담당한다.

2) 목표

가정생활에 필요한 기본적인 지식과 기능을 함양하여 건강한 개인 생활과 가정생활을 영위하고, 일상생활에 필요한 기술적인 소양을 습득하여 현재와 미래의 생활을 자립적으로 수행하는 역량과 태도를 기른다.

- 나와 가족을 이해하고 가정생활에서 직면하는 기본적인 생활의 문제를 스스로 해결하는 데 필요한 지식과 기능을 익혀 개인 및 가족 구성원으로서 자신의 삶을 자립적으로 영위해 나갈 수 있는 역량과 태도를 기른다.
- 일상생활과 관련된 기술의 세계를 이해하고 기술과 관련되는 기본적인 문제를 해결하는 방법을 익히고 실천하며, 사람들이 하는 일과 직업에 대한 인식을 통해 자신의 진로에 관심을 가짐으로써 미래 생활에 적응하는 역량과 태도를 기른다.

3) 내용

영역	내용
가정생활	• 나와 가정생활 나와 우리 가족, 서로 돕는 우리 가족 • 깨끗한 주생활 정리 정돈하기, 청소하기 • 건강한 식생활 음식과 건강, 건강한 음식 만들기 • 단정한 의생활 단정하고 알맞은 옷차림, 스스로 하는 옷 관리 • 생활용품의 사용 생활에 필요한 물건, 생활용품 사용하기

(계속)

기술의 세계	• 식물과 함께하는 생활
	  생활 속의 식물, 식물 가꾸기
	• 동물과 함께하는 생활
	  생활 속의 동물, 동물 돌보기
	• 생활용품 만들기
	  여러 가지 도구 사용하기, 간단한 생활용품 만들기
	• 전기와 생활
	  여러 가지 전기 · 전자 제품, 가전제품 사용하기
	• 생활 속의 정보기기
	  여러 가지 정보기기, 정보기기 사용하기
	• 나의 진로
	  여러 가지 일과 직업, 내가 하고 싶은 일

4) 교수-학습 방법

(1) 교수-학습 계획

교수-학습 계획은 교육과정에 제시된 '가정생활' 영역과 '기술의 세계' 영역의 모든 내용을 고르게 지도할 수 있도록 하되, 교육과정을 영역별로 균형 있게 편성 · 운영한다. 단, 교과 내용이 실생활과의 관련성이 높으므로 학생, 학교 및 지역사회의 여건 등을 고려하여 학습 내용의 순서나 비중, 학습 과제의 선택 등을 달리하여 지도한다.

국가 수준의 배당 시간은 반드시 확보되어야 하며, 교과 내용의 특성상 실험 · 실습, 현장 견학 등의 체험활동으로 수업 시간이 부족할 경우에는 창의적 체험활동 시간 등을 활용하도록 한다.

수업은 실험 · 실습, 협동 학습, 역할 놀이 등 다양한 활동을 중심으로 운영하는 경우가 많으므로 필요에 따라 학습의 실효성을 거둘 수 있도록 수업 시간을 연속적으로 편성 · 운영할 수 있다.

학생의 장애 정도와 특성, 발달 단계, 학습 수준, 관심, 흥미 등을 고려한 교수-학습을 계획하고, 문제를 인식하고 해결할 수 있는 학생 중심 활동으로 전개하며, 학생이 자기 관리 · 문제 해결 · 진로 개발 · 대인 관계 · 의사소통 능력을 기를 수 있도록 한다.

(2) 교수 – 학습 운용

• 내용 요소의 예는 성취 기준에 도달하기 위한 교수 – 학습 활동의 예다. 내용 요소는 학생의 장애 정도와 특성, 발달 단계, 학습 수준, 관심, 흥미 등을 고려하여 학교 및 지역사회의 실정에 따라 선정한다.

• 내용 요소에 따른 학습 소재는 일상생활과 관련된 생동감 있는 사례를 찾아 활용하고, 실습 재료는 실생활 속에서 쉽게 접할 수 있는 것으로 하여 수업에서 습득한 지식과 기능을 일상생활에서 적극적으로 활용할 수 있도록 한다.

• 학생에게 실생활과 관련한 체험 활동을 중시하고 가정 실습, 학교 행사, 지역사회 등과 밀접한 관계를 가지도록 지도한다. 그리고 지역의 인적 자원의 활용과 전시회 관람, 지역 내의 박물관, 기업의 견학 등 다양한 교육 커뮤니티와 연계하여 지도한다.

• 실과 교수 – 학습 방법은 관련 내용에 따라 견학, 실험 · 실습, 조사, 역할 놀이, 협동 학습 등 다양한 교수 – 학습 방법을 활용하여 활동 중심 및 사례 중심에 초점을 두도록 한다. 영역별 단원 내용에 따라 다양한 교수 – 학습 방법을 활용하도록 하며, 실험 · 실습 등 활동 중심의 학습에 초점을 맞추되, 교과 내용 전달에만 치중하지 말고 생활인으로서 필요한 기초적인 기능을 익혀 생활의 문제를 스스로 해결하는 능력이 길러지도록 한다. 이를 위해 학습자 스스로 체험할 수 있는 활동을 제공하고, 흥미와 관심을 고려하여 개인의 수준에 적합한 노작 활동을 제공함으로써 효율적인 교수 – 학습 전략을 지향한다.

• 가정생활 영역에서는 가족 · 소비 · 의 · 식 · 주 생활 등이 통합적으로 경험된다는 점을 고려하여 학습 내용 또한 통합적으로 다루도록 한다.

  – '나와 가정생활'에서는 학생의 흥미나 관심, 기능 숙달 정도 등을 고려하여 가정의 일을 선택하고 실천할 수 있도록 하며, 학생 스스로

선택하기 어려운 경우에는 가족과 연계하여 학생이 참여할 수 있는 가정일을 찾아 지속적으로 경험하게 함으로써 가족의 일원으로서 의미 있는 역할을 수행하도록 한다.

- '깨끗한 주생활'에서는 정리·정돈하기, 청소하기, 쓰레기 처리하기 등은 연속된 상호 관련성이 있는 활동이므로 통합적인 경험을 할 수 있도록 한다. 또한 정리 정돈이나 청소의 필요성을 인식하고 청소는 즐겁고 보람 있는 것임을 느끼게 하며 생활 속에서 습관화되도록 지속적으로 지도한다. 스스로 청소하는 데 어려움이 있는 학생은 교사나 학급 친구의 시범 또는 언어적 권유에 따라 수행하도록 하여 교실이나 가정에서의 청소 시간에 함께 참여하도록 한다.

- '건강한 식생활'에서는 학생의 상황을 고려하여 음식에 대한 경험을 다양하게 갖게 하고 음식 문화 체험의 기회를 갖도록 지도한다.

- '단정한 의생활'에서는 자립적인 의생활에 중점을 두고 지도하며, 깨끗하고 단정한 옷차림과 함께 간단한 세탁의 경험을 갖도록 지도한다.

- '생활용품의 사용'에서는 생활 속에서 자주 사용하며 비교적 그 사용법이 간단한 생활용품을 선택하여 사용법을 익히도록 하고 가정에서도 계속해서 편리하게 사용하도록 한다.

• 기술의 세계 영역에서는 기술의 세계에 대한 체험 활동을 통하여 스스로 생각하여 문제를 해결하는 능력을 기르고, 실생활에 유용한 물건을 만드는 과정에서 문제 해결 중심의 수업이 되도록 한다.

- '식물과 함께하는 생활'에서는 학생이나 학교의 사정에 따라 꽃이나 채소 등의 식물을 선택하여 지도한다.

- '동물과 함께하는 생활'에서는 학생이나 학교의 여건에 따라 애완동물이나 경제 동물 중에서 선택하여 지도할 수 있으며 생명을 소중히 여기는 태도를 함께 지도한다. 학교에서의 직접적인 체험이나 실습 활동이 어려운 경우 지역사회의 자원 활용, 조사, 발표 등의 방법으

로 전개할 수 있다.

- '생활용품 만들기'에서는 가정에서 필요한 물건을 만들거나 수선할 때 주로 사용하는 도구를 다루는 실제적인 기능을 향상시키는 데 주안점을 둔다. 이를 통해 가정생활에서 생기는 문제를 스스로 해결하는 능력과 생각하는 힘을 기르고 일에 대한 성취감과 자신감이 형성되도록 한다.

• 실물이나 모형, 인터넷 자료, 사진·동영상 자료, 멀티미디어 자료 등 다양한 학습 자료를 적극적으로 활용하여 교수–학습의 효율성을 높이고 생동감 있는 교수–학습 활동이 이루어지도록 한다.

• 실험·실습 활동에서 기구, 설비나 용구 등의 정확한 사용 방법과 안전 및 유의 사항을 숙지하도록 하며, 안전사고가 발생하지 않도록 주의한다.

5) 평가

(1) 평가 계획

• 평가는 학습자의 학습 성과를 타당하고 신뢰성 있게 평가할 수 있도록 학습자의 개인차를 고려한 교육 목표의 성취를 중심으로 하되, 영역별, 학습 내용별로 교육과정에 제시된 성취 기준의 도달 정도를 중심으로 평가 계획을 수립한다.

• 교육 목표와 교육 내용, 성취 기준의 도달을 염두에 두고 평가하되, 지적·정의적·기능적 영역의 모든 영역이 균형 있게 평가될 수 있도록 계획한다.

(2) 평가 목표와 내용

평가의 목표는 교육과정에 제시된 교육 목표 및 성취 기준을 달성하였는가에 목표를 두되, 구체적으로 다음과 같은 사항에 중점을 둔다.

- 기본적인 개념이나 사실, 원리 등 관련 지식을 이해하는 능력
- 관련 도구나 용구를 바르게 사용하는 능력
- 실험 · 실습 방법과 과정에 따른 실천적 수행 능력
- 기초 생활 기능을 익혀 생활의 문제를 스스로 해결하려는 문제 해결 능력
- 학습 내용을 실생활에 적극적으로 적용해 보려는 실천적 태도

평가의 내용은 원칙적으로 교육과정에 제시된 성취 기준의 범위와 수준에 근거하되, 개인의 학습 차이를 고려하고 다양한 교수 – 학습 활동 과정에서 활용한 자료 및 교수 – 학습 활동 결과로 산출된 자료를 활용하여 교수 – 학습과의 연계를 강화한다.

(3) 평가 방법

- 교과의 영역별 특성과 학습자의 장애 정도와 개인차를 고려한 학습 능력을 타당하고 신뢰성 있게 평가하되, 교육 내용과 교육 목표에 적합한 다양한 평가 방법을 사용하여 지식, 기술 및 태도 등의 측면을 평가한다.
- 평가 시기, 평가 목적, 평가 상황, 평가자 등을 종합적으로 고려하여 관찰, 면담, 실기, 과제, 수행평가 등 다양한 방법을 활용하여 평가한다.
- 실험 · 실습, 실기 등의 평가는 평가 항목을 세분화 · 단계화한 평가 기준을 작성하고 활용하여 객관적인 평가가 될 수 있도록 한다. 특히 과정 평가는 가급적 수업 시간 내에 실시하고 가정 학습 과제로 연장되지 않도록 유의한다.
- 수업 중 활동 내용을 평가할 경우에는 교사 평가 이외에 학생들의 동료 평가, 자기 평가 등 다양한 평가 방법을 활용하여 학생들의 참여 의식을 높인다.

(4) 평가 결과의 활용

평가 결과는 학생의 진단을 위한 자료 및 학업 개선의 자료로 활용하며, 궁극적으로 학생의 적성 파악 및 진로 지도의 기초 자료로 활용하도록 한다.

2. 기본교육과정 - 진로와 직업

1) 성격

진로와 직업과는 학생이 자신의 진로·직업에 대하여 인식·탐색·준비하는 데 필요한 지식, 기술 및 태도를 함양하는 교과다. 진로와 직업과가 지향하는 인간상은 진로 발달 단계에 따라 자신의 진로를 개척하는 사람, 개인 및 사회생활과 직업 생활에서 발생하는 문제를 해결하는 사람, 자신에게 적합한 직업을 탐색하고 준비하는 사람이다.

진로와 직업과는 학생의 생애주기별 진로 발달 단계인 진로 인식, 진로 탐색, 진로 준비 등에 이르는 일련의 경험 과정에 기초하여 학생이 학교교육을 마친 후 지역사회 생활 및 직업 생활로 나아갈 수 있도록 연결하는 전환교육의 관점에서 실시된다. 또한 장차 성인으로서 지역사회 내에서 생활하는 데 필요한 기능적 생활 중심의 지식, 기술 및 태도 함양에 중점을 두는 교과 특성에 따라 교과 내용에 대한 인식을 바탕으로 이를 적용해 보고 지역사회에서 실천할 수 있도록 교내외에서의 다양한 활동과 수행 및 실습이 강조된다.

진로와 직업과는 '직업 생활' '직업 탐색' '직업 준비' '진로 지도'의 4개 영역으로 구분되며, 이 4개 영역은 중학교 1~3학년, 고등학교 1~3학년의 2개 학년군으로 구성되어 있다. 그리고 기본교육과정의 실과 교과와 연계되고, 선택 중심 교육과정 전문 교과 중 직업 교과와 관련성을 가진다.

진로와 직업과는 학생이 자신의 흥미와 적성을 발견하고 자신에게 알맞은 진로·직업을 계획하고 준비하며, 다른 교과에서 배운 지식과 기술을 종합하여 자신의 진로 · 직업으로 통합할 수 있도록 한다.

2) 목표

(1) 교과 목표
성인으로서의 삶을 살아가는 데 요구되는 지식, 기술 및 태도를 습득하고 적용하며, 진로와 직업 세계에 대한 탐색과 경험을 통하여 자신의 진로 · 직업의 방향을 설정하고, 지역사회 직무에서 요구되는 능력을 길러 직업적 자립을 도모한다.

- 성인으로서의 생활에 필요한 지식, 기술 및 태도를 함양하여 직업 생활의 기본이 되는 개인 및 사회 생활 기능을 수행한다.
- 진로 · 직업 세계에서 요구되는 신체 및 학습 기능을 함양하고, 다양한 도구와 컴퓨터 사용 능력을 기르며 직업 생활에 필요한 기본적인 능력과 작업 태도를 향상한다.
- 지역사회 직무에서 요구되는 기본적인 능력과 작업 태도를 경험하고 숙달하여 장차 직무를 수행할 수 있도록 준비한다.
- 진로 발달의 과정을 이해하고 자신의 진로 방향을 설계하며 학교에서 사회로의 전환을 도모할 수 있도록 준비하고 실천한다.

(2) 학년군별 목표

중학교 1~3학년
중학생으로서 진로와 직업을 인식하고 탐색하는 데 요구되는 지식, 기술 및 태도를 습득하고 적용하며, 개인 생활과 가정생활에 필요한 능력을 함양하고 작업 활동에 필요한 능력과 태도를 향상하며, 자신의 진로와 직업을 탐색하고 계획한다.

- 개인 생활과 가정생활에 필요한 실생활 중심의 지식, 기술 및 태도를 함양하여 직업 생활의 기반을 마련한다.
- 작업 활동에 필요한 신체 활동 및 학습 능력과 도구 사용 방법을 기르며, 직업에 대한 이해 수준을 높이고, 기본적인 직업 태도와 능력을 향상한다.
- 공예, 재배 · 사육, 판매 · 포장 · 배달, 조립, 음식 조리, 청소 · 세탁 · 세차, 사무 보조 등에 대한 기본 사항을 이해하고 도구 사용법을 익힌다.
- 자신의 진로와 직업에 대하여 인식하고, 기초적인 직업평가를 토대로 전환교육을 계획하며, 지역사회 관련 기관을 탐색하고 조사한다.

고등학교 1~3학년

고등학생으로서 진로와 직업을 탐색하고 준비하는 데 요구되는 지식, 기술 및 태도를 습득하여 적용하고, 지역사회 생활과 직업 생활에 필요한 능력을 함양하며, 교내 실습과 지역사회 실습을 통한 주요 직무와 과제를 훈련하여 자신의 전환 성과에 도달할 수 있도록 한다.

- 지역사회 생활과 직업 생활에 필요한 실생활 중심의 지식, 기술 및 태도를 함양하여 직업 생활의 기반을 마련한다.
- 작업 활동에 필요한 신체 활동 및 학습 능력을 익히고 적용하며, 실생활 직무에서 도구를 사용하고, 직업에 대한 이해와 직업에 대한 태도 및 능력을 향상한다.
- 공예, 재배 · 사육, 판매 · 포장 · 배달, 조립, 음식 조리, 청소 · 세탁 · 세차, 사무 보조, 대인 서비스 등에 대한 주요 직무와 과제를 수행하며, 교내 실습 및 현장과 연계한 직업 실습에 참여한다.
- 직업평가를 토대로 자신의 흥미와 적성 등을 파악하고 성인 생활, 취업, 진학 관련 전환교육을 계획하고 실시한다.

3) 내용

영역 \ 학교급 \ 학년군	중학교 1~3학년	고등학교 1~3학년
직업 생활	• 청소 　- 도구를 사용한 청소 　- 청소 도구의 정리 • 옷차림 　- 단정한 옷차림 　- 세탁하기 　- 의복 관리 • 건강과 안전 　- 개인 위생 상태 유지 　- 질병 예방 　- 건강한 식생활 실천 • 대인 관계 　- 인사하기 　- 생각의 이해와 표현 　- 성에 대한 이해 • 전화기 사용 　- 전화를 걸고 용건 말하기 　- 전화 예절 • 금전 관리 　- 화폐 알기 　- 물건 구입 계획 　- 예산에 맞는 지출 • 이동 　- 대중교통 수단과 시설 　- 집과 학교 주변의 이동 　- 지역사회 이동 • 여가 생활 　- 여가 활동 　- 개인 여가 활동 탐색 　- 여가 시설 이용 • 자기 결정 　- 자기 인식 　- 활동 계획	• 청소 　- 사무실 청소 　- 작업장 청소 • 옷차림 　- 옷 입기와 단장하기 　- 다양한 작업복 착용 • 건강과 안전 　- 체중 및 체력 유지 　- 안전과 구급 조치 • 대인 관계 　- 감정의 이해와 표현 　- 이성 교제 • 전화기 사용 　- 생활 정보 전화의 사용 　- 업무 관련 전화 • 금전 관리 　- 금융 기관의 이용 　- 급여 관리 • 이동 　- 다른 지역 이동 　- 출퇴근지 이동 • 여가 생활 　- 공동 여가 활동 탐색 　- 여가 활동하기 • 자기 결정 　- 계획에 따른 실행 　- 실행 결과 평가와 추수 계획

(계속)

학교급 영역　학년군	중학교 1~3학년	고등학교 1~3학년
직업 탐색	• 신체 기능 　- 작업과 몸의 자세 　- 큰 동작의 작업 활동 • 학습 기능 　- 직업 관련 용어의 활용 　- 직업 관련 수의 활용 　- 직업 관련 측정 단위의 활용 • 도구 사용 　- 생활 도구의 사용 　- 사무 용구의 사용 • 컴퓨터 사용 　- 컴퓨터 사용 방법 　- 컴퓨터 정보의 입력과 저장 　- 인터넷 정보의 검색과 전자 　　메일 활용 • 직업 이해 　- 가족의 직업 　- 지역사회 내 직업 　- 직업 현장 견학 • 직업 태도 　- 작업장 조직도 　- 직장 예절 　- 작업장 규칙 • 작업 능력 　- 작업 재료의 분류 　- 작업의 바른 자세	• 신체 기능 　- 작은 동작의 작업 활동 　- 작업 지속성 기르기 • 학습 기능 　- 직업 관련 문서의 활용 　- 직업 관련 서류 작성과 직업 　　정보 활용 • 도구 사용 　- 작업 도구의 사용 　- 작업 기계의 사용 • 컴퓨터 사용 　- 문서 작성과 출력 　- 컴퓨터 활용 • 직업 이해 　- 직업 체험 　- 직업 선택 • 직업 태도 　- 직장에서 시간 지키기 　- 안전한 작업 　- 지시에 따른 작업 • 작업 능력 　- 협력 작업 　- 신속한 작업 　- 작업의 정확성 향상
직업 준비	• 공예 　- 간단한 공예품 만들기 　- 도구를 사용한 공예품 만들기 • 재배 · 사육 　- 재배 · 사육의 기초 　- 재배 · 사육 도구의 사용 • 판매 · 포장 · 배달 　- 판매 · 포장 · 배달의 기초 　- 판매 · 포장 · 배달 도구의 사용	• 공예 　- 공예 과제 수행 　- 공예 교내 실습 　- 공예 지역사회 실습 • 재배 · 사육 　- 재배 · 사육 과제 수행 　- 재배 · 사육 교내 실습 　- 재배 · 사육 지역사회 실습 • 판매 · 포장 · 배달

(계속)

학교급 영역 　학년군	중학교	고등학교
	1~3학년	1~3학년
직업 준비	• 조립 　- 간단한 조립하기 　- 조립 도구의 사용 • 음식 조리 　- 간단한 음식 조리하기 　- 음식 조리 도구의 사용 • 청소 · 세탁 · 세차 　- 간단한 청소 · 세탁 · 세차하기 　- 청소 · 세탁 · 세차 도구의 사용 • 사무 보조 　- 사무 보조 활동의 기초 　- 사무 보조 도구의 사용 • 대인 서비스 　- 대인 서비스 활동의 기초 　- 도구를 사용한 대인 서비스 　　활동	- 판매 · 포장 · 배달 과제 수행 - 판매 · 포장 · 배달 교내 실습 - 판매 · 포장 · 배달 지역사회 　실습 • 조립 　- 조립 과제 수행 　- 조립 교내 실습 　- 조립 지역사회 실습 • 음식 조리 　- 음식 조리 과제 수행 　- 음식 조리 교내 실습 　- 음식 조리 지역사회 실습 • 청소 · 세탁 · 세차 　- 청소 · 세탁 · 세차 과제 수행 　- 청소 · 세탁 · 세차 교내 실습 　- 청소 · 세탁 · 세차 지역사회 　　실습 • 사무 보조 　- 사무 보조 과제 수행 　- 사무 보조 교내 실습 　- 사무 보조 지역사회 실습 • 대인 서비스 　- 대인 서비스 과제 수행 　- 대인 서비스 교내 실습 　- 대인 서비스 지역사회 실습
진로 지도	• 진로 이해 　- 진로 과정 　- 일의 개인적 측면 이해 • 직업평가 　- 좋아하는 일과 잘하는 일 　- 작업 기초 기능 평가 • 전환교육 설계 　- 전환교육계획하기 　- 전환교육계획 보완하기 • 전환교육 수행	• 진로 이해 　- 성인 생활의 측면 이해 　- 일의 사회적 측면 이해 • 직업평가 　- 전환 평가 　- 평가 도구 　- 현장 평가 • 전환교육 설계 　- 전환교육계획하기 　- 전환교육계획 보완하기 　- 전환 성과 달성

(계속)

학교급 영역 / 학년군	중학교 1~3학년	고등학교 1~3학년
진로 지도	- 성인 생활 · 취업 · 진학 기관 조사 - 성인 생활 · 취업 · 진학 기관 견학	• 전환교육 수행 - 전환 관련 기관 직원 만나기/계획 수행 - 전환 관련 기관 견학 · 실습하기/서류 작성 - 전환 관련 기관 실습 · 면접하기/진로 확정

4) 교수–학습 방법

(1) 교수–학습 계획

• 교수–학습 계획 시 학생의 수준과 특성에 따라 직업 생활 · 직업 탐색 · 직업 준비 · 진로 지도 영역 중 내용의 우선순위를 정하여 계획한다.

• 국가 수준의 배당 시간 외에 교과 내용의 특성상 다양한 활동, 교내 실습, 지역사회 현장실습 등의 체험활동을 함으로써 지도 시간이 부족할 경우에는 창의적 체험활동 시간을 활용하도록 한다.

• 수업이 역할놀이, 실습, 작업 등으로 운영되는 경우가 많으므로 필요에 따라 학습의 실효성을 거둘 수 있도록 수업 시간을 연속하여 융통성 있게 편성 · 운영할 수 있다.

• 학생의 장애 정도와 특성, 발달 단계, 학습 수준, 관심, 필요, 흥미 등을 고려하여 교수–학습을 계획함으로써 학생 중심의 실제적이고 적용 가능한 활동을 제공하고, 학생들로 하여금 자기 관리 · 문제 해결 · 진로 개발 · 대인 관계 · 의사소통 능력을 기를 수 있도록 한다.

• 진로와 직업의 직업 생활 · 직업 탐색 · 직업 준비 · 진로 지도의 네 영역이 중학교 및 고등학교 교과용 도서 간의 종적 연계성을 고려하여 관련 내용을 반복하거나 심화할 수 있도록 계획한다.

• '직업 생활' 영역에서는 학습한 내용을 가정 및 지역사회의 생활에 꾸

준히 적용하고 실천할 수 있도록 계획한다.
- '직업 탐색' 영역에서는 기초적인 신체 기능, 학습 기능, 도구 사용 능력 향상, 일과 직업에 대한 이해, 직업 생활의 태도, 직업적 기능 향상 등에 중점을 두고 계획한다.
- '직업 준비' 영역에서는 여러 가지 직종에 관련하여 안전에 유의하며 재료의 준비, 도구 사용, 과제 수행, 교내 및 지역사회 현장실습을 위주로 계획하되, 단순한 기능의 습득보다 일반화가 높은 내용을 포괄성 있게 계획한다.
- '진로 지도' 영역에서는 진로 이해, 직업평가, 전환교육 설계 및 전환교육 수행을 통하여 진학과 취업 등 자신의 미래를 계획하고 결정하여 실천할 수 있도록 지도 계획을 수립한다.
- 학생의 직업적 능력과 소질을 알아내기 위하여 교육과정 중심 평가, 포트폴리오, 평가 도구, 현장 평가 등의 다양한 평가가 이루어질 수 있도록 지도 계획을 수립한다.

(2) 교수-학습 운용

- 학생의 수준과 특성에 따라 직업 생활 · 직업 탐색 · 직업 준비 · 진로 지도 영역과 제재 중에서 내용의 우선순위를 정하여 운용한다.
- 진로와 직업 과목이 갖는 보편성 및 특수성을 고려하여 직업 생활 · 직업 탐색 · 직업 준비 · 진로 지도의 영역이 연계성을 갖도록 지도한다.
- 학생의 특성, 흥미, 지역사회의 여건과 개인차를 고려하여 활동 중심으로 운영한다.
- 내용에 대한 인식, 제한적 상황 속에서의 적용, 지역사회나 현장에서의 실천의 과정에 따라 교수-학습의 결과가 학교 졸업 이후의 삶에 직접적으로 연관될 수 있도록 지도한다.
- 교수-학습 과정에서 모형링, 역할놀이, 모의 상황 훈련, 교내 실습, 지역사회 내 실습 등 다양한 활동과 현장 경험을 활용한다.

- 각 영역에 대한 지도에서는 교육과정에 제시된 목표, 내용, 교수, 평가 등을 충분히 고려하여 각 영역별로 특징적인 교수 – 학습 방법을 활용한다.
  - '직업 생활' 영역에서는 개인 생활, 지역사회 생활, 직업 생활에 필요한 기본적인 요소들을 지도한다.
  - '직업 탐색' 영역에서는 신체 기능, 학습 기능, 도구 사용 기능의 향상, 직업의 이해, 직업 생활의 태도, 직업적 기능 향상 등에 중점을 두고 산업 현장의 실제 상황이나 지역사회의 여건을 반영한 상황을 기본으로 실습 중심으로 지도한다.
  - '직업 준비' 영역에서는 교내 실습 및 지역사회 실습에 중점을 두고 현장 중심 교수 – 학습 활동의 경험을 바탕으로 장차 직업 배치와 유지로 이어질 수 있도록 운용한다.
  - '진로 지도' 영역에서는 진로를 이해하고 다양한 평가를 통하여 직업적 능력을 파악하고, 전환교육을 계획하고 실천하여 진로를 확정할 수 있도록 운용한다.

(3) 교수 – 학습 지도 지원

- 실물이나 모형, 인터넷 자료, 사진 및 동영상 자료, 멀티미디어 자료 등 다양한 학습 자료를 적극 활용하여 교수 – 학습의 효율성을 높이고 생동감 있는 교수 – 학습 활동이 이루어지도록 한다.
- 교내의 직업 훈련실, 실습실, 특별실, 기타 시설이나 장비를 활용하여 교육과정에 대한 실제적인 활동과 경험을 가져 장차 개인의 진로 · 직업을 탐색하고 준비할 수 있도록 한다.
- 지역사회 내 장애인복지관, 직업재활시설, 사업체 등 관련 기관과의 연계 속에서 다양한 시설이나 설비, 기구 등을 활용하여 체험, 활동, 실습을 할 수 있도록 한다.
- 실습 도구의 조작 · 손질, 보관, 취급 · 관리에 유의하도록 하고 안전하

게 사용할 수 있는 방법을 지도하며, 개인의 필요와 요구에 따른 조정
과 편의 증진 방안도 모색한다.

- 시·도 교육청에서는 직업교육의 내실화를 위하여 실습에 필요한 시설
  이나 설비, 기구, 재료 등을 갖춘 직업 실습실이 운영될 수 있도록 재원
  을 지원하고, 개발된 보완 자료를 보급하여 활용될 수 있도록 한다.

5) 평가

평가의 목적은 학생의 현재 상태를 파악하고 학생의 요구에 부응하는 교
수 계획을 작성하고 적절한 방법으로 학습이 이루어질 수 있도록 하는 데
있다. 진로와 직업과가 여러 분야의 지식과 기술을 통합하고 진로 발달 단계
를 고려한 실습 중심의 교과 특성을 반영하므로 적절한 방법으로 평가가 실
시되어야 한다. 또한 평가 결과가 학생과 관계되는 전문가들에게 제공되어
교육 목표의 설정, 교육과정 구성 및 운영에 효과적으로 활용되어야 한다.

(1) 평가 계획

평가 목적은 전환 계획을 수립하기 위한 평가, 개별화교육계획의 기초 자
료를 마련하기 위한 평가, 교수–학습 과정과 결과에 대한 수행평가, 수업
및 작업의 결과에 대한 평가, 직업흥미나 적성을 파악하기 위한 평가 등 다
양할 수 있으므로 평가의 목적을 고려하여 평가를 계획한다.

평가 목적, 평가 시기, 평가 상황, 평가자 등을 종합적으로 고려하여 지필,
관찰, 면담, 실기, 과제, 수행평가, 포트폴리오, 교육과정 중심 평가 등 다양
한 방법을 활용할 수 있도록 사전에 계획이 수립되어야 한다.

(2) 평가 목표와 내용

평가의 목표는 교육과정에 제시한 교육 목표 및 성취 기준의 성취를 통하
여 학습자가 성취하도록 기대하는 진로와 직업 교과의 핵심 역량의 성취가

이루어졌는가를 전반적으로 평가하되, 구체적으로 다음과 같은 사항에 중점
을 두어 평가한다.

- 기본적인 개념이나 원리, 사실 등에 대한 인식
- 학습 내용을 실생활에 적용하고 실천하는 능력과 태도
- 진로 · 직업을 탐색하고 준비하는 실제 수행 능력

　평가의 내용은 원칙적으로 교육과정에 제시된 교육 내용의 범위와 수준
에 근거하되, 다양한 교수-학습 활동과 실습 과정에서 산출된 자료를 활용
한다. 교육과정에 제시되어 있는 목표에 따른 성취 기준에 따라 지식, 기술
및 태도를 종합적으로 평가한다.

- '직업 생활' 영역의 평가 내용은 청소, 옷차림, 건강과 안전, 대인 관계,
  전화기 사용, 금전 관리, 이동, 여가 생활, 자기결정 등이다.
- '직업 탐색' 영역의 평가 내용은 신체 기능, 학습 기능, 도구 사용, 컴퓨
  터 사용, 직업 이해, 직업 태도, 작업 능력 등이다.
- '직업 준비' 영역의 평가 내용은 공예, 재배 · 사육, 판매 · 포장 · 배달,
  조립, 음식 조리, 청소 · 세탁 · 세차, 사무 보조, 대인 서비스 등이다.
- '진로 지도' 영역의 평가는 진로 이해, 직업평가, 전환교육 설계, 전환교
  육 수행 등이다.

(3) 평가 방법

- 학생 개인 생활, 사회생활, 직업에 대한 흥미도, 작업 수행 능력, 작업
  태도 및 습관 등과 같은 여러 영역에 걸쳐 지식, 기술 및 태도를 균형
  있게 평가한다.
- 평가 시기, 평가 목적, 평가 상황, 평가자 등을 종합적으로 고려하여 체
  크리스트, 관찰, 면담, 실습 및 실기 평가, 수행평가, 동료 평가, 자기 평

가 등 다양한 방법을 활용하여 평가한다.

- 교사, 학생, 부모, 전문가 등의 관계자들이 서로의 전문성과 장점을 토대로 평가에 참여하고 그 결과를 공유한다.
- 학생의 필요에 따라 직업흥미와 적성 등을 분석할 수 있도록 심리검사 및 작업 표본, 평가 도구, 현장 평가 등 적절한 직업평가 방법을 활용한다.

(4) 평가 결과의 활용

- 평가 계획에 제시된 평가의 목적을 확인하고 평가를 실시한 후에는 반드시 그 평가 목적을 달성할 수 있도록 평가 결과를 활용한다.
- 평가 결과는 학생들의 현재 수준을 파악할 수 있게 하여 학생의 교수-학습 계획 수립에 반영하고 교수-학습 방법의 개선과 진로 지도 자료로 활용한다.
- 교수-학습 과정에서의 평가 결과 분석을 통해 교육 목표와 교육 내용, 교육 방법에 대해 지속적인 피드백을 제공하고 학습지도 개선 자료로 활용한다.
- 직업평가의 결과를 토대로 직업에 대한 흥미와 적성을 파악하여 직업에 대한 방향을 설정한다.
- 종합된 평가 결과는 학부모와 교사, 관련 기관에 제공되어 학교와 가정과 관련 기관이 직업교육을 연계하는 과정에서 서비스의 효과성을 높일 수 있도록 한다.

3. 전문 교과 – 직업

고등학교 교육과정은 교과(군)와 창의적 체험활동으로 편성되어 있다. 교과는 보통 교과와 전문 교과로 한다. 보통 교과 영역은 기초, 탐구, 체육·예술, 생활 · 교양으로 구성하며, 교과(군)는 국어, 수학, 영어, 사회(역사/도덕 포함), 과학, 체육, 예술(음악/미술), 기술 · 가정, 제2외국어, 한문, 교양으로 되어 있다. 전문 교과는 농생명 산업, 공업, 상업 정보, 수산 · 해운, 가사 · 실업, 직업, 이료에 관한 교과로 한다(교육과학기술부, 2011c).

여기서는 전문 교과의 직업 교과인 기초 공예, 포장 · 조립 · 운반, 농업, 전자 조립, 기초 제과 · 제빵, 정보 처리, 기초 시각 디자인, 직업과 생활 중에서 기초 공예, 농업, 직업과 생활 등의 3개 교과를 중심으로 살펴본다.

1) 기초 공예

(1) 성격

기초 공예는 조형 예술의 한 분야로 인간이 가지고 있는 창조적 표현 감각, 독자적 표현 기법과 사회적 기능성을 포함하고 있으며, 작업을 통해 학생의 자아 성취감을 높이고 미래 직업 선택의 기초 기능과 태도를 길러 주는 통합적 과목이다. 따라서 도자기 공예, 목공예, 금속 공예, 섬유 공예, 민속 공예 및 창작 공예 작품을 만드는 과정에서 직업적 기능과 태도 및 자신감, 성취감은 물론 여러 가지 작업을 안전하게 수행하는 과정에서 직업 생활의 기초가 되는 안전 의식을 기를 수 있다. 기초 공예는 공예의 제 분야에 대한 이론과 기능을 조화롭게 습득하고 기초 작업 능력을 길러 직업적 자립의 기초적 기능 기술과 장애의 보상 · 치료적인 면을 동시에 길러 주는 과목이다.

(2) 목표

도자기 공예, 목공예, 금속 공예, 섬유 공예, 민속 공예 및 창작 공예의 작업을 통해 올바른 직업 태도를 갖고, 미적 감각을 향상시키며, 적성에 맞는 기능과 소질을 계발하여 직업인으로서의 능력을 가진다.

• 도자기 공예, 목공예, 금속 공예, 섬유 공예, 민속 공예 및 창작 공예 등

의 작업에 관한 기초 개념을 습득한다.
- 도자기 공예, 목공예, 금속 공예, 섬유 공예, 민속 공예 및 창작 공예 등의 기초 작업과 단계별 작업을 통해 기능을 습득한다.
- 도자기 공예, 목공예, 금속 공예, 섬유 공예, 민속 공예 및 창작 공예 등의 작업을 통해 올바른 직업적 자립 능력을 가진다.

(3) 내용

영 역	내 용
도자기 공예	• 도자기 공예의 재료와 특성 • 흙(점토나 소지) 준비 • 성형하기 • 조각하기 • 유약 바르기(시유) • 굽기(소성) • 안전과 뒷정리
목공예	• 목재의 재료와 특성 • 목공예 도구 사용법 • 작품 만들기 • 작품 도장법(칠) • 안전과 뒷정리
금속 공예	• 금속 공예 재료와 특성 • 금속 공예 도구 사용법 • 여러 가지 가공 방법 • 작품 만들기 • 안전과 뒷정리
섬유 공예	• 섬유 공예의 재료와 특성 • 염색 기법과 제작 과정 • 직조 가공법 • 작품 만들기 • 안전과 뒷정리

(계속)

민속 공예	• 칠보 공예 • 한지 공예 • 전통 매듭 • 안전과 뒷정리
창작 공예	• 유리 공예 • 와이어 공예 • 비즈 공예 • 울펠트 공예 • 돌하우스(미니어처) • 안전과 뒷정리

(4) 교수 - 학습 방법

• 관찰, 조사, 수집, 발표, 토의, 실습, 견학 등의 체험 활동을 통하여 직접적으로 학습자의 이해와 능력을 기르는 데 중점을 둔다.
• 이론과 실습을 병행하여 지도하되, 실습 위주의 수업을 실시하여 실제 상황에서의 문제 해결 능력이 신장되도록 한다.
• 실습 시간에는 공구 및 실습 장비를 안전하게 다룰 수 있는 기본 습관을 기르고, 안전사고 예방에 대한 지도를 한다.
• 지역 산업 현장의 특수성을 고려한 교육이 가능하도록 산 · 학 연계 교육을 많이 실시한다.
• 다양한 교육 매체를 활용하여 보상적 학습이 이루어지도록 지도한다.
• 실습 재료의 경제적 유용성을 강조하고 자원을 절약하고, 정리 정돈하는 습관이 형성되도록 한다.
• 장애 영역별 특성을 고려한 교수 - 학습 방법을 개발하고, 학생 중심의 교수 - 학습 방법을 적용한다.
• 학생의 창의성이 최대한 반영되도록 자기 학습의 기회를 많이 제공할 수 있는 교수 - 학습 활동을 제시한다.
• 모든 작업에서 학생의 수지 기능과 창의성이 발달되도록 지도하고, 흥미, 발달 단계 및 개인차를 고려해 다양한 창작 활동이 이루어지도록 한다.

- 모든 영역의 '작품 만들기' 단원은 학생들의 작업 능력과 장애 정도를 고려하여 다양한 수업 모형을 적용한다.
- 모든 영역의 '재료와 특성' 단원은 학생의 이해를 돕기 위해 다양한 시청각 자료를 활용한다.
- 모든 영역의 '도구와 바른 사용법' 및 '작품 만들기' 단원은 재료 및 용구가 안전하게 사용되도록 지도한다.
- 금속 공예 '기초 가공법'의 땜질 및 용접은 고온을 이용한 작업이므로 올바른 작업 공구 사용 및 태도에 대해 주지시키며, 특히 안전에 유의한다.

(5) 평가

- 성취 수준을 설정하고 다양한 평가 도구와 방법을 활용하여 학생의 목표 성취도를 확인하고 수업의 질 개선을 위한 자료로 활용한다.
- 실습의 평가는 관점 또는 항목을 사전에 학생에게 제시하고 충분한 실습 기회를 제공한 후 실시한다.
- 평가 항목은 학교의 실습을 위한 시설, 학생의 개인차, 사전 준비 등을 고려하여 제시하되, 일반적으로 작업 속도, 실습 순서, 공구 사용법, 정확도, 재료의 사용, 미관, 안전 수칙 이행, 정리 정돈 등을 평가 내용에 포함한다.
- 각 영역 평가는 재료 및 용구의 활용과 표현 기법, 작업 태도, 용구의 사용, 안전한 작업 태도, 창의성 등을 종합적으로 평가한다.
- 평가 결과는 이후에 교수 – 학습 활동 개선에 도움이 되는 자료로 제공해야 하며, 평가 결과 처리와 활동에 관한 지침을 제시할 수 있도록 한다.

2) 농업

(1) 성격

농업은 토지를 이용하여 인간에게 유용한 동식물을 길러 생산물을 얻어

내는 활동으로 자연의 유기 생명체를 다루는 과목이다. 유기 생명체인 농작물과 가축은 여러 가지 환경 요소인 기온·강수량·일조량 및 낮 길이 등의 자연환경의 영향을 많이 받으므로 계절과 조화를 이루어 활동을 전개해야 하며, 육체적 노동이 많이 수반된다.

오늘날의 농업은 농산물과 축산물의 생산뿐만 아니라 가공, 판매, 그리고 농토의 정비, 비료 및 농약, 종묘, 농기구 등 관련 산업 분야에까지 확대되고 있다. 그러므로 '농업'은 토지와 계절 등 자연을 활용하여 농산물과 축산물을 생산할 수 있는 기술을 습득함은 물론, 저장, 판매, 가공, 농업의 자동화 및 기계화 등의 기술 습득으로 농업에 종사하여 경제적 자립을 하도록 길러 주는 과목이다.

농업의 분야는 매우 광범위하고 지역적 환경에 따라 필요한 분야가 매우 다르므로 지역 여건 및 학습자의 특성을 고려하여 적절하게 내용을 재구성하여 운영하여야 한다.

(2) 목표

농업이 인류의 생존에 필요한 식량 생산을 목적으로 하는 중요한 산업 분야임을 인식시키고 작물 재배 및 가축 사육에 대한 기본 지식과 가공 및 판매, 관련 산업 등 새로운 정보를 제공하여 직업인으로서의 자질과 능력을 갖도록 한다.

- 농업에 관한 기본 지식과 개념을 습득한다.
- 작물의 재배 및 가축의 사육 과정과 기능을 습득한다.
- 작물 재배 및 가축 사육 과정에 필요한 농기구 및 농기계 활용 방법을 습득한다.
- 농산물과 축산물의 판매 및 가공에 대해 알고 활용할 수 있는 능력을 가진다.
- 농업에 종사하는 직업인으로서 바람직한 태도를 가진다.

(3) 내용

영 역	내 용
작물 재배: 일반적 작물 재배 및 관리	• 작물의 재배 환경 • 토양과 양분 • 병충해 관리 • 농기구 및 농기계 • 재배 시설 관리 • 작물의 재배 활동 • 농산물 관리
식량 작물	• 식량 작물의 종류 및 품종 • 식량 작물의 재배
원예 작물	• 원예 작물의 종류와 특성 • 채소 원예 • 과수 원예 • 화훼 원예
경제 작물	• 수경 재배 • 약용 작물 재배 • 버섯 재배
가축 사육: 일반적 가축 사육 및 관리	• 가축의 사육 환경 • 가축의 사육 활동 • 가축의 번식 • 축산물의 관리
사료	• 농후 사료의 종류와 특성 • 조사료의 종류와 특성 • 조사료의 재배 • 조사료의 수확과 관리
가축 사육의 실제	• 소의 사육 • 양돈과 양계 • 양봉과 양어 • 애완동물의 사육

(4) 교수-학습 방법

• 학생의 특성, 학부모의 요구, 지역사회의 특성, 학교의 여건 등을 고려
하여 내용을 재편성하여 운영한다.

- 학생의 특성 및 창의성이 최대한 반영되도록 자기 학습의 기회를 줄 수 있는 활동으로 구성하여 운영한다.
- 학습 내용을 충분히 이해하고 기능을 숙달할 수 있도록 이론과 실습을 병행하여 지도한다.
- 과목의 성격상 노작 활동을 중심으로 하되 발표, 토의, 관찰, 조사, 실습, 견학 등 다양한 학습 활동을 체험하도록 한다.
- 지역 산업 현장의 특수성을 고려한 교육이 가능하도록 산·학 연계 교육이 이루어지도록 한다.
- 학생의 특성에 따라 다양한 학생 중심의 교수 – 학습 방법을 구체적으로 제시한다.
- 다양한 교육 매체를 활용하여 보상적 학습이 가능하도록 한다.
- 실습 재료의 경제적 이용을 강조하여 자원을 절약하고 정리 정돈하는 습관을 갖도록 한다.
- 실습 시간에는 기구 및 실습 장비를 안전하게 다룰 수 있고, 기본 습관이 길러지도록 하고 안전사고 예방에 대한 지도를 철저히 한다.

(5) 평가

- 단순하고 지엽적인 내용의 평가를 지양하고, 교육과정에 제시되어 있는 목표에 대한 성취 수준을 통합적으로 평가한다.
- 평가 항목은 학교의 실습을 위한 시설, 학생의 개인차, 사전 준비 등을 고려하여 제시하되, 작업 속도, 실습 순서, 공구 사용법, 정확도, 재료의 사용, 미관, 안전 수칙 이행, 정리 정돈 등을 포함한다.
- 성취 수준을 설정하고 다양한 도구와 방법으로 성취도를 평가하여 학생의 목표 성취도를 확인한다.
- 실습의 평가는 관점 또는 항목을 사전에 학생들에게 제시하고 실시한다.
- 평가 결과는 학습자의 개인 성찰 기회 및 학습 목표, 학습 지도 방법,

지도 계획 등에 반영하여 전반적인 학습 과정의 보완 및 진로 지도에 활용하도록 한다.

• 평가 결과를 활용하여 교수 – 학습 활동을 개선하여 수업의 질을 향상 시키도록 한다.

3) 직업과 생활

(1) 성격

인간은 누구나 독특한 존재로 태어나서 삶을 추구하며, 존엄한 존재로서 행복한 삶을 영위할 권리를 가진다. 이 행복한 삶은 자아실현을 통해 이룰 수 있으며, 자아실현은 직업과 그 일을 통해 얻을 수 있다. 즉, 나에게 적합한 직업을 선택하여 잘 적응하고 발전시킬 때 자아실현을 할 수 있으며, 비로소 행복한 삶을 살 수 있는 것이다.

그런데 오늘날 산업 기술의 급속한 발달로 사회 구조가 복잡해지고 다양화되면서 직업 영역이 다양한 양상을 띠고 있다. 직업 세계의 변화에 따라 개인의 능력에 따른 이직과 전직 현상이 두드러지고 있는가 하면, 한 직업에서 평생 종사한다는 개념과 생계유지를 위한 직업 선택이라는 생각에서 벗어나 이제는 평생 학습을 통한 직업 적응이 그 어느 때보다도 요구된다. 그래서 학생들의 성공적인 직업 적응을 위해서는 단순한 특정 기술습득의 직업교육에서 벗어나 직업을 선택하고 유지하는 데 필요한 태도나 직업 및 안전 수칙에 대한 이해, 작업 및 일상생활의 문제 해결 및 판단 능력, 대인 관계 등 직업 기술이 필요하며, 직무 습득보다는 직업 적응력, 사회적 기술, 여가 생활 기술 등의 습득에 보다 많은 비중을 두고 교육하여야 한다.

따라서 직업과 생활은 공통 및 선택 중심 교육과정을 이수하는 특수교육 대상 학생 중 중도 · 중복 장애가 있어 선택 중심 교육과정에 있는 '공예'나 '정보 처리' 등 8개의 과목들을 지도하는 데 어려움이 있는 학생과 고등학교 특수학급 학생들의 직업에 대한 인식과 태도, 직업 현장에 대한 적응력을 높이고 사회적 능력의 향상과 자주적인 생활 능력을 길러 주기 위한 과목이다. 직업과 생활 과목의 성격을 구체적으로 제시하면 다음과 같다.

- 지역사회의 통합을 위한 생활과 직업에 필요한 경험을 다양하게 가지도록 하여, 장래 사회인으로 살아가는 데 필요한 기술들을 익히는 기능적 생활 과목이다.
- 직업 생활에 필요한 기초적인 직무 기능의 습득과 함께 태도 및 습관 등 실제적인 내용과 교육 활동을 중시하는 기술 과목이다.
- 다른 교과에서 다루어지고 학습된 여러 분야의 지식과 기능을 서로 연결하고 통합하는 종합 과목이다.
- 학교에서의 생활을 마치고 지역사회에서의 삶을 순조롭게 시작할 수 있도록 적절히 연결해 주는 전환교육 과목이다.

(2) 목표

직업과 생활의 목표는 직업을 선택하고 유지하는 데 필요한 태도나 직업 및 안전 수칙에 대한 이해, 작업 및 일상생활의 문제 해결 및 판단 능력, 대인 관계 등 직업 기술 및 직업 적응력, 독립생활 기술, 사회적 기술, 여가 생활 기술 등의 습득을 통한 자주적인 생활 능력을 길러 그들의 생활 안정과 사회 참여를 통해 보다 행복한 삶을 영위하도록 하는 데 있다.

- 자신의 능력을 바르게 파악하고, 직장인으로서 긍정적인 자아와 바른 가치관 속에서 일과 직업에 대한 건전한 태도를 가진다.
- 직업 생활에 대한 적응력을 배양하고, 다양한 취업 관련 서비스를 활용하여 자신에게 적절한 일을 찾아 직업 생활에 참여할 수 있는 능력을 가진다.
- 행복한 직업 생활을 위한 기본적인 행동과 태도가 습관화되고, 직장 상사 또는 동료와 적절한 상호작용 속에서 안전하게 자신을 관리할 수 있

는 실천적인 태도를 가진다.

• 가정에서의 독립생활 기술을 익혀 의존적인 삶에서 벗어나 보다 안정
적인 생활을 영위할 수 있는 능력을 가진다.

• 지역사회 일원으로서 지역을 위해 협력하고 바르게 생활하는 태도와
능력을 가진다.

• 여가 시간을 건강하고, 의미 있고, 즐겁게 활용하는 능력을 향상시켜
독립적인 사회인으로 건전하게 생활한다.

(3) 내용

영역	내용
진로 탐색	• 삶과 직업의 관계 알기 • 자신의 적성과 흥미 알기 • 직업 정보 인식하기 • 자신의 미래 모습 탐색하기
직업 준비	• 옷차림과 자기 표현하기 • 시간 관리하기 • 취업 관련 정보 획득하기 • 취업 서류 작성과 면접하기
직업 생활	• 지시 수행하기 • 작업 수행하기 • 직업 생활 유지하기 • 안전한 직업 생활하기
가정생활	• 식생활과 의생활 관리하기 • 주거 공간 관리하기 • 가계 자금 관리하기 • 가족 성원 관리하기
사회생활	• 지역사회 자각과 이동하기 • 지역사회 서비스 이용하기 • 시민 권리와 책임 이해하기 • 대인 관계 유지하기

(계속)

	• 여가 활동 이해하기
여가 생활	• 신체 및 정신 건강 유지하기
	• 오락과 취미 활동하기
	• 스포츠와 관람 활동하기

(4) 교수–학습 방법

직업과 생활은 직업에 대한 인식, 태도, 실제 직업 생활 적응, 지역사회 기능 분석에 의한 적응 지도, 지원 고용으로의 연계 등에 중점을 두는 직업 전 교육과 직업 적응에 중점을 둔 과목이다.

특히, 고등학교 특수학급은 3개 과정을 중심으로 운영된다고 볼 수 있다. 첫째, 상급학교 진학을 원하는 학생을 위한 과정, 둘째, 일반고용이나 지원 고용, 보호 고용을 원하는 학생을 위한 과정, 그리고 셋째, 작업 활동이나 기타 일상 활동을 원하는 학생을 위한 과정으로 볼 수 있다. 첫 번째 과정에서는 진학을 위한 프로그램을 운영해야 하겠으나, 두 번째와 세 번째 과정에서는 '직업과 생활'을 비롯한 특수학교 선택 교육과정의 직업 교과를 적극 활용하여야 할 것이다.

또한 직업과 생활은 자주적인 생활 능력과 직업 적응 능력을 보다 심화·향상시키기 위한 과목으로서 실생활에 적용하고 생활화할 수 있어야 하기 때문에 가정생활 및 지역사회와 연계한 현장실습 속에서 보충·심화를 통한 일반화가 이루어져야 한다. 그러기 위해 특수학교나 특성화 고등학교 및 특수 목적 고등학교에 설치된 특수학급은 학교 내에 설치된 시설이나 설비를 최대한 활용해야 한다. 그러나 학교에 직업교육을 실시하기 위한 시설이나 설비의 확보가 어려운 경우, 이 문제를 해결하기 위하여 학교 자체적으로 실습실, 시설 및 설비를 적극적으로 확충하거나 지역사회 내 관련 기관이나 사업체 등과 연계를 통하여 직업교육을 실시하는 방법을 모색해야 한다.

직업과 생활 과목은 장애학생에게 바람직한 직업관을 심어 주고, 직업 생활의 적응력을 최대한 신장시켜 줌과 동시에 지역사회의 완전 통합을 통해 자아실현을 통한 행복한 삶을 영위할 수 있도록 하는 데 중점을 두고 있으며, 이에 대한 세부 사항은 다음과 같다.

- 모든 영역이 실생활 중심의 체험 학습이 되도록 하며 학습한 내용을 실생활에 꾸준히 적용할 수 있도록 지도한다.
- 지역 산업 현장의 특수성을 고려하여 지역사회의 인적·물적 자원을 적극 활용하는 산·학 연계 교육을 실시한다.
- 다양한 교육 매체를 활용하여 보상적 학습이 이루어지도록 한다.
- 다양한 교수–학습 방법을 개발하고, 학생 중심의 교수–학습 방법을 적용한다.

(5) 평가

직업과 생활 과목의 평가는 교수–학습 방법의 개선과 촉진을 위해 적절한 시기에 수시로 해야 한다. 그리고 학생 개인의 능력과 제한성에 관한 포괄적인 정보를 얻어 개인의 직업이나 생활 기능상의 요구를 밝히고 진로 결정 계획 수립을 위한 참고 자료로 사용되므로 보다 다양한 방법으로 이루어져야 한다.

또, 학생 개인의 신체적 기능, 생활 자립 기능, 언어 및 인지 발달의 교육적 기능, 직업에 대한 흥미도, 작업 숙련 정도, 그리고 직업인 및 독립적인 생활인으로서의 태도 및 습관 등에 대한 다양한 평가가 이루어져야 하며, 지식·이해·태도·기능 등을 균형 있게 평가해야 한다. 특히, 행동이나 작업의 결과뿐만 아니라 계획과 과정에 대한 계속적인 평가가 이루어지도록 한다.

- 학생의 장애 정도와 개인차를 고려하여 평가 기준을 정하고, 학생 개개인의 성취도가 평가되도록 한다.

- 평가 방법은 측정하려는 목적에 따라 지필 평가, 관찰, 면담 등에 의한 평가 및 실기 평가, 과제 평가, 수행평가 등의 다양한 방법을 활용해야 하므로 사전에 평가 계획을 세워 실시함으로써 보다 효율적인 평가가 될 수 있도록 한다.
- 실습 평가는 사전 목표에 따른 평가 항목과 기준을 세분화 · 단계화하여 작성함으로써 객관적인 평가가 될 수 있도록 한다.
- 실습 평가는 실습 내용에 대한 이론적인 평가를 지양하고, 실습을 통해 기본적인 개념이나 원리의 이해, 실천적 태도, 준비 과정, 정리 정돈 등 단계별 과정의 평가와 지도 시간 단위별 평가를 실시하여 타당도와 신뢰도를 높여야 한다.
- 부족한 시간, 실습 기자재, 시설 미비 등으로 직업 교과 내용에 충실할 수 없는 단원에 대해서는 가정 학습이나 가정 실습에 대한 평가가 가능하도록 기준을 제시하고 그 결과를 반영한다.
- 평가 결과는 이후의 교수 – 학습 활동 개선에 도움이 되는 자료로 제공해야 하며, 평가 결과 처리와 활동에 관한 지침을 제시할 수 있도록 한다.

4. 직업교육과정 논의

1) 특수교육 교육과정 역사와 직업교육

'특수교육 교육과정'은 2011년 개정 교육과정에서 새롭게 붙여진 이름이며, 그 이전까지는 '특수학교 교육과정'으로 불렸다. 특수학교 교육과정은 1967년 4월 15일 문교부령 제181호인 '교육과정령'에 의하여 제정 · 공포된 이후 계속적으로 개정 · 제정되어 왔다(공보부, 1967). 이 1967년 교육과정령에서는 맹학교와 농학교의 교육과정을 제정하였고, 정신지체 특수학교 교육과정은 1974년 1월 31일 문교부령 제334호인 '교육과정령 중 개정령'에서 초등학교에 한정되어 제정되었다(문교부, 1974). 1983년 말에 문교부 고시로 발표되어 장애 정도에 따른 교육과정 이원화가 이루어지게 되었는데, 훈련 가능 정신지체와 교육 가능 정신지체를 구분하였고, 중학교와 고등학교에서의 교육과정이 제정되었다. 중학교와 고등학교 교육과정은 생활·요육활동·특별활동 영역으로 구분하였으며, 직업교육이 강조되었다(문교부, 1983).

1989년 특수학교 교육과정에서는 1983년 특수학교 교육과정의 중학교 작업과 고등학교 직업이 중학교 작업 활동과 고등학교 직업 준비 활동으로 각각 변경되었다. 또한 과목별로 제시된 교육목표로 중학교 작업 활동은 직업 생활에 필요한 기본적인 작업 태도와 기능을 습득하여 간단한 작업에 즐겨 참여하게 하는 것으로, 고등학교 직업 준비 활동은 직업에 대한 기본적인 지식과 기능을 습득하여 적성에 맞는 직업 생활을 하게 하는 것으로 정하였다.

1989년 교육과정에서는 중학교와 고등학교를 구분하여 각각 작업 활동과 직업 준비 활동 교과를 두고 있으나, 1998년 교육과정에서는 기본교육과정 도입에 따라 중학교와 고등학교를 구분하지 않고 교과로서 직업을 두었다. 기본교육과정 직업 교과는 발달지체 학생이 학교교육을 마친 후 지역사회 구성원으로서 자신의 역할을 다하기 위해 기본적인 사회생활 기능을 익히고, 나아가 직업을 갖기 위한 준비 과정으로서 기초적인 직업 기능을 익히는 데 중점을 두고 있다. 직업 교과의 하위 목표는 직업 활동에 필요한 기초적인 작업 기능과 기본적인 직업 생활 기능을 갖추며, 직업 생활과 관련된 지식과 직무 수행 기능을 길러 맡은 분야의 일을 충실히 수행하며, 직장생활에서 상호 협력하는 태도를 길러 원만한 대인 관계를 가지며 직업에 대한 올바른 이해와 직무에 관한 기본 소양을 갖게 하는 것으로 설정하였다(교육부, 1999a, b).

1998년 특수학교 교육과정에서 정신지체·정서장애 학교에서는 기본교육과정 적용이 원칙이었으나, 직업의 경우에는 기본교육과정 직업과 함께 고등학교 선택 중심 교육과정의 직업 교과를 활용할 수 있도록 하였다. 고등학교 선택 중심 교육과정으로 11~12학년의 직업 교과는 공예, 포장 · 조립 · 운반, 전자조립, 제과, 제빵, 정보처리, 상업 디자인, 이료(시각장애) 등으로 편성되었으므로, 정신지체 · 정서장애 학교에서는 이료를 제외한 7개의 교과 중에서 교원의 조직, 학생의 실태, 학부모의 요구, 지역사회의 실정 및 교육시설 · 설비 등 교육 여건과 환경이 반영하여 선정 · 활용하였다(교육부, 1998).

정신지체 · 정서장애 중학교 교과 수업 시간은 총 782~850시간이며, 그 중에서 직업에 340시간이 배당되어 교과 수업 전체의 최소 40.0%에서 최대 43.6%를 이룬다. 정신지체 · 정서장애 고등학교 교과 수업 시간은 총 816~850시간이며, 그중에서 직업에 408시간이 배당되어 교과 수업 전체의 최소 48.0%에서 최대 50.0%를 이룬다.

2008년 2월 26일 교육인적자원부 고시 제2008-3호(교육인적자원부, 2008)로 발표된 '2008 개정 교육과정'은 새로운 변화를 모색하고 있으나, 큰 틀에서 보면 1998년의 교육과정의 근간을 유지하고 있다. 그러나 1998년 교육과정에서는 크게 정신지체 · 정서장애 학교와 시각장애 · 청각장애 · 지체장애 학교로 구분하였으나 2008년 교육과정에서는 유치원, 초등학교, 중학교, 고등학교로 나누어 각각의 교육 목표를 제시하였다. 이는 1998년 교육과정에서 정신지체 · 정서장애 학교가 기본교육과정을 중심으로 운영하는 방식에서 벗어나 학생들의 수준, 필요, 요구 등에 따라 기본교육과정이나 국민공통교육과정, 선택 중심 교육과정 등으로 편성 · 운영할 수 있도록 한 것이다.

2008년 고등학교 선택 중심 교육과정 직업 교과는 공예, 포장 · 조립 · 운반, 농업, 전자 조립, 제과 · 제빵, 정보처리, 시각 디자인, 이료로 하는 점은 1998년 교육과정과 유사하나 직업과 생활 과목이 추가되었다. 다만, 기본교육과정에서 직업 교과는 고등학교 선택 중심 교육과정 직업 교과 중에서 학교의 여건에 맞는 것을 선택적으로 편성할 수 있도록 하였으며, 직업교육을 주로 하는 고등학교에서는 교육과정 내용과 관련이 있는 다양한 형태의 현장실습을 운영하도록 하였다.

가장 최근에 2011년 특수교육 교육과정이 고시되어(교육과학기술부, 2011a, b, c) 이 교육과정에 따라 교육과정의 목표와 내용, 방법이 적용되고 있으며, 연차적으로 교과용 도서가 개발되어 보급된다. 2008년 교육과정의 직업과는 2011년 교육과정에서 '진로와 직업'으로 교과명이 변경되었다. 또한 2011년 교육과정에서 선택 중심 교육과정 직업교과 중 공예, 제과·제빵, 시각 디자인이 기초 공예, 기초 제과·제빵, 기초 시각 디자인으로 교과명이 변경되었다.

2) 기본교육과정 직업과의 성격

특수학교 기본교육과정은 역사적으로 볼 때 생활, 즉 특수교육 대상자가 학교를 졸업한 후 성인 생활의 기본이 되는 주거 생활, 지역사회 생활, 여가 생활, 직업 생활을 적절히 수행할 수 있도록 지도하는 것을 목표로 설정하였다. 성인으로서의 생활 중 주거 생활, 지역사회 생활, 여가 생활과 더불어 직업 생활로 나아가지 못하면 자립할 수 있는 성인 생활의 요건을 제대로 갖추었다고 보기 어렵다. 그런 측면에서 직업 생활은 주거 생활, 지역사회 생활, 여가 생활을 기반으로 나아가야 할 교육 목표의 하나로 설정되었다.

한편 2008 개정 특수학교 기본교육과정에서는 교과목으로 국어, 사회, 수학, 과학, 음악, 미술, 체육, 실과, 직업 등을 제시하였다. 이러한 교과목들은 발달장애인의 주거 생활, 지역사회 생활, 여가 생활, 직업 생활과 직접적인 관련성을 가지고, 그러한 생활에 기여할 수 있어야 한다. 기본교육과정 개정에서 왜, 무엇을, 어떻게 가르칠 것인가에 대한 계속적인 검토와 노력이 필요하겠으나(윤광보, 2008), 학교의 궁극적 책임 기준은 교육과정이 학생 생활의 모든 측면에서 보았을 때 유용하다는 것을 증명할 수 있어야 한다(Sitlington, Clark, & Kolstoe, 2006).

미국에서는 발달장애인을 위한 교육과정이 기능 중심 교육과정의 강조와 함께 최근에는 교과에 대한 내용이 동시에 강조되면서 이 두 가지가 통합되는 경향이 있으나(Sitlington, Neubert, & Clark, 2010), Whitehead(2004)의 제안처럼 교육과정의 우선순위를 정하여 삶에 필수적으로 요구되는 핵심 내용들을 철저하게 지도하는 것도 교수-학습에서 매우 중요하다. 결국 기본교육과정의 교수 내용을 결정하는 중심적인 원칙의 하나는 기능성(functioning)에 있다(Taylor, Richard, & Brady, 2007). 따라서 기본교육과정 직업과에서는 학생의 졸업 이후 직업 생활과 이를 둘러싼 개인 및 사회생활에 중점을 두어 가르쳐야 할 내용의 우선순위를 두어 선정하고 이를 철저하게 지역사회나 현장을 중심으로 가르치는 생활 중심의 교육과정이 되어야 할 것이다(Greene & Kochhar-Bryant, 2003).

이러한 측면에서 직업 교과의 성격에 대한 예시로, "다른 교과에서 다루어지고 있는 학습된 여러 분야의 지식과 기능을 서로 연결하고 통합하는 종합적 생활교과 형태"(교육부, 1998: 152)를 이루며, "작업 학습은 중학부 교육에 있어서 통합적 학습 전개의 중핵을 이루며"(문교부, 1994a), "정신지체학교의 궁극적인 교육 목표는 장차 학생들의 사회적 복귀와 직업적 자립이

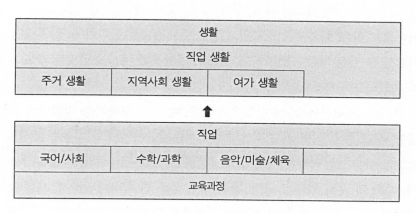

[그림 2-1] 교육과정과 생활의 관련성

다. ……생활 영역의 하위 영역으로 설정된 사회, 언어, 수량, 자연, 건강, 예능 등도 궁극적으로는 사회적 복귀와 직업적 자립을 위하여 필요한 것이다. 따라서 직업은 타 영역의 교육 활동을 기반으로 하는 종합적인 영역으로서의 특성을 가지고 있는 것이다."(문교부, 1994b)

직업 생활이 한 성인으로 삶을 살아가는 과정에서 주거 생활, 지역사회 생활, 여가 생활 등의 기반 위에서 가능하듯이, 기본교육과정 직업과는 다른 과목에서 다루어지고 있는 여러 분야의 지식과 기능을 통합하여 종합적으로 지도함으로써 직업으로 나아갈 수 있도록 교과목의 성격을 정하고 있다.

3) 직종 설정

우리나라 특수학교 직업교육과정은 직종이 명확하게 설정된 경우와 그렇지 않은 경우로 구분할 수 있다. 1983년 고등학교 훈련 가능 정신지체 교육과정에서 직업은 사육재배부, 공예공작부, 자수편물부, 가사부, 판매부 등의 직종으로 하되, 학교의 실정에 따라 필요한 부를 별도로 설정하여 운영할 수 있도록 하였다. 또한 1989년 정신지체 특수학교 교육과정에서 고등학교 직업 준비 활동의 영역으로 사육, 원예, 공작, 수예, 편물, 조립작업, 가사, 판매, 서비스로 하되, 산업체 현장과의 긴밀한 유대관계를 통하여 졸업 후 취업과 직결될 수 있는 직종을 선정하고, 학교와 지역사회 여건에 알맞은 지도 계획을 수립하도록 하였다.

그러나 1998년과 2008년 교육과정에서는 기본교육과정 직업에서 직업 생활, 직업 준비, 직업 기능의 교과목이 마련되고 구체적인 직종을 제시하지 않고 있다. 다만, 직업 기능에서 발달장애인이 종사할 수 있는 음식 조리하기, 화초 및 채소 가꾸기, 조립 작업하기, 물품 판매와 배달하기, 사무 보조하기와 같은 직무들을 교내 실습과 지역사회 실습을 할 수 있도록 정하였다. 또한 정신지체·정서장애 특수학교에서는 기본교육과정 직업 외에 고등학교 2011 선택 중심 교육과정의 직업 교과를 활용할 수 있도록 하였으며, 이 직업 교과에는 기초 공예, 포장·조립·운반, 전자 조립, 기초 제과·제빵, 정보처리, 기초 시각 디자인, 직업과 생활, 이료(시각장애) 등으로 편성되었다. 따라서 정신지체·정서장애 특수학교에서는 1차적으로 기본교육과정의 직업 교과를 교육과정의 자원으로 활용하고 2차적으로 필요하면 고등학교 선택 중심 직업 교과 중 이료를 제외한 8개의 교과 중에서 교원의 조직, 학생의 실태, 학부모의 요구, 지역사회의 실정 및 교육 시설·설비 등 교육 여건과 환경이 충분히 반영되도록 하였다.

그런데 발달장애인의 경우 1980년대 중반부터 기존의 훈련 – 배치 모형에는 한계가 있다는 지적이 있어 왔고, 다양한 연구와 적용을 통하여 지원고용의 배치 – 훈련 모형이 더 적절함이 입증되었다(박희찬, 김종환, 백영배, 박혜영, 2007; 박희찬, 정민호, 김기석, 2005; 오길승, 2003). 또한 1990년대에 우리나라에서도 전환교육 모형의 소개와 학교 현장에의 적용이 시도되어 왔으며, 1998년 교육과정 개정 시 직업교육에 전환교육의 관점이 도입되었다(교육부, 1999b).

이러한 측면에서 볼 때 발달장애학생을 중심으로 하는 특수학교에서 직종에 대한 훈련에 중점을 두어 기술 습득 후 배치를 하기보다는 직종에 대한 훈련을 제한적으로 활용하고 배치 후 현장에서 기술 훈련을 중점적으로 할 필요가 있다. 즉, 발달장애인에게 특정한 직종을 훈련하여 기능을 갖춘 후 사업체에 배치하는 것과 같이 훈련 – 배치 모형에 근거할 것이 아니라 직업에 대한 기본적인 능력과 태도를 함양하고 직업적 능력을 평가하는 자료로 직종의 훈련을 활용할 수 있다는 것이다. 그리고 정신지체·정서장애 특수학교에서 학생이 기본적인 직업 능력과 태도를 갖추도록 하고 직업 적성과 흥미를 파악하여 교내 혹은 지역사회 내 적합한 사업장을 찾아 배치 후 현장실습과 계속적인 지원으로 이어지는 배치 – 훈련 모형으로 나아갈 수 있도록 해야 할 것이다.

5. 기본교육과정 교과용 도서 활용 방안

1) 교과용 도서에 대한 관점 수립

국가에서 고시한 교육과정에 의거하여 발간되는 교과용 도서들을 활용할 경우, 가장 필요하고 중요한 점의 하나는 이러한 교과용 도서들이 국가 수준 교육과정의 철학과 이념을 구현한 교수-학습 자료라는 점이다. 이러한 인식을 바탕으로 직업 교과서를 다양하게 활용할 수 있어야 한다.

교과용 도서들을 활용할 경우에는 기본교육과정의 타 교과들과 직업 교과와의 연계를 중시하여, 관련 과목의 과제들이 함께 지도될 수 있도록 계획해야 한다. 2011년 교육과정 개정에 의하여 개발하는 교과서는 2008년 교육과정 개정 교과서에 비하여 초등학교·중학교·고등학교로 구분되어 발행되며, 창의적 체험활동을 위한 자료들도 상당수 포함하고 있다. 따라서 개발되는 교과용 도서는 중학교 1~3학년군과 고등학교 1~3학년군으로 구분하여 중학교 진로와 직업 교과서는 초등학교 실과와 연계되도록 하고, 고등학교 진로와 직업 교과서는 중학교에서의 내용과 연계되도록 하여 연계성·체계성·반복성·효과성을 높일 수 있도록 운영해야 한다. 또한 학교에서 진로와 직업 교과서로 실제 학생들을 지도할 때에는, 생활 장면을 중심으로 진로와 직업 교과서의 특정 단원을 내용과 수준이 유사 또는 동일한 타 교과의 교과서와 통합하여 사용하여야 한다.

2) 교내 직업 팀 구성 및 학생과 지역사회 특성 고려

학교 내에서 직업 교과에 대한 운영 계획과 교육과정 구체화를 위해서는 교내 직업 부서 혹은 직업 교사 팀이 구성되고 활성화되어야 한다. 직업 팀에서는 국가 수준의 교육과정 중 자신의 중학교나 고등학교 내 각 학년별로 가르치게 될 교육과정의 범위를 결정하고, 이 범위 내에서 학생의 현재 수준을 파악할 체크리스트나 평가 도구를 마련하는 것이 필요하다. 학생의 현재 수준에 대한 평가 결과를 기초로 개별화교육계획에 따라 수업을 진행하며 학년별 연계가 가능할 수 있도록 한다.

직업 교과서에 실린 제재나 학습 활동 등은 학생들의 다양한 수준을 고려하여 구안하였으나, 모든 학생들의 수준을 반영하였다고 하기는 어려우므로 학생들의 다양한 특성을 고려할 수 있도록 교육과정을 운영해야 한다. 즉, 교사는 직업 교과서를 학생 개개인의 능력과 요구에 맞게 적절히 재구성하여 활용해야 한다. 장애학생을 지도할 경우에는 과제를 선택적으로 제시할 필요가 있다. 즉, 능력이 낮은 학생에게는 일부 과제를 생략할 수도 있고, 능력이 높은 학생에게는 보다 높은 과제를 선택하여 적용하도록 해야 한다. 직업 교과서는 이른바 수업을 조정할 수 있도록 융통성이 부여되어 있다.

또한 기본교육과정 교과서에서 전국의 모든 지역사회의 특성을 반영하여 교육하기는 불가능하므로 지역사회의 다양한 특성을 고려할 수 있도록 교육과정을 운영해야 한다. 도시의 학생들이 관심을 가질 만한 내용이나 소재가 농촌 학생들의 관심을 끌 수 있다는 보장이 없다. 특히 특수교육은 학생의 현재 및 미래의 환경 속에서 생태적으로 평가되고 가르쳐져야 할 필요가 있으며, 이는 지역사회의 통합된 성인 생활로 이어지게 된다. 따라서 지역사회의 교통, 산업, 공공시설, 생활방식 등을 반영하여 교과서의 내용을 적절히 수정하고 활용해야 한다.

3) 교과용 도서의 특성 이해

현행 2011년 특수교육 기본교육과정에서는 각 단원별로 2~4개의 제재를 구성한 후, 제재별로 각 활동은 먼저 '기본 학습 내용'을 제시하고, 그 다음 '주요 학습 내용'을 제시하고, '심화 학습 내용'을 제시하며, 각각의 수는 1~3개로 한다. 단원의 마지막에 학습 내용에 대한 평가 또는 정리 활동을 두어 단원을 마무리하도록 하고 있다.

기본 학습 내용은 선수 기능이나 준비 기능을 점검하는 활동으로 선수 학습에 대한 인식이나 역할놀이 등으로 흥미를 끌 수 있도록 구성한다. 주요 학습 내용은 필수적으로 학습해야 할 내용으로 구성하며, 기초 학습 내용과 연계되고 인식 및 적용에 중점을 둘 수 있도록 한다. 심화 학습 내용은 기본 학습 내용을 확대 적용하고 실천할 수 있도록 하며, 학생의 요구와 필요에 따라 심화 방식으로 지도할 수 있도록 구성한다. 이러한 활동의 제시는 현행 교과서에 비하여 활동 수준의 폭이 넓어지는 효과가 있다. 직업의 기본 학습 내용, 주요 학습 내용, 심화 학습 내용의 관계를 그림으로 제시하면 [그림 2-2]와 같다.

직업 교과의 학습 과제들이 학생의 실제 생활에 도움이 될 수 있도록 하기 위해서는 그 과제에 대한 인식과 함께 다양한 활동을 교실이나 학교 내에서 적용할 수 있는 방법들이 모색되어야 한다. 적용을 위한 방법의 예로 모형링이나 역할놀이 등을 들 수 있다. 직업 교과의 지도는 다양한 활동을 중심으로 이루어져야 하고, 이 과정에서 가능한 한 학생들이 참여할 수 있도록 해야 한다. 역할놀이는 장애학생을 대상으로 교육을 수행할 때 사용할 수 있는 효과적인 방법이다.

기본교육과정에서 학습 내용을 교과서에 제시한 가장 대표적인 방법은 글(지문)보다 그림(삽화와 사진 등)이다. 실제 직업과 수업을 진행할 때에는

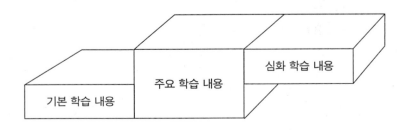

[그림 2-2] 2011년 기본교육과정 진로와 직업 교과의 단원 활동 구성

교과서 분량의 대부분을 차지하는 삽화와 사진을 창의적이고 발산적으로
활용해야 한다. 삽화는 각 단원 혹은 하위 활동들에서 가장 대표적인 장면
을 나타낸 것이므로, 이 삽화를 중심으로 한 전후의 활동을 그려 보는 것이
무엇보다도 중요하다. 삽화를 통해서 활동을 유추하고, 수업 시 수행해야 할
활동으로 나아갈 수 있는 단서로 이해하고, 실제 활동으로 나아갈 수 있도록
지도해야 한다.

4) 적절한 교수-학습 방법의 활용

장애학생이 학습의 과정에서 겪게 되는 여러 가지 어려움 가운데 하나
는 주의 집중력이나 변별력이 떨어진다는 점이다. 따라서 학습 지도의 과
정에서 이들의 동기를 유발하고, 주의를 집중시켜 학습 과제를 효과적으
로 인식시킬 수 있는 다양한 방법이 모색되어야 한다. 그 방안의 한 예로,
교수 자료를 시각화하고 구체화함으로써 과제 내용에 관한 신기성과 친밀
성을 증대시키고 연속적인 주의 집중을 가능하게 한다. 장애학생의 지적
수준과 특성을 살려 구체물 활용하기, 붙임딱지(sticker) 떼어 붙이기, 따라
해 보기, 발표하기, 직접 수행하기 등의 다양한 활동과 실습을 할 수 있도
록 한다.

직업 교과서의 경우, 그 성과가 단순히 학교 자체에 한정되는 것이 아니
다. 학생이 취업을 하고, 고용을 유지하는 과정에 부모의 관심이나 노력이
병행되지 않으면 거의 불가능하다. 아울러 직업에 대한 참관이나 실습은 지
역사회의 직업재활시설, 복지관, 사업체 등과 연계하지 않고는 실현될 수 없
다. 따라서 직업 교과서의 현장 적용과 관련된 내용을 다룰 때에는 반드시
부모의 참여와 관련 기관 간의 협력을 바탕으로 할 수 있도록 계획하고 운
영해야 한다.

5) 직업 및 지역사회 중심 운영

직업 교과의 수업을 통하여 궁극적으로 직업의 세계로 연결되기 위해서는 학교와 관련 기관의 산·학 협동, 사업체에서의 실습, 교내 사업체 운영과 같은 다양한 직업 기반 운영 방안을 모색할 필요가 있다. 학교와 실습장소를 연결하여 학교에서 배운 내용을 교내외 실습 장소에서 실제로 실습을 함으로써 숙달 정도와 적용 가능성을 높이게 된다. 아울러 사업체에서 몇 주 혹은 몇 달간 현장실습의 경험을 통하여 직업 능력에 대한 상황 평가 기회를 가질 수 있으며 실제 취업으로의 연계 가능성도 탐색하게 된다. 그 외에 학교 기업, 통합형 거점 학교 등에서도 직업에 대한 경험을 갖도록 할 필요가 있다(교육과학기술부, 2009).

직업 교과를 통하여 학습한 내용은 궁극적으로 지역사회와 어떻게 연계될 수 있는지 끊임없이 탐색하고 시도해야 한다. 학교에서 가르치는 내용들이 가정이나 지역사회에 적용·실천됨으로써 궁극적으로 지역사회에서 독립적으로 살아갈 수 있는 능력을 배양하게 되는 것이다. 그러므로 교과서의 각 활동을 지도하면서 그 내용이 어떻게 지역사회에서 활용될 수 있으며, 실제로 어떻게 그러한 능력이 배양할 수 있는지 계획하고 구체적으로 실천하기 위한 노력이 필요하다. 2008 개정 교육과정에서는 교내 실습과 함께 지역사회에서의 현장실습을 직업 기능에서 제시함으로써 실습이 강화된 것도 하나의 특징이라고 할 수 있으며, 이러한 지역사회 중심 직업교육 운영은 2011 개정 기본교육과정에서 맥락을 같이하고 있다.

지역사회 중심 교수는 학교 내 학습 기회, 지역사회 중심 기회, 자원봉사 활동, 서비스 학습 등이 있다(Sitlington, Neubert, & Clark, 2010). 학교 내 학습 기회 제공을 위해 교사는 학교 내의 도서관, 식당, 행정실, 교무실, 실습실 등 사용 가능한 학습 기회를 다양하게 제공해야 한다. 특히 교사가 학생을 지역사회로 데리고 나갈 수 없거나 혹은 지역사회로 나가는 횟수가 제한적인 경우에는 지역사회의 환경을 학교로 옮겨 올 수도 있다. 지역사회 중심 기회는 학생이 학업 내용을 실생활 상황에 적용해 볼 수 있는 경험의 기회로서 쇼핑하기, 재료 구매하기, 사무실 방문하기, 직무 참관하기, 직업 탐색하기 등이 있다. 자원봉사 활동은 학생이 학교에서 배운 내용을 집단별 혹은 개인별로 생활에 적용할 수 있는 실행 가능한 대안의 하나다. 서비스 학습은 지역사회에서 필요로 하는 서비스와 학교에서의 교육과정을 통합하는 것으로 지역사회에서 필요한 서비스를 이해할 수도 있고 타인에 대한 배려와 책임감을 배울 수도 있다. 학생은 지역사회에 제공한 서비스를 학교에서의 교과와 연결시키는 활동을 해야 한다.

6) 진로교육의 강화

2011 개정 특수교육 기본교육과정에서는 2008 특수학교 기본교육과정 '직업'이 '진로와 직업'으로 교과목이 명명되어 기존 교육과정에서 중점을 두었던 직업과 함께 진로 지도 영역이 새롭게 추가되었다. 신설된 진로 지도 영역에서는 진로 이해, 진로와 직업평가, 전환교육 설계, 전환교육 수행과 같은 단원이 새롭게 개발되었다. '진로 이해'는 실과 교과의 '나의 진로'와 연계하여 중학교에서도 지속적으로 진로에 관심을 갖게 구성되어 있다. 또한 초등학교에서 중학교로의 진로 과정과 중학교에서 고등학교로의 진로 과정을 이해하고 장차 자신이 하고 싶은 일을 생각해 보게 구성되어 있다. 진로 지도 영역에 대한 기본적인 이해를 할 수 있도록 초등학교에서 중학교로의 진학 과정과 경험을 소재로 활용하도록 구성되어 있다.

'진로와 직업평가'는 좋아하는 일과 잘하는 일을 구별하고 자신의 흥미와 적성을 찾아낼 수 있도록 내용을 구성되어 있다. 또한 교수-학습 활동과 학생 관찰 및 상담을 통하여 학생이 좋아하는 일과 잘하는 일을 찾도록 구성되어 있다. 이를 위하여 학생이 자신의 학습 · 신체 · 심리 기능을 이해할 수 있게 하며 전환교육을 계획하는 기초 자료로 활용하도록 구성되어 있다.

'전환교육 설계'는 전환교육계획의 기본 자료를 준비하고 고등학교 진학 및 전환 성과에 대한 방향을 설정하여 개별화전환교육계획을 준비할 수 있도록 구성되어 있다. 그리하여 학령기 이후 사회로의 전환 성과를 고려하여 고등학교 진학에 대비할 수 있도록 하고 있다. '전환교육계획 보완하기'는 특수학급, 특수학교 고등학교를 알아보고 진학하며 자신의 전환 성과에 대한 구체적인 방향을 설정하여 개별화전환교육계획을 반영한 개별화교육계획을 수립하는 것이다. 학령기 이후 사회로의 전환을 위한 계획 수립 과정에서 자기 결정에 의한 측면을 반영하여 개별화교육계획을 준비하게 하고 있다.

'전환교육 수행'은 지역사회에 있는 관련 기관들을 조사하여 자신의 미래를 설계하고 준비하며 전환교육을 계획하는 기본 자료로 활용하게 하고 있다. '성인 생활 · 취업 · 진학 기관 조사'는 지역사회 내 공동생활가정, 주간보호시설, 직업재활시설, 장애인복지관, 장애인고용공단, 취업 가능 업체, 고등교육기관, 평생교육기관 등을 조사하는 내용을 담고 있다. 자신과 관련 있는 지역사회 내 기관들을 조사하고 이용 가능성에 초점을 두면서 지도할 수 있도록 하고 있다.

제3장
직업평가

1. 개요

평가는 직무 훈련과 배치를 결정하는 데 기반이 되는 정보를 제공하기 때문에 직업 프로그램 및 교육에 중요한 역할을 담당한다. 적절한 직업 훈련 환경의 선택, 교수 방법과 지원 서비스 등은 학생의 요구와 능력에 대한 정확한 정보의 유용성에 달려 있다(Berkell, 1987). 직업 프로그램에서 중요한 문제 중의 하나는 중증장애학생을 평가해야 한다는 것이다(Ditty & Reynolds, 1980). 많은 평가 방법들이 높은 수준의 학생들에게 적합한 데 비해, 중증장애인에게 적용하기에 타당한 도구는 찾아보기 어렵다. 직업평가 기술의 주요 제한점은 단지 이미 관찰된 기능에 있어서의 결함(deficit)을 확인하여 준다는 것이다(Feuerstein & Shalom, 1976). 기존의 직업평가 방법들은 학생의 직업적 가능성보다는 결함에 초점을 맞추기 때문에 학생 및 그들에게 서비스를 제공하는 사람들 모두에게 부정적인 결과를 야기하며, 학생을 서비스 대상에서 배제시키는 결과를 야기할 수 있다.

정보를 수집하기 위한 다양한 방법들이 직업평가에서 사용된다. 면담, 관찰, 지필 검사 등은 일반적으로 사용되어지는 친숙한 방법들이다. 수행평

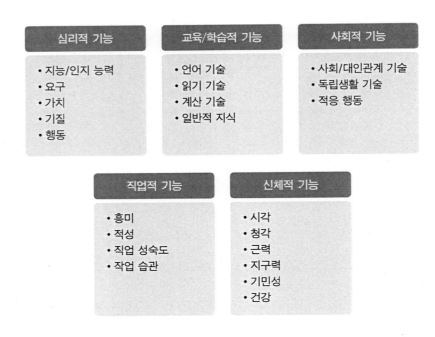

심리적 기능	교육/학습적 기능	사회적 기능
• 지능/인지 능력 • 요구 • 가치 • 기질 • 행동	• 언어 기술 • 읽기 기술 • 계산 기술 • 일반적 지식	• 사회/대인관계 기술 • 독립생활 기술 • 적응 행동

직업적 기능	신체적 기능
• 흥미 • 적성 • 직업 성숙도 • 작업 습관	• 시각 • 청각 • 근력 • 지구력 • 기민성 • 건강

[그림 3-1] 직업평가 영역

출처: Levinson(1994).

가(performance test), 작업 표본과 상황 평가 등도 자주 사용된다(Levinson, 1994). 포괄적인 직업평가는 심리적 · 교육/학습적 · 사회적 · 직업적 · 신체적 기능들의 평가를 아우른다. [그림 3-1]은 각각의 영역에서 수집되는 구체적인 정보들의 목록이다.

직업평가의 목적은 ① 성취 가능한 직업 목표의 결정, ② 이들 목표에 성공적으로 달성하는 데 필요한 구체적인 기술과 행동들의 확인, 그리고 ③ 이 기술들과 행동들을 개발하기 위한 가장 효과적인 교수 방법의 결정이다. 개인이 궁극적으로 기능하는 직장과 삶의 환경에서 요구하는 기술과 행동에 초점을 맞추는 지역사회 – 기반 평가(community–based assessment)는 직업평가에서 추천되는 사항이다(Gaylord–Ross et al., 1985). 평가는 전체적인 직업적 서비스 전달의 부분으로 통합되어야만 한다(Horner, McDonnell, &

Bellamy, 1986). 직업평가는 지속적인 과정이어야 하고, 직업교육과 함께 진행되어야 하고, 구체적인 기술 훈련 프로그램 내에서 사용될 수 있는 정보를 제공해야만 한다. 직업평가는 직업훈련 프로그램에서 학생을 배제하기 위한 선별의 기능보다는 교사에게 교수적 과정을 촉진하기 위한 유용한 정보를 제공할 수 있는 평가의 기능을 담당해야 한다(Berkell, 1987).

특수교육과 직업재활 분야에서의 전문가는 장애학생에게 적용 가능한 직업평가 과정을 재설계할 필요가 있다. 여기서는 직업평가의 개념과 장애학생에게 적용할 수 있는 직업평가 도구들에 대해 살펴본다.

1) 정의

1960년대와 1970년대 초반에는 직업평가와 직업 적응의 개념 간에 많은 혼돈이 있었다(Pruitt, 1986). 이는 한 명의 평가자가 두 분야 모두를 담당하고 직업평가의 종료와 직업 적응의 시작점이 분명하지 않았기 때문이다. 그러나 이 문제는 제10회 재활 서비스 심포지엄(1972)이 직업평가의 정의를 다음과 같이 제시함으로써 해결되었다. "직업평가는 평가와 직업 탐색에 초점을 두고 개인의 직업 개발을 돕기 위한 목적으로 현직 과업이나 모의 과업을 사용하는 체계적이고 종합적인 과정이다. 직업평가의 목적은 의학, 심리학, 사회, 직업, 교육, 문화, 경제적 자료를 종합하여 획득된다."

미국 직업평가 및 직업 적응 협회(Vocational Evaluation and Work Adjustment Association: VEWAA, 1976)는 제10회 재활 서비스 심포지엄 정의를 수정하여, "실제 작업 환경의 특성과 유사한 환경에서 실제 과업이나 모의 과업과 활동을 이용한 특별한 기술과 환경, 일정 기간 이상의 면밀한 관찰과 판단을 요구하는 특별한 형태의 임상평가"라고 하였다.

VEWAA(1983)는 "교육자에게 프로그램 계획 수립의 기초를 제공하고 자신의 직업 잠재력에 대한 통찰력을 제공하는 내담자의 개인 특성, 교육, 훈련, 직업 배치 욕구 판별을 위한 다학문적 팀에 의해 일정 기간 이루어지는 종합적 과정이다."라고 하였다.

미국 재활시설인가위원회(Commission on Accreditation of Rehabilitation Facilities: CARF, 1987)는 "개인의 직업 목표를 판별하기 위한 체계적이고 조직적인 기초를 제공해 주는 프로그램 혹은 서비스로 내담자의 장단점, 작업 환경 내 행동을 나타내며, 재활 프로그램 수립에 요구되는 특별한 조언이다."라고 하였다.

좀 더 최근에 Dowd(1993)는 "일반적으로 다학문적 팀이 참여하는 일정 기간 동안 수행되는 포괄적인 과정으로 개인의 특성, 교육, 훈련과 배치 요구의 확인과 개인의 교육 프로그램의 계획과 직업적 가능성에 대한 통찰력 (insight)을 제공하는 데 기초를 제공하는 것을 목적으로 한다."라고 정의하였다.

이 정의들을 종합해 볼 때, 직업평가의 정의는 "작업을 주된 평가 요소로 하여 개인의 직업 잠재성을 측정하는 개별화된 과정이다."라고 할 수 있다 (박희찬 외, 2010).

2) 목적

직업평가는 내담자의 일반적인 취업 가능성 혹은 직업 태도, 직업 행동, 가치관 등의 직업인성요인을 측정하고, 직업 기능, 능력, 적성과 같은 직업 기술을 결정하며(Gellman, 1968) 개인의 능력과 인내력에 대한 종합적인 정보를 제공한다(강위영, 이상진, 1997; Klein, Wheaton, & Wilson, 1997). 직업재활의 성공은 직업재활 과정을 촉진시키는 변인들을 적합하고, 신뢰성 및 타당성 있게 평가할 수 있는 능력에 의해 결정되며, 이러한 평가는 모든 전문적 활동의 기초가 된다(Frey, 1984).

직업평가의 초점은 고용 가능성과 배치 가능성을 포함하는 내담자의 직업에 대한 준비도 측정에 있으며, 평가 결과를 통해 내담자는 직업 배치와 유지에 필요한 조건들을 인식하게 된다(Power, 1991). 직업평가의 목적은 내담자의 직업 선택과 고용 가능성에 대한 정보를 수집하는 것이다. 직업 평가에서 얻어진 정보는 ① 내담자의 직업재활 서비스 적격성 판정, ② 내 담자의 취업 지원에 요구되는 서비스 혹은 활동에 대한 계획 수립, 그리고 ③ 내담자 자신의 능력과 직업에 대한 통찰력 증대와 적합한 직업 선택에 쓰인다.

미국의 1986년 재활법 개정안은 적격성 판정에서 내담자의 지체장애 혹 은 정신장애가 직업재활 결과에 미치는 영향, 내담자가 직업재활 서비스로 얻는 이익과 확대 평가의 여부를 결정하는 사전 진단 연구가 필수적이라고 규정하고 있다. 내담자는 직업평가 과정에 적극적으로 참여하여 직업 탐색 의 기회를 얻고, 자신의 직업 능력에 대해 이해하며 합리적인 진로를 선택하 게 된다. 내담자가 직업평가의 목적을 보다 잘 이해할수록 자신의 능력, 기 능 및 잠재력을 보다 잘 인식하게 되며, 결국 현실적인 직업 이상을 가진다.

직업평가는 단순히 내담자의 작업 기능을 평가하는 것이 아니라 다양한 영역의 기능을 측정함으로써 적합하고 효율적인 직업재활 서비스를 제공하 고, 내담자도 자신의 능력을 발견하고 제한점을 인식하여 직업재활에 적극 적으로 참여하여 가장 만족스러운 직업을 선택하고, 동시에 고용주가 만족 하게 됨으로써 직업 유지 가능성을 높이는 것이라 할 수 있다.

직업평가의 목적은 평가 환경과 장애 유형 및 그 정도에 따라 변화한다. VEWAA Project(1976)는 직업평가의 목적과 목표를 다음과 같이 말하였다. "첫 번째 목적은 내담자 개개인에 적합한 결과를 판별하는 것이며, 이 결 과는 경쟁 고용부터 완전한 타인 의존까지를 포함한다. 두 번째 목적은 내 담자의 기능적 능력과 장애를 판별하는 것으로, 직업평가는 종합적이고 이 차적인 서비스까지 포함한다. 세 번째 목적은 최적의 결과 획득에 장애가 되는 기능적 장애를 극복하는 데 필요한 서비스를 판별하는 것이다. 네 번 째 목적은 내담자의 기능적 장애를 최소화하는 것으로, 이는 직업평가의 치료적 기능이며, 내담자의 태도, 행동 및 수행에 긍정적인 변화를 유발시 킨다."

Loftquist와 Dawis(1969)는 '긍정적이고 현실적인 태도는 직업에서의 성공 가능성과 높은 상관관계를 가진다'라고 하였으며, Pierson과 Crimando (1988)는 직업평가가 내담자의 직업 인성을 치료하는 '치료적 계획'의 기초가 된다고 하였다.

내담자에 대한 이러한 긍정적 측면 이외에 직업재활 상담자와 직업평가사는 직업평가를 통해 얻은 객관적이고 현실적인 내담자의 직업 능력 정보를 기초로 적격성을 판정하고, 보다 적합한 개별화 성문재활 프로그램(Individualized Written Rehabilitation Program: IWRP)을 개발하고 비용과 시간을 절감하여 경제성을 높이며 내담자의 취업 가능성을 향상시키게 된다(박희찬 외, 2010).

직업평가는 장애인의 직업재활 서비스 과정에서 초기에 실시되는 과정이다. 직업평가는 현실적, 객관적, 과학적이고 논리적이어야 하며, 한 개인에 대한 총체적인 측면을 고려해야 한다.

2. 인지평가

1) 지능의 개념

먼저 지능검사가 무엇을 측정할 수 있으며 무엇을 측정할 수 없는지를 이해하는 것이 중요하다. 특정 검사에서 일련의 자극에 대한 아동의 반응에 따라 획득되는 지능 지수(IQ)는 종종 잘못 인식되고 과잉 일반화되어 왔다. 지능검사는 학업 성취도에 관한 비교적 우수한 예언자다. IQ는 성취도 검사 점수와 특히 상관이 높은 반면, 사회적·가정적·직업적 기술과 같은 학습 영역 외에서의 수행에 관한 우수한 예언자는 되지 못한다. 무엇보다도 아동의 문화적 배경과 경험 측면에서 그 아동이 가졌던 학습 기회 및 이전의 학습 자료가 지능검사에서의 수행에 중대한 영향을 미친다는 것을 상기해야 한다.

　심리학자들과 교육자들은 오랫동안 지능의 정의에 대한 합의점에 도달하지 못했다. 지능이 단일 능력인지 아니면 복합 요인이나 능력으로 이루어진 것인지는 지난 60년 동안 논쟁의 초점이 되어 왔다. 가장 널리 사용되는 두 가지 지능검사의 저자인 비네(Binet)와 웩슬러(Wechsler)는 지능을 다면적이고 복합적인 일련의 능력으로 이해했다. 그러나 그러한 검사가 포괄적인 점수(IQ)를 산출하기 때문에 지능은 단일화된 종합 능력으로 강조되고 있다(권요한 외, 2009).

　스피어먼(Spearman)은 여러 가지 검사들 간의 상관계수가 큰 값에서 작은 값으로의 순서에 따라 모든 검사에 공통되는 일반 요인(general factor: g 요인)과 개개의 검사에 특유한 특수 요인(specific factor: s 요인)이 있다고 주장하였다. 모든 지적 활동의 바탕에는 공통적으로 존재하는 g 요인과 상호 독립하여 개개의 지적 활동에 관여하는 s 요인이 존재한다는 것이다. 그리고 개인차는 있으나 모든 사람은 g 요인을 가지고 있으며, g 요인이 지적 활동에서 기본적인 것이다(김삼섭, 2005). 스피어먼은 g 요인이 문제 해결과 고차원적인 사고 처리와 관련된 반면, s 요인은 특정 검사 또는 직무에만 한정된다는 것을 주장했다. 그는 또한 g 요인이 모든 직무에 대해 작용할 수 있기 때문에 g 요인을 정확하게 측정할 수 있는 지능검사의 개발을 주장했다(권요한 외, 2009). 그러나 g 요인만으로 전체적인 지적 활동이 이루어지는 것은 아니며, 상황에 따라서는 s 요인이 작용한다. 예를 들면, 공부를 잘하는 것은 아니지만 피아노만큼은 뛰어난 재능을 가지고 있는 경우라 하겠다(김삼섭, 2005).

　지능에 대한 평가는 내담자를 위한 직업재활 계획을 개발하는 데 유용하지만, 특히 고용 훈련을 포함하는 지능검사의 선택을 둘러싼 몇 가지 문제점이 있다. 지능은 추론적인 구성 개념이며, 어떤 행동이 검사 항목으로 평가되는지를 평가자가 결정지어야 한다. 또한 검사의 선택 시 신중함이 필요하며, 지능검사에 대한 평가자 훈련이 선행되어야 한다.

2) 지능평가 도구

(1) 웩슬러 아동용 지능검사 4판(WISC-Ⅳ)

WISC-Ⅳ(Wechsler Intelligence Scale for Children-Ⅳ)는 '웩슬러 아동용 지능검사 3판(Wechsler Intelligence Scale for Children-Ⅲ)'(Wechsler, 1991)을 2003년에 개정한 것으로 진단용 지능검사다. 검사 대상은 6세 0개월부터 16세 11개월까지의 아동이다. 15개의 소검사로 구성되어 있으며, 각 소검사 점수들은 평균 10, 표준편차 3의 척도점수로 환산된다. 각 합산척도의 경우 평균 100, 표준편차 15인 분포를 따른다. WISC-Ⅳ는 WISC-Ⅲ에 있던 소검사 3개를 삭제하였고, 두 가지 IQ(언어성과 동작성) 구조를 더 이상 사용하지 않는다. 대신, 새로운 소검사 5개(공통그림찾기, 순차처리, 행렬추리, 선택, 단어추리)를 추가하였으며, 전체검사 IQ와 4개의 지표 점수를 제공한다. 특히, 여러 임상 연구에서 가장 중요한 인지능력으로 강조하고 있는 처리속도와 작업기억, 유동적 추론 등을 측정하기 위한 소검사와 지표들이 추가되거나 개선되어 지적 영역에서의 영재, 정신지체, 인지적 강점과 약점 등을 포함하는 전반적인 인지기능에 대한 포괄적인 평가가 가능하다.

'웩슬러 유아용 지능검사(Wechsler Preschool and Primary Scale of Intelligence: WPPSI)'를 우리나라에서 표준화한 '한국웩슬러유아지능검사(K-WPPSI)'(박혜원, 곽금주, 박광배, 1996)도 개발되었다. 이 검사는 3세에서 7세 3개월 사이 아동의 지능을 측정할 수 있다.

최근에는 WISC-Ⅳ를 우리나라 설정에 맞게 수정·보완하여 표준화한 '웩슬러 아동 지능검사 4판(Korean-Wechsler Intelligence Scale for Children-Ⅳ: K-WISC-Ⅳ; 곽금주, 오상우, 김청택, 2011)이 개발되었다. 이 검사는 한국 웩슬러 아동 지능검사 3판(K-WISC-Ⅲ; 곽금주, 박혜원, 김청택, 2001)의 개정판으로 전반적인 지적 능력(즉, 전체검사 IQ)은 물론, 특정 인지 영역에서의 지적 기능을 나타내는 네 가지 합산점수를 제공한다. 언어이해지표의 소검사는 공통성·어휘·이해·상식·단어추리로 구성되어 있으며, 지각추론지표의 소검사는 토막짜기 · 공통그림찾기 · 행렬추리 · 빠진곳찾기로 구성되어 있다. 작업기억지표의 소검사는 숫자 · 순차연결 · 산수로 구성되어 있으며, 처리속도지표의 소검사는 기호쓰기 · 동형찾기 · 선택으로 구성되어 있다.

(2) 한국판 웩슬러 성인지능검사(K-WAIS)

K-WAIS(Korean Wechsler Adult Intelligence Scale)의 대상은 16~74세 청소년과 성인이며, 평균 점수 100, 표준편차 15다. 신뢰도와 타당도가 높으며 검사 영역은 총 11개 영역이다. 크게 언어성과 동작성 영역으로 나뉘는데, 언어성 영역은 기본 지식(information) · 이해(comprehension) · 산수(arithmetic) · 공통성(similarities) · 숫자(digit span) · 어휘(vocabulary)의 6개 영역으로 구성되어 있고, 동작성 영역은 바꿔 쓰기(digit symbol) · 빠진 곳 찾기(picture completion) · 도안 짜기(block design) · 차례 맞추기(picture arrangement) · 모양 맞추기(object assembly)의 5개 영역으로 구성되어 있다.

(3) 국립특수교육원 한국형 개인 지능검사(KISE-KIT)

KISE-KIT(Korea Institute for Special Education-Korea Intelligence Test for Children)는 우리나라의 역사적 · 문화적 전통을 반영하고 사회경제적 수준에 적합한 한국형 지능검사를 개발하기 위해 국내외에서 많이 활용하고 있는 개인 지능검사를 분석하여 지능의 측정 요인과 측정 방법을 추출하여 지능검사의 모형을 개발한 다음, 그에 따라 구성한 것이다. KISE-KIT의 특징은 다음과 같다.

첫째, 우리의 역량과 노력에 의해 한국형으로 개발하였다. 둘째, 지능검사의 모형은 메타분석(meta-analysis)을 통해 개발되었다. 셋째, 동작성 및 언어성 검사가 모두 포함된 검사다. 넷째, 우리의 전통과 문화, 그리고 동양의 지혜를 반영하였다. 다섯째, 지능검사는 총점이 산출되는 고전적 심리측정 이론에 의존하였다. 여섯째, 장애학생의 접근이 용이하도록 쉬운 문항도 포함시켰다. 일곱째, 아동 및 청소년용 검사로 5세부터 17세 11개월을 적용 대상으로 개발하였다.

개발 모형에서 제시된 요인들을 측정하기 위해 다양한 소검사를 개발하였는데, 개발된 소검사는 〈표 3-1〉과 같이 동작성과 언어성 검사로 구분되는 12개 검사다. 〈표 3-1〉의 구성 내용 중 동작성 검사의 '손동작' 검사와 언어성 검사의 '수 기억' 검사는 보충 검사다. 이러한 보충 검사는 동작성 검사와 언어성 검사에서 각각 특정의 검사를 수행할 수 없는 경우에 대체할 수 있는 검사다. 따라서 KISE-KIT는 12개의 소검사로 구성되어 있지만, 실제 검사를 실시할 때는 보충 검사 2개를 제외하고 동작성 검사 5개와 언어성 검사 5개를 실시하도록 구성되어 있다. 하위 검사 점수는 평균 10, 표준편차 3이며, 전체 점수는 평균 100, 표준편차 15다(국립특수교육원, 2002).

표 3-1 KISE-KIT의 구성 내용

동작성 검사	언어성 검사
① 그림 배열	① 낱말 이해
② 이름 기억	② 계산
③ 칠교 놀이	③ 낱말 유추
④ 숨은 그림	④ 교양
⑤ 그림 무늬	⑤ 문제 해결
⑥ 손동작(보충 검사)	⑥ 수 기억(보충 검사)

(4) 카우프만 아동용 지능검사(K-ABC)

K-ABC(Korean Kaufman Assessment Battery for Children)의 적용 연령 범위는 2.5~12.5세다. 하위 검사 점수는 평균 10, 표준편차 3이고, 개별 검사 및 종합 검사의 표준 점수는 평균 100, 표준편차 15다. 구성은 순차 처리와 동시 처리의 인지 처리와 습득도다. 인지 처리 하위 검사에는 마법의 창 · 얼굴 기억 · 손동작 · 그림 통합 · 수 회생 · 삼각형 · 단어 배열 · 시각 유추 · 위치 기억 · 사진 순서가 있으며, 습득도 하위 검사에는 표현 어휘 · 인

물과 장소 · 산수 · 수수께끼 · 문자 해독 · 문장 이해가 있다. 산출 점수는 평균 10, 표준편차 3의 하위 검사 점수와 개별 검사 및 종합 검사의 평균 100, 표준편차 15의 표준 점수다(문수백, 변창진, 2008).

최근에는 K-ABC-Ⅱ(Kaufman Assessment Battery for Children-Ⅱ)를 우리나라 실정에 맞게 수정 · 보완하여 표준화한 카우프만 아동용 지능검사 2판이 2014년 출시될 예정이다.

3. 적응행동 평가

1) 개념

적응행동은 환경의 자연적 · 사회적 요구에 대응하는 개인의 효과성과 관련된다. 적응행동(adaptive behavior)이란 "일상생활을 하는 데 필요한 개념적 · 사회적 · 실제적인 모든 기술"(Luckasson et al., 2002)을 의미한다. 연구들은 작업 환경에의 적응과 적응행동의 높은 상관을 보고하고 있다(La Greca, Stone, & Bell, 1983). 비록 모든 전문가들이 적응행동의 검사가 학생을 위한 교육 프로그램 전에 실시되어야만 한다는 것에 동의하지만, 검사들이 가지고 있는 문제점 또한 상당 부분 존재한다. 예를 들어, 대부분의 적응행동 검사 도구들이 적절하게 표준화되지 않았고, 심리측정학적 문제인 신뢰도와 타당도 문제가 존재한다. 그러나 최근에 이러한 문제를 해결하기 위한 연구들이 꾸준히 보고되고 있다.

사회화 및 자기보호와 같은 많은 적응 기술 영역들은 지역사회 안에서의 삶과 직업적 성공을 위해 중요하다. 직업 실패의 주요한 원인은 고용주 및 동료와 상호작용하는 데 필요한 사회적 기술의 부재인 것으로 보고되고 있다(Becker, Widener, & Soforenko, 1979; Schalock & Harper, 1978). 특히 연구자들은 성격 문제, 반사회적 행동, 낮은 사회적 자존감 그리고 사회적 수용력의 부재를 직업 실패의 주요 요인들로 보고하고 있다.

지역사회 적응 기술 수준은 직업에 어느 정도 준비가 되어 있는지를 가늠하는 초기 척도일 뿐만 아니라, 장래의 직업적 성공을 예측하는 중요한 지표가 된다. 또한 중증 및 최중증 정신지체인의 직업재활 잠재력은 가능성의 문제라기보다는 적응성의 문제라는 것이 강하게 제기되고 있다. 훈련을 할 때 정확하고 충분한 시간이 주어지며, 적절한 훈련 자원들이 주어질 때 정신지체인도 매우 다양하고 유용한 직업적 행동들을 배울 수 있을 것이다.

발달장애인의 지역사회 적응 기술 수준을 평가하여 현재의 수준과 장단점을 파악하고 각 내담자의 수준에 적합한 교육 및 훈련 프로그램을 제공하는 과정은 평가 그 자체에도 의미가 있을 뿐만 아니라 평가 후 각 개인에게 적절한 개별 훈련 계획이 제공되기 때문에 그 의의가 크다고 할 수 있다(이달엽, 노임대, 2005).

2) 도구

(1) 국립특수교육원 적응행동 검사(KISE-SAB)

KISE-SAB(Korea Institute for Special Education-Scales of Adaptive Behavior)는 개념적 적응행동 · 사회적 적응행동 · 실제적 적응행동 검사로 전체 검사가 구성되어 있다. 개념적 적응행동 검사는 언어 이해 · 언어 표현 · 읽기 · 쓰기 · 돈 개념 · 자기지시 등 6개 소검사로 구성되어 있으며, 사회적 적응행동 검사는 사회성 일반 · 놀이 활동 · 대인 관계 · 책임감 · 자기존중 · 자기보호 · 규칙과 법 등 7개 소검사로 구성되어 있다. 그리고 실제적 적응행동 검사는 화장실 이용 · 먹기 · 옷 입기 · 식사 준비 · 집안 정리 · 교통수단 이용 · 진료받기 · 금전 관리 · 통신수단 이용 · 작업 기술 · 안전 및 건강 관리 등 11개 소검사로 구성되어 있다. 적용 연령은 정신지체 학생의 경우 5~17세까지를 대상으로 적용하고, 일반학생의 경우 만 21개월부터 17세까지를 적용하도록 개발하였다. 검사 소요 시간은 약 40분 정도다. KISE-SAB

는 피검자를 대상으로 실시하는 검사가 아니라 피검사자를 6개월 이상 관찰하여 피검사자의 특성과 행동을 제대로 파악하고 있는 부모나 교사 등의 정보 제공자를 대상으로 실시하는 검사다. KISE-SAB의 개념적 적응행동 지수·사회적 적응행동 지수·실제적 적응행동 지수 및 전체 적응행동 지수는 모두 평균이 100이고, 표준편차가 15인 표준 점수로 전환한 편차 지수다(국립특수교육원, 2003).

(2) 지역사회적응 검사(CIS-A)

CIS-A(Community Integration Skills-Assessment)는 정신지체인이나 발달장애인의 지역사회 통합 적응 기술을 검사하고, 이를 바탕으로 교육 훈련 및 재활 계획 수립에 필요한 정보를 제공하기 위해 개발된 개인용 검사다. 구체적인 목적은 ① 피검자의 지역사회 적응 수준 평가, ② 적응행동의 장단점 파악, ③ 지역사회 통합교육과정과의 연계를 통한 훈련 계획서 작성, ④ 직업적 성공 가능성의 예측을 위한 자료 수집, ⑤ 진로지도와 직업재활 목표 설정 및 계획 수립의 기초 자료 제공, 그리고 ⑥ 적응 기술 훈련의 진보와 성과 측정이다.

이 검사는 그림을 이용하여 적응 기술을 평가하도록 제작되었으며, 검사의 특징은 다음과 같다.

- 검사의 평가 내용은 발달장애인이 지역사회 내에서 통합된 형태로 살아가는 데 가장 필수적인 적응 기술을 중심으로 구성되어 있다.
- 대규모의 표본 집단을 바탕으로 표준화되었으며, 우리나라에서는 처음으로 그림을 이용하여 적응 기술을 평가하도록 제작하였다.
- 검사 결과를 활용할 수 있도록 일련의 체계를 갖추고 있다.
- 검사의 교육과정은 지역사회 적응 기술과 관련된 내용을 구체적이고 실제적으로 제시하고 있다.

지역사회적응 검사의 구성은 〈표 3-2〉와 같다.

표 3-2 지역사회적응 검사의 구성

영역	하위 요인	문항 수 (총 164문항)	내용
기본 생활	1. 기초 개념	17	개인의 자조능력을 비롯하여 개인, 가정, 지역사회에 적응하는 데 필요한 기초적 생활 기술
	2. 기능적 기호와 상징	18	
	3. 가정 관리	17	
	4. 건강과 안전	17	
사회 자립	5. 공공 서비스	17	독립적으로 사회생활을 유지하는 데 필요한 기술
	6. 시간과 측정	19	
	7. 금전 관리	19	
직업 생활	8. 직업 기능	21	직업 관련 지식과 대인 관계 및 여가 생활 기술
	9. 대인 관계 및 여가	19	

환산 점수의 합을 통해 얻은 적응 지수는 평균이 100이며, 표준편차가 15인 표준 점수로 변환된다. 지역사회적응 검사는 '지역사회 통합교육과정'이라는 추후 훈련 프로그램을 함께 제공하여 실제 교육현장에서 손쉽게 적용할 수 있다는 장점이 있다(이달엽, 김동일, 박희찬, 2004).

(3) 적응행동 검사 (SIB-R)

SIB-R(Scales of Independent Behavior-Revised)은 미네소타 대학의 '장애 아동 지역사회 통합을 위한 연구소'에서 Robert Bruininks와 다른 학자들에 의해 1996년에 제작되었다. SIB-R은 가정, 학교, 직장, 지역사회에서의 기능적 독립성과 적응 기능을 측정하기 위해 미국에서 고안된 것으로, 개인별 표준화된 규준지향 검사도구(norm-referenced assessment)다.

우리나라 실정에 맞게 수정 · 보완하여 표준화한 한국판 적응행동 검사(K-SIB-R)는 운동기술, 사회적 상호작용 및 의사소통 기술, 개인생활 기술 및 지역사회 생활 기술의 4개 범주 아래, 14개의 하위척도로 이루어진 259개의 독립적 적응행동과 문제행동 문항으로 나뉘어 있다. 적응행동은 4점 척도(0점에서 3점까지)로 평가하고 문제행동은 '예' '아니요'로 답한 후 빈도(0점부터 5점까지)와 심각성(0점에서 4점까지)으로 평가하도록 되어 있다. 이 검사는 개인의 적응력 및 특정 환경에서의 기능적 독립성의 정도를 구체화하여 지능검사와 연관하여 적응행동 수준을 평가하고 개별 차에 대한 판단을 가능하게 하여 서비스, 배치 및 교수·훈련 목표 설정에 적합하다.

4. 흥미평가

1) 개념

흥미는 일반적으로 어떠한 유형의 활동에 종사하고자 하는 경향 혹은 욕구를 의미한다. 즉, 흥미는 대상, 활동, 경험 등에 대해 계속적으로 그것에 몰두하거나 아니면 그것을 그만두려고 하는 행동 경향으로 정의된다. 직업 흥미란 일반적인 흥미와는 달리 수많은 여러 가지 직종 가운데 어떤 특정한 직장에 대하여 호의적으로 수용적인 관심 및 태도를 갖는 것을 말한다(이달엽, 노임대, 2005).

흥미는 대표적인 정의적 특성으로서 각 개인에 따라 차이가 있고, 경험을 통하여 학습할 수 있으며, 인지적 특성과 관련성이 있다. 또한 흥미는 선천적 요인에 의한 영향을 받기도 하고 후천적으로 길러질 수도 있다. 학습이나 작업 등은 그에 대한 개인의 흥미가 있을 때 자발적 동기에 의해 이루어질 수 있지만 흥미가 없을 때에는 학습이나 작업의 효과를 증진시킬 수가 없기 때문에, 무엇보다도 흥미 유발이 선결 조건이라 할 수 있다(Athansou & Cooksey, 2001).

이처럼 인간 행동의 방향과 강도를 결정하는 중요한 정의적 요인인 흥미

중에서도 직업흥미는 그 의미가 더욱 크다. 직업흥미란 여러 가지 다양한 특정 직업 내지 직업군과 이에 관련 있는 활동에 대한 선호를 말한다. 직업흥미는 직업의 선택, 직업의 지속, 직업에서의 만족감, 직업에서의 성공 등과 관련 있으며, 직장 생활에서의 능률 및 직무 만족 등과 밀접한 관계를 가지고 있다(김삼섭, 2001; 정명현, 전미리, 2001). 일의 능률과 성공을 위해서는 일의 능률과 관련이 있는 인지적 요인뿐만 아니라, 일에 대해 흥미를 느끼고 그 일에 대한 보람 · 즐거움 · 행복감 등을 가져다주며, 일에 대한 의미를 느끼게 하는 요인인 정의적 요인도 같이 조화를 이루어야 한다(이현주, 1998).

직업흥미는 직업 선택 시 능력이나 성격과 같은 다른 심리적 변인들보다 더 중요한 것으로 여겨져 왔다(Sharf, 1970). 최근에는 중증장애인의 직업적 성공에 관해 선호하는 직무에 배치하는 것은 무엇보다도 중요하다는 주장이 제기되고 있다(Morgan, Gerity, & Ellerd, 2000). 일반인의 경우도 직업흥미가 직업적 성공에 미치는 영향이 크지만, 특히 정신지체인과 같은 중증장애인의 경우는 직업흥미가 절대적 영향을 미친다. 다시 말하면, 일반인은 직업흥미가 다소 떨어지더라도 보수 등 근무 여건이 좋으면 직업적 성공을 거둘 수 있다. 그러나 중증장애인의 경우는 아무리 근무 여건이 좋다고 하더라도 그 직업에 대한 흥미가 없으면 직업적 성공을 기대하기 어렵다. 그래서 정신지체인을 비롯한 중증장애인의 직업재활에서 직업흥미는 직업적 성공에 영향을 미치는 중요한 요인으로 간주된다(임경원, 박은영, 김삼섭, 2005).

개인의 직업 성공을 위해서는 직업에 관한 흥미, 즉 직업흥미를 올바르게 파악하여야만 한다. 직업흥미란 어떤 관심을 가지고 지속적으로 계속하려는 경향성을 의미하는 것으로, 긍정적인 직업흥미는 직업 만족도와 밀접한 관련이 있다. 즉, 직업흥미는 직업 생활의 지속적인 유지와 생산성의 극대화를 도모하고, 직업에 대한 만족과 보람을 갖게 하는 중요한 요인이라고 할 수 있다(신상현, 2001).

개인의 직업 만족과 직업 적응에서 흥미는 종종 적성보다도 더욱 중요하게 고려된다. 즉, 어떤 사람이 아무리 특별한 직업에 높은 적성을 보인다 하더라도 흥미가 없는 직업을 이어갈 수는 없는 것이며, 이러한 흥미에 접근하는 방식에는 표현된 흥미 · 행동화된 흥미 · 검사된 흥미 등 세 가지가 있다(Power, 1991). 이에 대해 자세히 살펴보면 다음과 같다.

첫째, 표현된 흥미란 어떠한 직업, 과제, 활동 및 사물과 같은 자극에 대해 좋아한다고 언어적으로 표현하는 것이다. 예를 들면, 초기 면접에서 내담자에게 흥미가 무엇인지를 질문함으로써 판별되는 흥미를 말한다. 표현된 흥미는 내담자의 경험, 사회, 문화, 가족 환경, 대중매체의 영향, 자아개념, 경제력 그리고 직업 세계의 경향과 변화에 따라 영향을 받는다. 초기 면접에서는 내담자가 특정 직업 목표를 선택한 이유와 그 직업에 대한 정보를 가지고 있는지를 알아내는 것이 중요하다. 때로는 내담자가 직업 목표는 세웠으나 그 직업에서 요구하는 직무에 대해 알지 못하는 경우도 있다. 혹은 부모나 가족의 영향을 받아 부모의 직업을 따르거나 부모의 기대에 부응하기 위해 직업목표를 결정하기도 한다.

둘째, 행동화된 흥미는 다른 사람들에 의해 관찰될 수 있는 과제, 직업 및 활동에 참여하는 것으로 증거가 드러난다. 시간을 요구하지만 가장 정확한 방법으로 흥미검사에서 높은 점수를 얻은 영역에 알맞은 작업표본 평가 혹은 현장 평가를 사용하여 보완적으로 측정될 수 있다. 평가 과정에서 내담자의 긍정적 · 부정적 행동이 관찰되는데, 부정적 행동은 내담자의 태도나 동기의 문제 혹은 평가되는 작업에 대한 흥미의 결여에 기인할 수 있다. 평가자는 내담자의 읽기 수준에 알맞은 흥미 검사를 선택해야 하며, 규준은 내담자의 교육 수준, 현재 혹은 과거의 직업 경력에 가장 근접하는 규준을 선택해야 한다.

셋째, 검사된 흥미란 여러 가지 심리검사 도구들을 통한 객관적 접근 방법들에 의해 측정되는 흥미다. 흥미의 측정 방식에 따라 분류하는 이유는 종종 개인이 표현하는 흥미는 전문가가 판단하는 흥미와 크게 차이를 보일 수 있으며, 개인의 주관적 흥미와 객관적 흥미가 다를 수 있다는 점이다. 검사된 흥미는 표현된 흥미와 같은 경우가 많은데, 이는 대부분의 흥미 검사가 자기보고 형식으로 구성되기 때문이다. 검사자는 내담자가 가장 높은 점수를 획득한 흥미 영역에 관심을 기울여야 하지만 내담자가 다른 영역에 대한 탐색을 할 수 있도록 도와주어 내담자가 스스로 자신의 직업 목표를 바꾸거나 다른 흥미 영역에 대한 인식을 높일 수 있도록 하여야 한다(이달엽, 노임대, 2005).

2) 도구

장애인을 위한 직업흥미 검사는 많지 않으나, 국외에서 장애인을 대상으로 사용하고 있는 직업흥미 검사로는 홀랜드 자기흥미검사(The Self-Directed Search: SDS), 광역 흥미의견검사(Wide Range Interest and Opinion Test), 비언어성 직업흥미검사(Reading Free Vocational Interest Inventory), 직업 탐색지침(Guide for Occupational Exploration), 쿠더 직업흥미검사(Kuder Occupational Interest Survey), Geist 그림흥미검사 등이 있다. 이 중에서 국내에서 개발되거나 타당도가 검증된 도구를 중심으로 살펴보고자 한다.

(1) 청소년 직업흥미검사

청소년 직업흥미검사는 2000년 한국고용정보원에서 직업적 흥미 발견, 진로/직업 설계, 직업흥미에 적합한 학과/직업 정보 제공을 위해 개발하였으며, 온라인(www.work.go.kr)에서 실시가 가능하다. 청소년 직업흥미검사는 전 세계적으로 진로 · 직업 상담 장면에서 가장 많이 활용되고 있는 홀랜드(Holland) 흥미이론에 기초하여 제작되었다. 이 검사는 개인의 흥미를 보다 넓은 관점에서의 일반 흥미 유형과 이보다 좁고 구체적인 측면에서의 기초 흥미 분야로 나누어 단계적으로 측정하고 있다.

총 문항 수는 204문항이며, 활동 70문항, 자신감 63문항, 직업 71문항으로 구성되어 있다. 일반 흥미 6개 유형과 기초 흥미 13개 분야를 측정한다. 일반 흥미 유형은 R(현실형), I(탐구형), A(예술형), S(사회형), E(진취형), C(관습형)이다. 기초 흥미는 일반 흥미 유형보다 더 다양하고 구체적으로 세분화된 기초 흥미 분야에 대한 정보를 제공하고, 또한 개인의 흥미 분야에 대한 폭넓은 이해를 위해 기초 흥미 분야 대표 직업 및 학과 목록도 제공한다.

활동 척도는 다양한 직업 및 일상생활 활동을 묘사하는 문항들로 구성되어 있으며, 해당 문항 활동을 얼마나 좋아하는지 혹은 싫어하는지의 선호를 측정한다. 자신감 척도는 활동 척도와 동일하게 직업 및 일상생활 활동을 묘사하는 문항들로 구성되어 있으며, 다양한 문항의 활동들에 대해서 개인이 얼마나 잘할 수 있다고 느끼는지의 자신감 정도를 측정한다. 직업 척도는 다양한 직업명의 문항들로 구성되어 있으며, 각 문항의 직업명에는 해당 직업에서 수행하는 일에 관한 설명이 함께 제시된다. 검사의 신뢰도는 내적합치도 계수 0.9 이상으로 나타났으며, 타당도도 확인되었다.

(2) 홀랜드 자기흥미검사(Holland Code Test)

홀랜드 자기흥미검사는 개인의 성격 유형과 환경과의 관계에 관한 직업행동 이론인 유형론을 바탕으로 개발되었다. 직업적 욕구를 가진 개인이 직업상담자와 여러 차례의 상담을 통하여 자신에게 적절한 직업을 찾아가는 과정을 가상하여 평가 대상인이 직접 검사를 실시·채점·해석할 수 있도록 고안되었다. 검사의 각 부분은 홀랜드가 기술한 여섯 가지 성격 유형과 환경적 모형(현실적, 연구 분석적, 예술적, 사교적, 도전적, 집단적)을 대표하는 문항들을 포함하고 있다. 홀랜드의 이론에서는 내담자가 일하게 될 직업 환경이 그의 성격과 일치한다면 내담자는 선택한 직업에 대해 더 많은 경험적 성공과 안전성 및 만족감을 얻게 될 것이라고 주장하고 있으며, 이러한 내용이 검사의 기본 바탕을 이루고 있다. 직업평가 대상이 자신의 점수에 의하여 요약 코드가 만들어지면, 직업 종류 중 자신에게 해당되는 직업을 찾게 된다. 직업분류지는 156종의 직업이 요약 코드별로 배열되어 있으며(Holland, 1985), 우리나라에서도 「SDS 자기탐색검사」라는 명칭으로 번안되어 사용하고 있다(안창규, 안현의, 2000).

(3) 쿠더 직업흥미검사(Kuder Occupational Interest Survey)

쿠더 직업흥미검사에서는 옥외 활동 · 기계 · 계산 · 과학 · 설득 · 예술 · 문학 · 음악 · 사회봉사 · 사무 등과 같은 10개 영역에 대한 흥미 정도를 '가장 좋아하는-가장 덜 좋아하는'의 강제 선택으로 측정한다. 문항을 구성할 때 내용 타당도의 차원에서 문항들을 집단으로 묶었는데, 한 척도 안에서 내적 일관성이 높으면서도 다른 척도와는 상관이 낮은 문항들만을 선정하였다. 초등학교 6학년 정도의 읽기 수준이므로 누구나 할 수 있는 검사다(한국장애인고용촉진공단, 2003).

(4) 광역 흥미의견검사(Wide Range Interest and Opinion Test)

광역 흥미의견검사는 Jastak(1978)이 개발하였으며, 피검자의 읽기 능력이 필요하지 않는 비언어성 그림흥미검사다. 1문항당 3개의 그림이 150문항에 제시되어 총 450개의 그림으로 구성되어 있다. 피검자는 검사의 각 문항에 제시된 3개의 그림 중에서 가장 선호하는 것과 가장 싫어하는 것을 선택하게 된다. 결과는 18개의 직업군과 흥미 영역에 대하여 표준 T 점수로 주어진다. 비언어성 검사이므로 읽기 능력이 부족한 지적장애인에게 유용한 도구이다. 흥미 영역에는 예술, 문예, 음악, 드라마, 판매, 관리, 사무직, 개인서비스, 공안직, 사회봉사, 사회과학, 생명과학, 수리, 기계, 기계조작 등이 포함되어 있다.

(5) Geist 그림흥미검사(Geist Picture Interest Inventory)

Geist 그림흥미검사는 언어에 장애를 갖는 사람들이 흥미를 평가하기 위하여 개발된 검사로서 모두 세 가지 종류의 직업 활동을 보여 주는 44장의 그림카드로 구성되어 있다(Geist, 1979). 남자의 경우는 11가지 영역(설득 · 사무 · 기계 · 음악 · 과학 · 옥외 · 문학 · 계산 · 예술 · 사회 서비스 · 각본)에 대한 흥미를 평가하도록 되어 있으며, 여성의 경우는 개인 서비스 영역이 추가되어 모두 12개의 흥미 영역을 평가하게 된다. 피검자가 스스로 채점을 할 수

있고 시간제한이 없으며, 개인 검사와 집단 검사가 가능하다. 읽기에 장애가
있다면, 그림의 지시사항과 질문 내용을 검사자가 읽어 주고 선택하게 하는
방법도 가능하다. 각 흥미 영역에 표시된 원을 모두 합하여 원점수를 얻고
이를 다시 T 점수로 환산하여 개인의 흥미 프로파일을 구한다(한국장애인고
용촉진공단, 2003).

(6) 비언어성 직업흥미검사(Reading-Free Vocational Interest Inventory: RFVⅡ)

RFVⅡ는 읽기 능력에 제한이 있는 중증장애인의 직업흥미를 효과적으로
검사하기 위한 도구로, 특정 직업군에서 나타나는 동질적인 활동 내용들을
그림으로 구성하여 그 선호도를 측정한다. 이 검사는 정신지체인, 학습장애
인 및 발달 장애인이 주로 선호하고 또한 그들이 할 수 있는 11가지 직업 영
역(자동차 · 건물 관리 · 사무 보조 · 동물 사육 · 식당 서비스 · 간병 · 원예 · 가사 ·
대인 서비스 · 세탁 · 자재 관리 및 운반)에 관한 그림으로 표현되어 있다. 3개
의 그림을 1조로 하여 총 55조로 구성되어 있는데, 대상자는 3개의 그림으
로 된 직업 활동 중에서 자신이 가장 좋아하는 활동을 선택하도록 되어 있
다([그림 3-2] 참조).

검사 후 결과에 대한 내용을 대상자와 상담하여 결과의 타당도를 높이
는 과정을 통해 직업흥미 영역에서 직업을 탐색하는 것이 바람직하다. 지능
이 높아도 심리적인 위축이나 자기 지향성이 적은 대상자는 뚜렷한 직업흥
미 영역이 나타나지 않을 수 있다. 또한 평가 실시 과정에서 한 위치만을 계
속해서 선택하는 경우 의도적으로 왼쪽, 가운데, 오른쪽 그림을 모두 보도록
해야 한다(Becker, 2000).

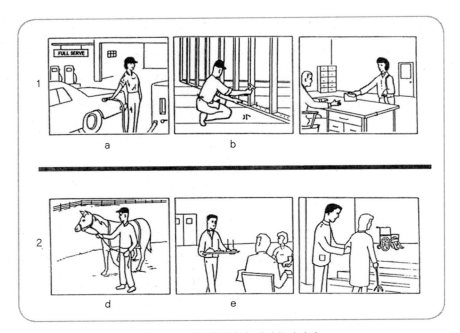

[그림 3-2] 비언어성 직업흥미검사

출처: Becker(2000).

(7) 그림직업흥미검사(Pictorial Vocational Interest Test)

우리나라에서는 직업흥미를 파악하기 위해 지필 검사가 주로 사용되고 있으나, 이 검사들은 일정 수준의 읽기 능력과 지적 능력이 요구되기 때문에 정신지체인과 일부 청각장애인에게 적용하는 데 한계가 있었다. 이러한 점을 보완하고 정신지체인과 청각장애인의 직업흥미를 파악하기 위하여 그림 직업흥미검사를 개발하였다([그림 3-3] 참조).

지적장애인용 그림직업흥미검사(PVIT)는 언어성 직업흥미검사에 필요한 지적능력이나 문장이해력 또는 의사소통능력에 제한이 있는 사람의 직업흥미를 측정하기 위한 검사로 지적장애인들의 직업교육 및 진로지도를 위한 기초자료를 제공하고, 직업 선택 및 취업 알선을 위한 직업평가 자료의 일환으로 활용하는 데 목적이 있다.

이 검사는 검사 자극물에 대한 지적장애인의 이해도를 높이기 위해 2003년

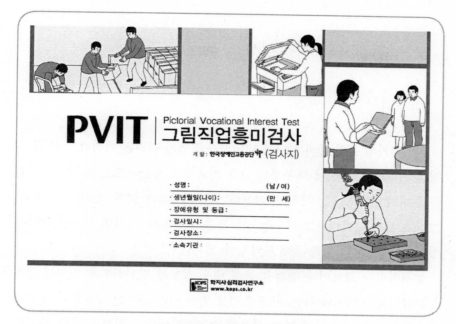

[그림 3-3] 그림직업흥미검사

출처: 학지사 심리검사연구소(2013).

에 제작된 기존 그림직업흥미검사를 기초로 개선되었다 . 또한 변화하는 산업 환경을 고려한 새로운 직업영역 및 직무활동을 추가하고, 직업흥미에 대한 다양한 해석의 틀 도입하는 등의 내용이 보완되었다. 테스트 문항 5개와 6개의 직업영역(서비스, 제조, 음식, 세탁, 청소, 임농)에 대한 각 5문항(총 30문항), 3개의 활동영역(운반, 정리, 조작)에 대한 각 6문항(총 18문항) 그리고 개인 – 집단영역(5문항)과 실내 – 실외영역(5문항), 일관성 문항(5문항)의 총 63문항으로 이루어져 있다. 개별 혹은 4인 이내 집단으로 실시하며 소요시간은 약 20분이다.

5. 성취검사와 적성검사

1) 개념

직업평가의 목적 중의 하나는 내담자가 직업과 관련된 자신의 강점 및 약점을 이해하고, 동시에 대부분의 고용 기회에서 일반적으로 요구되는 사항들을 파악하도록 돕는 것이다. 이러한 요구 사항들은 읽기, 쓰기, 지각 능력, 그리고 지시를 이해하고 다루는 능력들을 포함한다. 이러한 기술과 능력은 성취검사와 적성검사를 통해 파악될 수 있다.

성취검사는 교육이나 경험을 통해 배운 정보를 평가하도록 고안되었다. 성취검사들은 학교나 다른 공공 훈련을 받은 이후 습득한 내용들과 취업에 필요한 능력을 평가하기 위해 사용될 수 있다. 이러한 정보를 통해 적합한 직업을 선택하고 원하는 직업 분야에 진입하기 위해 어느 정도의 훈련이 필요한지 탐색할 수 있다. 성취검사의 주요 평가 영역은 언어적 기술과 수리적 기술이다. 언어적 성취 능력은 읽기나 철자법에서 나타난다. 수리적 성취에서는 수 세기, 수학 기호를 읽기, 계산하기와 같은 요인들이 관련 직업을 효율적으로 수행하는 데 필요하다(박자경, 김종진, 이승복, 2005).

적성은 미래의 어떤 직업이나 분야에서 일을 수행하거나 학습을 할 수 있는 개인의 능력을 구분하는 특성을 의미한다. 적성검사는 주어진 활동을 성취하는 것을 학습할 수 있는 잠재력을 측정하도록 제작된 검사다. 넓은 의미의 적성이란 지능, 적성, 흥미, 도덕, 신체적 특성 등을 포괄하는 특정 직업 영역에 대한 수행 능력을 가리킨다. 반면, 좁은 의미의 적성이란 적성 이외에 지능, 성격, 흥미 등 일체를 제외하고 특정 직업에 직결된 수행 능력을 일컫는다.

적성검사는 특수 적성검사와 종합 적성검사로 분류할 수 있다. 특수 적성검사의 일부인 직업 적성검사에는 기능, 지식, 자격 요건, 건강 상태 등 내담자가 실제로 가지고 있는 직무 수행 능력을 잠재적 능력이나 가능성의 측면에서 적성을 찾아내는 것이다. 특수 적성검사는 주로 기계, 사무, 예능과 같은 단일 능력을 측정하기도 한다. 종합 적성검사는 몇 가지 직업이나 직업과 관련된 활동에 관계하고 있는 여러 개의 하위 검사로 구성되어 있다(이달엽, 노임대, 2005).

2) 도구

(1) 일반적성검사(General Aptitude Test Battery: GATB)

GATB는 미국 훈련 및 고용 서비스(United States Training and Employment Service)의 직업상담 프로그램에 사용될 목적으로 고안된 집단 검사이며, 지방 정부의 고용서비스를 통해 제공된다. GATB를 통해 추론 · 수학 · 언어 발달의 현재 수준을 탐색하고 시장성이 있는 기술과 필요한 구직 행동을 보여 줄 수 있다. 또한 적절할 경우 좀 더 현실적으로 직업에 대한 기대를 발전시키도록 지원하고, 따라서 가능한 훈련 수준이나 훈련 능력을 제안해 줄 수 있다. GATB로 측정할 수 있는 적성은 다음의 아홉 가지다(박자경, 김종진, 이승복, 2005).

① 일반 학습 능력: 지시나 기본적인 원리를 이해하는 능력, 추론하고 판단하는 능력. 이러한 능력은 학교에서 성적이 좋은 것과 밀접하게 관련되어 있음

② 언어: 단어의 의미와 단어와 관련된 생각을 이해하고 이를 효과적으로 사용할 수 있는 능력, 언어를 이해하는 능력, 단어 간의 관계를 이해하는 능력, 전체 문장과 절을 이해하는 능력, 정보나 생각을 명확하게 나타내는 능력

③ 수리: 계산을 빠르고 정확하게 하는 능력

④ 공간: 공간에서 형태를 파악하고 입체적인 물체와 평면과의 관계를 이

해하는 능력, 2차원이나 3차원의 물체를 시각화하는 능력, 기하학적 형태를 시각적으로 생각할 수 있는 능력

⑤ 형태 지각: 물체·그림이나 도표 자료에 잘 맞는 세부 사항을 파악하는 능력, 시각적인 비교를 하고 차이를 알아내고 물체의 모양이나 음영에서 미세한 차이를 찾아내는 능력

⑥ 사무적 지각: 언어나 표로 만들어진 자료에서 관계있는 부분을 지각하는 능력, 복사본에서 차이를 발견하는 능력, 단어나 수를 교정하는 능력, 수 계산에서 지각적 오류를 범하지 않는 능력

⑦ 운동 협응: 속도가 있는 정교한 움직임에서 눈과 손, 손가락을 빠르고 정확하게 협응하는 능력, 움직임을 빠르고 정확하게 하는 능력

⑧ 손가락 재능: 손가락을 움직이고 손가락으로 작은 물체를 빠르고 정확하게 조작하는 능력

⑨ 손 재능: 손을 손쉽고 기술 있게 움직이는 능력, 손을 가지고 작업하는 능력

(2) 청소년 적성검사

이 검사는 중학교 2학년부터 고등학생까지를 대상으로 한다. 여러 직업들의 직무 수행에서 요구되는 직업적 능력을 측정하여 청소년의 적성 능력에 적합한 직업을 탐색해 주는 검사다.

중학생용 적성검사는 8개 적성 요인을 기준으로 적성에 적합한 직업과 학문 분야를 안내해 주기 위한 검사다. 검사소요시간은 약 70분이다. 적성 요인은 언어능력, 수리능력, 공간능력, 지각속도, 과학능력, 색채능력, 사고유연성, 협응능력이다.

고등학생용은 10개의 적성 요인과 15개의 하위 검사로 구성되어 있다. 측정 요인은 언어능력·수리능력·추리능력·공간능력·지각속도·과학원리·집중능력·색채능력·사고유연성·협응능력이다. 하위 검사는 어휘 찾기·주제 찾기·낱말 분류·단순 수리·응용 수리·문장 추리·심상 회

1 적성요인에 따른 홍길동님의 능력

적성요인	수준	능력설명
언어능력	최상	다양한 단어의 의미를 정확히 알고 글의 내용과 글쓴이의 의도를 정확히 이해할 수 있습니다.
수리능력	최상	간단한 계산을 빠르고 정확하게 할 수 있으며 주어진 상황으로부터 적절한 공식을 유도하여 문제의 답을 정확하게 도출해낼 수 있습니다.
추리능력	최상	주어진 문장을 논리적으로 재배열하고 주어진 상황에 대한 정보를 정확히 해석하여 올바른 답을 도출해낼 수 있습니다.
공간능력	최상	물체를 회전시키거나 재배열했을 때 변화된 모습을 빠르고 정확하게 상상할 수 있습니다.
지각능력	최상	서로 다른 사물들간의 유사점이나 차이점을 빠르고 정확하게 지각할 수 있습니다.
과학능력	최상	기계의 작동원리나 사물의 운동원리를 정확히 이해할 수 있습니다.
집중능력	중상	작업을 방해하는 자극이 존재하면 정신을 한 곳에 집중하는 데 대체로 어려움을 느낍니다.
색채능력	상	연속선 상에 있는 색들의 관계를 정확히 유추할 수 있습니다.
사고능력	최상	주어진 상황에 대해 짧은 시간 내에 서로 다른 아이디어를 많이 개발해 낼 수 있습니다.
협응능력	최상	눈과 손을 함께 사용하여 빠른 시간 내에 정확하게 작업할 수 있습니다.

2 검사점수의 해석

변환점수	142	128	126	138	128	145	100	117	145	145
백분위	99	97	96	99	97	99	50	87	99	99
수준	최상	최상	최상	최상	최상	최상	중상	상	최상	최상

구분	언어 능력	수리 능력	추리 능력	공간 능력	지각 능력	과학 능력	집중 능력	색채 능력	사고 능력	협응 능력

3 직업분야의 판정

직업분야 판정은 개인의 적성요인별 수준을 54개 직업군에서 요구하는 능력기준표준점수와 비교하여 개인의 능력에 적합한 직업분야를 추천합니다.

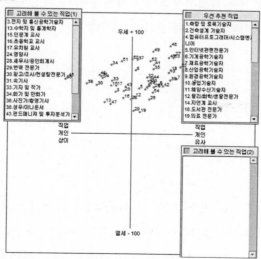

[그림 3-4] 청소년용 적성검사 결과 일부 예시

출처: 고용노동부 워크넷(www.work.go.kr).

전 · 부분 찾기 · 문자 지각 · 기호 지각 · 과학 원리 · 색채 집중 · 색상 지
각 · 성냥개비 · 선 그리기다. 적성 능력에 적합한 직업 분야와 학과를 추천
하고 희망 직업에서 요구하는 적성 능력 수준과 본인의 적성 수준을 비교하
여 보여 준다. 검사 실시에 소요되는 시간은 약 80분이며, 고용노동부 워크
넷 홈페이지(www.work.go.kr)에서 컴퓨터로 실시할 수 있다.

검사 결과에 대한 예시의 일부는 [그림 3-4]와 같다.

(3) 성인용 직업적성검사

성인용 직업적성검사는 11개 적성 요인의 16개 하위 검사로 구성되어 있
으며, 약 80분가량 소요된다. 적성 요인은 언어력 · 수리력 · 추리력 · 공간
지각력 · 사물 지각력 · 상황 판단력 · 기계 능력 · 집중력 · 색채 지각력 · 사
고 유창력 · 협응 능력이다. 하위 검사는 어휘력 · 문장 독해력 · 계산력 · 자
료 해석력 · 수열추리 1 · 수열추리 2 · 도형 추리 · 조각 맞추기 · 그림 맞추
기 · 지각 속도 · 상황 판단력 · 기계 능력 · 집중력 · 색 혼합 · 사고 유창력 ·
기호 쓰기다. 성인용 직업적성검사는 적성 분야와 적성 수준을 파악하여 적
합한 직업을 안내해 주기 위해 고안된 검사다.

6. 작업표본 평가

1) 개념

작업표본이란 실제 직무 혹은 직무표본에서 사용되는 과제나 유사한 과
제를 수행하기 위한 재료와 도구들을 사용하는 능력을 검사하기 위해 고안
된 모의 작업 혹은 작업 활동이다(Brolin, 1982). 미국 직업평가 및 직업적응
협회(VEWAA)는 작업표본을 "실제 직업이나 직업군에서 사용되는 것과 유
사하거나 동일한 과제, 재료 및 도구를 포함한 한계가 분명한 직업활동"으

로 정의하였다. 작업표본은 경도장애학생의 직업 적성, 작업자 특성 및 직업 흥미를 평가하는 데 사용될 수 있지만, 중도장애학생에게는 그 사용이 제한적일 수 있다(Stodden, Casale, & Schwartz, 1977).

작업표본을 통한 평가는 보다 구체성이 있기 때문에 직접적인 평가 결과를 얻을 수 있으며, 내담자의 동기 유발을 강하게 촉진시키는 장점이 있다. 실제의 작업에 쓰고 있는 재료, 도구, 기계 및 공정을 사용하도록 한 작업 과제를 표본으로 추출하여 준비하고 그 과제 수행을 평가 도구로 하여 작업결과의 양적 · 질적인 면에서 파악하고 관찰한다. 작업표본은 여성의 화장품 샘플처럼 기능은 같으나 실제보다 크기가 축소되어 있는 것으로 생각할 수 있다.

작업표본 평가는 구체적이고 적절한 직업적 시험, 직업 배치 상황을 연결하는 직업적 탐구 과정 방법과 상담 관계 형성 등 내담자와 상담자 사이의 상호작용 도구로서 빈번히 사용되기도 한다(Thomas, 1999). 작업표본 평가는 재활시설과 기타 서비스 기관에 있는 내담자에 대해 심리검사의 한계를 보완할 수 있기 때문에 널리 활용되고 있는 것으로 이해된다(이달엽, 노임대, 2005).

2) 도구

(1) 재능평가 프로그램(Talent Assessment Program: TAP)

TAP은 미국의 직업적성 평가 분야에서 수년간 인정받아 온 프로그램으로, 특히 서비스 영역에서의 작업에 대한 기능 평가를 목적으로 개발되었다. 이 검사는 10개 하위 검사로 이루어져 있으며 '실제' 도구와 '실제' 작업을 통해 각 개인의 기능 성향과 장점을 빠르고 효과적으로 측정할 수 있다. 또한 컴퓨터 소프트웨어를 통해 가능한 직업을 찾을 수 있다. 도구의 구성은 〈표 3-3〉과 같다.

표 3-3 TAP 세부 항목

번호	항목	번호	항목
1	세부 구조의 시각화 (Visualizing Structural Detail)	6	큰 물체 다루기 (Handling Large Materials)
2	크기와 모양 분류 (Sorting-Size & Shape)	7	작은 도구 사용하기 (Using Small Tools)
3	색 분류 (Sorting-Color)	8	큰 도구 사용하기 (Using Large Tools)
4	촉각에 따른 분류 (Sorting by Touch)	9	흐름도의 시각화 (Visualizing Flow Paths)
5	작은 물체 다루기 (Handling Small Materials)	10	세부 구조의 기억 (Memory for Structural Details)

과제 1번 세부 구조의 시각화와 과제 7번 작은 도구 사용하기의 과제 시작 전 세팅과 시작 자세는 [그림 3-5]와 [그림 3-6]과 같다.

[그림 3-5] 세부 구조의 시각화
준비(왼쪽)와 시작(오른쪽)

[그림 3-6] 작은 도구 사용하기
준비(왼쪽)와 시작(오른쪽)

(2) Valpar 작업표본 시리즈

Valpar 작업표본 시리즈는 산업재해 장애인의 직업 능력 평가를 위해 개발되었으나, 지금은 정신지체인을 비롯하여 청각장애인, 고용 근로자 등 여러 집단에 사용할 수 있도록 개정되었다. 이 작업표본은 특정 직무에만 국한된 작업 특성보다 일반적인 작업 특성을 측정할 수 있도록 표준화된 작업평가 도구다. 즉, 여러 직업 분야에서 성공의 기본 지표가 되는 작업자 특성(worker characteristics)을 측정할 수 있도록 개발되었다. 이 도구는 수행하는 데 흥미가 있기 때문에 피검자의 동기를 쉽게 유발할 수 있다. Valpar 표본 작업은 전 세계의 재활시설, 특수학교, 병원, 작업장, 기업, 개인 사무소 등의 기관에 보급되어 있다. 현재 이 시리즈에는 〈표 3-4〉와 같은 17개의 작업표본이 포함되어 있다.

표 3-4 Valpar 세부 항목

번호	항목	번호	항목
1	소공구	10	삼차원 측정
2	크기 변별	11	눈-손-발의 협응
3	숫자 분류	12	납땜과 점검
4	동작의 상한 범위	13	금전관리
5	사무 이해 및 적성	14	동료와의 협동 작업
6	독자적 문제 해결	15	전기회로와 활자 읽기
7	다차원 분류	16	제도
8	모의 조립	17	직업 준비도 평가
9	전신 동작 범위		

(3) VITAS

VITAS는 직업적 흥미와 기질 그리고 적성 시스템이라는 의미의 영문자 Vocational Interest, Temperament and Aptitude System의 첫 글자로 구성된 조합 단어로서, 미국 노동부에서 1965년에 발간한 『직업명 사전(Dictionary of Occupational Titles: D.O.T)』 제2권에 제시된 15가지 작업자 특성군 배열(Worker Trait Group Arrangements: WTGAs)과 관련 있는 21개의 작업표본들로 구성되어 있다(〈표 3-5〉 참조). VITAS는 원래 교육적으로나 문화적으로 혜택받지 못한 남녀를 주 대상으로 만들어진 것으로, 12년 이상의 교육을 받은 신체장애인이나 정신지체인을 대상으로 만들어진 것은 아니다. VITAS는 각 개인이 대표적인 각 작업자 특성군 배열과 비교해서 만족할 만한 수행을 하거나 수행하는 것을 배울 수 있는 잠재력을 가지고 있는지를 측정하기 위해 만들어졌다. 대부분의 내담자들은 하루 4시간씩 3일 정도 소요하면 작업표본 평가를 모두 받을 수 있다(오길승, 변경희, 1997).

표 3-5 VITAS 세부 항목

번호	항목	번호	항목	번호	항목
1	나사, 볼트 및 워셔 조립	8	못과 나사못 분류 I, II	15	은행 출납
2	성냥갑 포장	9	파이프 조립	16	교정 작업
3	타일 분류 및 무게 달기	10	글자 정리	17	임금 계산
4	헝겊 견본 대조	11	자물통 조립	18	인구조사 면접
5	번호 대조	12	회로판 검사	19	스포트 용접
6	천 조각 다림질	13	계산 작업	20	실험실 보조
7	가계부 조립	14	전화 메모받기	21	제도 작업

(4) 맥캐런 다이얼 시스템(McCarron-Dial System: MDS)

MDS에서는 장애인의 직업 능력을 예측하는 언어-공간-인지·감각·운동·정서·통합-대응 등 다섯 가지 신경심리적 요인들을 찾아내어 이러한 요인들을 표준화된 도구들과 척도로 측정하였다(McCarron & Dial, 1976). MDS의 평가 영역은 〈표 3-6〉과 같다. 정신지체, 뇌성마비, 뇌병변 및 학습장애가 있는 장애인과 같이 신경심리적 범주와 관련이 있는 장애인의 경우에 MDS를 활용한 평가가 실시된다. MDS의 한 하위 검사인 신경근육발달 검사는 운동 요인을 검사하는 도구로 지필 검사가 아닌 동작성 검사이며, 소근육과 대근육 운동의 발달 정도를 평가하는 도구다(박희찬, 김정일, 2006). 상자 구슬 담기·막대 구슬 꿰기·손가락 두드리기·너트 볼트·막대 밀기 등의 소근육 운동 5개와 손의 힘·손-코-손·제자리 멀리뛰기·발붙여 걷기·한발서기 등의 대근육 운동 5개, 총 10개 하위 검사로 구성되어 있다.

정서관찰척도(Observational-Emotional Inventory: OEI)는 교육과 직업 잠

재성에 방해가 되는 정서 행동들을 관찰하고 측정하기 위한 '틀'을 제공한다. OEI는 학교나 작업장에서의 평가 대상자의 행동을 관찰하는 상황 평가 도구다. 5일 동안 각 문제 행동의 발생 빈도를 체계적으로 기록한다. 이 평가 방법은 높은 신뢰도 0.95를 보여 주며, 수정을 필요로 하는 문제 행동 확인에 유용하다. OEI의 목적인 교육 현장이나 작업장에서의 평가 대상자 정서와 대응 행동에 관한 유용한 정보를 제공하는 것이다. OEI에 포함된 요인들은 장기간 신경심리장애인들과 함께 일한 임상적 경험 위에서 설정되었다. 각 요인은 충동성 · 불안 · 우울 – 위축 · 사회화 · 공격성 · 현실감 부재 · 자아개념이다. 각 요인에는 10개의 행동 기술 항목들이 포함되어 있고, 그 행동 항목들은 각 요인의 문제 영역에 특별히 연결되어 있다(박희찬, 이종남, 1997).

행동평정척도(BRS)의 목적은 평가 대상자의 개인적 · 사회적 · 직업적 적응행동을 관찰하는 데 있다. BRS의 항목들은 지역사회와 일터에서 개인이 자율적으로 기능하는 능력과 관련된다. 개인이 공공 교통수단을 독립적으로 사용하는 정도, 금전 관리하기 및 작업 스트레스에 대처하기 등이 BRS에 포

표 3-6 MDS 평가 영역

신경심리학적 요인	평가 내용	평가 도구
언어 – 공간 – 인지	언어, 학습 능력, 기억력, 성취도	• 웩슬러 성인지능검사(WAIS-R) • 피바디 그림어휘검사(PPVT-R)
감각	주위 환경 지각 및 경험	• 벤더 시각운동형태검사(BVMGT) • 촉각시각변별검사(HVDT)
운동	근력, 이동 속도 및 정확성, 균형과 조화	• 맥캐런 신경근육발달검사(MAND)
정서	대인 관계 및 환경으로부터의 스트레스에 대한 반응	• 정서관찰척도(OEI) • 미네소타 다면인성검사(MMPI) • 집 – 나무 – 사람 검사(HTPT)
통합 – 대응	적응 행동	• 행동평정척도(BRS) • 노변생존기능검사(SSSQ) • 기능적 적응행동조사(SFAB)

함된 항목들이다. BRS에서 설명되는 행동들은 정서 요인에서의 관찰과 일
반적으로 일치한다. 이 도구를 시행하기 전에 평가자는 모든 항목들을 주의
깊게 읽어야 한다. 이 과정을 통해 평가자는 평가 과정 동안 일어날 수 있는
행동들을 염두에 두게 된다. 이 검사 도구의 각 항목은 대인 관계, 사회 적
응, 직업 적응 수준이 낮은 1점부터 높은 5점까지 5점 척도로 되어 있어 각
항목에 적합한 수준을 평가하게 된다. 대부분의 항목들은 실제적 혹은 가상
적 작업 환경에서 평가 대상자의 행동을 직접 관찰함으로써 평가된다.

　기능적적응행동조사(SFAB)는 적응 행동에 대한 광범위한 4개의 주요 기
술 영역에서 135개의 행동 항목으로 이루어져 있다. 4개의 주요 영역들은
① 주거 생활 기술, ② 일상생활 기술, ③ 학습 기술 그리고 ④ 직업 기술이
다. 개인의 기술 수준은 관찰되거나 면접, 행동관찰 그리고 생육사와 같은
몇 가지 정보들을 통해 추정된다. 어떤 경우, 항목들은 구조화된 과업의 수
행을 관찰함으로써 평가된다. 각 사람은 0, 1, 2점으로 평가되는데, 0점은 '과
업이 수행되지 않음', 1점은 '과업이 부적절하게 수행되거나 도움, 격려 또는
힌트를 필요로 함', 2점은 '과업이 독립적으로 수행됨'이다.

표 3-7 기능적 적응행동 조사(예시)

요인	하위 요인	관찰 항목	내용	기술 수준		
신체적인　능력	손가락 / 손의 정교함	조작과 배치	지름 또는 넓이가 2~3cm 이상인 물건을 조작하고 정확한 위치에 배치한다(물컵, 소금/후추통, 가위 등).	0	1	2
		조작과 배치	지름 또는 넓이가 1.3~2cm인 물건을 조작하고 정확한 위치에 배치한다(1.5cm 구슬, 큰 너트/볼트, 기구 등).	0	1	2
		조작과 배치	지름 또는 넓이가 0.5~1.3cm 정도의 물건을 조작하고 정확한 위치에 배치한다(셔츠단추 채우기, 연필 사용하기, 끈 매듭짓기, 열쇠 사용하기, 전기 코드 꽂기).	0	1	2

(5) 기타 작업표본검사

최근에 한국장애인공단(Korea Employment Agency for the Disabled: KEAD)에서는 눈과 손의 협응 능력, 손가락 민첩성, 손끝 집기 능력 등 손 기능 수준을 평가하고, 큰 물품 조립 및 사물 취급, 작업 부품 조립작업, 정밀 작업 등의 작업 유형에 따른 수준을 평가할 수 있는 KEAD 손 기능 작업표본검사([그림 3-7] 참조)와 양손과 양팔을 동시에 사용하는 대근육 작업을 측정하여 비장애인, 전체 장애인, 장애 유형별 양손 협응, 손 기능 수준을 평가할 수 있는 KEAD 다차원 양손 협응 작업표본검사([그림 3-8] 참조)를 개발하였다.

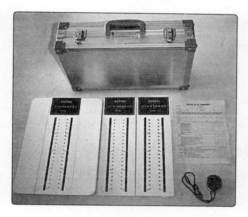
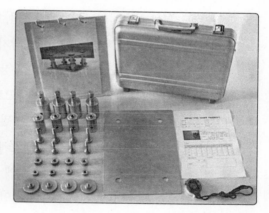

[그림 3-7] KEAD 손 기능 작업표본검사   [그림 3-8] KEAD 다차원 양손 협응 작업표본검사

7. 상황 평가와 현장 평가

상황 평가란 재활시설의 작업장이나 실제의 작업 현장과 유사한 작업 상황을 만들어 놓고 그 안에서 평가 대상자가 작업하는 행동을 평가하는 방법이다. 즉, 작업활동, 감독, 임금, 근로 시간 등이 전체 작업 환경과 유사한 모의 환경에서 이루어지는 것이며, 이를 통해 내담 장애인의 직업 잠재력과 직

업 스트레스 등의 문제 상황에 대한 해결 능력을 관찰할 수 있는 것이다. 이 와 같은 상황 평가는 작업표본 평가와 전통적인 심리검사의 결과를 검증하는 기능을 갖는다. 또한 직무 능력과 직업 적응력을 측정하는 종합적 평가의 기능을 하거나 특정 평가 질문에 답하기 위해 정해진 몇 가지 행동 유형에 초점을 맞추기도 한다(김성희, 2004).

상황 평가는 작업표본에 비해 평가 환경이 실제 산업 현장과 유사하며 내 담자가 인간관계나 과업에 적응해 나가는 방식을 관찰함으로써 직업과 사회성 기술 문제를 발견하고 수정할 수 있다는 장점이 있다. 또한 내담자가 근로자로서의 역할을 학습할 수 있고 전통적인 심리검사에서 나타나는 검사에 대한 불안감이 일어나지 않는다. 표준화된 심리검사나 작업표본 평가에서 보다 다양한 직업 행동을 평가할 수 있으며, 현장 평가에 비해 비용이 적게 들며 많은 장비가 필요하지 않다. 또한 내담자가 직업재활과 가장 밀접한 직업 배치에서의 잠재적 경쟁 고용 장면과 가장 흡사하다는 장점이 있다. 그러나 표준화된 검사나 객관화된 수치가 아니므로 행동관찰을 중심으로 한 비체계적인 주관적 평가와 신뢰도 문제가 제기될 가능성이 있다. 평가될 특성이 불분명하고 모호할 경우, 특히 주관성의 문제는 심각하다. 평가 내용을 양적으로 제시하는 일과 조작적 정의의 어려움에 따라 불명료성을 지닐 수 있다. 평가자의 관대한 평가에 의해 내담자의 개인차를 나타내기 어려울 때가 많다. 평가자에게 전적으로 의존하기 때문에 고도의 평가자 훈련과 경험이 요구되며, 관찰은 잘 계획된 관찰요령과 양식이 요구된다(이달엽, 노임대, 2005).

현장 평가란 내담자의 직업 능력, 적성, 현장 적응 능력 등 직업적 제반 특성을 파악하는 것을 목적으로 사업체에서 평가를 실시하는 것이다. 현장 평가의 내용은 작업 의욕 · 작업에 대한 흥미 · 작업 지속성 · 작업 내용의 이해도 · 작업 방법 및 작업 실시 결과 등의 작업 능력에 관한 사항, 근로 시간 및 지시 사항 엄수 등의 근로 습관에 관한 사항, 인사성 · 대인 관계 · 협조성 등의 사회성에 관한 사항, 건강관리 · 신변처리 능력 등의 기타 사항이다. 현장 평가 담당자는 결과 사항을 종합적으로 검토하여 대상자의 직업 능력과 적성 등을 평가하여 직업재활 계획을 수립하고, 신속하게 취업 알선 등의 재활 서비스 조치를 행한다(김성희, 2004).

현장 평가의 장점은 해당 직종의 요구하는 능력의 정확한 평가와 관찰이 가능하다는 점, 일의 숙련도 · 직업의 순서 등 일련의 과정을 일정한 기준을 두고 평가할 수 있게 된다는 점, 일반화와 관련하여 직업적 기능 · 직업적 수행에서 비슷한 상황에서 이루어지는 훈련 효과가 있다는 점 등이다. 단점은 평가할 수 있는 인원이 제한적이며 평가에 많은 시간이 소요된다는 점, 직업 제약에 따른 제한된 직종 · 장소 선정의 어려움이 따를 수 있다는 점, 산업현장 · 산업체와의 협조가 필수적이라는 점, 작업 상황의 복잡성에 따른 효과적인 요인 구분에서 어려움이 있다는 점이다(이달엽, 노임대, 2005).

8. 직무 분석

직무란 생산 활동을 하는 개별 종사자에 의해 계속적으로 수행되었거나 수행되도록 설정 · 교육 · 훈련된 업무로 직업 분류의 가장 기본적인 개념이다. 직무 분석이란 특정 직무에서 수행하는 업무의 내용과 업무를 수행하기 위해 요구되는 작업자의 역량을 체계적으로 밝히는 것이다. 즉, 직무를 구성하고 있는 일과 그 직무를 수행하기 위해 작업자에게 요구되는 지식, 능력, 책임, 숙련 정도, 그리고 다른 직무와 구별되는 것 등을 결정하여 보고하는 수단과 방법을 의미한다. 특정 직무와 관련된 중요한 양상에 관한 정보를 수집하는 의도적이며 체계적인 절차다.

직무 분석은 취업 알선 기관에서 활용되며, 또한 진로지도를 위한 직업 정보의 개발 그리고 기업체의 종업원 선발, 배치, 전환, 임금 책정 등에서도 활용된다. 특히 직업의 변화와 기술 변화가 빠르게 진행되는 요즘에는 체계적 직무 분석에 대한 요구가 증가하고 있다. 교육적 측면에서 직무 분석은 교과과정의 내용을 구성하기 위해 활용된다.

직무 분석의 일반적인 절차는 ① 직무 분석의 계획, ② 분석될 직무의 선정, ③ 관련 문헌의 개관, ④ 직무 분석의 실시자 선정, 그리고 ⑤ 자료의 수집이다. 직무 분석은 면접법, 직접관찰법 및 구조화된 설문지법을 활용하여 실시될 수 있다. 직무 분석의 예는 〈표 3-8〉과 같다.

표 3-8 직무 분석(예시)

직무분석

사업체명	○○○○		업종	제조업
주소지				
사업내용	칫솔제조		업체담당자	
상시근로자	명(장애인근로자: 명)		연락처	
작업상황	이 업체는 칫솔을 제조판매하는 회사로서 직무는 크게 플라스틱 사출, 칫솔모 심기, 제품포장으로 나뉜다.			

분석 직무				
직무명	칫솔모 생산		자격요건	무
교육수준	중졸	훈련 및 습숙기간	1개월	근무시간	8시간
직무상 목표 및 책임	칫솔모를 생산하는 기계의 속도에 맞추어 재료를 공급할 수 있으며 기계의 이상 등을 발견할 수 있다.			

No.	수행작업	중요도			난이도			빈도		
		매우중요	중요	보통	어려움	보통	쉬움	자주	보통	가끔
1	재료 넣기	●			●				●	
2		●			●				●	
3			●			●		●		
4			●			●		●		

작업	작업 요소	사용 공구/도구/자재	지식/기능	작업 요구수준 (업무량/작업속도/무게등)

직무 수행 여건	
신체적 기능요구 수준	
인지적 측면	
사회적 기능요구 수준	
문제점	

작업 환경 조건									
연번	환경조건	특이사항(상태/지속시간 등)			연번	환경조건	특이사항(상태/지속시간 등)		
1	작업장소	실내	실내/외	실외	5	소음/진동	무관	약간	많음
2	저온	무관	약간	많음	6	위험성	무관	약간	많음
3	고온	무관	약간	많음	7	대기조건			
4	다습	무관	약간	많음	8	기타			

고용시 중요시되는 특성	
직무요구 추가사항	
장애인 근무 적합성	
직무 조정 가능성	
비고(전망)	

종합 의견

9. 신체능력 평가

신체능력 평가의 목적은 기본적인 신체 기능 및 의료적 측면을 파악하는 데 있다. 근력, 시력 색각 등 주로 구직 장애인의 기본적인 신체 기능에 대하여 평가하며, 정확한 신체능력 평가를 위하여 의학적 진단을 요하는 경우 의료 전문가에게 의료평가를 의뢰한다. 의료평가는 부가적으로 진행되는 장애에 대한 진단, 장애의 진행 여부, 희망 직종의 작업 환경이나 직무 성격에 비추어 의료적 측면에서 근무 가능 여부를 살펴보는 등 의료적인 측면에서 직장 생활 유지의 가능성을 파악하기 위한 과정이다.

평가 도구에는 악력계([그림 3-9] 참조), 손가락 잡기 힘 측정계([그림 3-10]

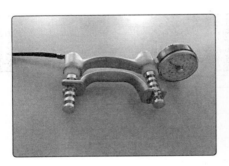 

[그림 3-9] 악력계

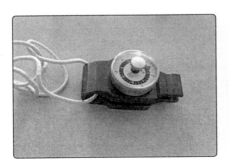 

[그림 3-10] 손가락 잡기 힘 측정계

참조), 신장계, 체중계, 시력계, 색각검사표, 배근력계, 청력계 등이 있다.

10. 직업평가 해석 및 결과 보고

평가 결과의 해석 단계에서는 다양한 문제들이 발생할 수 있다. 전문가가 평가 결과에 대해 피드백을 제공할 때에는 서로 모순되는 검사 점수, 검사 점수를 믿거나 전문가의 권고 사항을 따르는 것에 대한 저항, 그리고 비현실적 직업적 기대의 문제가 발생할 수 있다. 때때로 두 가지 평가 도구가 같은 요인이나 특성에 대해 서로 다른 점수를 제공할 수 있다. 이러한 차이는 검사 자체의 차이, 개인 내 차이, 검사 실시와 채점에서의 차이에서 비롯될 수 있다. 해석 단계에서 내담자는 평가 결과를 믿지 않거나 이 정보에 따라 행동하는 것을 꺼릴 수도 있다. 따라서 결과의 해석 단계는 주의를 요한다. 해석 단계의 목표 중의 하나는 평가 자료를 이용해 내담자가 적절한 목표를 추구하도록 동기화하는 것이기 때문에 이는 주요한 문제다. 따라서 저항의 원인을 파악하고 적절한 문제 해결을 시도하는 것이 필요하다. 자신의 능력에 대한 불충분한 인식과 직업세계에 대한 한정된 경험, 훈련에 대한 두려움 때문에 평가 자료가 제시하는 내용과 내담자가 생각하는 목표는 다를 수 있다. 평가자는 내담자의 비현실적인 목표의 원인을 파악하고 내담자를 위한 대안과 흥미를 이끌어 내도록 노력해야 한다(박자경, 김종진, 이승복, 2005).

내담자에게 3~7주에 걸친 직업평가를 제공한 후 획득된 평가 결과는 일반적으로 다음과 같은 사항을 제시한다.

- 무역과 사업 분야의 숙련, 준숙련, 비숙련 혹은 사무직 분야에 대한 직업 훈련에 대한 가능성
- 직업 훈련, 직업관, 직업 인내도 향상 훈련, 작업 속도 향상을 위한 고속 생산 프로그램을 실시하기 위한 보호작업장 혹은 산업작업장에 의뢰

- 내담자의 작업 능력과 관련된 직종 혹은 현재 작업 기능에 적합한 분야에 작업 배치
- 손의 협응력, 직업 인내도, 이동성의 향상을 위한 의료적 서비스에 의뢰
- 내담자의 잠재적 학업 능력과 관련된 상위의 대학 교육 혹은 기술 훈련 제공
- 취업에 장애가 되는 기본적인 제한점을 감소시키기 위한 학문적, 언어적 치료와 훈련에 의뢰
- 취업에 장애가 되는 개인과 가족의 문제를 감소시키기 위한 사회심리적 서비스에 의뢰
- 직업 목표 수립에 장애가 되는 무관심, 동기결여, 중증의 의료 혹은 정서적 문제에 따른 사례 종결

직업평가 보고서의 내용은 인적 사항, 직업평가 의뢰 내용, 장애 관련 정보, 평가자 정보, 배경 정보, 평가 결과, 요약과 제언 등이다. 특히, 요약 및 제언에서는 제반 정보를 간략하게 요약하고, 내담자의 직업 준비도의 장단점, 욕구, 행동 특성, 현재와 미래의 직업 기능에 대한 고찰 등을 포함하며, 평가 결과에 기초한 명확한 제안점과 이론적 근거를 제시한다. 장단기 직업 목표, 직업 배치 가능성, 직업 훈련, 직업 적응 훈련, 교육, 심리상담과 심리치료, 구체적 재활 서비스와 물품, 재활공학, 기타 실천 가능한 대안들을 포함하며, 지역노동시장에 대한 적합한 제언 사항, 권고 사항 등을 제시한다.

직업평가 보고서의 작성은 직업평가의 방향을 제시하고, 객관적이고 정확한 직업평가를 가능하게 해 주며, 의뢰 시 문제에 대한 해결 방법을 제시하고, 사후 연구의 기초가 된다는 장점이 있다.

직업평가 보고서 작성 시 고려 사항은 다음과 같다.

- 평가 결과에 관한 정보는 논리적으로 제시되어야 한다.
- 문장이 가능한 짧아야 한다.

- 문장은 전문 용어가 아닌 일상적이고 친숙한 용어로 이루어져야 한다.
- 불필요한 표현을 피하고, 되도록 능동태를 사용하는 것이 좋다.
- 내담자의 제한점보다는 장점을 강조하는 긍정적 용어로 작성되어야한다.
- 내담자의 일반적 기능과 직업 기능에 관한 문제점에 대한 해답을 제공해야 한다.
- 평가보고서는 영구적인 기록물이므로 정확히 작성되어야 하며, 오자 등의 실수가 실제와는 다른 평가 결과를 전달할 수 있음에 유의해야 한다.
- 평가자의 가치관이나 편견이 반영되어서는 안 되며 객관적이어야 한다.
- 평가 결과에 대해 의뢰 기관의 재활상담자들과 회의를 하여 피드백을 받도록 한다.
- 가능하면 동료 평가자로부터 검토와 피드백을 제공받는 것이 좋다. 평가자는 평가 후 내담자가 배치될 의뢰 기관과 프로그램을 방문하고 사후 조사를 하는 것이 보고서의 유용성을 높일 수 있다.

제4장

전환교육

오늘날 특수교육계에도 많은 변화가 일어나고 있다. 특수교육에서 이러한 변화는 특수교육의 적용이론이 인간병리적 관점에서 생태학적 측면으로 전환됨을 의미한다. 특수교육의 생태학적 접근은 지원과 서비스를 강조하는 통합교육 환경을 조성하는 것이라 할 수 있다. 최근 강조되는 전환교육도 같은 맥락에서 이해되어야 할 것이다.

이 장에서는 전환교육의 개념, 전환교육의 모형, 전환교육의 과정, 장애학생을 위한 전환교육 교수 방법 및 훈련, 장애학생의 계속교육 지원 등을 중심으로 살펴본다.

1. 전환교육의 개념

전환(transition)이란 한 가지 조건이나 장소로부터 다른 조건이나 장소로 변화해 가는 과정이며, 개인은 생애를 통해 전환의 다양한 형태를 경험하게 되고 이러한 과정을 통해 발전해 간다. 전환은 성숙해 가며 겪는 변화에 대처하기 위한 수직적 전환(예: 유아기에서 초등학교로의 전환, 중·고등학교에서 성인사회로의 전환 등), 상황과 환경의 변화에 따라 대처하기 위한 수평적 전환(예: 분리교육에서 통합교육, 병원이나 교도소에서 가정으로, 전학, 이사, 이직, 결혼, 정년퇴임)으로 나눌 수 있다([그림 4-1] 참조).

　전환이라는 용어는 교육적 환경 내에서의 각기 다른 과정을 지칭할 때도 사용되지만, 또한 전환은 학생의 졸업 후 적응을 용이하게 하는 과정의 의미로도 사용된다. 전환 개념을 어떻게 규정하느냐에 따라 전환에 대한 다양한 정의가 내려지기도 하며, 이에 따른 전환 프로그램이나 지원 전략이 달라질

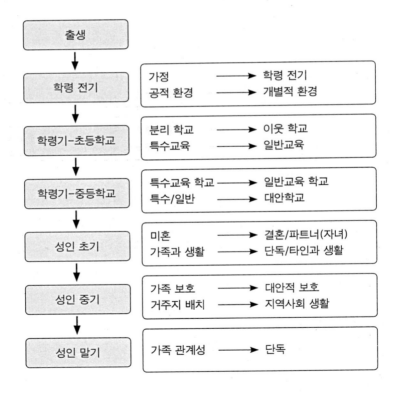

[그림 4-1] 전환교육 개념의 수직적 · 수평적 전환

출처: *Transition from School to Adult Life for Students with Special Needs*: Basic Concepts and Recommended Practices, by J. R. Patton, 1995, Austin, TX: PRO-ED. Copyright 1995 by PRO-ED. Reprinted with permission.

수 있다.

이와 같은 다양한 '전환'이라는 용어에 대해 많은 연구자들이 개념 정립을 위해서 노력해 왔다. 이러한 '전환(transition)'의 용어 사용 변화 과정을 살펴보면 다음과 같다. 1970년대는 진로교육 운동이, 1980년대 중반부터는 전환에 좀 더 초점을 두고 새로운 개념으로 도입되기 시작하였다. 1980년대 미국에서는 교육의 결과에 대한 기대 수준에 미치지 못하는 장애를 가진 학생들의 진로를 개선하기 위하여 Will이 전환교육의 개념을 처음 제안하였다. 이 전환교육은 초기에는 이들의 졸업 후 직장으로의 전환에 한정하여 사용되었으나, 점차 주거 및 지역사회 적응, 여가 활동, 계속교육 등을 포함하는 개념으로 확대되어 사용되었다.

미국에서 1980년대 중반에 'transition' 'transitional services' 'transition from school to society' 'transition for life'와 같은 용어들이 사용되었는데(Clark & Kolstoe, 1995; Halpern, 1985; Wehman, Kregel, & Barcus, 1985), 이 용어가 우리나라에서는 1990년대 중반 이후부터 '전환교육'이라는 용어와 더불어 '전환 과정, 직업전환, 전환 서비스, 전이, 전이 서비스' 등의 용어로 사용되었다.

'전환 과정'은 학교체제에서 사회체제로의 전환이 이루어지는 과정이 강조된 것이고, '직업전환'은 학교체제에서 사회로의 전환 시 직업을 강조하여 사용한 용어로 사용된 것이며, 또한 '전환 서비스'는 재활 영역의 총체적인 지원 측면에서 주로 사용되고, 교육재활 측면의 경우 학교체제에서 사회체제로의 전환을 위하여 학교에서 어떤 서비스가 주어져야 하는가에 초점을 맞춘 용어로 쓰인다. 또한 '전이' 혹은 '전이 서비스'는 'transition'을 '전환'이라는 용어 대신에 '전이'로 번역한 것이다(박희찬, 1999). 이렇게 본다면 전환교육이라는 개념을 어떻게 정의하느냐에 따라 전환이라는 용어가 전혀 새로운 개념일 수도 있다.

우리나라의 「장애인 등에 대한 특수교육법」에서는 '진로·직업교육'이라는 용어로 사용되고 있고, 『특수 교육과정 해설서』(2009)에는 "전공과

교육과정의 편성·운영에 정신지체·정서장애 학교 전공과와 지체장애학
교의 장애가 심한 학생을 위한 전공과 교육과정은 학생들의 취미와 특성,
적성 등을 고려하여 지역사회의 적응과 취업에 이를 수 있도록 하는 '전환
교육'을 중심으로 편성·운영하는 것이 바람직할 것이다."라고 명시되어
있다.

한편, 미국에서는 1990년 장애아교육법(IDEA; P.L. 101-476)과 1997년 확
대 수정된 IDEA(P.L. 105-17)에서 전환의 목적을 정의하고 있으며, 새로운
2004년 IDEA(P.L. 108-466)에서는 장애를 가진 학생을 위한 조정된 활동
설계를 위한 전환 서비스 개념을 다음과 같이 정의하였다.

(A) 결과 지향 과정 내에서 설계된다. 이것은 장애를 가지고 있는 아동이
학교로부터 학교 이후의 활동으로의 움직임을 촉진할 수 있는 학문
적·기능적인 성취의 개선에 초점을 두고 있는데, 학교 이후의 활동
들은 고등교육, 직업교육, 고용 중재, 계속적인 성인교육, 성인 서비스,
독립생활 또는 지역사회 참여를 포함한다.

(B) 학생의 강점과 선호 그리고 흥미 등을 고려한, 각 아동의 필요에 기반
해야 한다.

(C) 교수, 관련 서비스, 지역사회 경험, 고용, 학교 이후 성인 생활 목표, 적
절한 시기, 일상생활 기술 획득, 기능적 직업평가가 포함된다.

(Section 602, Definitions(34) (A-C))

이러한 전환에 대한 개념과 정의를 요약하면, 전환교육은 "장애의 특성과
유형에 따라 지원 서비스 강조와 조치들이 달라지겠지만, 고용에 중점을 두
고 자아인식과 자기결정 능력, 일과 경제적 욕구, 이동에 대한 독립적 욕구
등을 포함해야 하며, 개인의 특성과 욕구와 능력을 고려한 성과 중심 과정의
사회통합 방법이다. 또한 학교에서 학교 이후의 활동으로 자연스럽게 이동
하는 결과 지향 과정 내에서 고안된, 장애학생을 위한 일련의 통합된 활동"

(전보성, 2005)으로 정의할 수 있을 것이다.

2. 전환교육의 모형

전환교육이 시작된 이래로 많은 진로교육과 전환모형들이 제시되어 왔다. 그 가운데 Brolin과 Kokaska(1979)의 생활중심 진로교육 모형, Will의 3단계 전환모형(1984), Wehman 등의 중등학교 직업 프로그램(1985), Halpern의 독립생활과 지역사회 적응모형(1985), Clark와 Kolstoe의 포괄적 전환교육 서비스 모형(1995) 그리고 전보성과 조인수의 생활통합 전환교육모형(2000) 등이 주로 거론된다.

1) 생활중심 진로교육 모형

생활중심 진로교육 모형(life-centered career education curriculum: LCCE) (Brolin & Kokaska, 1979)은 "진로교육은 단순한 교육프로그램의 일부 이상이다."라는 명제를 근간으로 한다. 생활중심 진로교육 모형은 일상생활 기능, 개인-사회적 기능 및 직업지도와 준비를 보조하는 학문적 기능을 중요시 여긴다. 이것은 진로교육이 학생이 배워야 할 유일한 것을 의미하는 것이 아니라, 진로교육이 가르쳐야 할 중요하고 광범위한 부분이 되어야 한다는 것이다. 진로교육은 단순히 직업교육(occupational education)을 지칭하는 또 다른 용어가 아니다. 이것은 삶의 모든 역할과 환경, 사건들에 대해 인간을 성장시키고 개발하는 데 초점을 맞춘 교육이다([그림 4-2] 참조).

[그림 4-2] 생활중심 진로교육 영역

2) 교량모형

가장 광범위하게 알려진 전환모형 중 하나인 교량모형은 미국 교육부의 특수교육 및 재활서비스국(OSERS) 서기관이었던 Will(1984)이 개발한 것이다([그림 4-3] 참조).

1983년 P.L. 98-199에 따라, 특수교육 및 재활서비스국은 ① 전환교육 프로그램에 대해 적절한 지역사회 기회와 서비스 협력이 개인적 환경과 욕구에 부합되도록 개발되어야 한다는 것, ② 전환교육 프로그램은 장애학생에게 초점을 두어야 한다는 것, 그리고 ③ 전환교육 프로그램의 목적을 지속적인 것에 두어야 한다는 가정을 설정하였다.

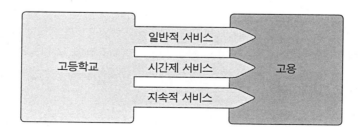

[그림 4-3] OSERS의 전환모형

출처: Will(1984).

이 세 가정으로 Will(1984)은 전환교육 프로그램을 일반적인 서비스, 시간 제한적 서비스, 그리고 지속적 서비스로 제시하였다. 또한 전환교육의 과정적·결과적 측면에서 선행연구들을 참조하여 고용(취업)·주거·여가·이동(사회생활)의 네 가지 관점에서 목적을 설정하였다. Will의 교량모형을 통해 고용에 중점을 둔 전환이 특수교육에 포함되어 전국적으로 확산되는 계기가 되었다.

3) 지역사회 중심 직업 훈련 모형

Wehman, Kregel과 Barcus(1985)는 특수교육 프로그램을 기능적 교육과정, 통합적 학교 환경, 지역사회 중심 서비스, 부모·학생의 의견 및 기관 간 협력이 포함된 개별화 프로그램 계획수립, 경쟁고용, 지원고용(이동 작업반/소집단 고용), 분리된 보호작업장과 같은 직업 결과를 산출하는 중등학교 직업 프로그램 모형을 제안했다. 이 모형은 중등 장애학생을 위한 전환 지원과 관련된 특수교육, 직업교육, 재활에 관한 직업 준비의 예시를 보여 주고 있다([그림 4-4] 참조).

Wehman 등의 모형의 기본 원리는 다음과 같다. 첫째, 훈련과 서비스 전달 체제 내에 있는 구성원들은 반드시 참여해야 한다. 둘째, 부모는 필수적으로 구성원에 포함되어야 한다. 셋째, 직업 전환 계획은 반드시 21세 이전에 수립되어야 한다. 넷째, 과정은 반드시 계획적이고 체계적이어야 한다. 다섯째, 양질의 직업교육 서비스가 제공되어야 한다.

4) 독립생활과 지역사회 적응모형

독립생활과 지역사회 적응모형(Halpern, 1985)은 Will이 고용에만 중점을 두었던 것을 변화시켜, 성과 중심의 교육 효과를 극대화하기 위하여 지역사회의 적응을 통한 성인 생활 자립을 강조하였으며, 또한 이 모형은 전환교육

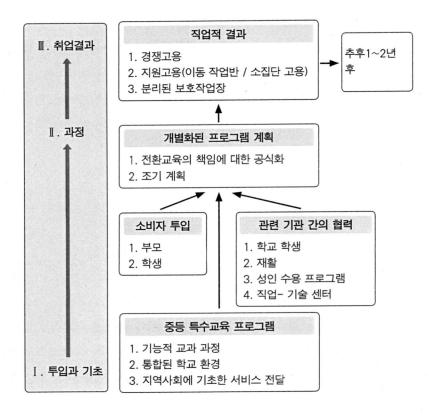

[그림 4-4] 장애학생을 위한 3단계 직업전환모형

출처: Wehman, Kregel, & Barcus(1985).

의 일차적인 목표인 취업을 위하여 직업교육과 훈련에 중점을 두었다.

장애인이 학교에서 성인사회로의 전환에 성공하기 위해서는 취업을 위한 준비, 질적인 주거 환경, 그리고 사회 · 대인 관계 기술이 함께 갖추어지는 것이 중요하므로 전환교육의 범위를 확대하였다. 이 모형은 1990년 IDEA의 전환 서비스의 정의를 만드는 근간이 되었다(Johnson & Rusch, 1993). Halpern의 모형은 주거 환경과 사회 · 대인 관계 기술 연결망을 포함하여 Will의 교량모형을 더 확대하였다. Will의 교량모형이 연결 자체에만 중점을 두었다

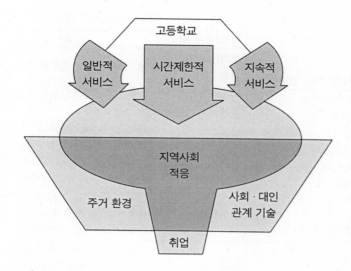

[그림 4-5] Halpern의 독립생활과 지역사회 적응모형

출처: Halpern(1985).

면, Halpern의 모형은 진로교육 접근에 좀 더 비중을 두고 있다.

5) 포괄적 전환교육 서비스 모형

포괄적 전환교육 서비스 모형(Clark & Kolstoe, 1995)은 학생들이 한 교육 단계에서 다음 단계로 이동할 때, 교육 및 서비스 모형이 전환교육과 전환 서비스 수행 시 필요할 때, 나이 및 발달 수준에 따른 학생의 성과와 전환 출발점에 대한 견해를 반영한 것이다. 그리고, 진로 발달과 전환교육 모형이 인생에서 한 번의 전환만 있는 것이 아니라 많은 전환이 있다는 것을 특징으로 다룬다.

전환교육과 전환 서비스의 포괄적인 모형은 한 부분의 성공적인 전환이 차후의 전환 성공 가능성을 증가시킨다는 개념을 고려해야 하고, 교육과 삶을 전환하는 데에서 유지가 되도록 빨리 시작될 필요가 있다고 진술한 진로

전환진출 시점과 결과

(지식과 기능 영역)	발달/생애 국면	진출시점
• 의사소통, 학문적 수행 능력 • 자기결정 • 상호 관계성 • 통합 지역사회 참여 • 위생과 건강 • 독립/상호 의존 생활 기술 • 레저와 레크리에이션 • 고용 • 장래교육과 훈련	유아/걸음마와 가정 훈련	학년기 프로그램과 통합된 지역사회 참여
	학령 전, 가정 훈련	초등학교 프로그램과 통합된 지역사회 참여
	초등학교	중등학교/주니어 고등학교 프로그램, 시기적절한 자기결정, 통합 지역사회 참여
	중등학교/3년제 고등학교	고등학교 프로그램, 입학 단계 고용, 시기적절한 자기결정, 통합 지역사회 참여
	고등학교	중등학교교육 혹은 입학 단계 고용, 성인, 계속적인 교육, 전임 홈메이커, 자기주도적인 삶의 질, 통합 지역사회 참여
	중등학교 이후 교육	전문화, 기술, 전문가 혹은 관리 고용, 대학원 혹은 전문 과정 학교 프로그램, 성인과 계속적인 교육, 전임 홈메이커, 자기주도적인 삶의 질, 통합 지역사회 참여

[그림 4-6] 포괄적 전환교육 모형

교육과 서비스 전달 체제

(지식과 기능 영역)	교육과 서비스 전달 체제
• 의사소통, 학문적 수행 능력 • 자기결정 • 상호 관계성 • 통합 지역사회 참여 • 위생과 건강 • 독립/상호의존 생활 기술 • 레저와 레크리에이션 • 고용 • 장래교육과 훈련	가정과 이웃 가족과 친구 공립 · 사립 유아/걸음마 프로그램 지원 서비스와 관련된 일반교육 지원 서비스와 관련된 특수교육 일반적인 지역사회 조직과 기관(고용, 건강, 법률, 주택, 재정) 특별한 지역사회 조직과 기관(위기 서비스, 시간제한적 서비스, 계속적인 서비스) 도제기간 프로그램 학교와 지역사회 작업 중심 학습 프로그램 중등학교 이후 직업 혹은 응용 기술 프로그램 지역사회 대학 4년제 대학과 종합대학 대학원 혹은 전문가 과정 학교 성인과 계속적인 교육/훈련

[그림 4-7] 포괄적 전환 서비스 모형

출처 : Sitlington, P. L., Clark, G. M., & Kolstoe, O. P. (2000). Comprehensive Transition Education and Service for Adolescents with Disabilities(3rd ed). Needham Heights, MA: Allyn & Bacon.

발달 전환교육 분과(Division on Career Development and Transition: DCDT)
의 입장까지 확대되었다(Clark, Carlson, Fisher, Cook, & D'Alonzo, 1991;
Clark, Field, Patton, Brolin, & Sitlington, 1994). [그림 4-6]과 [그림 4-7]은
출발점과 결과 요소에서 이러한 견해를 반영하고 있다.

6) 생활통합 전환교육모형

전보성과 조인수(2000)는 현재 특수학교의 고등학교와 전공과를 졸업한
학생들의 고용 및 독립생활과 지역사회 적응을 위한 대안적 모형으로 생활
통합 전환교육모형(Living Inclusion Transition Model)을 제시하였다([그림
4-8] 참조).

생활통합 전환교육모형은 전환이 삶에서 여러 번 주어지므로 영유아기
부터 삶의 연속적인 단계를 포함하고 각 단계에 적합한 기준이 되는 결과나
진출 시기를 두어 전환의 단기 계획 설정 시 목표가 되는 결과 영역을 파악
할 수 있고, 발달 단계별로 주어지는 교육과정들은 지역사회 통합을 고려한
모형이다. 그리고 성공적인 전환을 위하여 관련 기관 및 전문가와 부모, 학
생, 교사 간의 협력이 중요하며, 특히 전문가의 융통성 있는 계획과 지원이
필요하다. 운영 방안 수립을 위해 기능 중심 교육과정, 개별화전환교육계획
(ITP)의 조기 수립, 통합적인 전환교육 실시 방안 마련과 교사의 양성 및 연
수가 이루어져야 한다.

모형의 특징을 세부적으로 살펴보면 다음과 같다. 첫째, 기능 중심의 교
육과정 마련을 위해 가령 '진로와 직업' 교과의 경우, 학교에서는 기능적 훈
련이나 직업 적응 훈련 중심으로 실시하고, 실제적 경험과 지역사회기업 및
고용 전문가와 연계하여 현장(현직)훈련을 실시하여, 최종 배치 이전에 발생
할 수 있는 문제점을 미리 예측하여 최소화할 수 있다. 또한, 장애학생의 요
구와 특성에 따라 통합되는 데 필요한 서비스 지원의 정도는 시간제한적인
기회나 계속적인 서비스의 필요 유무를 전문가의 융통성 있는 배치로 제시

발달 단계	전환점
영유아 및 가정 훈련	유아원 프로그램과 통합된 지역사회로 진출
유아원 및 가정 훈련	초등학교 프로그램과 통합된 지역사회로 진출
초등학교	중학교 프로그램과 연령에 적절한 자기결정과 통합된 지역사회로 진출
중학교	고등학교 프로그램이나 단순직 고용 연령에 적절한 자기결정과 통합된 지역사회로 진출
고등학교	중등교육 이후의 교육이나 단순직 고용, 성인 · 평생 교육, 전업주부, 자기결정을 통한 삶의 질과 통합된 지역사회로 진출
중등교육 이후의 교육	특수 분야 · 기술직 · 전문직 · 관리직 고용, 대학원이나 전문학교 프로그램, 성인 · 평생교육, 전업주부, 자기결정을 통한 삶의 질과 통합된 지역사회로 진출

↓

관련 기관 및 전문가/부모, 학생, 교사 간 협력

↓

전환교육 방안 마련

- 기능 중심 교육과정 마련
- 개별화전환교육계획(ITP) 조기 수립
- 통합적인 전환교육 실시 방안 마련
- 교사의 양성과 연수

↓

서비스 지원 형태

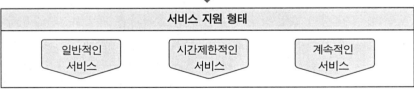

일반적인 서비스 | 시간제한적인 서비스 | 계속적인 서비스

↓

전환 결과(성취 영역)	
• 의사소통과 학업 성취	• 독립적/상호 의존적 일상생활
• 자기결정	• 여가 및 레크리에이션
• 대인 관계	• 고용
• 통합된 지역사회 참여	• 후속 교육 및 훈련
• 건강과 신체 관리	

[그림 4-8] 생활통합 전환교육모형

하여 지역사회 참여도와 시간제 작업 경험에 의한 유급 혹은 무급의 기회를 학생에게 제공할 수 있다. 이는 학생이나 고용주 그리고 학교의 입장 모두에게 유리하며, 고용 측면뿐만 아니라 장애학생의 성공적인 지역사회 준거 기능의 획득을 기대할 수 있는 모형이다.

둘째, ITP의 조기 수립을 위해서는 전환 전문가를 각 학교에 배치하여 학생들의 IEP(개별화교육계획) 작성에서의 기초 사정 단계부터 체계적으로 지역사회 내의 성공적인 구성원이 될 수 있도록 전환 결과 영역에 대한 획득과 유지에 초점을 두어야 한다. ITP를 위해서는 IEP가 필수적이며, 이것은 성공적인 전환을 위한 밑거름이라 할 수 있다.

셋째, 통합적인 전환교육 실시 방안은 앞서 제시한 방안들이 체계적으로 이행될 때 더 효과적으로 시행될 수 있으며, 이는 각 단계의 전환이 별개로 주어지는 것이 아니라 선행되는 전환과 뒤이어 주어지는 전환의 결과가 서로 영향을 미칠 수 있기 때문이다.

넷째, 교사의 양성과 연수가 전환교육 방안에 필요한 것은, 전환교육은 체계적이고 통합적으로 실시되어야 하며 교사 한 사람의 노력이나 계획만으로 이루어지는 과정이 아니므로 전문인력의 양성과 교육이 중요하기 때문이다. 전환교육은 교사와 학생 전문가와 지역사회 기관 등이 팀을 이루어 전환계획에 따른 학생의 관점을 충분히 고려하여 여러 상황에 맞게 구조화되어 실행되어야 하므로, 전문교사의 양성과 계속적인 연수가 반드시 필요하며, 연속성 있는 서비스를 연계할 수 있도록 최선을 다해야 한다.

다섯째, 전환의 결과는 의사소통과 학업 성취, 자기결정, 대인 관계, 통합된 지역사회 참여, 건강과 신체 관리, 독립적/상호 의존적 일상생활, 여가 및 레크리에이션, 고용, 후속 교육 및 훈련 등을 중심으로 개인의 요구와 능력에 따른 개개인 학생을 위한 구체적인 전환 계획을 세우기 위해 설정되어야 하며, 다양한 학습경험의 기회를 제공해야 한다.

3. 전환교육의 과정

전환계획의 과정적인 측면은 학교뿐만 아니라 지역사회 각 기관의 다양한 서비스를 포함하고 있으며, 사정 – 계획 – 훈련 – 배치 – 추수 지도의 단계로 구성된다(Sitlington et al., 2000, 2006; 조인수, 2002, 2005, 2009). 각 단계는 오직 하나의 특정한 시점에서만 일어나는 분리된 교육과정으로 구성되지 않고, 서로 영향을 미치는 연속적 과정이며, 일정한 시점을 중심으로 반복적으로 일어나는 과정이다. 이러한 장애학생들의 전환 과정에 전환 서비스를 제공하는 총체적인 지원체제 팀은 단학문적 팀 협력이나 다학문적 팀 협력으로는 팀의 목적을 달성할 수 없다. 역할과 책무성이 강조되기 때문에 정보와 기술의 공유를 특징으로 하는 초학문적 지원체제의 팀 협력이 가장 바람직한 방식이 된다.

1) 사정

전환사정은 학생에 대한 현재의 성취 수준 결정을 목적으로 자료를 모으는 과정이다(Salvia & Ysseldyke, 1995). 조인수(2005)에 따르면, 학생의 질적인 전환교육을 위해서는 학생이 장래에 원하는 환경들을 개발 · 제공하고 그 환경에서 요구하는 기초 능력과 요건들을 검토해야 하는데, 이러한 정보들을 수집하고 검토하는 과정들이 전환사정이다. 전환사정은 전환교육이 효과적으로 이루어지기 위한 가장 기초적인 과정이라 할 수 있고, 전환교육을 위한 정확하고 편리하고 포괄적인 정보를 제공해 준다는 측면에서 중요성을 가지고 있다. 전환사정에 대하여 살펴보면 다음과 같다.

첫째, 전환사정의 정의는 학자들에 따라 다르게 나타나고 있다. 전환사정을 계속적으로 이행되는 순환 과정으로 보는 관점(조인수, 2005)과 개인의 필요 · 선호 · 흥미를 수집하는 지속적인 과정으로 보는 관점이 있다. 이러한 사정을 통해 얻어진 자료들은 전환 과정에서 공통의 줄기와 같은 것으로, IEP에 포함되어 있는 목표와 서비스를 결정하는 중요한 정보의 근간이 된다(Miller et al., 2007). 그러므로 전환사정은 ① 학생 중심적으로 개별화되어야 하고, ② 지속적이고 계속적인 과정이어야 하며, ③ 장래 중등학교 이후 성과에 중심을 두고 있는 다양하고 자연스러운 환경에서 실행되어야 하고, ④ 포괄적이고 정확하며 현실적인 전환 프로파일을 통하여 사정 결과를 통합 및 요약하여야 하고, ⑤ 문화적 차이에 민감성을 가져야 한다.

둘째, 전환사정의 주요 영역을 살펴보면, 학자들에 따라 전환사정 영역을 성인기의 복합적이고 중요한 생활 영역으로 확대하였다(Cronin & Patton, 1993). Miller 등(2007)은 전환사정 영역을 크게 ① 장래계획의 사정, ② 자기결정과 자기주장에 대한 사정, ③ 학습과 행동 기술의 사정, ④ 생활 기술 사정, 그리고 ⑤ 직업 사정 등 다섯 가지 하위 영역으로 나누고 있으며 다음과 같은 도구들이 있다(〈표 4-1〉 참조).

표 4-1 전환사정의 주요 영역

장래계획 사정	자기결정과 자기주장 사정	학습과 행동 기술 사정	생활 기술 사정	직업 사정
• 목표, 희망, 요구 • 진로와 직업과 직업 훈련 • 중등교육 이후 교육 • 가정생활 • 지역사회 참여 • 여가 생활	• 학습 • 진로와 직업과 직업 훈련 • 중등 이후 교육(자기 결정 지식과 기술)	• 준거-참조 검사 • 규준-참조 검사 • 학습 양식 사정	• 일상생활 기술 • 사회적 기술	• 흥미, 능력, 태도 • 기술 준비/학교에서 직장으로 • 지역사회 중심 사정 • 일반적인/특별한 직업 기술

출처: Miller, Lombard, & Corbey(2007); 조인수(2009) 재인용.

• 경도장애학생을 위한 장래계획 사정 도구: My Future My Plan, I

PLAN, Dare to Dream, FUTURE 등

- 자기결정 사정 도구: The Arc's Self-Determination Scale, Choice Maker Self-Determination Assessment, The Self-Determination Knowledge Scale, The Self-Determination and Self-Advocacy Skills 등
- 학습과 행동의 검사 도구: WISC-Ⅲ, WISC-Ⅳ, Behavior Assessment System for Children, Diagnostic Comprehensive Inventory of Skill-Revised 등
- 사정 도구: Ender-Severson 전환평정 척도, 지역사회 적응 기술 사정 (Community Integration Skill-Assessment: CIS-A), 생활중심 진로교육 사정(Life Centered Career Education Assessments: LCCE), 전환계획 조사지(Transition Planning Inventory: TPI) 등
- 직업 능력이나 적성을 측정하는 검사 도구: ASVAB(Armed Services Vocational Aptitude Battery), CAPS(Career Ability Placement Survey), MESA(Microcomputer Aptitude Battery), OASIS(Occupational Aptitude Survey and Interest Schedule), OASIS-Ⅲ(Occupational Aptitude Survey and Interest Schedule) 등, 포괄적인 직업사정 도구: 멕캐런 다이얼 직업평가체계(McCarron-Dial Vocational Evaluation System: MDVES), 직업준비도 검사(Pre-Vocational Readiness Battery: PVRB) 등

셋째, 전환사정의 방법은 크게 개인을 사정하는 방법과 환경을 사정 분석하는 방법으로 나뉜다. 개인에 관한 사정은 배경 정보의 분석, 면접·설문지, 심리측정도구, 작업표본, 교육과정 기초 사정, 상황 평가 등이 있으며, 학생이 접하게 될 환경에 대한 사정으로 지역사회 환경분석, 직무 분석, 중등과 중등 이후 훈련 환경의 분석이 있다. 개인과 환경 간의 적합 여부를 확인하는 과정을 거쳐 적합하다면 배치가 이루어지고 필요한 지원과 점검을 실시한다. 만약 적합하지 않다면 다른 환경에 대한 추가적인 정보수집과 학생

능력에 대한 적합 여부를 계속 확인해야 한다.

넷째, 전환 사정의 종류는 크게 공식적 · 비공식적 사정 두 종류로 나눌 수 있다. 표준화된 공식적 사정은 집단 내에서 표준과 관련된 개인의 일반적인 특성을 알기 위한 목적으로 만들어진 것으로, 다음과 같은 도구들이 있다.

- 직업흥미나 기술을 위한 사정 도구: Transition Planning Inventory (TPI), Reading-Free Interest Survey(RFV-Ⅲ), Career Maturity Inventory(CMI) 등
- 사회성 척도를 위한 사정 도구: Social and Prevocational Information Battery, Waksman Social Skills Rating Form 등
- 기초학습을 위한 사정 도구: Adult Basic Literacy Assessment, Wide Range Achievement Test(WRAT) 등
- 국내에 표준화되어 있는 사정 도구: K-WISC-Ⅳ, K-WISC-Ⅲ, K-ABC, 한국판 적응행동검사(K-ABS), 적응행동검사(KISE-SAB), 지역사회 적응능력검사(CIS-A), 자기결정 능력검사, 기초학습 기능검사, 홀랜드 진로탐색검사, 그림직업흥미검사(RFV-Ⅲ) 등

다섯째, 전환사정 전략을 살펴보면, 경도장애학생을 위한 전환사정 전략으로 나의 장래계획, 나의 계획(I PLAN: 자기주장전략), 꿈의 도전(장래계획을 위한 지침서), 장래 계획(FUTURE)이 있고, 중증장애학생을 위한 전략으로 MAPS, 개인적 장래계획 등이 있다(Miller et al., 2007).

여섯째, 전환사정 모형을 살펴보면, 다음과 같다.

- MAGIC 모형(Make-Assess-Guide-Instruct-Conduct Model)은 진로 계획에 대한 공식적 사정과 교육과정 중심의 사정을 통합한 것으로, 기본 목표는 학생들이 실제로 그 환경으로 배치되기 전에 예상되는 교육과정이나 직업에 필요한 기술을 습득하는 것이며, 또 다른 목표는

한 학생이 프로그램을 성공적으로 수료하기 위해 받아야 하는 교육과
정 및 훈련 과정을 결정하는 것이다. MAGIC 모형은 1단계(Make) 학생
의 장래 예상하기, 2단계(Assess) 장래 예상 환경에 대한 기초 기술 수
준 사정하기, 3단계(Guide) IEP 개발과 불일치 기술 안내하기, 4단계
(Instruct) 일반화를 위한 교수, 그리고 5단계(Conduct) 유지에 대한 점
검하기로 구성되어 있다.

- APIE 모형(Assess-Plan-Instruct-Evaluate Model)은 직접 가르치는 과
  정부터 체계적인 훈련모형으로 적용되고 있으며, 사정(Assess), 계획
  (Plan), 교수(Instruct) 및 평가(Evaluate)의 네 가지 기본적인 단계로 구
  성되어 있다.

- CTAM 모형(Cooperative Transition Assessment Model)은 지역사회를
  기반으로 구성되어 있으며, 학교 위원회 구성, 전환 핵심 팀 조직, 지역
  사회 조사, 지역사회 활동 계획, 개별화 전환 과정, 연간 평가의 단계로
  구성되어 있다. 이 모형의 의도는 지적장애학생이 학교에서 사회로의
  전환뿐 아니라 학교 내에서 전환을 준비할 수 있도록 공식적인 과정을
  보장하는 것이며, 또한 공개적인 논의를 시도하는 것으로 모든 전문가
  들이 지적장애 및 다른 장애학생들의 학교 이후 성과를 개선하려는 데
  주인의식을 가지고 참여하는 것이다(조인수, 2009).

좋은 사정이 되기 위해서는 개인이 전환기에 개개인의 목적과 기대를 다
루어야 하며, 아동의 목표를 성취시키고 만족스러운 결과를 낳기 위해 계
획 · 준비 · 결정 영역을 제시할 뿐만 아니라(Clark, 1998), 사정과 중재에 관
한 방향 제시 및 IEP 목표와 목적 개발에 기초를 제공할 수 있어야 한다. 따
라서 학생의 요구, 흥미 및 진로에 따른 전환사정은 전환교육의 계획과 실천
에 앞서 앞으로의 환경과 연결하기 위해 합리적인 단계를 거쳐 개발되어야
한다.

2) 개별화전환교육계획(ITP)

학생 개별적인 요구와 기능에 대한 사정 후 수집된 정보는 팀에 의해 학생의 개별화교육계획(IEP)에 포함될 개별화전환교육계획(ITP) 수립에 활용된다. ITP는 고용, 주거 생활, 그리고 지역사회 기능화와 관련된 목적과 목표가 명시되고, 필요한 서비스를 제공하게 될 책임을 맡은 전문가와 기관이 확정되어야 한다. 또한 서비스 준비에 따른 시간 계획도 포함된다. 〈표 4-2〉는 전환계획의 중요한 구성 요소를 제시하고 있다(IDEA, 2004).

개별화전환교육계획을 통하여 학생들에게 적합한 직업이 부여되면 직업적 목표를 성취하기 위한 전환 훈련이 학령기 이후부터 지속적으로 이루어져야 한다. 그리고 전환교육계획이 수립되면 개인의 결과 중심 전환교육에 초점을 맞춘 목표를 달성할 수 있도록 체계적인 훈련을 시작하게 된다(조인수, 2005, 2009).

전환교육계획의 관련 요소를 살펴보면 다음과 같다. IDEA(2004)는 전환교육계획 작성 연령을 14세에서 16세로 상향시켰고 전환교육계획은 훈련, 교육, 고용 및 독립생활 기술 등과 연관되어야 한다는 것을 강조하였으며, 첫 번째 ITP 작성은 적어도 16세 이전에 시작하는 것이 효율적이고, ITP에서는 '훈련, 교육, 고용 및 적절한 장소, 독립생활 기술 등과 관련된 나이에 맞는 전환사정에 토대한 적절하고 측정 가능한 중등교육 이후의 목표들' 그리고 '그 아동이 그런 목표들에 도달하도록 돕는 데 필요한 전환교육 서비스' 등이 포함되어야 한다고 진술하고 있다. 또한, 성인 생활에 대한 빈약한 준비 때문에 생기는 문제들 및 학교를 졸업하는 장애학생들의 비고용 비율을 줄이도록 하는 데 초점을 맞추고 있다. 그리고 '성과 중심 과정'이란 말은 '결과 중심 과정'으로 변화하였다. 결과 중심 과정은 성공적인 학교 졸업 후 고용 혹은 교육의 중요성을 나타내고 있으며, 장애학생의 학교 졸업 후 '질 높은 삶'으로 이끌기 위한 준비를 시키는 것을 핵심으로 하고 있다.

표 4-2 전환 계획을 위한 중요한 요소

정의(602조)

(34) 전환 서비스 '전환서비스'라는 말은 장애학생을 위해 조정되고 설계된 활동을 의미한다. 즉,

    (A) 결과 지향 과정으로 설계되고, 학교에서 학교 이후 활동으로 이동하는 학생들의 기초학습과 기능적인 성취를 발달하는 것에 초점을 두고 중등 이후 교육, 직업교육, 직업 중재, 계속적인 생애교육, 성인 서비스, 독립생활, 지역사회 참여와 같은 활동들이 포함된다.

    (B) 개별 학생의 요구, 장점, 수행 능력, 흥미 등의 검사를 기초로 한다.

    (C) 학습, 관련 서비스, 지역사회 경험, 고용의 발달, 학교 이후 성인 생활 목표, 적절한 시기, 일상생활 기능의 획득, 직업 기능 평가 등이 포함된다.

개별화교육계획(614조)

(I) '개별화교육계획' 또는 'IEP'는 장애학생을 위한 발달, 관점에 대한 진술인데 이 조항은 다시 세분화된다.

(VIII) 아동이 16세가 되어 첫 IEP가 제공되는 것보다 늦지 않게 전환계획이 시작되어야 하고, 매년 누가 기록해야 한다.

    (aa) 적합하게 측정된 중등 이후 목표는 훈련 · 교육 · 고용 시기, 독립생활 기술과 관련된 전환사정 연령에 기초하고 있다.

    (bb) 전환 서비스는 이러한 목표에 도달하기 위한 조력을 필요로 한다.

    (cc) 법이 정하는 나이에 도달하기 1년 전 시작한다. 이 법률에 의한 아동의 권리는 충분히 인지시켜야 하고, 어떤 경우에는 615조에 의해 적정 도달 연령을 변동시킬 수 있다.

출처: IDEA(2004).

전환교육계획 작성 실행 과정을 살펴보면 다음과 같다. IDEA(2004)는 전환교육계획 작성에 학생의 능동적인 참여를 위임하고 있으며, 인간 중심 접근법에 따른 인간 중심 전환교육계획의 초점은 학생의 희망, 욕구와 꿈에 관한 것으로 이 과정은 학생이 자기 삶을 계획하고 자기옹호와 자기결정 기술을 개발하는 일에 참여할 것을 강조하고 있다. 이는 전환교육 문서에 필요한 결과 중심 목적을 확립하도록 도움으로써 학생의 ITP를 보충하고 보완하도록 조정되어야 한다. 한편, 16세에 시작되는 ITP는 전환교육 서비스 계획으

로 결과(성과) 관련 진술을 포함해야 하는데, 이것은 전환 관련 종사자 및 기관들 간의 상호 책임에 관한 진술을 반드시 포함할 것을 제시하고 있다. 전환교육계획 수립 단계는 개별화전환교육계획 작성 팀 구성, 개별화전환교육회의, 개별화전환교육계획 작성 방법, 개별화전환교육계획 실행, 개별화전환교육계획 수정 보완 및 평가, 종료 회의 개최의 순서로 이루어진다.

계획 과정에서 중요하게 고려할 사항에 대해 살펴보면 다음과 같다. 효과적인 전환교육 프로그램의 질은 실천과 문서 양쪽 모두에 나타나므로, 학생의 미래를 위해 학생의 변화하는 욕구, 요구 및 기대감을 해마다 반영하기 위해서는 개별화전환교육계획 문서 양식을 바꾸도록 보증하는 것이 중요하다. 1990, 1997년과 2004년 IDEA는 특별히 IEP에 필요한 내용의 강조와 '전환교육계획'이라고 불리는 분리된 문서에 관한 언급은 없다. 다만 전환교육 ITP를 다음과 같이 기술하고 있다.

> "······아동의 나이가 16세가 되는 첫 번째 ITP가 효력을 발휘하는 때보다 늦지 않은 때 시작되어야 하고, 그때 이후로 매년 새롭게 갱신되어야······."
> 그리고 "······훈련, 교육, 고용 및 적절한 독립생활 기술 습득을 어디서 할 것인가에 관한 나이에 적합한 전환교육 사정에 기초한 측정 가능한 적절한 중등교육 후의 목적에 토대를 둔" 그리고 "이 목표들에 아동이 도달하도록 도와주는 데 요구되는(학습 과정을 포함한) 전환교육 서비스들······."

Steere, Rose와 Gregory(1996)는 다양한 장애를 가진 학생들을 위해 효과적인 전환교육계획 작성을 위한 여섯 가지 '포괄적인 전환계획 작성 실천 지침'을 다음과 같이 제시하였다. 즉, 전환교육 결과를 안내할 성공적인 비전의 ① 명료화, ② 가족과 다른 중요 인사들의 긴밀한 협력과 적극적 지원, ③ 적절한 질문에 기초한 역동적인 사정 과정, ④ 지역사회 환경에 기반을 둔 교육과정 구성, ⑤ 최상의 학습 촉진에 도움을 주는 개별적인 계열성 지원, 그리고 ⑥ 지역사회 자원과의 연계 등이다.

결국 전환계획은 청소년 학생을 위한 IEP 과정으로 모든 교육과정을 결정하고, IEP 팀이 수업목표를 정하는 데 실질적인 도움을 주도록 규정하고 있다. ITP는 학생의 교육 프로그램과 학교 경험이 학생의 졸업 이후 목표와 일치되도록 만드는 하나의 도구 역할을 한다. ITP를 실행할 때에는 학생은 최소로 제한된 학습 환경에 배치해야 하고, 이 과정은 학생의 목표 · 바람 · 요구에 맞추어져야 하며, 또한 학생의 능력 및 수행 능력에 기초해야 한다. 한편, 전환 과정에서 활용되는 서비스가 분명하게 확인되어야 하고, 관여하는 모든 사람은 그 책무성에 대해 역할을 명확히 알아야 한다. 그리고 학생의 목표 수료 날짜가 기록되어야 한다. 장애아동이 획득하게 될 기능과 졸업하기 이전과 이후에 받게 될 전환교육 서비스에 대하여 구체적으로 기술한 계획서가 없다면 전환교육 과정의 다른 요소는 의미가 없다고 할 수 있다.

3) 훈련

학생이 성공적인 성인의 삶을 살아가기 위해 반드시 요구되는 영역을 훈련시킴으로써 성공적인 전환이 이루어질 수 있도록 해야 한다. ITP를 통하여 학생들에게 적합한 직업이 부여된 후 직업적 목표를 성취하기 위한 전환훈련이 학령기 이후부터 지속적으로 이루어져야 한다. ITP가 수립되면 개인의 결과 중심 전환교육에 초점을 맞춘 목표를 달성할 수 있도록 체계적인 훈련을 시작하게 된다. 체계적인 훈련을 위한 고려사항은 다음과 같다.

첫째, 전환의 계획들을 달성하기 위해 실시하는 모든 교육, 서비스 및 조치의 과정들은 총체적인 훈련이며, 가장 핵심적인 장래 목표를 달성하기 위해서 여러 목표 가운데 우선순위를 선정해야 한다.

둘째, ITP에 따라 생활기능 훈련이 시작되고, 훈련은 모든 영역별 교차적인 직업평가에 기초해서 확인된 영역을 목표로 삼게 된다. 이러한 영역은 학업 기술, 직업적인 기능, 진로 발달 그리고 생활기능에 초점이 맞추어져야 한다. 또한 모든 훈련은 효과적인 교수의 원칙이 포함되고, 교사 – 학생의 접측, 시간과 작업이 극대화되도록 해야 한다. 상호작용 교수, 학습 계획 그리고 개체의 사회적 발달과 학급 경영은 훈련이 시작되었을 때 반드시 고려되어야 할 사항이다(조인수, 2005). Wehman, Kregel과 Barcus(1985)는 훈련 영역을 가사생활 기술 · 지역사회 이동 기술 · 사회적 대인 관계 기술 · 여가 기술 등으로 나누었고, 이후 Dever(1988)는 지역사회에서의 기능적 생활 기술의 영역을 개인 유지 및 발달 영역, 가사와 지역사회 생활 영역, 직업 영역, 여가 영역, 이동 영역 등으로 제시하였다.

셋째, 이와 같은 영역에서의 체계적인 훈련을 위해서는 기능적인 생활 중심 교육과정, 지원고용 프로그램 제공, 전문 인력 확보 등이 필요하다. 특히 중등발달장애인의 경우 인성적응 훈련, 생활 훈련, 직업 전 보상기능 훈련, 직업(종) 훈련 순으로 이루어져야 한다. 그리고 직업 훈련은 장애학생에게 지역사회 내에서 이용할 수 있는 일에 필요한 기능과 더불어 실시되어야 한다. 또한 진로와 직업 교과과정 역시 유사한 프로그램 내에서 연계성을 이루는 교수로 이루어져야 한다. 이러한 교수 영역으로는 가정생활 기능, 지역사회 생활기능, 사회/상호 관계 기능 그리고 레저 기능이 있다. 학생은 또한 자신의 진로 성숙을 위해 설계된 활동 내에서 이러한 영역의 교수를 받아야 하고, 자기인식 · 직업인식 · 의사결정 기능을 위해 설계된 교수를 제공받아야 한다. 이러한 교수활동 및 내용은 인식 · 적응 · 탐색 · 준비에 초점이 맞춰진 진로교육 프로그램의 맥락에서 행해져야 한다. 예를 들면, 지적장애학생에게는 생활기능적인 교수 방법으로 통합된 훈련이 제공되어야 한다.

현재의 교육과정이 모든 특수교육 대상자의 기본 학습 능력과 사회적응 능력 함양을 위한 학습자 중심의 기능성 교육과정을 구현하기 위해서 많은 노력을 했지만, 우리나라 특수학교 교육과정은 단편적인 내용이거나 전환교육의 목표와 관련되지 않고 실시되는 경우가 아직 많은 것이 현실이다. 또한 많은 학생들이 학교를 졸업한 이후에 성인사회에 적응하는 데 큰 도움을 주고 있지 못하다. 그러므로 효과적인 전환교육을 실시하기 위해 정부 차원에서 우리나라 실정에 맞는 기능적인 교육 프로그램이나 자료들을 개발하여 제공할 필요가 있다. 따라서 효율적인 전환교육이 이루어지는 가장 근본적인 단계로 들고 있는 것이 다양한 기능적 교육과정 운영과 관련 프로그램을 개발하여 교육현장에 제공하는 것이다(조인수, 2002, 2005, 2009; 김진호, 2007; 박영근, 2010). 만약 학생에게 사회에서 적응하여 생활하는 데 그대로 적용할 수 있는 기능적이고 생활 중심적인 교육 프로그램을 실시할 수 있게 되면, 학생이 성인 생활에 더욱 성공적으로 적응할 수 있고, 삶의 질은 더욱 향상될 것으로 기대된다.

4) 배치

ITP에 따른 훈련이 원만히 이루어지고 나면, 전환 담당자는 적절한 환경에 학생을 배치해 주어야 한다. 특별한 교육적 요구를 지닌 학생에게 전환 과정의 최종 목표를 배치와 사후 서비스라고 볼 수도 있을 만큼 그들을 적절한 환경에 배치하는 것은 아주 중요한 일이다. 또한, 전환 담당자는 직업을 가지게 되는 학생과 고용주 모두가 만족할 수 있도록 배치 전에 충분한 사전조사를 실시하여야 하고, 고용주에게도 특별한 요구를 지닌 학생에 대한 정확한 정보를 충분히 제공해 주고 주의를 기울이는 것이 아주 중요하다. 또한 전환 담당자는 배치 전에 고용주와 직장 동료에게 학생이 지닌 특별한 요구에 대해 알리고, 의사소통, 사회 기술, 직무 수행의 관점에서 장애를 가진 사람들로부터 예측될 수 있는 것에 관해 의논하고, 효과적인 상호작용 방법에 관해 토론해야 한다.

여기서는 직업 배치와 주거 배치를 중심으로 살펴본다(조인수, 강위영, 이상춘, 1993; 조인수, 2002, 2005, 2009).

(1) 직업 배치

조인수(2009)는 직업 배치에서 일반적으로 직업 배치 과정을 ① 초기 사정, ② 발달 계획, ③ 고용주와의 의사소통, ④ 직업 배치, ⑤ 훈련, ⑥ 계속적인 지원, ⑦ 감독, 그리고 ⑧ 일정 기간 동안의 접근 단계 등을 지적하면서 때에 따라 선 배치 – 후 훈련이 이루어질 수 있음을 언급하였다. 고용의 유형으로 경쟁고용, 보호고용, 지원고용으로 범주화할 수 있으며, 특별한 요구를 지닌 많은 학생들은 대부분이 지원고용의 형태로 직장을 유지하고 있다.

지원고용 체계는 경쟁적 노동·통합된 작업 환경·지속적인 서비스의 제공 등 세 가지 요인을 충족해야 한다. 박희찬(1999)은 진로 계획 수립·직업 및 직종 개발·적합성 분석 및 지원 계획 수립·배치 후 현장훈련 및 지속적인 지원 서비스 등의 4단계로 구분하였다. 지원고용을 구성하고 있는 요소들은 직업 개발, 내담자 평가, 적합성 분석 및 지원 계획 수립, 직업 배치 및 현장훈련, 지속적인 평가, 계속 지원을 공통적으로 포함하고 있다.

고용의 세 가지 유형을 살펴보면 다음과 같다.

경쟁고용(competitive employment)

장애인이 비장애인 근로자와 동일한 조건으로 경쟁하여 취업을 하는 형태다. 경쟁고용은 다른 취업의 유형에 비해 장애인이 사회에 가장 잘 통합될 수 있으며, 보수도 가장 높은 편이다. 또한 보다 안정적인 직업에 종사할 수 있고, 작업 여건이 좋은 직종에 취업할 가능성도 높다. 그러나 경쟁고용을 위해서는 장애인이 특정한 기능이나 기술을 보유하고 비장애 근로자와 경쟁할 수 있는 능력을 갖추어야 하며, 장애인의 취업 가능성과 작업 능력에 대한 고용주나 직장동료들의 인식도 보다 적극적으로 전환되어야 할 것이다. 이 고용 형태는 일반적으로 경도장애학생에게 가장 적당한 것이다.

보호고용(sheltered employment)

통상적인 경쟁노동시장에서 불리하여 고용이 될 수 없는 중증장애인을 위하여 특별히 계획된 조건과 보호적 조건하에서 행해지는 훈련 및 고용이며, 일반적으로 서비스를 제공하는 일 또는 작은 계약의 일을 수행한다. 보호고용의 목적은 장애인을 지원 고용 사업장에 배치하기 위한 적응 훈련과 직업 기능 훈련의 전환 수단으로 계획된다. 보호고용은 보호산업, 보호작업장, 작업활동센터 등 3개의 범주로 분류된다. 여기서 보호작업장은 참가자에게 보호된 환경하에서 단지 다른 장애인들과 함께 작업대에서 일하는 것을 말한다. 보호작업장 종사자는 일반적으로 하루에 극히 적은 수당을 받는다.

지원고용(supported employment)

지원고용은 유급 고용으로, ① 장애 때문에 작업장에서 일을 수행하는 데 집중적인 계속 지원(intensive on-going support)을 요하는 발달지체인을 대상으로 하고, ② 비장애인이 취업하고 있는 다양한 작업장에서 이루어지며, 그리고 ③ 장애인이 계속적으로 유급 직업에 종사하기 위하여 필요한 지원(감독, 훈련, 교통수단 제공 등)을 제공하는 것을 말한다.

지원고용에는 개별배치 모델(individual placement model), 이동작업반(mobile work crews), 하청업 모형, 현장고용(enclaves)이 있다.

(2) 주거 배치

주거 배치는 최소 제한 환경의 원리를 적용하여 주거 생활을 선택하는 것으로, 특히 개별적으로 고려되어야 한다. 주거의 형태는 독립생활, 가족과 함께 생활하기, 관리 감독된 생활, 주거보호 생활 그리고 중간 보호 시설 등이 있는데, 이런 여러 형태 중에서 장애를 가진 사람의 개별성을 고려하여 배치할 필요가 있다. 그리고 주거 배치는 정부 차원의 정책 수립이 필요하다. 주거 배치를 위해서는 재정적인 부담이 많이 되기 때문에 국가 차원의 경제적 지원과 정책적 · 법적 지원이 제공되어야 한다.

5) 추수 지도(사후 서비스)

전환교육 실행 단계의 마지막 부분인 추수 지도에서는 장애를 가진 사람들이 취업이 된 이후 직장의 사회적 · 물리적 · 기술적 환경에 적응할 수 있도록 지원하는 데 그 목적을 두고 있다. 추수 지도는 특별한 교육적 지원 요구를 지닌 학생이 직장 생활에 잘 적응할 수 있도록 직장에서의 불편한 관계를 확인하고 이를 개선할 수 있도록 조정하는 역할을 한다. 따라서 이들이 만족스러운 직장 생활을 경험하고 자립할 수 있도록 도울 수 있는 전문가 인력이 반드시 필요하고, 또한 추수 지도 서비스를 제공할 수 있는 인력도 충분히 확보되어야 한다.

사후 서비스(postemployment service)는 재활 대상자가 직업적으로 재활된 후에 그들이 취업 상태를 유지하도록 지원할 목적으로 재활 과정상 제공되는 것을 말한다. 사후 서비스는 어떠한 재활 서비스라도 될 수 있지만, 그 활동들은 대상자가 원래의 개별화된 고용 계획과 관계가 있어야만 한다. 최소한 상담을 지속하는 것이 필수적이기는 하지만, 사후 서비스에는 복잡하거나 포괄적인 어떤 새로운 재활노력을 수반하지는 않는다. 사후 서비스의 몇 가지 예를 들면, 직업 요구 사항의 변화에서 비롯된 보충 훈련, 건강 서비스, 공인 파출부에 대한 조정, 휠체어 수리, 교통비 보조 등을 필요한 경우에 실시한다.

Anderson(1990)은 내담자가 직업을 가진 후 작업 환경에 적응하도록 돕고, 필요하다면 작업 환경을 장애를 가진 사람들에게 맞도록 조정하는 전문적인 활동을 사후 서비스라고 정의하였다. 사실, 특별한 교육적 지원 요구를 지닌 학생은 동료 간의 대인 관계에 어려움이 있고 일의 효율성이 다소 떨어지기 때문에 이러한 어려움을 극복하기 위한 지원 서비스를 제공해 주지 않으면 직업을 유지해 나가기 어렵다. 전환 전문가는 사정, 계획, 훈련 및 배치의 과정을 거쳐 직업 환경에 배치된 후에도 사후 서비스를 체계적으로 제공해야 함을 강조하고 있다. 이러한 사후 서비스의 시기와 방법은 장애의 유형과 정도, 직장 환경, 직장 적응 정도 등을 고려하여 처한 환경에 가장 적합하도록 융통성 있게 수행될 필요가 있다(조인수, 2005, 2009).

4. 장애학생을 위한 전환교육 교수 방법 및 훈련

교수 방법의 선택은 특수교사가 특정한 교육의 목표와 성과를 가장 효과적으로 이루어 낼 수 있는 방법에 따라 결정된다. 이러한 선택은 대부분 장애학생들의 능력과 요구를 평가하는 특수교사의 능력, 그리고 학생들의 학습 내용의 복합성 및 구조를 적절히 평가하고 검토하는 특수교사의 능력에 의해 좌우된다. 여기서는 장애학생을 위한 전환교육 교수 방법 및 훈련을 살펴보고자 한다(조인수, 2002; 신현기 외, 2010).

(1) 교사 주도적 교수법

이 방법은 학생들의 전체 학습 과정에서 특정한 단계를 교사가 주도적으로 제공한다는 의미에서 직접 교수법(direct instruction)이라 불린다. 이 방법은 기계적으로 학습 내용을 숙달시키는 데 가장 효과적인 방법이다. 즉, 기본적 사실(철자, 문법, 수학적 사실, 동물의 이름이나 분류법 등)이나 기초적인 기술(잘못된 글자 수정하기, 분수의 계산, 측정, 관찰 결과의 기록, 국가나 대륙의 분류) 등을 학습하는 데 효과적인 방법이다.

(2) 비지시적 안내된 교수법

이 방법은 특정한 교육목표에 도달하기 위해 교사가 학생에게 필요한 정보를 제공할 때, 학생의 인지적 사고과정에 대한 발판을 제공하거나 사고과정을 위한 안내가 필요할 때 활용한다. 이 교수법에서 교사의 역할이나 접근 방법은 '주변에서의 안내'로 묘사될 수 있다. 직접 교수법에서 교사의 역할은 '각 단계에 능통한 사람'으로서의 역할이라고 할 수 있다. 한편 비지시적 안내된 교수법은 '탐구학습' 또는 '발견학습'이라고도 하며, 일반 학급에서 더 자주 사용한다. 반면, 특수학급에서는 보통 직접 교수법이 더 많이 사용된다.

(3) 학생 안내 혹은 프로젝트 중심 학습

이 방법은 교사에 의해 유도되는 통찰력이 아니라 일상생활 장면에서 좀 더 고차원적인 사고를 적용하도록 하는 또 다른 '실행(훈련)' 과정이다. 이 방법은 교사 주도의 탐구 활동과 발견 학습에서 학생 주도로 전환되는 중간 단계이며, 완전한 자기주도적 학습을 하기 위한 매우 중요한 단계이다. 이때 교사는 기존의 교사 주도적 방법처럼 학생의 활동을 계획하는 것이 아니라, 주로 학생의 요구나 질문에 따라 지원해 주고 안내하는 역할을 한다. 학생이 주도적으로 학습의 한 요소로서 프로젝트를 계획하고 수행해야 한다.

(4) 학생 자기 주도 학습

이 학습법에서 가장 중요한 개념은 '자기결정'이다. 그러므로 학생은 자신의 문제점이나 요구를 알고 있어야 하며, 이러한 요구를 해결할 수 있는 전략들을 갖추고 있어야 한다. 자기주도적 학습은 새로운 전자제품을 설치하는 방법, 아이의 장난감을 만드는 방법, 새로운 DVR 또는 휴대전화를 작동하는 방법 등을 이해하는 데에도 필요한 학습 방법이다. 이 학습 방법은 되도록 학생 스스로 결정하도록 하는 것을 목적으로 한다. 그러므로 학생은 자신의 학습 방법의 강점과 약점을 이해하는 것이 중요하고, 다른 교수 방법들과는 달리 교사의 조언이나 도움을 받아들일지에 대한 결정을 학생 스스로 해야 한다.

(5) 학업 기술

학생이 중등학교를 졸업하고 직장, 대학, 지역사회 생활에 성공적으로 전환하기 위해 학생은 읽기 · 쓰기 · 계산과 같은 기본 학업 기술을 습득해야 한다. 이러한 학업 기술은 기능적 교육과정으로 운영되어야 한다(Wolery & Haring, 1994). 기능적 교육과정은 개인적 · 사회적 기술, 일상생활 및 직업 적응 분야에서 장애를 갖고 있는 모든 학생에게 필요로 하는 기능과 개념에 초점을 두고 교수 요목을 배분하는 방법으로, 유의미한 환경에서 어떤 행동을 성취하는 데 유용하며, 실제 생활 안에서 가르치고 일상생활에서 의미 있고 유용한 기본적인 학업 기능이다(Hunt & Marshall, 1994).

(6) 직업적인 기능

효과적인 직업 기술 개발의 요인은 직업교육과정에 영향을 주며, 장애학생의 취업은 지역사회에서 이루어지기 때문에 '진로와 직업' 교과과정과 지역사회 내의 노동시장을 연결시키는 것이 아주 중요하다. 내용으로 ① 기능적 교과 과정, ② 합당한 교수적 수정, ③ 통합의 기회, 그리고 ④ 지속성(Lewis, 1992)이 직업 교과과정을 개발할 때 고려되어야 하며, ① 기능의 습득(직접 교수, 시연, 모형링의 교수 기술 활용), ② 일반화(교실상황에서의 수행 기능은 응용의 제한을 갖는다), ③ 유지(정기적 반복과 연습) 등이 교수 활동에서 고려되어야 한다.

(7) 진로 발달

진로교육은 진로를 가지는 데 필요한 지식과 기술을 개인에게 가르치기 위해 설계된 교육과정이며(Smith & Luckasson, 1995), 진로교육과정은 인식 · 적응 · 탐색 · 준비의 4단계로 나뉜다. 이 교육과정은 유치원에서 시작하여 교육적 진로를 통해 계속되는 과정이다.

(8) 생활기능

생활기능은 독립적인 것, 일상생활과 관련된 기능으로 개인생활 환경을 조성하는 것이며, ITP의 구성 요소로 지역사회의 독립적 기능으로 아주 중요하다(Wehman, 1996). 이러한 영역은 가정생활 기술, 지역사회 생활과 이동, 사회/대인 관계 기능, 레저 기능(Wehman, Renzaglia, & Bates, 1985) 등이다.

5. 장애학생의 계속교육 지원

장애학생을 위한 고등학교 전환교육과 서비스는 점차적으로 증가하고 있으며, 학생 개개인의 전환교육계획에 대한 특수교육 교사들의 인식이 높아지고 있다. 장애학생의 계속교육을 지원하기 위해서는 모든 과정이 통합교육 환경에서 이루어져야 할 것이다(조인수, 2005; 김형일, 2010).

1) 장애학생의 계속교육을 지원하기 위한 전제 조건

(1) 전환 목표의 IEP 통합

전환교육의 목표는 장애학생 개인의 입장에서 볼 때 궁극적으로 졸업 이후 성과에 관한 것이다. 이는 결국 장애학생 미래의 교육적 성취 결과인 IEP의 장기 목적과 연계되어야 함을 의미한다. 따라서 전환교육의 목표들은 IEP의 목적에 대한 졸업 이전과 이후의 과정에 중점을 두고 설계되어야 한다.

(2) 통합 환경 교수

통합교육은 적절한 교육적 · 사회적 지원과 서비스를 수반하는 일반교육 환경에서 모두가 참여하여 교육을 통해 장애학생이 사회의 한 구성원으로서 역할을 하도록 준비하는 과정이다. 장애학생의 전환교육도 이러한 맥락에서 현재와 졸업 이후 통합된 사회의 구성원으로서 역할을 하게 하는 교육으로 이루어져야 할 것이다.

(3) 결과 중심 과정

전환계획을 설정할 때와 마찬가지로 실제 교수의 설계에서 장애학생의 졸업 이후 성취 결과를 염두에 둔 것이어야 한다. 장애학생이 졸업 이후 상황에 적응하게 될 활동들을 지원하는 교수 내용이어야 한다. 이를 통해 학생이 책임 있는 성인으로서 성장하게 될 지식과 기술을 개발할 수 있게 학교 수업의 주된 내용이 구성되도록 하여야 한다.

(4) 협력적 활동

전환교수는 관련 인사들의 협력적 활동으로 수행되어야 한다. 이를 위해 전환의 교수 내용을 계열성과 위계성 있게 잘 조직해야 한다. 일부라도 이 조직들에서 빠지게 되면 궁극적으로 학습 결과에 좋지 않은 영향을 미치게 된다.

(5) 학생의 요구와 선호, 흥미

앞서 언급한 내용뿐만 아니라, 교수에서 가장 염두에 두어야 할 것은 학습 주제나 활동들이 학생 중심이어야 한다는 것이다. 이는 수업에서 학생의 동기를 유발하고 흥미를 줄 수 있는 주요 요인이기 때문이다.

2) 장애학생의 계속교육을 위한 학교 중심의 작업 경험 지원

장애학생의 계속교육을 지원하기 위한 방법은 여러 가지 있을 수 있지만, 학교에서 제공하는 교육과정 일환의 프로그램이나 학교 졸업 이후의 고용 참여를 통해 이루어질 수 있다. 여기서는 교내에서 이루어질 수 있는 학교 중심의 작업 경험 지원 유형을 살펴본다(김형일, 2010).

(1) 현장 학습(field trip)

가장 단기간에 이루어지며 작업 경험 정도가 약한 것으로, 현장 견학이나 산업체를 관찰·방문하는 작업 경험 유형이다.

(2) 프로젝트 과정(course project)

작업장에서 학생이 작업 경험을 하게 하는 유형이다. 특정 과목과 관련하여 직업 현장과 연계하여 직접 참여하게 한다. 프로젝트 과정은 지역사회의 필요, 그리고 봉사와 훌륭한 시민정신을 가르친다는 의미에서 서비스 학습(service learning)이라는 용어로도 사용된다.

(3) 참여 실습(job shadowing)

참여 실습은 작업 과제, 작업 과정, 특정 직장인의 작업장 등을 학습하기 위해 업체를 방문하는 과정이다. 참여 실습은 성인 모형과 특정 작업 유형을 학습하는 데 도움이 되며, 주된 목적은 고용인 가까이에서 작업 과제를 수행하고 도와주면서 작업 과정을 관찰하는 것이다.

(4) 학교 기업(school-based enterprise)

학교 기업은 학교 내에 제품 생산이나 판매를 위한 서비스 시설을 갖추고 학생 및 교직원들이 이용하는 활동이다. 학교 기업을 통해 학생들로 하여금 일, 소비자의 상호작용 경험을 갖게 한다.

(5) 진로 캠프 프로그램

진로 캠프 프로그램은 단기간의 집단 프로젝트로 구성된다. 방학을 활용하여 진로 캠프, 문제 해결 경험 캠프 등 장애 특성이나 연령에 맞게 수정된 프로그램이 적용된다. 계획의 방대함이나 비용 문제로 단위 학교보다는 지역 단위로 모집하여 운영되는 경우가 많다.

(6) 도제 제도(apprenticeship)와 인턴십(internship)

도제 제도는 기본적으로 학교에서 배우는 수업과 직업과의 연계를 중시하고, 자격증을 받을 수 있도록 하는 반면(5년 이상의 장기간의 배치와 급여), 인턴십 과정은 특정 고용주와 연계를 강조한다(제한된 기간인 한두 학기, 무보

수). 가장 일반적으로 오전 수업을 하고 오후에 이 프로그램들을 적용하는 교과와 통합한 운영 방법을 선호한다(Isaacson & Brown, 1993).

(7) 협력 교육(cooperative education)

협력 교육은 교육과정 범위 내에서 교과 수업 중에 그리고 작업 경험을 대안적으로 제공한다는 점에서 인턴십 제도와 비슷하다. 그러나 협력 교수는 일정한 연구 기간을 거쳐 전 학기 동안, 전일제로, 완전 고용 형태로 운영된다는 점에서 구별된다.

(8) 노작(work-study) 혹은 시간제 직업 배치(part-time job)

이 단계에서는 방과후, 주말, 하계 취업, 졸업 후 완전 취업 등의 계획이 이루어진다. 학교에서 전문 직무 개발을 위한 직무 배치 담당자가 이 역할을 수행하고, 상담 관련 인사가 학생의 학교와 직업 현장 간의 교육 일정을 조정한다. 학교 일정 중에 작업 시간을 배정할 수 있고, 필요하다면 일부 과목들은 교외 직업 현장에서 학점을 받을 수 있게 할 수 있다.

(9) 기술-준비(tech-prep)

기술-준비 학습은 교과와 직업 기술을 개발하고, 학교와 졸업 이후 훈련과의 연계를 원활하게 하기 위해 마련되었으며, 학생에게 재학 중에 직업 훈련 기호를 갖게 하며, 교과와 직업에 대한 일련의 과정을 자연스럽게 연계할 수 있다.

(10) 진로 교과(career academy)

진로 교과는 특정 직업 현장과 연계되고 졸업 자격이나 졸업 후 진학교육과 연계된 직업과 교과 수업에 대한 포괄적인 교육과정을 의미한다. 교육과정에 일련의 작업 경험과 참여 관찰, 하계 취업, 연중 시간제 인턴십 등이 포함된다.

(11) 지역사회 중심의 기능적 전환 교수

지역사회 중심 교수의 목적은 학생을 자연스러운 지역사회 환경에서 가르치는 것이다. 개인이 생활하고 있는 가정, 학교, 지역의 레스토랑, 쇼핑센터, 작업장 등에서 수업이 이루어지도록 한다. 학생이 수업한 내용을 일반화할 수 있는 기회를 주며, 장애학생의 장애 정도에 상관없이 지역사회 중심 훈련 경험은 그 자체가 기능적이라는 장점이 있다.

(12) 인지적 전환 교수

기능적 접근과 맥락적인 면을 달리하는 인지적 전략인 자기-교수(self-instruction)와 대인 문제 해결 기술 전략(solving-problem skills)이 있다.

3) 장애학생을 위한 지원고용

(1) 지원고용의 개념

장애인 직업재활 및 특수교육 분야에서 새롭게 대두되고 있는 지원고용(supported employment)은 유급 고용이다. 이는 ① 장애 때문에 작업장에서 일을 수행하는 데 집중적인 계속 지원(intensive on-going support)을 요하는 발달지체인을 대상으로 하고, ② 비장애인이 취업하고 있는 다양한 작업장에서 이루어지며, 그리고 ③ 장애인이 계속적으로 유급 직업에 종사하기 위하여 필요한 지원(감독, 훈련, 교통수단 제공 등)을 제공하는 것을 말한다(조인수, 이상춘, 강위영, 1993; 조인수, 2002)

(2) 지원고용의 종류

지원고용의 유형은 운영 형태, 훈련 담당, 지원 내용, 집단 형태 그리고 통합의 정도 등에 따라 다음과 같은 다양한 모형들이 제시되고 있다.

• 개별배치 모델(individual placement model): 경쟁 지원고용 선택권과

유사하지만, 이 모형은 사전 배치 훈련을 포함하지 않는다. 대신, 개인은 바로 직장에 배치되고, 모든 훈련은 그 직장에서 일어난다(Sowers & Powers, 1991). 그럼에도 불구하고 지원 경쟁 고용과 개별배치 지원고용이라는 말은 때때로 같은 모형을 나타내는 데 사용된다. 또한 지원작업 모형, 작업코치 모형, 작업코치(job coaching)라는 말들도 종종 이 모형을 설명하기 위해 사용된다.

- 이동작업반(mobile work crews): 감독 1명이 3~8명의 근로자를 담당하는 집단 지원고용 형태다. 이동작업원은 특별히 계약된 작업을 수행하기 위해 지역 내에 있는 여러 장소를 옮겨 다니는데, 보관서비스와 운동장 및 공원 관리 업무를 주로 담당한다. 중증장애인에게 자주 사용된다.

- 하청업 모형: 장애를 가지지 않은 사람과 8명 미만의 장애를 가진 사람을 고용하여 하청업체 형식으로 운영하는 형태다. 지원고용 하청업은 그 특성상 한 가지 유형의 상품과 서비스를 제공하게 된다. 이 형태는 장애가 가장 중증인 집단에 적용하기에 적당한 것으로, 노동자의 숫자가 8명 이내로서 규모가 매우 작고 생산성이 낮아서 보호작업장에 갈 수 없는 사람들을 대상으로 하며, 장기적인 소규모 계약이 초과 비용을 줄일 수 있다는 특징이 있다(O'Bryan, 1985).

- 현장고용(enclaves): 6~8명의 장애인 집단으로, 작업장을 옮겨 다니는 이동작업반과 대조적으로 사업 또는 산업장 내에서 비장애인에 의해 고용되고 관리되는 형태다.

지원고용의 요건을 갖춘 프로그램식 접근 방법은 여러 가지가 있으며, 그중에서도 가장 발전적인 형태는 개별 배치, 이동작업반, 하청업 모형 그리고 현장고용이다. 어느 모형이 가장 좋은가를 찾으려 하기보다는 지역사회의 특성을 고려할 때 장애를 가진 사람에게 어느 모형이 가장 적합한가를 탐색해야 할 것이다. 일반적으로 특정 모형에 의존하기보다는 여러 가지 모형을 종합하여 실시한다. 지원고용은 융통성 있는 개념으로서 지역 서비스의 요건, 고용기회, 서비스 자금 수준에 따라 적용할 수 있다.

　현재 우리나라 특수교육현장에서는 전환교육이라는 용어를 많이 사용하고 있고, 많은 특수교육 현장 지도자들이 특수학교에서 전환교육과 관련된 프로그램 등을 개발하여 교육과정에 적용하려는 노력이 많이 나타나고 있다. 그러나 우리나라 특수교육 현장에서 사용하고 있는 전환교육의 확립은 아직 많은 부분에서 미흡한 수준이며, 특별한 교육적 지원 요구를 가진 학생의 실질적인 교육성과를 위해서는 특수교육 현장에서 결과 중심 전환교육이 제대로 수행되어야 할 것이다. 이를 위해 특수교육 교사는 장애학생이 학교를 졸업한 후 직장에서 잘 적응하고 만족스러운 직장생활을 할 수 있는 토대를 마련해 주어야 하고, 또한 일상생활과 관련된 직업교육 및 전환교육과 자신에게 맞는 직종을 특수교육 교육과정에서 경험할 수 있도록 해야 할 것이다.

　장애학생의 지역사회로의 통합을 위해서는 IEP 속에 ITP의 수립이 반드시 포함되도록 법제도화가 이루어져야 할 것이다. 그리고 업무포털시스템(전자문서시스템, 교육행정정보시스템–NEIS, 지방교육 행정 · 재정 시스템) 내에 IEP와 ITP 입력을 위한 프로그램 개발도 병행될 때 비로소 전환교육이 우리나라 특수교육 교육과정에 뿌리를 내리는 것이라고 생각된다.

제5장
직업교육 관련 법규 및 제도

1. 장애인 고용제도

우리나라는 장애인 고용정책을 이행하기 위한 수단으로 장애인 고용할당제와 차별금지제를 적용하고 있다. 세계의 여러 나라들은 각 나라마다 고유하게 지니고 있는 역사와 사회문화적 풍토에 따라 장애인 고용정책을 다르게 적용하고 있는데, 장애인 고용에 대한 정책적 접근은 크게 할당제 형태와 비할당제 형태로 나눌 수 있다.

할당제는 제재 수단의 성격과 그 효과성에 따라 나뉘는데, 제재 조치를 동반한 의무할당제를 채택한 국가로는 독일, 오스트리아, 프랑스, 이탈리아, 폴란드, 일본, 중국 및 우리나라가 있고, 제재 조치를 동반하지 않은 국가로는 벨기에와 포르투갈이 있다. 고용주가 법적으로 장애인 근로자를 고용할 의무를 갖지 않으면서 의무고용을 권고받는 국가는 과거의 네덜란드가 속한다(심진예 외, 2006). 할당고용제도(quota system)는 기본적으로 장애인 고용과 직업재활이라는 측면에 국가가 적극 개입하여 장애인의 고용 가치를 확대하고 직업재활의 기반을 조성하는 정책이다. 이 제도는 국가, 지방자치단체를 포함한 국가기관, 민간 기업이 전 종업원 인원의 일정 비율만큼 장애

표 5-1 여러 나라의 장애인 고용정책

구분		국가
비할당제	장애인차별금지법	미국, 호주, 영국, 스위스, 네덜란드
	포괄적 차별금지법	캐나다
	노동법 및 기타	스웨덴, 노르웨이, 덴마크
할당제	제재 조치 있는 법적 의무고용	프랑스, 이탈리아, 독일, 오스트리아, 폴란드, 스페인, 한국, 일본, 중국
	제재 조치 없는 법적 의무고용	벨기에, 포르투갈, 영국(과거)
	제재 조치 없는 법적 권고	네덜란드(과거)

출처: 심진예 외(2006). p. 14.

인을 의무적으로 고용하도록 하고, 고용 기반을 조성하기 위하여 직업재활 서비스를 실시하는 등의 사업을 전개하는 제도다. 할당고용제도는 장애인을 경제적으로 보호해야 할 대상으로 본다는 측면에서 통합적인 측면보다는 분리적인 직업재활 정책에 속한다고 할 수 있으며(조성열, 2004), 이를 위하여 의무고용제도나 장애인고용부담금을 납부하게 하는 등 장애인 고용에 대한 강제 이행 수단을 지니고 있는 정책 유형이라 할 수 있다.

비할당제는 차별금지법 및 노동법과 자발적 노력을 유도해 장애인의 노동시장 통합을 도모하는 정책이다. 차별금지정책은 사회 환경의 변화를 통해 장애인의 고용을 유도해야 한다는 시민권적 사상에 기반을 둔 정책으로, 장애인을 단순히 보호해야 한다는 차원에서 일반인과 대등하게 대우하고 취업의 기회를 제공해야 한다는 관점이 강하다. 다만, 이러한 정책을 추진하기 위해서는 장애인과 비장애인 간의 통합 환경이 충분히 조성되어 있어야 하며, 그렇지 못할 경우 할당고용정책보다 장애인 고용을 촉진할 수 없는 잠재성을 지니기도 한다(조성열, 2004).

차별금지법을 통해 접근하는 국가는 크게 장애인차별금지법을 시행하는 국가(미국, 호주, 영국, 스위스, 네덜란드)와 포괄적 차별금지법을 시행하는 국가(캐나다)로 나눌 수 있는데, 이러한 정책은 사용자가 직장에서 장애인이 직무 요건을 충족시키는 데 필요한 조치를 취하도록 권고하거나 의무화하는 내용이 골자를 이룬다. 또한, 일반노동법이나 근로환경법 등의 수단을 통해 사용자가 채용상의 차별 행위를 할 수 없고, 작업장을 장애근로자에게 적합하게 변형하거나 장애근로자의 재활을 촉진할 의무를 갖게 하는 국가(노르웨이, 스웨덴), 자발적 행동과 인센티브 등에 기초를 두고 있는 국가(덴마크)도 있다(심진예 외, 2006).

그런데 최근에는 할당제를 채택한 국가들도 차별금지법을 도입하는 추세다. 프랑스(권리와 기회의 평등을 위한 장애인들의 참여와 시민권, 2005년), 독일(장애인평등법, 2002년), 오스트리아(장애인평등법, 2005년), 스페인(장애인의 기회균등과 차별금지에 관한 법, 2003년), 벨기에(차별금지법, 2003년) 등의 유럽 국가들이 차별금지에 관한 법률들을 도입하여 고용할당제와 차별금지법의 두 가지 정책을 공존시키고 있다. 이러한 흐름은 장애인 고용과 관련된 새로운 정책 기반을 수립하기 위해서라기보다는 기존의 규제를 보완하기 위한 것으로 평가할 수 있다(심진예 외, 2006). 세계적으로 장애인 관련 정책의 실행이 인권 측면에서의 권리와 환경적 접근성을 강조하는 방향으로 전개됨에 따라, 할당고용제에 따른 의무고용제도와 차별금지제도는 그 이념적 차이에도 불구하고 상호 보완적으로 발전해 가는 양상이다(유완식 외, 2011).

우리나라도 이러한 시대적 흐름에 따라 2008년 4월에 제정된 「장애인차별금지 및 권리구제 등에 관한 법률」을 통해 고용할당제와 함께 차별금지제도를 적용하기 시작하였다. 그러나 우리나라의 장애인 고용정책이 의무고용제도와 차별금지제도를 동시에 적용하면서 나타날 수 있는 이원적 규제를 벗어나기 위해서는 우리나라 의무고용제도가 중증장애인 중심으로 전환되어야 할 필요가 있다. 차별금지제도는 기회 균등을 지향하는 반면, 의무고용제도는 실질적 평등을 지향하기 때문에 두 제도가 상호 보완적으로 발전해 가기 위해서는 의무고용 대상자를 중증장애인 중심으로 재편할 필요가 있다(유완식 외, 2011).

2. 장애인고용촉진 및 직업재활법

1) 우리나라 장애인 고용 정책의 변천

유완식 등(2011)은 우리나라 장애인 고용정책 변천의 큰 흐름을 ① 장애인 고용정책의 태동기(해방 이후부터 1990년 이전), ② 장애인 고용정책의 전환 및 발전기(1990년대), ③ 장애인 고용정책 도약기(2000년 이후)로 나누고 있다.

우리나라의 장애인 고용정책은 해방 이후 전쟁 희생자에 대한 사회복지 차원의 원호를 목적으로 제정된 1950년 「군사원호법」 및 1951년 「경찰원호법」이 그 시초라 할 수 있다. 이 두 법은 해방 후 국가 기구의 형성에 기여한 장애인에게 국가가 정책적인 편의를 제공하기 위해 만들어지기는 했지만, 장애인 고용에 대한 국가의 정책적인 지원이 장애인의 권리 형성을 위한 근거를 제공해 주었다는 측면에서 이전의 구휼 일변도의 사회사업과는 차별성을 지닌다. 1950년대의 전쟁 희생자에 대한 군경원호대책이 주로 소득 보장과 재활 서비스 제공이었다면, 1960년대는 특수장애인을 대상으로 한 고용의 시기라 할 수 있다. 1961년에 제정된 「군사원호보호 대상자고용법」은 우리나라 최초로 고용의무를 도입한 법률로 정부와 민간 부문 모두에서 5% 의무고용을 부과하였으며, 이는 훗날 1984년의 「국가유공자예우 등에 관한 법률」에 통합·일원화된 다음, 1997년 「국가유공자 등 예우 및 지원에 관한 법률」로 개정되기에 이른다(유완식 외, 2011).

우리나라는 이후 1963년 「산업재해보상법」을 제정하여 산업 현장에서 장해를 입은 자를 대상으로 하는 직업재활 정책을 실시하였다. 그러나 이러한 제도들은 모두 그 정책 대상이 매우 제한적이라는 한계를 지니고 있다. 이처럼 제한된 정책 대상을 중심으로 이루어졌던 고용정책은 1980년대부터 정부 차원의 체계적이고 적극적인 대응으로 전환하게 되었다.

1977년 우리나라 최초로 장애인만을 대상으로 하는 「특수교육진흥법」이 제정되면서 장애인에게 생활에 필요한 지식과 기능에 관한 특수교육을 진흥하도록 하였는데, 장애인 고용과 관련하여 '직업 보도'를 명시함으로써 직업 훈련 및 직업 보도에 필요한 시설과 설비를 갖출 것을 규정하였다. 또한, 국내외의 여건이 성숙해짐에 따라 1981년에는 장애 발생의 예방과 장애인의 재활 및 보호에 관하여 필요한 사항을 정함으로써 장애인의 복지 증진에 기여함을 목적으로 하는 「심신장애자복지법」이 제정되어 우리나라 장애인 정책에 일대 전환이 일어나게 된다. 그러나 이 법은 장애인의 노동권을 직접적으로 보장하기보다는 복지적 관점에 초점이 있다는 한계가 있었다. 「심신장애자복지법」의 제정으로 보건사회부에 재활과가 설치되어 비로소 장애인 정책이 수립 · 집행되기 시작하였고, 이후 「직업안정법」이 1982년에 개정되면서 신체장애자의 고용 촉진과 직종 개발 및 취업 지원에 대한 내용이 신설되었지만, 이 법은 정책 수행을 위한 구체적인 수단이 마련되지 않은 선언적 조항이거나 일부 제한적인 운영에 불과했다는 한계가 있었다(최종철, 강필수, 2008; 유완식 외, 2011).

이에 1984년 의무고용제도를 포함하는 「심신장애자고용 촉진법안」이 국회에 상정되었으나 폐기되었고, 다시 1988년 여 · 야 4당이 각각 「심신장애인고용 촉진법안」을 발의하였으나 이 또한 폐기되었다가 1989년에 이들을 수정 · 통합한 단일안이 의결되어 1990년 「장애인고용 촉진 등에 관한 법률」이 제정되기에 이르렀다. 「장애인고용 촉진 등에 관한 법률」의 제정 이후 1990년대에는 '장애인 복지발전 5개년 계획' 「장애인고용촉진 및 직업재활법」으로의 개정, '제1차 장애인고용 촉진 5개년 계획' 수립 및 운영 등 장애인고용정책의 제도적 기반이 완성되었다. 또한 2000년 이후 우리나라 장애인고용정책은 법 개정을 통해 종합적이고 체계적인 고용 제도가 정착되고, 장애인고용 촉진 5개년 계획의 추진으로 고용 전략이 구체화되어 양적인 고용 증대가 가시화되기에 이른다(유완식 외, 2011).

2) 「장애인고용촉진 및 직업재활법」의 개요

(1) 「장애인고용촉진 및 직업재활법」의 구성 체계

「장애인고용촉진 및 직업재활법」은 총 6장 87조와 부칙으로 구성되어 있으며, 1990년 1월 13일 「장애인고용 촉진 등에 관한 법률」로 제정·공포되어 1991년 1월 1일부터 시행되어 오다가 2000년 7월 1일에 현재의 명칭인 「장애인고용촉진 및 직업재활법」으로 개정되었다.

제1장 '총칙'에서는 이 법의 목적과 정의 및 각 주체별 책임 등을 명시하고 있으며, 제2장 '장애인 고용촉진 및 직업재활'에서는 구체적인 정책의 내용을 설명하고 있다. 제3장 '장애인 고용 의무 및 부담금'에서는 고용의무제도와 부담금 및 장려금 등에 대하여, 제4장 '한국장애인고용공단'에서는 이 법의 실질적인 사업수행 기관인 한국장애인고용공단의 설립과 운영 등에 대한 사항을 규정하고 있다. 제5장 '장애인 고용촉진 및 직업재활 기금'에서는 기금의 운용과 관리에 대한 사항을, 제6장 '보칙'에서는 법령을 보충하기 위한 여러 사항을 다루고 있다.

(2) 「장애인고용촉진 및 직업재활법」의 성격과 주체별 책임

「장애인고용촉진 및 직업재활법」 제1장 '총칙'에서는 제1조에서 이 법의 목적이 '장애인이 그 능력에 맞는 직업 생활을 통하여 인간다운 생활을 할 수 있도록 장애인의 고용촉진 및 직업재활을 꾀하는 것'임을 밝히고 있다. 이러한 목적은 국민에게 노동권을 보장하는 헌법 정신을 실현하는 것이자 복지국가를 지향하는 정책 이념의 하나로 해석할 수 있다.

일반적으로 장애인의 고용 기회를 확대한다는 것은 장애인의 자립과 발전을 도와준다는 복지 정책적 측면뿐만 아니라 우리 사회의 조화로운 발전을 도모한다는 의미를 동시에 지니는 것이다. 장애인에게 노동의 기회를 부여하려는 노력은 사회 통합뿐만 아니라 국민 통합이 공고해지고 사회의 정치적 기반도 안정되는 일이며, 국가 발전과 사회 경쟁력 측면에서도 절대적으로 필요한 것이다. 또한, 장애인 고용은 사회적 자립을 통해 인격적 존엄성을 보장하려는 인도주의적 필요성, 국가와 사회의 부담을 경감시키고 납세를 통해 사회에 기여할 수 있도록 하는 경제적 필요성, 사회적 갈등의 소지를 해소하고 장애인의 성취감 · 참여의식 · 일체감을 증대시키고자 하는 사회적 필요성, 생산 활동 기회에 장애인의 적극 참여를 유도함으로써 국민 통합과 정치적 안정을 도모하기 위한 정치적 필요성에 의해 그 정당성이 부여될 수 있다(김용탁 외, 2011). 이러한 측면에서 「장애인고용촉진 및 직업재활법」은 장애인 고용정책의 일반적인 논리인 ① 보상의 논리, ② 부성주의 논리, ③ 갈등 완화의 논리, ④ 총생산 증가의 논리, ⑤ 차별 금지의 논리, ⑥ 공존의 논리, ⑦ 노동주권의 논리(김용탁 외, 2011)에 의해 설명될 수 있는 총체적인 정책 이행수단으로써의 성격을 지닌다.

「장애인고용촉진 및 직업재활법」에서는 국가와 지방자치단체의 책임, 사업주의 책임, 장애인의 자립 노력 등의 세 가지 측면에서 각 주체별 책임을 명시하고 있다.

먼저, 제3조에서 국가와 지방자치단체의 '장애인 고용촉진 및 직업재활에 대한 교육 · 홍보 · 장애인 고용 촉진 운동의 지속적 추진에 대한 책임'을 부여하면서, 국가와 지방자치단체가 '사업주와 장애인은 물론 그 밖의 관계자에 대한 지원과 장애인의 특성을 고려한 직업재활 조치를 강구하여야' 하고, '장애인의 고용 촉진을 꾀하기 위하여 필요한 시책을 종합적이고 효과적으로 추진하여야 한다.'고 밝히고 있다. 더불어 이러한 고용 촉진 정책을 펼치는 데 '중증장애인과 여성장애인에 대한 고용 촉진 및 직업재활을 중요시하여야 함'을 매우 강조하고 있다.

다음으로 사업주에 대하여는 '장애인의 고용에 관한 정부의 시책에 협조할 것'과 '장애인의 능력을 정당하게 평가하여 고용의 기회를 제공함과 동시에 적정한 고용 관리를 할 의무'를 부여하고 있다. 또한 사업주가 '근로자가 장애인이라는 이유로 채용 · 승진 · 전보 및 교육 훈련 등 인사관리상의 차별대우를 하여서는 아니 된다.'고 밝히고 있으며, '직장 내 장애인 근로자의 안정적인 근무 여건 조성과 채용 확대를 위하여 장애인 인식 개선 교육을 실시하여야 한다.'고 명시하고 있다. 더불어 '이러한 인식 개선 교육을 위하여 고용노동부장관이 교육교재 등을 개발하여 보급할 것'도 규정하고 있다.

그리고 법적 책임이 따르지 않는 조항이기는 하지만, 제6조에서 장애인의 자립 노력을 강조하고 있는 점이 독특하다. 제6조에서는 '장애인은 직업인으로서의 자각을 가지고 스스로 능력 개발·향상을 도모하여 유능한 직업인으로 자립하도록 노력하여야' 하며, '장애인의 가족 또는 장애인을 보호하고 있는 자는 장애인에 관한 정부의 시책에 협조하여야 하고, 장애인의 자립을 촉진하기 위하여 적극적으로 노력하여야 한다.'고 밝히고 있다. 이 조항이 갖는 의미는 국가와 지방자치단체 등의 공공 부문과 민간 부문의 사업주에 대한 책임 부여가 고용의무제도 등을 통하여 강제성을 띠는 것과는 달리, 장애인에게는 스스로 직업을 통한 사회 참여 의지를 지녀 줄 것을 권고하고 있다는 점이다. 국가와 사회가 아무리 다양한 제도적 지원을 통해 지원하려 한다고 해도 장애인과 가족의 자립 의지가 부족할 경우 공허한 메아리가 될 수 있기 때문에, 무엇보다도 장애인 스스로의 자립 의지를 강조하고 있는 내용이라고 볼 수 있다.

(3) 「장애인고용촉진 및 직업재활법」의 장애인 기준

「장애인고용촉진 및 직업재활법」 제2조에서는 '장애인'을 '신체 또는 정신상의 장애로 장기간에 걸쳐 직업 생활에 상당한 제약을 받는 자로서 대통령령으로 정하는 기준에 해당하는 자'로, 중증장애인을 '장애인 중 근로 능력이 현저하게 상실된 자로서 대통령령으로 정하는 기준에 해당하는 자'로 정의하고 있다. 이에 따라 동법 시행령에서는 「장애인복지법 시행령」 제2조에 따른 장애인 기준에 해당하는 자와 「국가유공자 등 예우 및 지원에 관한 법률 시행령」 제14조3항에 따른 상이등급 기준에 해당하는 자를 장애인으로 보고 있으며, 장애인등록증이나 장애진단서 및 국가유공자증을 확인 자료로 삼고 있다.

등급 유형		장애 분류 및 등급(중증장애인의 범위)							
		1	2	3	4	5	6	7	
장애인복지법상 분류	지체장애								• 음영 처리된 부분은 중증장애인을 표시한 것이며, 사선은 해당 장애등급이 없음을 나타냄 • 지체장애인 3급 중 음영 표시된 부분은 팔(손 또는 어깨 포함)에 장애가 있는 지체3급의 경우 중증장애인으로 인정 • 2010년 1월 1일부터 호흡기, 간질장애인의 경우 3급까지 중증인정 범위 확대 - 2010년 1월 1일부터 폐를 이식받는 사람의 경우 호흡기장애 5급 • 2011년 8월 21일부터 안면장애 5급 • 지원공상군경 및 지원공상공무원(지방보훈지청의 장이 발급한 상이등급에 해당하는 사람임을 인정하는 공문서로 확인)
	뇌병변장애								
	시각장애								
	청각장애								
	언어장애								
	지적장애								
	정신장애								
	자폐성장애								
	신장장애								
	심장장애								
	호흡기장애								
	간장애								
	안면장애								
	장루장애								
	간질장애								
국가유공자									

[그림 5-1] 장애 분류 및 등급

출처: 한국장애인고용공단(2012).

[그림 5-1]에서 음영으로 처리된 부분이 중증장애인을 표시한 것인데, 「장애인고용촉진 및 직업재활법」에 의해 중증장애인으로 인정되면 장애인 고용부담금 및 고용장려금을 산정할 때 더블카운트가 되는 등 보다 적극적인 서비스의 대상이 될 수 있다.

그러나 현행 장애인 기준은 「장애인복지법」의 기준을 준용함으로써 주로 의학적 장애 판정 요건에 맞추고 있기 때문에 고용 및 직업재활 서비스와 연계할 수 있는 근로 능력이나 직업 능력에 대한 평가가 제대로 반영되었다고 보기 어렵다. 이러한 문제점은 현행 의무고용제도가 모든 장애인을 대상으로 운영되게 함으로써 중증장애인의 고용 확대 및 직업재활에 제대로 대처하지 못하게 하는 한계점을 노정하고 있다. 즉, 상대적으로 경증장애인이 의무고용률을 채우게 되는 폐단이 있다는 것이다. 향후 단순한 의학적 판정이 아닌 포괄적인 직업적 능력을 고려하는 기준을 만들어 개별 장애인의 장애 수준에 대한 보다 민감하고 타당한 접근을 해야 하며, 의무고용제도라는 국가 제도를 일관성 있고 효율적이고 공평하게 시행할 수 있는 기준을 만들어야 할 것이다(김언아, 2007).

3. 우리나라의 장애인 고용의무제도

1) 고용의무제도와 의무고용률

고용의무제도란 일반적으로 비장애인에 비해 고용상 취약 계층인 장애인의 고용 기회를 넓히기 위하여, 일정 수 이상의 근로자를 고용하는 사업주(건설업에서 근로자 수를 확인하기 곤란한 경우[1])에는 공사 실적액이 고용노동부장관이 정하여 고시하는 금액, 2012년, 62억 4천 6백만 원 이상인 사업주)에게 의무적으로 장애인을 고용하도록 하는 제도다(한국장애인고용공단, 2012).

우리나라는 1990년 1월 13일에 「장애인고용 촉진 등에 관한 법률」을 제정한 이후 장애인 고용의무제도를 계속 확대해 왔으며, 상시 근로자 50인 이상을 고용하고 있는 사업주에게 그 소속 근로자의 일정 비율(의무고용률: 2012~2013년 2.5%, 2014년 이후 2.7%)을 장애인으로 고용하도록 하는 고용의무제도를 실시하고 있다. 장애인 고용의무를 이행하지 않은 사업주에게는 부담금을 납부하도록 하고 있으나 규모가 작다고 여겨지는 100인 미

---

[1] 건설업 근로자 수를 확인하기 곤란한 경우란, 화재, 분실, 도난 등으로 근로자 수를 파악하기 어려운 경우를 의미한다.

만 사업장에 대해서는 고용의무는 지키도록 하지만 부담금 납부는 면제해 주고 있다. 한편, 최근까지 장애인을 고용하기 어렵다고 인정되는 직종의 근로자가 상당한 비율을 차지하는 업종에 대한 '적용제외제도'가 있었는데, 2006년도부터 시작하여 2011년까지 부분적 유예 기간을 두었다가 나중에 폐지하였다.

한국장애인고용공단(2011)이 발표한 '2011 장애인 통계'에 따르면, 2010년 현재 우리나라 장애인 의무고용 현황은 2.24(1.94)%이며, 민간 부문은 2.22(1.92)%, 정부 부문은 2.40(2.09)%에 이르고 있다. 이 수치는 2010년부터 중증장애인 더블카운트 제도를 도입하게 되어, 중증장애인에 대하여 2배수로 장애인 고용률을 적용해서 산출한 수이다(괄호 안의 수치는 중복계수 미적용 수치임).

우리나라는 장애인 고용률을 높이기 위한 노력으로 민간 부문에 2.7%의 의무고용률(2014년 이후)을 제시한 것보다 훨씬 높은 3%의 정부 부문 의무고용률을 규정함으로써, 국가 차원에서 매우 강력한 제도 실천 의지를 보여 주고 있다. 먼저, 공무원에 대하여 공무원 정원의 3/100 이상을 의무적으로 고용하도록 하고 있으며, 의무고용률 달성을 위하여 장애인 구분모집 6%(3% 초과 시에는 구분 모집 3% 추진)를 시행하고 있다. 또한, 2010년 1월 1일부터는 공무원이 아닌 근로자에 대하여도 장애인 고용의무를 부여하기 시작하였다.

2) 장애인 고용부담금

우리나라는 장애인 고용정책에 관해 할당제에 의한 고용의무제도를 운영하고 있고, 이에 따라 상시 근로자 50명 이상의 근로자를 고용하는 사업주는 그 근로자 총수의 2.7%에 해당하는 장애인 근로자를 의무적으로 고용하여야 하며(2012~2013년 2.5%), 정부 부문의 국가 및 지방자치단체, 공기업 및 준정부기관에도 3%의 의무고용률이 적용된다.

　　장애인 고용부담금이란 이러한 사회연대책임의 이념을 반영하는 것으로 장애인을 고용하는 사업주와 고용하지 않는 사업주의 경제적 부담을 평등하게 조정함으로써 장애인 고용에 따른 비용을 보전해 주기 위한 공동 갹출금의 성격을 지닌다. 이 부담금은 융자 지원, 장려금 지급 등 장애인 고용 촉진을 위한 각종 사업에 사용된다.

　　부담금 신고 및 납부 대상 사업주는 해당 연도의 부담금을 다음 연도의 1월 31일(연도 중에 사업을 그만두거나 끝낸 경우에는 그 사업을 그만두거나 끝낸 날부터 60일 이내)까지 사업주 본점 소재지를 관할하는 장애인고용공단 지사에 신고·납부하여야 한다. 의무고용 사업주에는 민간 사업주는 물론 국가와 지방자치단체(공무원 및 공무원이 아닌 근로자도 대상), 그리고 공공기관도 해당된다. 다만, 100인 미만의 사업주에 대하여는 부담금을 면제해 주고 있다.

　　고용부담금을 산정하는 방법[2]은 최근 개정된 법(2009. 10. 9.)에 따르면, "부담금은 사업주가 의무고용률에 따라 고용하여야 할 장애인 총수에서 매월 상시 고용하고 있는 장애인 수를 뺀 수(월별 미달고용인원)에 부담 기초액을 곱한 금액의 연간 합계액으로 한다."라고 규정하고 있다. 여기서 부담기초액은 장애인을 고용하는 경우에 매월 드는 여러 비용의 평균액을 기초로 하여 고용정책심의회의 심의를 거쳐 「최저임금법」에 따라 월 단위로 환산한 최저임금액의 60/100 이상의 범위에서 고용노동부장관이 정하여 고시하게 되어 있고, 장애인 고용률에 따라 부담기초액의 1/2 이내의 범위에서 가산할 수 있다(월별 가산인원). 다만, 장애인을 상시 1명 이상 고용하지 아니한

---

2) • 부담금={(월별 미달고용인원×부담기초액의 연간합계액)+(월별 가산인원×부담기초가산액의 연간합계액)+(월별 미고용월(장애인0명)의 미달고용인원×월 단위 최저임금액의 연간 합계액)}-(연계고용 부담금 감면승인액)-(장려금의 연간합계액)
　　※ 2012년 기준 월 단위 최저임금액 957,000원
• 월별 고용의무인원=월별 상시근로자 수×27/1000(1명 미만은 버림)
　　※ 공공기관(기타공공 제외)의 경우, 월별 상시근로자 수×30/1000
• 월별 미달고용인원=월별 고용의무인원-월별 장애인근로자 수
• 연도별 의무고용률(2012~2013년 2.5%, 2014년 이후 2.7%)

달이 있는 경우에는 그 달에 대한 사업주의 부담기초액은 「최저임금법」에 따라 월 단위로 환산한 최저임금액으로 한다.

간단하게 2012년을 기준(부담기초액이 590,000원, 월별 가산인원 부담기초액 885,000원, 미고용월의 부담기초액인 해당 연도 최저임금액 957,000원)으로 300인을 고용하고 있는 사업주의 예를 들어 고용부담금을 계산해 보자. 만약, 이 사업주가 1년 동안 단 1명의 장애인도 고용하지 않았다면 부담기초액은 최저임금(957,000원)이 되고, 미달고용인원은 2.5% 기준이 적용되므로 7명(300×2.5%=7.5명, 1명 미만 끝수는 버림)이 되므로 957,000원 곱하기 7명은 6,699,000원이고 이를 다시 12개월로 곱하면 고용부담금 총액은 80,388,000원이 된다. 이 사업주가 1년 동안 매월 경증장애인 1명만을 고용했다면 매월 가산인원은 7명의 1/2인 3명(끝수는 버림)에서 1명을 뺀 2명이 되고, 이 2명에게는 부담기초액 885,000원을 곱해야 하므로 이 2명의 12개월 부담액은 21,240,000원이며, 거기에 7명에서 3명을 뺀 미달고용인원 4명에 대하여 월 590,000원씩 12개월을 곱한 금액 28,320,000원을 더한 49,560,000원의 부담금을 납부해야 한다. 이 사업주가 1년 동안 5명의 경증장애인을 고용하였다면 매월 미달고용인원은 2명이 되고 부담기초액이 590,000원이므로 12개월을 곱하면 다음 해에 납부해야 할 부담금은 14,160,000원으로 줄어든다. 즉, 장애인 고용 인원에 따라 부담금의 액수는 줄어들 수도 있고 가중치로 계산되어 상당히 늘어날 수도 있다.

상시근로자 300인을 고용하고 있는 이 사업주가 장애인을 1명도 고용하지 않았을 경우, 8천만 원이 넘는 금액을 다음 연도의 1월 31일까지 부담금으로 내야 한다. 더구나 2014년 이후에는 2.7%의 의무고용률을 적용받게 되고, 부담기초액이나 최저임금도 해마다 오를 것을 예상한다면 장애인근로자 미고용에 따른 부담금은 갈수록 높아질 것이다. 반면, 장애인을 더 고용할수록 고용부담금은 줄어들 것이며, 의무고용인원을 초과하여 고용하게 되면 고용장려금 수급 대상으로 전환될 수 있다.

3) 연계고용 부담금 감면제도와 자회사형 표준사업장 제도

우리나라는 연계고용 부담금 감면제도를 운영하고 있는데, 이 제도는 장애인을 직접 고용하기 어려운 장애인 고용의무 사업체가 장애인 직업재활시설, 장애인 표준사업장 및 장애인 자립작업장에 생산 설비와 원료·기술 등을 제공하고 생산 관리 및 생산품 판매를 전담하거나 도급을 준 경우, 직업재활시설 등에서 생산 활동에 종사한 장애인을 당해 고용의무 사업주가 고용한 것으로 간주하여 부담금을 감면해 주는 제도다.

이 제도의 목적은 중증장애인이 직업재활시설 등에서 근로 활동을 통해 직업 능력을 개발하고 일반 노동 시장으로 전이할 수 있도록 지원하고, 사업주에게는 고용의무 이행 수단을 다양하게 제시하여 경제적 부담을 완화시키는 데 있다. 그러나 연계고용은 중증장애인의 고용 창출과 일자리 유지에 도움이 된다는 긍정적인 측면과 함께 분리 고용의 강화 가능성과 고용의무 사업주의 간접 고용 선호 경향을 부추길 수 있다는 부정적인 측면도 동시에 지니고 있다(남용현, 박자경, 심창우, 2007).

자회사형 표준사업장 제도는 고용의무 사업주(모회사)가 장애인 고용을 목적으로 일정 요건을 갖춘 자회사를 설립할 경우, 자회사에서 고용한 장애인을 모회사에서 고용한 것으로 간주하여 고용률에 산입하는 제도다. 자회사형 표준사업장은 대기업의 장애인 고용 방식을 다각화하기 위해 고안된 간접 고용 모형의 일환으로 2008년에 법제화되었다. 자회사형 표준사업장은 대기업의 장애인 고용의무를 활발하게 이행할 수 있는 효과적인 고용 모형으로 평가받고 있으며, 최근 기업의 사회적 책임의 강화, 공정한 사회 구현을 위한 기업의 노력 영역에서 그 가치를 인정받고 있다(김용탁 외, 2011).

자회사형 표준사업장의 설립 요건은 ① 장애인 근로자 수가 10인 이상일 것, ② 상시 근로자의 30/100 이상을 장애인으로 고용하되, 장애인 근로자 중 50/100 이상을 중증장애인으로 고용할 것, ③ 「장애인·노인·임산부 등의 편의증진보장에 관한 법률」에 따른 편의시설을 갖출 것, 그리고 ④ 장애인 고용의무가 있는 사업주가 장애인 표준사업장을 발행 주식 총수 또는 출자 총액 기준 50/100을 초과하여 실질적으로 지배하고 있는 경우 및 2개 이상의 고용의무 사업주가 공동 출자할 경우다. 자회사형 표준사업장을 설립하면 장애인 고용률을 달성하게 되어 기업의 이미지가 상승하는 효과가 있고, 장애인 고용부담금이 감면되어 경제적 효과 또한 높아지며, 시설 자금 융자, 무상 지원, 보조공학기기 지원, 장애인 고용 관리 비용 지원, 장애인 적합 직무 분석 및 평가, 맞춤 훈련 지원, 공단의 컨설팅 서비스 등 다양한 지원을 받을 수 있게 된다.

4. 사업주 지원 제도

장애인 고용 사업주 지원 제도는 장애인 고용에 따른 사업주의 경제적 부담을 완화하는 동시에 장애인이 일하기에 편리한 고용 환경을 제공해 장애인의 신규 고용 및 고용 안정을 도모하는 데 그 목적이 있다. 한국장애인고용공단이 실시하고 있는 사업주 지원 사업으로는 고용장려금 지원, 고용지원자금 융자, 무상 지원, 보조공학기기 지원, 고용 관리비용 지원, 재택근무 지원, 고령자 고용 환경개선자금 융자지원, 장애인 취업알선 지원금제도, 장애인 표준사업장 설립지원제도, 통합지원 서비스제도 등이 있다(김용탁 외, 2011).

1) 장애인 고용장려금 지원

고용장려금 제도란 장애인 근로자의 직업 생활 안정을 도모하고 고용 촉진을 유도하고자 의무고용률을 초과하여 장애인을 고용하는 사업주에게 일정액의 지원금을 지급하는 제도다. 이 제도는 사업주에게 장애인의 고용을 유도하기 위한 소득 이전 정책을 사용하는 일종의 적극적인 노동 수요 정책이라 할 수 있으며, 의무고용 사업주뿐만 아니라 비의무고용 사업주에게도 해당되는 제도다.

고용장려금의 지원 대상은 월별 상시근로자의 의무고용률(2.7%)을 초과하여 장애인을 고용한 사업주인데, 단 최저임금 이상자 또는 최저임금 적용 제외 인가를 받은 장애인에 한하여 지원한다. 지원 기간은 월별 상시근로자에서 의무고용률을 초과하는 경우에 계속해서 지급하는데, 6급 장애인(국가유공자 6 · 7급 포함)은 입사일로부터 4년까지만 지원하고 있다. 고용장려금 지원 단가[3]는 〈표 5-2〉와 같다.

표 5-2 **고용장려금 지원 단가**

구분	경증 남성	경증 여성	중증 남성	중증 여성
입사일~만 3년까지	300,000원	400,000원	400,000원	500,000원
만 3년~만 5년까지	210,000원	280,000원	400,000원	500,000원
만 5년 초과	150,000원	200,000원	400,000원	500,000원

고용장려금은 장애인 근로자의 임금을 전액 지급한 후에 신청할 수 있으며, 신청은 분기별로 할 수 있다. 고용장려금의 산정은 월별 장애인 총수에서 월별 장려금 지급 기준 인원을 뺀 수에 지원 단가를 곱하고 해당 월을 합계하여 산출한다. 여기서 장려금 지급 기준 인원이란 '월별 상시근로자의 총수×의무고용률'을 말하며 소수점 이하는 올림 처리한다. 다만, 고용장려금을 부정 수급한 경우, 부정수급액을 전액 환수함은 물론 향후 1년간 장려금을 지급하지 아니한다. 또한 거짓이나 그 밖의 방법으로 고용장려금을 지급받을 경우 부정수급액의 5배액의 범위에서 추가 징수할 수 있으며, 5년 이하의 징역 또는 1천만 원 이하의 벌금에 처할 수 있다. 또한 고용장려금 부정 수급을 신고할 경우 포상금을 지급하기도 한다.

---

3) 지원 단가와 월 임금액의 60%를 비교하여 낮은 단가 지급

2) 고용지원자금 융자

우리나라는 사업주의 장애인 고용 의지를 높여 장애인 고용 촉진을 유도하기 위해 장애인 고용에 따른 시설, 장비의 구입, 수리, 개조 비용 또는 장애인 고용 사업주의 장애인 고용 시설의 운영 및 장애인 고용 관리에 직접 필요한 운영 자금을 융자해 주고 있다.

이 자금의 융자 대상은 장애인을 고용하여 사업을 운영하고 있거나 장애인을 고용하여 사업을 운영하고자 하는 모든 사업주이며, 융자금의 용도는 작업 시설, 편의 시설, 부대 시설의 설치 비용 및 구입 비용, 수리 비용, 생산라인 조정 비용 등과 출퇴근용 승합 자동차 구입 비용이 해당된다. 지원조건은 〈표 5-3〉과 같으며, 총 15억 원까지 지원받을 수 있으며, 5년 거치 5년 분할 상환으로 연 3%의 저렴한 조건으로 융자해 준다.

표 5-3 고용지원자금 융자의 지원조건

구분	지원 내용	지원 범위	지원 한도	융자 기간 및 대출 금리
시설 자금	• 작업시설: 장애인 고용에 따라 설치·구입·수리하는 작업장, 작업설비, 작업장비 등 • 편의 시설: 「장애인·노인·임산부 등의 편의증진보장에 관한 법률」 시행령 제4조 규정에 의한 시설 • 부대시설: 장애인 고용에 따라 설치·구입·수리하는 기숙사, 식당, 휴게실, 의무실 또는 물리치료실 등	시설 투자비 전액	사업주당 15억 원 이내(장애인 1인당 5천만 원, 고용의무 장애인 근로자 중 중증 장애인을 25/100 이상 고용조건)	10년(5년 거치 5년 분할상환) 연 3%

3) 무상 지원

무상 지원 제도는 장애인 근로자가 작업보조기기, 장비 등을 통해 작업 환경에서 근로 능력을 보완할 수 있고 사업장 내 각종 시설에 대한 접근성을 높이기 위하여 편의 시설을 설치하는 등의 기초 환경을 개선하는 제도다.

무상 지원 대상은 장애인을 고용하여 사업을 운영하고 있거나 장애인을 고용하여 사업을 운영하고자 하는 모든 사업주이며, 한 사업주당 3억 원 한도 내에서 장애인 근로자 1인당 1천만 원(중증장애인 1천 5백만 원) 이내에서 지원한다. 무상 지원 대상 시설 및 지원 비율은 〈표 5-4〉와 같다.

표 5-4 **무상 지원 대상 시설 및 지원 비율**

무상 지원 대상 시설 지원 비율	지원 한도
통근용 승합자동차의 리프트 등 장애인용 특수 설비의 설치 · 구입 · 수리 비용	소요 비용 전액
「장애인고용촉진 및 직업재활법」 제20조의 규정에 의한 장애인고용 우수 사업주 또는 상시근로자의 30/100(장애인 근로자가 최소 20인 이상, 이 중 중증장애인이 50/100 이상) 이상을 장애인으로 고용한 사업주의 통근용 승합 자동차의 구입 비용	4천만 원 한도
「장애인 · 노인 · 임산부 등의 편의증진보장에 관한 법률」 시행령 제4조에서 정한 편의 시설의 설치 · 구입 · 수리 비용	소요 비용이 - 1천만 원 이하 시: 전액 지원 - 1천만 원 초과 시: 1천만 원 + 1천만 원 초과금액의 2/3 (만 원 이하 절사) 지원

4) 보조공학기기 지원

장애인 보조공학기기 지원은 장애인의 고용 촉진과 직업 생활 안정을 도모하기 위하여 직업 생활에 필요한 각종 보조공학기기를 무상으로 임대 또는 지원하는 제도다.

신청 대상은 장애인을 고용한 사업주 또는 고용하려는 사업주, 한국장애인고용공단 산하 직업 능력개발원장, 「근로자직업능력 개발법」 제27조 및 제28조에 의한 고용노동부 지정 직업 훈련 기관장, 국가 및 지방자치단체의

장(공무원이 아닌 장애인근로자 대상), 상시근로자 수 4인 이하의 장애인사업
주로서 장애인을 고용하였거나 장애인을 고용하려는 사업주다. 보조공학기
기를 신청할 때는 보조공학기기의 사용자를 지정하여 신청하여야 하며, 지
원 내용은 〈표 5-5〉와 같다.

표 5-5 보조공학기기 지원 내용

구분		지원 한도
상용 보조 공학기기	무상 임대	장애인 1인당 지원물품가액 최고 1천만 원(중증 1천 5백만 원) 한도, 사업장당 총 2억 원 이내 지원
	무상 지원	장애인 1인당 지원물품가액 최고 300만 원 한도, 사업장당 총 5천만 원 이내 지원
맞춤 보조 공학기기	무상 지원	장애인 1인당 지원물품가액 최고 300만 원 한도, 사업장당 총 5천만 원 이내 지원

5) 고용 관리비용 지원

장애인 고용 관리비용 지원이란 장애인 근로자의 적정한 고용 관리를 유
지하는 데 필요한 수화통역사, 작업지도원을 사업장에 위촉·배치하는 데
소요되는 비용을 지원하는 제도다.

지원 대상은 중증장애인 등을 고용하여 기준에서 정한 자격을 갖춘 수화
통역사, 작업지도원을 위촉·선임·배치하여 수화통역이나 작업지도를 실
시한 사업주다. 단, 국가 또는 지방자치단체가 설치한 장애인 관련 시설이나
사회복지법인 및 기타 비영리법인이 설치한 장애인복지시설(법인 포함)은
지원 대상에서 제외된다. 지원 기준은 〈표 5-6〉과 같으며, 지원 기간은 수화
통역 비용의 경우 3년(6개월 단위로 지급), 작업지도 비용의 경우 공단의 평가
결과에 따라 최대 3년까지 지원한다.

표 5-6 고용 관리비용 지원 기준

구 분	지급 요건	지급액
작업지도 비용	사업주가 중증장애인(청각·언어 장애인 제외) 근로자를 사업장당 상시 1명 이상 5명까지 수급자격 인정신청일 이전 90일 이내 새로이 고용하고, 당해 사업장에 배치된 작업지도원으로 하여금 장애인근로자 1명당 월 12시간 이상 작업 지도할 경우, 월 14만원 지급하되 작업지도원 1명당 관리 대상 장애인근로자 5명을 초과할 수 없음	대상 장애인 1인당 월 14만 원
수화통역 비용	사업주가 청각·언어 장애인(장애인복지법시행규칙 별표1의 규정에 의한 장애인등급 1급 내지 3급에 해당하는 자에 한함) 근로자를 사업장당 상시 1명 이상 5명까지 고용하고 당해 사업장에 배치·위촉된 수화통역사로 하여금 주 1회 이상 수화통역을 실시한 경우에 당해 사업주에게 지급하며 5명을 초과하는 경우에는 같은 방법으로 산정하여 추가 지급함	수화통역사 1인당 월 30만 원

6) 재택근무 지원

재택근무 지원제도는 정보통신 기술의 발전과 사회 전반에 걸친 근무 환경의 변화에 따라 이동이 자유롭지 못한 중증장애인을 재택근무 형태로 고용하는 사업주에게 재택근로자 고용에 따른 작업 장비의 설치·구입·수리 비용을 지원하는 제도다.

지원 대상은 재택근무 형태로 중증장애인을 신규 고용(단, 채용 후 3개월이 경과하지 아니한 자)하는 사업장이며, 지원 금액은 한 사업주당 3천만 원(장애인근로자 1인당 300만 원 한도) 이내에서 지원된다.

7) 고령자 고용 환경개선자금 융자

고령자 고용 환경개선자금 융자 지원제도는 고령자의 고용 안정 및 취업의 촉진을 위하여 관련 시설이나 장비를 설치하거나 개선하고자 하는 사업주에게 지원하는 제도다.

융자 대상은 고령자의 고용 안정 및 취업의 촉진을 위하여 관련 시설이나 장비를 설치하거나 개선하고자 하는 사업주로서, 고용보험에 가입하고 있고 보험료를 체납하고 있지 않은 사업주, 신청일 현재 만 50세 이상의 준고령자를 고용하고 있거나 고용 계획이 있는 사업주, 「고용보험법」 이외의 법령에 의하여 정부로부터 고령자 고용 환경개선자금 융자 사업과 동일하거나 유사한 지원을 받고 있지 않은 사업주다. 융자의 용도는 고령자 친화적 시설 또는 장비를 설치 · 개선 · 교체 · 구입하는 데 사용하여야 하며, 한 사업주당 10억 원 이내에서 3%의 금리로 10년간 5년 거치 5년 균등 분할 상환하면 된다.

8) 장애인 취업알선 지원금제도

장애인 취업알선 지원금제도란 무료 직업소개사업을 행하는 사업자 중 장애인을 사업장에 취업알선하여 일정 기간 이상 상시근로하게 한 사업자를 지원하는 제도다.

지급 대상자는 「직업안정법」 제18조에 의한 무료 직업소개사업 신고를 필한 기관이며, 지급 기준은 〈표 5-7〉과 같다.

표 5-7 장애인 취업알선 지원금 지급 기준

구 분	지급 요건	지급액
중증장애인	1. 취업알선한 장애인이 고용된 사업장에서 1월 이상 상시근로하고 최저임금(단, 최저임금적용제외인가를 받은 경우를 포함. 이하 "최저임금"이라 한다) 이상을 지급받은 경우	10만원
	2. 제1호에 해당하는 장애인이 고용된 사업장에서 3월 이상 상시근로하고 최저임금 이상을 지급받은 경우	20만원 (추가 지원)

(계속)

| 중증장애인
외의 장애인 | 1. 취업알선한 장애인이 고용된 사업장에서 1월 이상 상
시근로하고 최저임금 이상을 지급받은 경우 | 10만원 |
| | 2. 제1호에 해당하는 장애인이 고용된 사업장에서 3월
이상 상시근로하고 최저임금 이상을 지급받은 경우 | 10만원
(추가 지원) |

9) 장애인 표준사업장 설립지원제도

장애인 표준사업장이란 장애인 근로자가 10명 이상이고, 상시근로자 중 장애인을 30% 이상(그중 중증장애인 50% 이상, 30% 초과 장애인에 대해서는 중증장애인 25% 이상)을 고용한 사업장을 말한다. 장애인 표준사업장 설립 지원제도는 경쟁노동시장에서 직업 활동이 곤란한 중증장애인의 안정된 일자리 창출과 사회통합 기반을 조성하고 장애인 중심의 작업 환경 기준을 제시하여 중증장애인 친화적(물리적·정서적) 환경을 조성하기 위해 지원하는 제도다.

지원 대상 신청자격은 장애인 표준사업장을 설립·운영하거나 설립하려는 사업주, 장애인을 최소 10명 이상 신규(추가)로 고용하고자 하는 사업주에게 주어지며, 지원금은 최고 10억 원까지 지원 가능하며, 그 용도는 작업시설, 부대시설, 편의시설의 설치·구입·수리·개선에 소요되는 비용(임차보증금 및 토지구입비는 제외), 장애인의 출퇴근 편의를 위한 승합자동차 구입 비용(단, 장애인근로자 수가 최소 20명 이상인 사업주)이다.

10) 통합지원 서비스 제도

통합지원 서비스 제도는 장애인의 신규 고용 촉진 및 고용 유지를 유도하기 위해 사업체의 장애인 고용 환경을 체계적이고 종합적으로 분석하여 그 결과에 따라 장애인고용을 할 수 있도록 사업체별 지원 계획을 수립하여 지속적으로 관리·지원하는 서비스다. 통합지원 서비스는 고용의무사업체나 표준사업장 및 시설융자 신청 · 선정 사업장에서 신청할 수 있다.

5. 장애인 지원 제도

장애인 지원 제도는 직업을 갖기 이전 단계의 장애인을 위한 서비스로 온라인 구인구직 서비스, 고용 알선, 직업능력평가, 온라인 직업심리검사, 직업 능력 개발을 위한 각종 교육 훈련 제공 등이 있으며, 장애인 근로자지원 제도로는 자동차 구입 자금 융자, 직업 생활 안정자금 융자, 보조공학기기 지원, 근로 지원인 지원 사업 등이 있다.

1) 취업 및 교육 훈련 지원 사업

먼저, 한국장애인고용공단은 워크투게더(www.worktogether.or.kr)라는 장애인 고용 포털을 통하여 장애인과 사업주를 위한 온라인 구인구직 시스템을 마련하여 운영하고 있다. 또한, 전국의 지사를 통해 장애인을 위한 구직 서비스와 사업주를 위한 구인 서비스를 제공하고 있으며, 장애인의 신체적 · 심리적 · 사회적 · 직업적 측면을 종합적으로 평가하여 합리적으로 직업을 찾을 수 있도록 돕는 직업능력평가 사업을 수행하고 있다. 또한, 지사와 직업 능력개발원에서의 직업능력평가 외에도 온라인 직업심리검사를 실시하여 장애인 개인의 성격, 흥미 등 심리적 특성을 파악하여 진로 탐색의 기회를 제공하고 있다.

그리고 일산, 부산, 대구, 대전 그리고 전라남도 함평 등의 5개 직업 능력개발원과 고용개발원 등의 기관을 통하여 장애인의 직업 능력을 향상시키기 위한 교육 훈련을 실시하고 있다. 5개 직업 능력개발원의 교육 기간은 직업 훈련 과정의 경우 최소 1개월에서 최대 2년까지 수시 입학 · 수시 수료 체제를 갖추고 있으며, 직업재활 과정의 경우에는 3개월 미만으로 실시하고 있다. 직업 훈련 과정의 경우 만 15세 이상의 장애인으로 직업교육 훈련 이수가 가능하고 노동 능력이 있어 직업 능력 개발 훈련 이수 후 취업이 가능한 자는 누구나 교육 훈련을 받을 수 있으며, 직업재활 과정은 연령과 학력에 제한이 없다. 한국장애인고용공단의 직업 능력개발원은 교육 훈련 비용, 훈련 교재와 생활관 이용 및 급식 비용 등이 국비로 지원되며, 훈련 준비금과 훈련 수당도 지급된다. 또한, 디지털 능력개발원(https://digital.kead.or.kr)을 통하여 온라인 교육 서비스를 무료로 제공하고 있다.

이와 더불어 장애인 직업 능력 개발 훈련 네트워크 기관으로 지정된 공공 직업 훈련 기관이나 민간 직업 훈련 기관에서 교육 훈련을 받을 경우, 일정액의 훈련 준비금과 가계 보조 수당, 가족 수당, 교통비, 식비, 자격 취득 수당 등이 지급되며, 개별적으로 직업 능력 개발 훈련을 받을 경우에도 100만 원 한도 내에서 실제 소요되는 훈련 수강료 전액을 지원하고 있다.

2) 장애인 근로자 지원 제도

장애인 근로자 지원 제도는 장애로 인한 불편을 해소하기 위한 제도로서 장애인 근로자의 안정된 직장 생활을 지원하는 데 그 목적이 있다. 대표적인 지원 제도로는 자동차 구입 자금 융자와 직업 생활 안정자금 융자가 있으며, 보조공학기기에 대한 지원은 사업주 지원 제도를 통해 개별적인 지원을 받을 수 있다.

자동차 구입 자금 융자는 1993년부터 시행되었고, 장애인근로자의 출퇴근 편의를 도와 고용 안정을 돕는 데 그 목적이 있다. 대상 차량은 9인승 이하 승용 자동차와 이륜 자동차이며, 융자 금액은 1인당 1천만 원 한도(단, 휠체어 탑재 장치 또는 리프트를 장착하는 경우, 500만 원 별도 지원)이며, 연리 3%에 5년 균등 분할 상환 조건이다.

직업 생활 안정자금 융자는 1998년에 신설된 제도로 장애인의 장기 근속을 유도하고 직업 생활 안정을 도모하는 데 목적이 있다. 융자 금액은 1인당

1천만 원 한도이며, 연리 3%에 5년 균등 분할 상환 조건이다. 이 두 가지 장애인근로자 융자지원제도는 2009년까지 한국장애인고용공단에서 운영하다가 이후 보건복지부에서 사업을 수행하고 있다.

다음으로 근로지원인 지원 사업은 직장생활에서 장애인이 수행하는 직무 중 핵심 업무를 제외한 부수적인 업무를 근로지원인의 도움을 받아 처리할 수 있도록 지원하는 서비스이다. 지원 대상은 중증장애인 근로자에 한하며, 지원 기간은 1년 단위로 재선정하고, 지원 시간은 월 100시간 이내, 장애인 근로자 본인이 부담하는 금액은 지원받는 시간당 500원으로 월 최대 5만 원 이하가 된다.

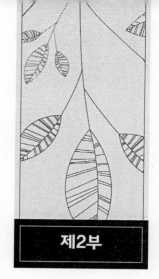

제2부

장애인 직업교육 실제

제6장

특수학교 직업교육
운영의 실제

특수교육의 궁극적 목적은 생활의 자립이며, 이는 진로·직업교육을 통하여 이루어진다. 특수교육 대상 학생이 학교를 졸업한 후에 직업을 갖게 되면 자신과 가족의 생활자원을 획득하게 되고, 동시에 사회적 인정을 받을 수 있으며, 삶의 보람과 성취감도 얻을 수 있다. 직업은 인간이 사회생활을 영위하는 데 가장 기본적인 요건으로서 한 개인의 사회적 지위의 근거를 제공할 뿐 아니라 자기존중감과 건강한 자아개념의 토대가 됨으로써 인간의 자아실현 욕구를 충족시키는 주요 수단이 된다. 또한, 직업은 가장 중요한 생계 보장의 수단이 되며, 독립적인 사회인으로서 사회통합의 가장 중요한 방편이라고 할 수 있다. 그러므로 특수교육 대상 학생에 대한 진로·직업교육은 학교교육에서 매우 중요한 부분을 차지하고 있다고 볼 수 있다.

일반적인 특수학교 교육과정을 살펴보면 중등과정의 경우 직업교육의 비중이 전체 교육과정 편제의 1/3 정도에 이르며, 최근에는 대부분의 학생들이 직업교육을 중점으로 하는 특수학교 전공과 교육까지 이수하는 추세에 있다. 이러한 현실에서 보면, 발달장애학생은 적게는 6년 많게는 8년 이상의 직업교육을 받는 것으로 볼 수 있다. 그러나 대부분의 발달장애학생들이 실제 직업 생활에 진입하지 못하고, 학교교육 이후에도 계속 직업교육을 받거나 가정 혹은 시설로 가는 것이 현실이다.

특히, 직업교육을 전문적으로 실시하는 특수학교의 졸업자는 물론이고, 상대적으로 장애 정도가 가벼워 취업 가능성이 높은 일반 고등학교 특수학급 졸업생조차 독립적인 경제생활을 영위할 수 있는 산업체의 고용이 어려운 현실에 있다. 이러한 현실에 더하여, 전문적인 직업교육을 목적으로 설립된 특수학교 전공과의 교육도 전문 직업교육이 아닌 고등학교 교육의 연장으로 실시하는 경우가 대부분이고, 교육 내용도 직업 적응 기술이나 기초 직업 기술을 연마하는 것이거나 장애가 심한 학생의 경우 단순한 교과 활동을 주로 하고 있는 학교가 많다.

따라서 발달장애인의 취업 가능성을 향상시키기 위하여 학교 현장에서 직업교육이 실질적으로 어떻게 이루어져야 하는지 바람직한 방향을 제시하고자 충청남도에 소재한 ○○○○학교의 직업전환교육 운영 사례를 중심으로 살펴보고자 한다.

1. 운영 방향 및 환경 구축

1) 운영 방향

미래를 개척하는 건강한 직업인 육성이라는 운영 목표 아래 체계적인 직업전환교육을 운영하고자 다음과 같이 기본 운영 방향을 설정하여 초등학교 과정에서 고등학교 과정까지 과정별 연계 체제를 갖추어 직업교육에 요구되는 과정별 특색을 고려한 전환교육을 실시하고 있으며, 전공과 과정에서는 산업체 현장실습, 산학협력 직업 훈련, 취업 가능 직종을 고려한 생산 판매 등의 실제적 직업교육을 실시하고 있다.

- 실생활 중심의 사회 적응 훈련 강화

- 직업 적응을 위한 직업 인식 함양
- 지역사회 중심의 통합교육 활동
- 취업 가능 직종 중심의 기능 교과 운영
- 현장 중심 직업교육 환경 구성
- 체계적인 취업 지도를 통한 취업 확대

2) 과정별 특색 있는 전환교육 교육과정

(1) 과정별 전환교육 중심 체계
유 · 초 · 중 · 고등학교 및 전공과 과정별로 장애학생의 특성과 생활 연령을 고려한 교육과정 마련을 통한 직업전환교육의 체제를 운영하고 있다. [그림 6-1]은 각 단계별 직업교육의 중심 내용을 보여 주고 있다.

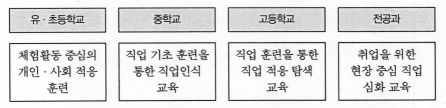

유 · 초등학교	중학교	고등학교	전공과
체험활동 중심의 개인 · 사회 적응 훈련	직업 기초 훈련을 통한 직업인식 교육	직업 훈련을 통한 직업 적응 탐색 교육	취업을 위한 현장 중심 직업 심화 교육

[그림 6-1] 학생들의 특성을 고려한 개인별 직업전환교육 적용

(2) 과정별 전환교육의 목표
- 유 · 초등학교 과정: 학생의 학습과 일상생활에 필요한 기초 능력 배양과 기본 생활습관을 형성하는 데 중점을 두며, 다양한 일의 세계를 이해할 수 있는 폭넓은 학습 경험을 가진다.
- 중학교 과정: 초등학교 교육의 성과를 바탕으로, 학생의 학습과 일상생활에 필요한 기본 능력을 배양하며, 다양한 분야의 경험과 지식을 익혀 진로를 적극적으로 탐색한다.
- 고등학교 과정: 중학교 교육의 성과를 바탕으로, 학생의 적성과 소질에

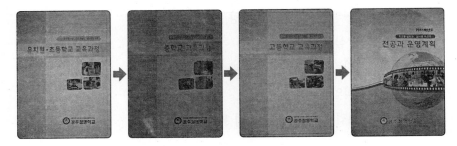

[그림 6-2] 2011 과정별 전환교육 교육과정

맞는 진로 개척능력과 다양한 분야의 지식과 기능을 익혀, 적성과 소질
에 맞게 진로를 개척하는 능력을 기른다.
- 전공과: '학교를 일터로, 일터를 학교로'라는 목표 아래 현장에서 요구
  하는 직무 분석을 통한 기능을 익히며, 나아가 직장인으로서의 바람직
  한 태도와 기술을 습득한다.

3) 전환교육을 위한 환경 구축

(1) 기능 중심 교육과정 운영을 위한 환경 구축
- 학생이 여가 생활을 즐기고 배울 수 있도록 탁구대, 농구대 등 각종 필
  요한 도구나 시설을 구비하고 있으며, 특히 러닝 머신, 근력 강화 운동
  기구 등을 마련하여 기초체력 강화 훈련 지도
- 지역사회 참여 수업이 가능한 미용실 환경을 구조화하여 몸단장하기,
  미용실 예절, 간단한 미용 기술 습득 등에 활용하고 있으며, 미용자격
  증 소지 인턴교사를 채용하여 교육활동 지원
- 남녀 한복, 교자상, 찻잔 세트 등 예절 교육에 필요한 교재 · 교구를 마
  련하여 기본예절 습관 형성 및 전통문화 경험의 장으로 활용
- 다양한 직업 교과 관련 학생 작품 전시 및 판매대를 구축하여 물건 선
  택하기, 물건 사기, 손님 접대하기 등의 실제적 교육활동의 장으로 활용

(2) 중·고등학교 과정 직업교육실 현대화 시설 구축

표 6-1 중·고등학교 과정 직업교육실 현대화 시설 구축 현황

과정 및 학년	실 (㎡)	컴퓨터 (63)	공예 (63)	농업 (63)	도예 (63)	원예 (35)	목공예 (63)	가사 (63)	재봉 (63)	조립 (63)	애완동물 (40)	포장용역 (63)
중	1	1	1	1						1		
	2	1	1	1				1				
	3	1		1	1					1		
고	1	1			1	1	1					
	2	1								1	1	
	3	1							1			1

주: 공예·농업·도예·조립·컴퓨터 직업교육실은 과정·학년 공동 사용

가사실   공예실   재봉실

[그림 6-3] 중·고등학교 과정 직업 훈련실 환경

(3) 전공과 현장 중심 직업 훈련실 구축

〈표 6-2〉, [그림 6-4] 및 〈표 6-3〉은 전공과의 직업 훈련실 구축 현황 및 환경, 기자재 현황을 보여 주고 있다.

표 6-2 전공과 직업 훈련실 구축 현황

학년	실(㎡)	생활공예 (63)	산업도자 (63)	산업도자2 (63)	세차용역 (63)	웰빙원예 (63)	상품포장 (63)	취업지원 (63)	직업준비 (35)	공동작업 (131.67)
1, 2		1	1	1	1	1	1	1	1	1

산업도자실

작업실　　　　　　　　기계실

생활공예실

칠보 공예 작업실　　　　　왁스 사출실

세차용역실

교내 세차장　　　　　　　용역실

웰빙원예실

콩나물 생산실　　　　　　웰빙 원예실

상품포장실

상품포장실　　　　　　　종이 가방 타공 기계실

직조가공실

컨베이어 벨트　　　　　　장갑 기계실

[그림 6-4] 전공과 직업 훈련실 환경

표 6-3 기자재 현황

직업 훈련실	기자재명	수량	비고
생활공예실	왁스 사출기	3	왁스 사출
	세공대	2	은제품 세공
	칠보 가마	2	칠보 작품용
상품포장실	면장갑 직조기	3	면장갑 생산
	펀칭기	2	종이가방 펀칭
	컨베이어 시스템	1	장갑 포장 작업
	장갑 열 처리기	1	장갑 열 처리
	포장 벤딩기	1	포장용
	장갑 결속기	1	포장용
웰빙원예실	허브 작물 세단기	1	허브 작물 세단
	건조기	1	허브 작물 건조
산업도자실	압축 성형 시스템	1	도자기 생산
	전기 가마	1	도자기 생산
	굽갈이	1	도자기 생산
공동작업장	컨베이어 시스템	1	공동 작업용
	펀칭기	2	종이가방 펀칭
	수접기	1	종이가방 수접
세차실	리스킹 카	1	청소용역
	진공 청소기	2	청소용역
	청소도구함	1	청소용역
도예실	전기 가마	1	화분 생산
	굽갈이	1	화분 생산
	밑닦기	1	화분 생산

2. 직업전환교육의 적용

1) 체험활동 중심의 개인 · 사회적응 훈련

(1) 생활 중심 교육과정 운영

현재 및 미래생활에 필요한 생활기능을 분석하여 교육과정을 구성한다. 〈표 6-4〉는 초등학교 국어과 지도 내용의 예시를 보여 주고 있다.

표 6-4 초등학교 국어과 지도 내용(예시)

단원	영역	활동 내용		
		1수준	2수준	3수준
7. 혼자서도 잘해요	듣기 · 말하기	• 교사의 행동을 보고 양치질하고 밥 먹는 장면을 몸짓으로 따라 하기 • 여러 가지 간식 중 먹고 싶은 것 가리키기 • "일어서요" "앉아요" 등의 지시를 듣고 지시하는 대로 행동하기	• 그림을 보고 몸짓으로 흉내 내기 • 원하는 것을 몸짓으로 표현하고 아픈 곳을 손으로 가리키기 • 그림을 보고 교사의 지시에 따라 행동하기 • 여러 가지 지시를 듣고 지시하는 대로 행동하기 • 그림을 보고, 무엇이 필요한지 말하기 • 생활 장면에서 필요한 물건 찾기	• 먹고 싶은 음식 말하기 • 동시에 두 가지 이상의 지시를 듣고 지시하는 대로 행동하기 • 교사의 설명을 듣고 필요한 물건 이름 말하기
	읽기	• 여러 가지 실물 자료 중 가지고 싶은 물건 찾기 • 교사의 시범을 보고 배 아픈 행동 따라 하기	• 먹고 싶은 음식 찾기 • 여러 가지 행동을 관찰하고, 같은 행동 찾기 • 여러 가지 상황 그림을 보고, 필요한 물건의 그림을 찾아 가리키기	• 여러 가지 상황 그림을 보고, 필요한 물건의 이름을 찾아 가리키기 • 그림을 보고 설명하기
	쓰기	• 물건 그림 스티커 붙이기 • 실선 따라 그리기	• 가지고 싶은 물건 찾아 오기 • 점선 따라 그리기 • 같은 행동을 선으로 잇기 • 같은 종류의 물건을 잡지에서 찾아 오려 붙이기	• 가지고 싶은 물건 이름 쓰기 • 같은 종류의 물건을 찾아 이름 쓰기

중학교 직업교육과 연계된 실과 교육과정의 내실화를 꾀한다. 〈표 6-5〉
는 2012년 초등학교 실과 교육과정의 구성내용을 보여 주고 있다.

표 6-5 2012 초등학교 실과 교육과정 구성 내용

단원	영역	제재	활동 내용
1. 내 가족	인식 필수 선택	행복한 우리 가족	• 다양한 가족의 모습 알기 • 우리 가족의 구성 형태와 가족 구성원 조사 발표하기 • 가정을 위해 해야 할 일 알아보기 • 가정을 위한 나의 역할 실천 계획 세우기
2. 청소하기	인식 필수 선택	정리 정돈하기	• 물건을 정리, 정돈하면 좋은 점 알기 • 내가 사용한 물건 바르게 정리, 정돈하기 • 재활용품을 이용하여 정리함 만들기
		깨끗하게 청소하기	• 쓰임새에 따른 청소도구의 종류 알기 • 비와 걸레의 사용 방법과 순서를 알고 청소하기 • 여러 가지 청소기의 사용 방법 알기
		청소 도구 정리하기	• 청소 도구의 관리 방법 알기 • 사용한 청소 도구를 제자리에 정리하기
		쓰레기 분류 배출	• 쓰레기가 환경에 미치는 영향 알기 • 쓰레기 분리 배출하기 • 쓰레기를 줄일 수 있는 방법 알기
3. 식물과 함께 생활하기	인식 필수 선택	물로 가꾸기	• 물로 가꿀 수 있는 식물 알기 • 물로 식물 가꾸기
		꽃 가꾸기	• 화분이나 화단에서 가꿀 수 있는 꽃 알기 • 꽃을 가꾸기 위해 필요한 것 알기 • 꽃 가꾸기
		채소 가꾸기	• 화분이나 텃밭에서 가꿀 수 있는 채소 알기 • 채소 가꾸기
4. 생활용품 사용하기	인식 필수 선택	다양한 생활용품	• 생활용품의 종류 알기 • 생활용품의 용도 알기
		생활용품의 사용	• 손톱깎이 사용 방법 알기 • 우산 사용 방법 알기 • 병따개 사용 방법 알기 • 지퍼백 사용 방법 알기 • 지갑 사용 방법 알기 • 잠금장치 사용 방법 알기

(계속)

5. 의류와 침구	인식 필수 선택	바른 옷차림	• 단정한 옷차림에 대해 알기 • 때와 장소에 알맞은 옷차림 알기
		의류와 침구의 정리	• 의류와 침구 정리의 필요성에 대해 알기 • 의류 정리하기 • 침구 정리하기 • 속옷, 양말, 손수건 정리하기
		의류와 침구의 관리	• 의류와 침구 관리의 필요성 알기 • 의류와 침구 관리하기 • 세탁물을 건조대에 널기 • 속옷, 손수건, 양말, 실내화 세탁하기
6. 가전제품 사용하기	인식 필수 선택	가전제품의 작동	• 스위치, 콘센트, 플러그 알기 • CD플레이어 사용하기 • 선풍기 사용하기
		가전제품의 바른 사용	• 텔레비전 바르게 사용하기 • 냉장고 바르게 사용하기 • 가전제품 사용 시 주의할 점
7. 음식 만들기 와 식사하기	인식 필수 선택	여러 가지 음식	• 여러 가지 음식을 구분하고 이름 알기 • 음식의 재료와 조리 방법 알기 • 계절에 맞는 음식 알기
		골고루 먹기	• 올바른 식생활 습관의 좋은 점 알기 • 자신의 식생활 습관 알아보기
		즐겁게 요리하기	• 여러 가지 조리 기구 알기 • 감자 샌드위치 만들기 • 주먹밥 만들기
		상 차리기와 설거지	• 다양한 상차림 알기 • 상 차리기 • 설거지하기 • 요리와 관련된 여러 직업 알아보기
8. 동물과 함께 생활하기	인식 필수 선택	사람이 기르는 동물	• 사람이 기르는 동물 알아보기 • 동물을 기르는 이유 알아보기

(2) 교과연계 지역사회 적응 현장학습

창의적 체험활동과 연계한 사회적 적응 기술 중심의 교육활동을 한다.

- 창의적 체험활동 영역은 컴퓨터, 안전교육, 성교육, 독서활동, 요리활동, 신변자립 기술, 기초체력훈련, 현장체험학습으로 구성한다.
- 창의적 체험활동 중심의 교육활동 전개는 물론 직업을 준비할 수 있는 기본 태도를 기를 수 있도록 한다.
- 연간 현장학습 운영 계획을 지역사회 적응과 탐색을 주제로 하여 학생 수준에 맞는 체계적인 활동 주제 선정과 직접적인 체험활동을 전개한다.
- 현장학습을 통하여 학교 교육 내용을 보충·심화하고, 장애학생의 사회 적응 능력 향상에 중점을 둔다.

〈표 6-6〉은 2012년 초등학교 창의적 체험활동의 구성 내용을, 〈표 6-7〉은 2012년 초등학교 교과연계 현장체험학습 내용의 예시를 보여 주고 있다.

표 6-6 2012년 초등학교 창의적 체험활동 구성 내용(예시)

순	주제	신변 자립 기술	순	주제	현장 체험
1	식생활 기능	식사도구 바르게 사용하기	1	교통수단 이용	시내버스 안전하게 승하차 하기
2	식생활 기능	음식물을 알맞게 떠서 씹어 먹기	2	교통수단 이용	차표 구입하고 목적지에 맞게 시외버스 타기
3	식생활 기능	식당에서 음식 주문하기	3	교통수단 이용	택시 이용하기
4	식생활 기능	전기밥솥 안전하게 사용하기	4	교통수단 이용	목적지 도착 안내 방송 듣고 내리기
5	식생활 기능	음식 재료 씻기	5	전시 및 공연 관람	지역에 있는 박물관 관람하기
6	의생활 기능	자기 몸에 맞는 의복 고르기	6	전시 및 공연 관람	지역에 있는 문화유적지 알아보기
7	의생활 기능	계절에 따라 옷 선택하여 입기	7	전시 및 공연 관람	지역 문화 행사 정보 찾기

표 6-7 2012년 초등학교 교과연계 현장체험학습 내용(예시)

순	일시	참가 대상	장소	내용	관련교과, 단원
1	5. 3	5~6학년	동학사	• 계룡산 식물 관찰 • 계룡산 등반하기 • 계룡산 주변 환경 탐방	• 과학 I 2. 변화하는 자연 • 사회 II 10. 고장의 생활 모습 • 체육 I 건강하고 튼튼한 몸 만들기
2	5. 12	유치원 1~4학년	공산성	• 봄꽃 관찰하기 • 공산성 주변 산책하기 • 전통놀이 참여하기	• 과학 I 2. 변화하는 자연 • 체육 I 건강하고 튼튼한 몸 만들기
3	5. 27	4~5학년	경찰서 소방서	• 경찰서에서 하는 일 알기 • 소방서에서 하는 일 알기	• 사회 II 11. 공공기관과 공공시설

(3) 1:1 대학생 멘토 사회 적응 훈련 실시

인근 대학의 자원봉사자와 학생 1:1 결연을 맺음으로써 이동 능력, 물건 구입, 대인 관계 형성 등 일상생활 및 사회생활 적응 능력을 신장한다.

- 주제: 방과후 맞춤형 현장학습 '나눔교실' 운영
- 기간: 1학기 03. 29.~06. 18. / 2학기 09. 13.~11. 26.
- 대상: 기숙사 학생 및 자율 통학이 가능한 학생
- 방법: ○○대학교 특수교육과 대학생 멘토와 1:1 매칭
- 내용: 지역사회 · 문화 체험(예: 식당 이용, 관공서 이용, 여가 · 문화 공간 활용)
- 횟수: 주 4회

2) 직업기초훈련을 통한 직업인식교육

(1) 중학교 직업 교과 운영

표 6-8 2011년 중학교 진로와 직업 교과 시간 배당

구분	학년		1학년	2학년	3학년
교과	국어		136(4)	136(4)	136(4)
	사회		136(4)	102(3)	102(3)
	수학		136(4)	102(3)	102(3)
	과학		68(2)	68(2)	68(2)
	체육		136(4)	68(2)	68(2)
	예술	음악	102(3)	68(2)	68(2)
		미술		68(2)	68(2)
교과	직업	조립		0	102(3)
		공예		102(3)	0
		가사		102(3)	0
		농업		102(3)	102(3)
		도예		0	102(3)
	진로와 직업	조립	34(1)		
		공예	68(2)		
		가사	68(2)		
		농업	68(2)		

*괄호 안의 숫자는 단위임.

중학교 직업교육과정으로 조립, 공예, 가사, 농업, 도예를 직업 교과목으로 편성하여 직업에 대한 기초 과정을 익혀 고등학교 과정으로의 연계를 도모할 수 있도록 구성하며, 각 교과목에서의 직업 관련 요소들을 분석하여 실

제적인 생활 중심의 지도가 될 수 있도록 한다.

- **조립**: 조립 작업용 공구의 사용 방법을 익혀 간단한 생활용품을 분해하고 조립함으로써 작업 기능 신장
- **공예**: 생활에 필요한 것을 만드는 공예 작업 활동을 통하여 정서적 순화와 손 기능 향상
- **가사**: 청소, 음식 조리, 의복 관리, 손바느질과 같은 직업 활동에 필요한 기초적인 작업 기능 및 직업적 기초 기능과 태도 신장
- **농업**: 농업에 대한 기본 지식과 개념을 이해하여 직업인으로서 바람직한 태도 형성
- **도예**: 도자기 공예 작업을 통해 손 기능 및 눈과 손의 협응 능력 향상

(2) 교육과정 연계 직업기초훈련

일상생활 활동

일상생활과 관련된 훈련은 유·초등학교 과정부터 연계 지도함으로써 중학교 과정에서 실생활에 꼭 필요한 것만 선정하여 지도한다. 직업 기초생활을 체계적으로 지도하기 위하여 자체 개발한 프로그램을 적용한다.

- **도입 활동**: 학습 목표 및 관련 자료·재료를 영상으로 제시함으로써 동기 유발
- **전개 활동**: 학습 활동에 대한 구체적인 안내 및 활동을 순서대로 제시함으로써 학생들과 함께 활동을 해 볼 수 있도록 구성
- **정리 학습**: 평가 및 재확인을 함으로써 학습 목표 달성 여부 확인

표 6-9 일상생활 활동 내용(예시)

주제	활동 내용	비고
청 소	도구를 이용하여 청소하기	연중(청소 시간)
	쓰레기 분리수거하기	연중(청소 시간)
의복 관리	간단한 의복 손빨래하기	교과 시간
	세탁기를 사용하여 빨래하기	교과 시간
요 리	계란 부침 및 삶기	교과 시간
	떡볶이 만들기	교과 시간
	라면 삶기	교과 시간
건 강	건강 유지를 위한 운동하기	교과 시간
	간단한 응급처치하기	교과 시간

메인 화면

도입 활동

전개 활동

[그림 6-5] 직업 관련 기초생활 지도 프로그램

사회적 기술 훈련

직업기초훈련 내용 중 학생에게 매우 취약한 대인 관계 형성을 위한 사회적 기술 활동 중심으로 내용을 구성한다.

- 방과후 교육활동과 연계하여 1:1 개별 맞춤식 지도
- 연초에 자원봉사자를 모집하여 연간 운영계획 수립
- 실제 상황에 대한 적용과 대처 능력 신장을 목표로 함

표 6-10 사회적 기술 활동 내용(예시)

주 제	활동 내용	비 고
대인 관계	낯선 사람에게 길 물어보기	○○시 ○동 사거리
	매장 점원과 대화하기	○○동 문구점
교통수단 이용하기	대중교통 이용하기	○○시 ○○면
	택시 이용하기	○○시 ○○면
가게 이용하기	패스트푸드점 이용하기	○○동 햄버거 가게
	슈퍼마켓 이용하기	○○마트
	문구점 이용하기	○○문구
공공시설 이용하기	공공도서관 이용하기	○○도서관
	우체국 이용하기	○○면 우체국
	면사무소 이용하기	○○면 면사무소
	목욕탕 이용하기	○○목욕탕

여가 생활 활동

체력 증진을 위한 부서 활동으로는 초등학교에 자전거, 인라인스케이트, 등산부 등이 있고, 중·고등학교에 축구부, 육상부, 조정부, 포크댄스, 줄넘기 등이 있다.

개인 특기 신장을 위한 부서 활동으로는 풍물부, 댄스부 등이 있고, 개인 기능 신장을 위한 부서 활동으로 제과제빵, 종이 공작, 데코, 도예, 과학상자 만들기 활동 등이 있다.

표 6-11 여가 생활 활동 내용(예시)

주제	활동 내용	비고
여가시설 이용하기	노래방 이용하기	방과후 학교
	극장 이용하기	현장실습
실내 여가	미술전 관람하기	현장실습
	요가 활동	교과 시간
	노래 부르기	교과 시간
	차 마시기	수업 전
건 강	친구들과 등산하기	교과 시간
	팀별 축구하기	교과 시간

(3) 교류교육을 통한 대인 관계 형성

인근 중학교와의 통합교육을 통한 또래 관계 및 대인 관계 형성을 목적으로 한다.

- 운영 횟수: 월 1회, 셋째 주 토요일 전일제로 운영, 1박2일의 통합 캠프
- 운영 방법: 일반학생과 장애학생이 1:1 짝꿍으로 함께하는 활동
- 활동 내용: 협력 수업, 행사 활동(현충원 묘비 닦기), 등산 활동(장군봉), 직업체험

일반학생은 장애학생에 대한 이해의 폭을 넓히고, 장애학생은 또래학생을 대하는 태도 및 의사소통 기술 능력, 사회성 등을 향상시킨다.

3) 직업 훈련을 통한 직업 적응 탐색 교육

(1) 고등학교 직업 교과 운영

표 6-12 2011 고등학교 진로와 직업 · 직업 · 교과재량활동 편성과 시간배당

구분		학년	1학년	2학년	3학년
교과		국어	136(4)	136(4)	136(4)
		사회	136(4)	136(4)	136(4)
		수학	102(3)	102(3)	102(3)
		과학	68(2)	68(2)	68(2)
		체육	102(3)	68(2)	68(2)
	예술	음악	102(3)	68(2)	68(2)
		미술		68(2)	68(2)
	선택(도예)		68(2)		
	진로와 직업 (1학년)	목공	136(4)		
		원예	136(4)		
		가사	34(1)		
	직업 (2, 3학년)	애완동물		170(5)	
		조립		170(5)	
		재봉			170(5)
		포장			170(5)
재량 활동	교과 재량활동	가사		34(1)	34(1)
		컴퓨터		34(1)	34(1)
	창의적 재량활동			68(2)	68(2)

*괄호 안의 숫자는 단위임.

고등학교의 직업교과 교육과정은 도예, 목공예, 원예, 가사, 애완동물, 조립, 재봉의 영역을 두어 직업 준비 기능을 익힘은 물론 지역사회 산업체와 연계될 수 있는 활동 중심으로 구성한다.

- 도예: 도자기 공예 기초 작업과 단계별 작업을 통해 기능을 습득함으로써 도자기 공예 작업을 통해 올바른 직업적 자립 능력
- 목공예: 목공예에 필요한 도구의 사용법 및 간단한 작품 만들기 등을 함으로써 목공예에 필요한 각종 기초 지식과 실습 방법을 익힘
- 원예: 다양한 작물의 재배 과정 경험을 함으로써 기본 지식과 기능을 익히고, 이를 바탕으로 작물재배에 대한 새로운 정보를 습득하여 직업인으로서의 자질과 능력 신장
- 가사: 직업 활동에 필요한 기초적인 작업 기능 및 직업적 기초 기능과 태도를 길러 관련 분야의 일을 충실히 수행
- 애완동물: 다양한 애완동물의 생활과 사양에 대한 기초적인 이론과 기능을 습득하여 전문적 지식과 기술을 바탕으로 자신에게 어울리는 애완동물을 선택하여 기를 수 있게 함
- 조립: 작업용 공구의 사용 방법을 익혀 간단한 생활용품을 분해하고 조립함으로써 작업 기능 신장
- 재봉: 직업 활동에 필요한 재봉틀 바느질의 기초적인 작업 기능 및 직업적 기초 기능과 태도 신장
- 포장: 포장의 일반적인 방법 및 기능을 익혀 일상생활에 필요한 물품 및 상품을 포장하고, 외주 용역 활동은 물론 환경미화 및 사무보조 기능을 습득하여 취업을 위한 직업 기능을 향상

(2) 직업 매뉴얼 개발 · 적용을 통한 직업 기능 훈련

직업 영역별 매뉴얼 개발
- 중 · 고등학교 직업 교과 교육과정을 근간으로 하여 수업 활동 시 학생

에게 직업교육의 내실화를 기하기 위해 이론과 실습을 병행하여 지도
할 수 있는 매뉴얼을 제작·적용
- 작업 영역에 대한 과제 분석은 물론 필수 작업 요소를 설정하여 향후
지속적으로 연계 지도할 수 있도록 구성

매뉴얼을 활용한 지도의 실제

각 직업 교과 영역별 특성에 맞게 제작된 매뉴얼을 실제 수업활동 시 적
용하여 수정·보완한다. 매뉴얼 개발 현황은 다음과 같다.

- 영역: 공예, 가사, 농업, 도예, 목공, 애완동물, 조립, 재봉
- 형태: 영역별 1권씩 책자로 구성
- 구성: 작업의 목표, 작업 과정 및 실습 안내, 활동 평가, 실습활동으로
구성

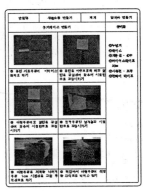
재봉

가사

애완동물

[그림 6-6] 재봉·가사·애완동물 매뉴얼

영상 매뉴얼(도예)

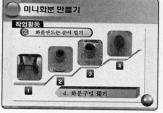
작업 과정 매뉴얼(도예)

수업에 적용

[그림 6-7] 매뉴얼을 활용한 교육활동

(3) 교내 · 교외 현장실습을 통한 직업 탐색

교내 현장실습

지역사회 현장실습을 나가기 전에 교내 시설 및 환경을 활용한 교내 현장실습을 먼저 한다.

- 목적: 현장 실무 능력 신장
- 기간: 매주 수요일 오전을 '현장실습의 날'로 정하여 운영(1년간 1, 2학기로 나누어 실행)
- 영역: 위생 정화 활동, 사무보조원, 식당 청소, 세차 용역 활동
- 대상: 고등부 3학년

표 6-13 교내 현장실습 내용(예시)

활동 내용	장소
환경 미화 활동	학교 주변 및 화장실
사무보조원 활동	교무실
식당 청소 활동	교내 식당
세차 활동	본교 세차장

표 6-14 교내 현장실습 계획표(예시)

실습 과정	시기	내용	지도 항목	준비물
책상 정리	3~7월 9~2월	• 책상 위 서류 정리 및 청소 • 명패 보고 편지분류, 넣기	책임감 숙련도 인내심	현장실습용 복장, 서류 정리 바구 니, 메모장, 필기도구
전화받기	4~7월 10~2월	• 전화받을 때 예절 익히기 • 전화 내용 전달하기		
복사하기	5~7월 11~2월	• 복사기 이용 방법 익히기 • 복사물 분류 및 정리하기		
심부름	6~7월 11~2월	• 언어적 지시 이해하기 • 지시에 따라 심부름하기		

교외 현장실습

사전에 전화와 공문을 통해 지역사회에 있는 시설 중에 장애인에 대한 애정과 인식이 관대한 곳을 선정해 직접 참여하여 실습을 한다.

- 목적: 현장실무 능력을 신장시키는 데 목적을 둠
- 기간: 매주 수요일 오전을 '현장실습의 날'로 정하여 운영(1년간)
- 영역: 할인매장 점원 활동, 자원 재생 공장 및 자원 재활용 집하장 세 곳
- 대상: 고등부 3학년 중 현장실습이 가능한 학생 15명
- 준비: 현장 업무 방해나 안전사고에 대비하여 교사의 임장 지도를 원칙
- 교사: 현장 지도교사 3명

표 6-15 교외 현장실습 내용(예시)

활동 내용	장소
슈퍼마켓 점원 활동	○○동 ○○슈퍼마켓
자원 재활용 공장	○○시 ○○면
재활용 집하장	○○시 ○○면(○○주시청)
패스트푸드점 점원 활동	○○시 중동

표 6-16 실습기관 및 실습 학생 명단(예시)

실습기관명	실습 학생	실습 내용	주소	비고
재활용 집하장	박○○ 외 3명	재활용 분류	○○시 ○○면	○○시청 환경 보호과
○○장애인 재활 환경(주)	장○○ 외 3명	재활용 분류	○○시 ○○면	○○ 전무
슈퍼마켓	김○○ 외 3명	물품 판매 보조	○○시 ○○동	○○ 대리

산업체 현장견학을 통한 직업 탐색

산업체 현장학습 연간계획 수립을 통한 학생의 진로에 대한 고민과 직업 탐색의 기회를 제공한다.

- 목적: 실제 지역사회에 소재한 산업체를 방문하여 작업 과정과 기타 설비, 환경에 대한 안목을 넓힘
- 기간: 현장학습과 연계하여 월 1회 실시
- 영역: 1차 산업, 2차 산업, 3차 산업 등의 각 직종별 탐색
- 대상: 고등부 전체 학생

복사기 사용(교내 실습)

슈퍼마켓 진열(교외 실습)

실습일지 작성

[그림 6-8] 교내·교외 현장실습을 통한 교육활동

4) 취업을 위한 현장 중심 직업 심화교육

실질적인 직업 훈련의 효과를 거두기 위해 현장 중심 직업교육을 중심으로 산업체 현장과 유사한 환경을 구성한다. 실제 생산 – 포장 – 판매의 전 과정을 체험하게 할 수 있는 상시 생산 체제 직업 훈련실을 운영한다. 직업 기능 증진은 물론 직업 적응력을 신장시켜 취업 기회의 확대를 도모하고, 현장과 연계하여 실습을 지원하여 장애학생의 실질적인 취업률을 높이는 것이 현장 중심 직업 심화교육의 목적이다.

(1) 맞춤형 현장 중심 교육과정 구성

교육과정 의견 수렴과 홍보

• 전공과 입학 전형을 통해 학생의 개인별 특성 · 능력 및 요구 수준 파악, 학부모의 희망조사서를 받은 다음, 학부모와의 면담을 통하여 학생에 대한 이해를 높이고, 개별 학생에게 적합한 교육을 제공한다.

• 전공과에서 이루어지는 다양한 활동들을 소개하며, 취업 및 추수 지도에 대한 학부모의 궁금증을 해소하고 맞춤식 정보를 제공하여 학부모와 함께하는 전공과를 운영하고자 학부모 연수 및 다양한 프로그램을

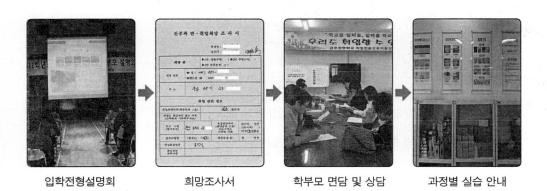

입학전형설명회   희망조사서   학부모 면담 및 상담   과정별 실습 안내

[그림 6-9] 전공과 입학 과정 및 환경

운영한다.

- 현장 중심의 실제적인 지도를 위한 교육 활동 내용을 추출하여, 실습 안내판을 제작하여 부착한다.

표 6-17 전공과 교육과정 영역 및 운영 내용(예시)

영역	주요 생산품	운영 내용	비고
산업도자	핸드페인팅 그릇 초벌기물 사각접시	도자기 핸드페인팅 생산체제 운영 압력 주입 성형 시스템 가동	상시 생산
생활공예	은반지, 칠보공예액세서리, 비즈큐빅액세서리	금·은 세공 설비 구축 상시 생산체제 가동	상시 생산
세차용역	세차 및 용역	세차설비구축을 통한 모의 세차장 운영	상시 운영
웰빙원예	웰빙채소, 허브향 제품	콩나물 재배 설비 구축 허브향 제품 개발 생산체제 운영	상시 생산
상품포장	종이가방	주문생산체제 운영 아웃소싱	상시 생산
직조가공	면장갑, 양말	주문생산체제 운영 아웃소싱	상시 생산
조립	공동 작업	공동라인 작업 운영 시스템 구축	상시 운영

(2) 전공별 맞춤형 현장 중심 작업매뉴얼 개발 및 적용

학생이 해당 분야에 필요한 기본 지식과 기능을 습득하기 위해서는 해당 교과의 연간 교육 활동 내용을 추출하여 교육 활동 내용에 대한 매뉴얼을 개발하고, 이를 작업에 적용함으로써 교육적 효과를 높인다. 매뉴얼을 바탕으로 한 작업실습은 학생이 각 영역별로 습득해야 할 지식과 기능을 알 수 있게 하며, 이를 바탕으로 한 작업을 통해 학생의 작업 능력 신장은 물론, 생산성 향상에도 기여한다.

(3) 지역사회 중심의 인프라 구축

현장 중심 교육을 위한 지역사회 인프라 구축의 목적은 장애학생의 직업

산업도자　　생활공예　　세차용역　　웰빙원예

상품포장　　직조가공　　조 립　　직업 생활

[그림 6-10] 전공과 매뉴얼(예시)

재활과 관련된 지역사회 내 공공 및 민간 기관 산업체와의 협력적 업무 연계를 통하여 본교 특수교육 대상 학생에게 종합적이고 효과적인 취업 및 직업재활 서비스를 제공하고자 함이다.

추진 방향
- 지역사회 내 장애인 직업재활과 관련한 유관기관과 연계 추진
- 교육 지원, 고용 지원, 인력 지원, 복지 지원, 행정 지원 등 다양한 지원 체제 구축
- 지역사회 적응훈련, 직업·직장 체험훈련, 취업 연계 등 직업재활 관련 교육과정 전 과정에 적용
- 연계 기관 간 윈윈(win-win) 전략 수립 운영
- 직업재활 교류 관련 협약 체결 시행 및 지속적인 협력 사업 추진

산업 도자   생활 공예

세차 용역   웰빙 원예

상품 포장   직조 가공

조립   직업 생활

[그림 6-11] 매뉴얼 적용 교육활동 현장

주요 사업 내용

- 지역사회 내 산업체 연계를 통한 현장 중심 직업 훈련 실시
- 취업 가능 업체, 보호 작업장 등을 연계한 맞춤형 직업 훈련, 협력 작업장 운영, 아웃소싱 사업 운영 등 다양한 학교기업형 직업 훈련실 운영
- 취업 관련 정보 공유 및 고용지원을 통한 안정적인 고용 환경 조성
- 직업평가-훈련-진로 및 고용 등 다양한 직업 훈련 모형 적용을 위한 유관기관 협력 사업 운영
- 지역사회 자원활동 인력 활용을 통해 사회적응 훈련 및 직업적응 훈련 실시
- 지역사회 내 특수교육 대상 학생을 위한 직업전환 교육 체험센터 운영
- 공공기관 연계를 통한 체험 활동 운영 및 행정 지원

표 6-18 주요 협력 대상 기관

지원 영역	기 관 명	주요 협력 내용	비고
교육 지원	• ○○○보호작업장 • 전공과 교육과정 연계대학 (○○대, ○○대, ○○대 등) • 지역사회 산업체	직업 훈련협력지원 기술지원 / 체험학습 견학/직장체험훈련	상호 협력 지원 지원
고용 지원	• 한국장애인고용촉진공단 ○○지사 / 직업 능력개발센터 • 고용지원센터 • 협력산업체	취업 정보 및 인력 공유 고용안정지원 직장적응훈련 및 고용	상호 협력 지원 상호 협력
인력 지원	• ○○대학교/○○○○대학 등 • 관내 자원봉사단체	지역사회 / 직업 적응교육 행사 참여 지원	상호 협력 지원
복지 지원	• ○○○○장애인복지관	직업평가 및 진로지원 각종 복지 사업 지원	상호 협력
행정 지원	• ○○○도청 • ○○시청	직업 훈련 관련 행정 지원 장애인복지(교육) 지원	상호 협력

산학 · 관학 협약기관의 협약 내용 및 추진 현황

맞춤형 직업 훈련 운영을 위한 (주)○○○와 산학 협약을 체결하였다. 협약 내용은 다음과 같다.

- 학생의 현장실습 및 취업에 관한 사항
- 학교 기업형 사업 협력 및 기술 지원에 관한 사항
- 학교 교육 참여(특강, 시설 이용 등)에 관한 사항
- 교사의 연수 및 현장 중심의 교육과정 개발에 관한 사항
- 산업현장에 대한 적응력 제고를 위한 산학협력 네트워크에 관한 사항
- 합의에 의해 결정된 기타 산학 연계에 관한 사항

표 6-19 **(주)○○○와 협약 실적(2010년 기준)**

사업명	사업 실적	비고
현장견학	전공과 학생 대상 4회, 직업교사 대상 2회	
현장실습	임○○ 외 13명	
취업 연계	윤○○ 등 3명	2011. 1. 1. 현재
교육 지원	연중 수시 활용	

보호고용 연계 및 보호작업장 운영을 위한 ○○○ 보호작업장과의 산학 협약을 체결하였다. 협약 내용은 다음과 같다.

- 학생의 현장실습 및 진로(취업)에 관한 사항
- 생산품 공동 판매망 구축 및 협력에 관한 사항
- 학교 교육 참여(특강, 시설 이용 등)에 관한 사항
- 교사의 연수 및 현장 중심의 교육과정 개발에 관한 사항
- 산업현장(작업장)에 대한 적응력 제고를 위한 산학협력 네트워크에 관한 사항

• 합의에 의해 결정된 기타 산학 연계에 관한 사항

표 6-20 2010년 ○○○ **보호작업장 기준 협약 실적**

사업명	사업 실적	비고
현장견학	전공과 학생 대상 4회, 직업교사 대상 2회	
현장실습	전○○ 외 16명	
취업 연계	이○○ 외 7명	2011. 1. 1. 현재
교육 지원	연중 수시 활용	

(주)○○○○   ○○○ 보호작업장   ○○시 농업기술센터

[그림 6-12] 산학협력 협약서

사회적응 훈련 및 기술 지원 사업 운영을 위한 ○○시 농업기술센터와의 관학 협약을 체결하였다. 학교 생산품 '○○○○' 제품 중 허브향 제품 생산 협력을 위한 ○○농장과의 산학 협약을 체결했다. 지역사회 장애인 직업재활을 위한 '○○장애인종합복지관'과의 관학 협약을 체결했다.

산학 · 관학 협약 추진 현황 및 내용은 다음과 같다.

표 6-21 산학 · 관학 협약 추진 현황(2010-2011)

2010학년도 협약 현황	2011학년도 협약 추진 현황
(주)○○○	○○대학교
○○○ 보호작업장	○○가공
○○시 농업기술센터	○○산업
○○농장	○○시청
○○장애인종합복지관	○○섬유

표 6-22 연계 기관과의 프로그램 진행 및 주요 활동

연계 기관명	프로그램명	주요 활동	시기
○○시 농업기술센터	원예 실습	웰빙 원예 관련 현장실습	연중
○○장애인 종합복지관	장애청소년컴퓨터 교실직업평가	방과후 컴퓨터 교육 참여 전공과 신입생 직업평가	연중 5월
○○대학교 특수교육과	지역사회 적응 훈련 직업 적응 훈련	1:1 통합 적응 훈련 실시 출퇴근 및 직무 지도 지원	연중 연중
○○○ 보호작업장	직업교육 지원	종이가방 제작 아웃소싱	연중
(주)○○○	협력작업장 운영	칫솔 생산 포장 아웃소싱	연중

(4) 직장 적응력 향상을 위한 현장 중심 교육

현장 중심 프로그램을 적용하여 직장 적응력 향상을 도울 수 있다.

직업 현장실습

지역사회 내 업체와의 협력 사업을 통해 학생이 산업현장에서 직업과 관련한 전반적인 기능 및 환경을 직접 체험함으로써 학교 교육의 일반화는 물론 학생들의 직업 소양 및 직업 적응력을 높여, 취업에 대한 자신감을 고취한다. 현장 중심 프로그램의 운영 방법은 다음과 같다.

- 참가 대상 학생은 담임교사의 추천을 받아 각 학급 2명 내외 학기당 10명으로 구성하며, 학부모 동의서를 받아 실시
- 작업 내용은 해당 업체와의 협의를 통해 결정하며, 해당 직무에 학생의 특성을 고려하여 배치 · 운영
- 교사 3명이 한 조(각 업체당 1명 배치)가 되어 학생을 인솔하고, 작업지도 및 안전사고 예방 등 현장에서 임장 지도 실시
- 지도교사는 학생 개별에 대한 현장실습 보고서 및 현장체험 학습지도록 작성

표 6-23 직업 현장실습 (총 19명)

기관명	활동 내용	실습 학생		기관 담당자
재활용센터	재활용품 품목별 분리수거	박○○, 권○○, 김○○, 박○○	채○○, 안○○, 김○○	○○시청 윤○○
○○○마트	물품 진열 및 매장 내 청소	한○○, 김○○, 박○○○	이○○, 김○○, 김○○	김○○ 과장
○○○마켓	물품 진열 및 상품 포장	김○○, 배○○, 김○○	윤○○, 김○○, 전○○	임○○ 대리

공동외주작업장 운영

[전일출근일 운영] 학생들이 취업에 필요한 실질적인 직업교육의 효과를 거두기 위하여 산업체 현장 생산라인과 동일한 환경, 시간 운영 등 산학연 구축을 통한 공동 외주 작업 실시로, 작업 기능은 물론 직장 적응력 신장을 통해 안정적인 고용 환경을 유지함으로써 성공적인 직장인을 양성하는 데 목적이 있다. 운영 방법은 다음과 같다.

- 학년별로 매주 1회(1학년: 화요일, 2학년: 수요일) 운영
- 출퇴근은 교내 등하교 시간에 맞추어 운영하였으며, 작업 시간 운영은 산업체와 동일하게 구성 · 운영

- 작업 내용은 종이가방 외주 공동 작업을 중심으로 교내 생산품 완성작업 등 직무 분석을 통해 공동 작업이 가능하도록 구성하여 운영
- 담당 교사 배치는 학년별 수업 담당 교사를 중심으로 2인 1조로 구성하였으며, 학생의 작업(작업배치 운영도 작성) 및 생활지도 담당
- 출퇴근의 효율적인 관리를 위해 카드식 출퇴근 관리시스템을 운용하였으며, 주별·월별 점검 및 지도 실시

표 6-24 공동외주 작업장 운영 일정표

시간		프로그램	내 용
08:50 ~ 09:00		출 근	출퇴근 관리기 이용 출근 체크
09:00 ~ 09:10		실습 준비	작업복 착용, 작업 준비 교육, 작업 내용 설명
09:10 ~ 10:30		직업 훈련	작업 능력별 직무 배치 및 훈련
10:30 ~ 10:40		휴 식	개인 신변 처리, 휴식 등
10:40 ~ 12:10		직업 훈련	작업 능력별 직무 배치 및 훈련
12:10 ~ 13:00		중 식	학교 식당 이용, 상호 협력
화	13:00 ~ 14:20	직업 훈련	작업 능력별 직무 배치 및 훈련
	14:20 ~ 14:30	실습 정리	작업장 정리 정돈, 1일 직업 훈련 평가, 퇴근 준비
	14:30 ~	퇴 근	출퇴근 관리기 이용 퇴근 체크
수	13:00 ~ 15:00	직업 훈련	작업 능력별 직무 배치 및 훈련
	15:00 ~ 15:20	실습정리	작업장 정리 정돈, 1일 직업 훈련 평가, 퇴근 준비
	15:20 ~	퇴 근	출퇴근 관리기 이용 퇴근 체크

[공동외주작업 실시] 지역사회 내 종이가방 제작 업체인 ○○가공과 연계하여 종이가방 제작 외주 공동작업을 실시하였으며, 각 과정별 직무 분석을 통해 학생의 작업 기능 및 생활 태도를 고려하여 작업 배치를 하고, 전일출근일 운영 및 조립교과 시간을 활용하여 교사의 임장 지도하에 공동작업을 운영한다. 공동외주작업을 통해 발생한 수익금은 학생들에게 균등하게 월급

의 형태로 지급한다.

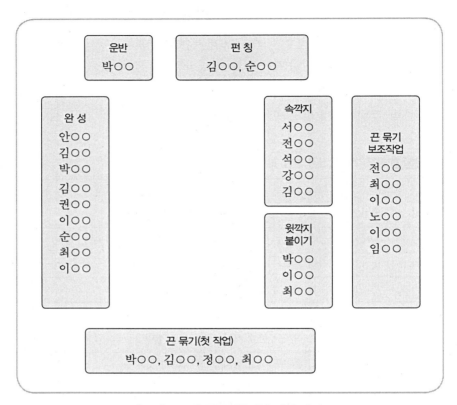

[그림 6-13] 공동외주작업 작업 배치

[장애인 지원 고용과 연계한 현장훈련] 관내 산업체와의 교외 직장적응 훈련을 통해 학생의 직업 인식 및 탐색의 기회를 제공하고, 실질적인 직업체험 학습이 이루어질 수 있는 교육과정 운영을 통해 직업 적응력 함양 및 안정적인 취업 환경을 조성한다. 연계기관은 (주)○○○○, ○○산업, ○○○ 영농조합법인, (주)○○○, ○○○보호작업장 등이다. 학생들이 직장적응 훈련을 하고 있는 동안 교사는 수시로 업체를 방문하여 관계자와 훈련에 관한 이야기를 나누고, 학생의 훈련 정도 및 적응 등을 지도한다.

(5) 취업 및 사후 지도

산업체 현장의 요구와 학생들의 직업적 능력과 적성을 고려하여, 안정적인 산업체로의 취업 방법을 모색하고, 재학생은 물론 졸업생까지 적극적인 사후 지도를 통해 지속적으로 취업을 유지할 수 있도록 한다.

취업 가능 업체(산업체) 현황 조사표 작성

본교 재학생이 거주하는 지역을 중심으로 업체 현황을 파악하고, 직업 훈련 연계 및 취업이 가능한 업체를 발굴함으로써 원활한 취업 지도와 체계적인 직업교육 시스템을 구축하여 졸업 후 취업률을 신장시키고, 안정적인 고용 환경을 구축한다. 현황조사표 작성 방법은 다음과 같다.

- 각 지역자치단체, 고용지원센터, 중소기업청, 산업인력공단 등에서 제공하는 지역사회 내 업체 현황을 바탕으로 지역의 업체를 지역별·생산종별 구분하여 작성한다.
- 지역 내 농공(산업)단지는 단지 개요 및 업체 현황을 별도로 작성하여, 효과적인 취업 지도가 이루어질 수 있도록 작성한다.
- 업체 중 종업원 수가 50인 이상 업체와 본교 전공과 교육과정과 관련된 업체, 장애인 취업 직종을 중심으로 취업 가능 업체를 선정하여 별도 관리한다.

● 입주업체 현황

업체명	소재지	직원 수	주 생산품	전화번호
○○축협지대	○○면 ○○리	15	사료지대	854-○○○○
○○섬유	○○면 ○○리	10	니트원단	857-○○○○
(주)○○○○	○○면 ○○리	14	원단	853-○○○○
○○식품	○○면 ○○리	3	밤제품	856-○○○○ 855-○○○○

(계속)

○○산업(주)	○○면 ○○리	24	음식물 사료	852-○○○○ (852-○○○○)
○○농산	○○면 ○○리	5	참기름, 들기름	852-○○○○
○○○주조	○○면 ○○리	3	탁주, 약주	854-○○○○ 855-○○○○
○○○식품	○○면 ○○리	4	건어물	856-○○○○ 856-○○○○
○○기업(주)	○○면 ○○리	32	도축	854-○○○○ 854-○○○○
(주)○○식품	○○면 ○○리	39	도계	855-○○○○ 854-○○○○
(주)○○○○	○○면 ○○리	20	농산물 가공품	852-○○○○
○○종합식품(주)	○○면 ○○리	4	어묵, 냉동식품	852-○○○○
○○○푸드	○○면 ○○리	10	김치	854-○○○○
(주)○○	○○면 ○○리	5	참치, 고등어	857-○○○○
○○농산	○○면 ○○리	5	단무지	857-○○○○
○○식품	○○면 ○○리	6	김치	881-○○○○

취업 관련 자료 작성 및 활용

학기 초에 취업용 자기소개 카드를 받아 학생의 실습 및 취업 관련 현장 실습을 실시하는 데 활용하며, 학생의 직업 훈련 내용을 알아볼 수 있도록 진로상담 카드를 작성한다.

취업 및 사후 지도

현장실습 중에 있는 학생들과 졸업 후 2년 이내에 취업하여 일하고 있는 학생들의 직장 생활안정과 정착을 돕고 지원사항 등을 점검하기 위하여 실습업체 및 취업학생 현황표를 작성하여 운영한다.

5) 지역 직업 전환교육지원센터로서의 역량 강화

(1) 전환교육지원센터로서의 기능
- 교내 고등부 학생의 전공과 직업 훈련 체험 공동 수업을 운영한다.
- 관내 특수학급 학생들에게 실습실 및 프로그램을 제공한다.
- 직업교육 강화를 통해 지역사회 및 도내 특수교육 대상 학생의 취업 기반을 강화한다.

(2) 방학 중 직장 캠프 운영
- 운영 목적: 직업 훈련 대상 학생 중 취업 가능 학생에 대한 심화교육 프로그램으로, 원서 접수 및 면접 등 모의 취업 과정 체험을 통해 취업에 필요한 실질적인 직업 준비 교육의 효과를 거두고, 산업현장과 동일한 생산라인과 환경 구성 및 시간 운영 등 현장 중심 직장 체험 캠프를 실시
- 운영 기간(2010년 기준)
  - 하계: 2010. 7. 26.~8. 6. 10일간
  - 동계: 2011. 1. 3.~1. 14. 10일간
- 운영 방침
  - 본교 고등학교 · 전공과 및 관내 고등학교 특수학급 학생 중 희망자 선발
  - 대상자의 선발은 20~24명 내외에서 결정하되, 면접 및 기능평가 과정을 통해 선발위원회에서 종합적으로 선발
  - 작업 내용은 전공과 교과를 중심으로 공동 작업 및 직장 체험의 기회를 제공할 수 있는 과목으로 운영
  - 식사 시간의 경우 식사 당번을 정하여 식사 준비 및 정리 등 일상생활에 필요한 적응 훈련 프로그램으로 운영
  - 작업 시간은 별도의 계획에 준하여 운영하되, 최대한 산업현장의 시간과 동일하게 진행될 수 있도록 운영

표 6-25 지역 내 학생을 위한 직업교육 프로그램(예시)

구분		모집 대상	직종	교육 기간	모집 기간	
직업교육 체험교실	1. 톡톡 튀는 직업교육	고등부 재학생 2, 3학년	뷰티숍	연 7회 (1학기 3회 / 2학기 4회)	해당 시간표 참고	연중
			목공			
			생활 원예			
			애완동물			
	2. 꿈이 크는 2시간	고등부 재학생 및 관내 고등학교 특수학급 재학생	뷰티숍	연 2회 (매 학기 중 1회)	2주	추후통지
			도예			
			조립			
			비즈 · 한지 공예			
			홈패션			
			생활 원예			
			생산 포장			
	3. 내 인생 디자인하기	관내 고등학교 특수학급 학생 중 희망자	뷰티숍	연 4회 (매 학기 중 2회)	1주	추후통지
			목공			
			도예			
			생활 원예			
	4. 내일이 싹트는 교실	관외 고등학교 특수학급 재학생	도예	10월 중	4박 5일	추후통지
			생산 포장			
			뷰티숍			
			생활 원예			
			홈패션			
			세차용역			
			조립			
			비즈 · 한지 공예			
			리본 공예			
	5. "얘들아! 회사에 가자." (직장 체험캠프)	고등부 · 전공과 및 관내 고등학교 특수학급 재학생	주요 교육 내용: -직장 적응 준비 교육 -작업 기능 -사회 적응 훈련 -문화 체험 학습	연 2회 (방학 중)	3주 내외	추후통지

표 6-26 방학 중 직장 캠프 운영 내용

작업 구분	주요 작업 공정	주요 생산품	비고
종이가방 공동 작업	• 아래깍지 끼우기 • 위깍지 끼우기 • 타공 및 끈 묶기 • 묶음 묶기, 적재	종이가방	외주 작업 (목표량 1일 3,000개)
장갑생산 공동 작업	• 열 처리하기 • 실밥 제거하기 • 장갑 결속하기 • 장갑 포장하기	목장갑	생산품 지급
생활공예 생산 작업	• 왁스 사출 및 왁스트리 만들기 • 세공 및 광내기 • 은 · 칠보 제품 만들기	은반지 머리끈 휴대폰줄	생산품 지급
산업도자 생산 작업	• 압출 성형하기 • 초벌 굽기 및 도안 그리기 • 유약 바르기 • 두벌 구워 완성하기	접시 머그 컵 그릇	생산품 지급
웰빙원예 생산 작업	• 허브 재배 및 건조, 분쇄, 포장 • 향초와 겔 방향제 베이스 녹이기 • 허브 아로마 오일 배합하기 • 포장하기	허브 포프리 허브 향초 겔 방향제	생산품 지급

면접평가 영역	기능평가 영역
언어 능력, 용모 및 태도, 직장생활 이해, 직업 및 취업 의지	작업 지시 이해 능력, 작업 속도 및 정확도, 작업 도구 사용 능력, 작업 지속 정도, 작업 안정성

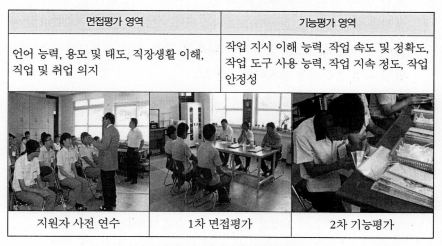

지원자 사전 연수	1차 면접평가	2차 기능평가

[그림 6-14] 캠프 대상 선발 과정

3. 학교기업형 중심의 전환교육

- 사업 목적: 실질적인 직업 훈련의 효과를 거두기 위해 현장 중심 직업 교육을 중심으로 산업체 현장과 유사한 환경을 구성하고, 실제 생산－포장－판매의 전 과정을 체험하게 할 수 있는 학교기업형 직업 훈련실을 운영함으로써 직업 기능 증진은 물론 직업 적응력을 신장시킴
- 추진 방향
  - 자체 생산 및 산학협력 작업장 운영 등 다양한 생산 과정 적용
  - 정기적이고 지속적인 상시 생산 체제 운영
  - 생산품 및 작업 결과물에 대한 판매 및 물류 처리 계획 수립 운영
  - 생산품의 다양화 추진 및 상설 판매장 운영, 교내 보호작업장 운영
  - 학교기업형 직업 훈련실 협력업체 협약 체결
  - 학교기업형 직업 훈련실 설계 및 구축
  - 학교기업형 직업 훈련실 운영 시스템 수정·보완 및 평가
- 운영 개요: 본교 학교 생산품 브랜드 '○○○'의 원활한 판매망 구축과 운영을 위하여 교내 전공과 교육과정 중심 생산 작업장과, 지역사회 인프라 구축을 기반으로 운영되는 맞춤형 직업 훈련 프로그램인 학교기업형 직업 훈련실을 연계하여 운영함

(1) 학교기업 생산품 상설 판매장 운영

표 6-27 학교기업 생산품 상설 판매장 운영 내용

직업 훈련실	주요 생산품	운영 방법	비고
웰빙원예실	허브향 제품	전공과 교육과정 운영	
상품포장실	종이가방	전공과 교육과정 운영	

(계속)

산업도자실	생활자기 제품	전공과 교육과정 운영	
생활공예실	은·칠보 제품	전공과 교육과정 운영	
도예실	화분 제품	직업교육과정 운영	도예

(2) 학교기업형 직업 훈련실 운영

특수교육의 궁극적인 목적은 장애학생의 사회통합·직업적 자립에 있기 때문에 특수학교에서는 무엇보다도 먼저 효율적인 직업교육 운영을 위한 부단한 연구와 노력이 요구된다. 직업교육을 효율적으로 실시하기 위해서는 먼저 직업적 특성에 맞는 실습실과 교재교구가 구비되어야 하고, 이를 운영할 수 있는 프로그램 개발과 열성적으로 지도할 수 있는 전문교사 확보가 이루어져야 한다.

이에 본교에서는 그동안 충청남도 교육청과 교육과학기술부의 지원을 받아 체계적인 실습실 운영 및 교재·교구 구비는 물론 담당 교사의 전문성 함양을 위해 실제적인 노력을 하였으며, 그 결과 직업 기능 지도에 필요한 전반적인 시스템을 갖추어 전공과를 중심으로 중·고등부의 직업 기능 교육을 체계적으로 실시하고 있다.

또한 '학교기업형 직업 훈련실' 설치 사업이 공모에 의해 선정되어 20억 예산을 지원받아 학교기업형 직업 훈련실이 현재 진행 중에 있으며, 보다 효율적이고 체계적인 직업교육과 지원을 위해 한걸음 더 나아갈 것이다.

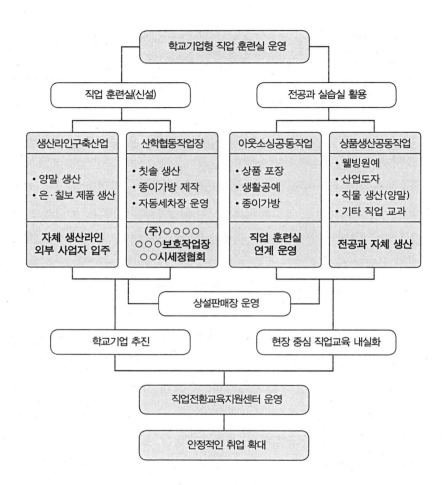

[그림 6-15] 학교기업형 직업 훈련실 사업 추진 구조도

표 6-28 학교기업형 직업 훈련실 운영

구 분	직업 훈련실	주요 생산품	운영 방법	비 고
학교기업형 직업 훈련실	(주)○○○○ 협력작업장	1회용 칫솔	맞춤형 직업 훈련	취업 연계
	종이가방 공동작업장	종이가방	보호작업장 형태 교내 공동작업장	보호고용 연계
학교기업형 직업 훈련실	은·칠보 제품 생산 작업장	은·칠보 액세서리	외부 업체 학교 입주 운영	취업 연계
	자동세차장	세차장 운영	교내 사업장	전공교과 연계
	양말편직 생산실	양말	주문생산식 제품 생산	전공교과 연계

제7장

특수학급 직업교육

1. 초등학교 특수학급 직업교육

1) 교육과정

초등학교 특수학급에서의 직업교육과정은 실과 교육과정을 적용한다. 실과 교육과정의 성격과 목표를 살펴보면 다음과 같다.

(1) 성격

실과는 초등학교 5~6학년에 편제 · 운영되며, 중학교 '진로와 직업' 과목과 연계성을 갖는 교과로서 실생활에 필요한 생활 소양을 실천적 경험을 통해 기르고자 한다. 실과에서 다루는 실천적 경험은 개인과 가정의 일을 해결하며 기술의 세계를 이해하고 적응하는 능력을 길러 주고자 하는 것으로서 가정생활과 기술의 세계와 관련된 지식 체계에 근거하여 선정된다. 실과는 노작적 체험활동을 통하여 개인과 가족의 생활에 필요한 기본적인 일의 의미와 상호 관련성을 이해하고 일상생활에서의 문제를 탐구하여 스스로 해결할 수 있도록 하며, 미래 자립 생활을 위한 건전한 생활 태도를 기르고 직업에 대한 관심의 기회를 주는 생활 교과이자 직업 교과다. 실과는 다양한 국가 사회적 요구에 부응할 수 있도록 교과의 성격과 학습자의 특성을 고려해야 한다. 학생 서로가 협동하며 배려하는 가운데 이루어지는 생활과 관련된 다양하고 실천적인 노작 활동을 중시하며, 활동을 통한 교육적 경험이 일상생활에 필요한 지식, 기초 생활 능력을 함양하고 일하는 즐거움과 보람을 갖도록 운영하는 것이 중요하다. 이를 위해 학습자가 체험할 수 있는 다양한 문제 해결 방법과 활동을 제공하고 개인의 흥미와 관심을 고려하여 개인의 수준에 적합한 노작 활동을 제공함으로써 실천적 자기관리 능력, 자립적 생활 수행 능력, 진로 개발 능력 등의 역량을 기르는 핵심 교과로서 그 역할을 담당한다.

(2) 목표

가정생활에 필요한 기본적인 지식과 기능을 함양하여 건강한 개인 및 가정생활을 영위하고, 일상생활에 필요한 기술적인 소양을 습득하여 현재와 미래의 생활을 자립적으로 수행하는 역량과 태도를 기른다.

- 나와 가족을 이해하고 가정생활에서 직면하는 기본적인 생활 문제를 스스로 해결하는 데 필요한 지식과 기능을 익혀 개인 및 가족 구성원으로서 자신의 삶을 자립적으로 영위해 나갈 수 있는 역량과 태도를 기른다.
- 일상생활과 관련된 기술의 세계를 이해하고 기술과 관련되는 기본적인 문제를 해결하는 방법을 익혀 실천하며, 사람들이 하는 일과 직업에 대한 인식을 통해 자신의 진로에 관심을 가짐으로써 미래 생활에 적응하는 역량과 태도를 기른다.

(3) 내용 체계

표 7-1 실과 교육과정 내용 체계

영역	내용	

가정생활	• 나와 가정생활
	  - 나와 우리 가족
	  - 서로 돕는 우리 가족
	• 건강한 식생활
	  - 음식과 건강
	  - 건강한 음식 만들기
	• 생활용품의 사용
	  - 생활에 필요한 물건
	  - 생활용품 사용하기
		• 깨끗한 주거 생활
		  - 정리 정돈하기
		  - 청소하기
		• 단정한 의생활
		  - 단정하고 알맞은 옷차림
		  - 스스로 하는 옷 관리

기술의
세계
	• 식물과 함께하는 생활
	  - 생활 속의 식물
	  - 식물 가꾸기
	• 생활용품 만들기
	  - 여러 가지 도구 사용하기
	  - 간단한 생활용품 만들기
	• 생활 속의 정보 기기
	  - 여러 가지 정보 기기
	  - 정보 기기 사용하기
		• 동물과 함께하는 생활
		  - 생활 속의 동물
		  - 동물 돌보기
		• 전기와 생활
		  - 여러 가지 전기 · 전자 제품
		  - 가전제품 사용하기
		• 나의 진로
		  - 여러 가지 일과 직업
		  - 내가 하고 싶은 일

2) 지도의 실제[1]

초등학교는 가정과 학교에서의 독립적인 생활을 목표로 학교교육 전반에 걸쳐 직업교육의 기본을 다지는 시기다. 기본 생활 지도와 기초 학력 및 다양한 경험 · 체험을 통해 다양한 직업의 세계를 인식할 수 있도록 한다.

초등학교에서의 직업교육은 실과 교육과정을 중심으로 해야겠지만 대부분의 특수학급에서는 실과 교육과정에 입각한 직업교육보다는 사회 통합에 기본이 되는 기본 일상생활지도 및 학교적응지도 그리고 다양한 활동 및 경

---

1) 심정와, 동작특수교육지원센터

험에의 확장을 중심으로 폭넓게 지도하고 있다. 그리고 특수학급 구성원의 성격에 따라 그 내용이 매우 다양해질 수 있다. 초등학교 특수학급은 장애학생부터 학습부진 학생까지 그 구성원의 범위가 매우 폭이 넓기 때문이다.

초등학교 특수학급은 교과학습 시간(개별학습)과 재량 시간(집단 활동 시간), 방과후 활동, 현장학습 그리고 일상생활 및 학교적응활동 등 전반적인 교육활동부터 직업교육 내용까지를 모두 포함하고 있다.

교과학습 시간

특수학급에서는 주로 국어 · 수학 시간에 특수학급에서 수업이 진행되기 때문에 일상생활에 필요한 생활기능 중심으로 지도한다. 아동의 수준에 따라 그 수준은 달라지지만, 주로 국어 · 수학 시간에 직업의 기초가 되는 기초기능 학습 위주로 지도한다. 그리고 더 능력이 있는 학생은 일반 수학 교과 내용을 지도한다.

창의적 체험활동

창의적 체험활동은 1~6학년을 대상으로 운영되며, 자신이 관심 있는 부서를 선택하여 참여할 수 있다. 특수학급 학생의 경우도 마찬가지로 친구들과 함께 자신이 관심 있는 부서를 선택하여 활동하게 된다. 그러나 독립적인 참여가 어려운 장애학생의 경우 특수학급 교사가 적당한 부서(제과 제빵, 밤벨 합주, 전래놀이반, 보드게임부 등)를 개설하고 학급 친구 몇몇과 함께 참여할 수 있도록 조직하여 특수학급 교사가 직접 지도하는 통합교육의 기회를 제공하기도 한다.

재량 시간

특수학급 재량 시간은 직업과 관련하여 다양한 활동을 체험할 수 있는 기회를 제공한다. 보통 시간은 교과학습 중심으로 개별 학습이 진행되고 재량 시간에 특수학급 학생 전체를 대상으로 하는 집단수업을 진행하는데, 주로 수업 내용은 다양한 요리 · 과학실험 · 신체 · 미술 · 음악 활동들이다. 뿐만 아니라 일상생활 지도와 청소 지도도 이루어진다. 성교육이나 학교규칙 안내, 공중예절 및 학급 구성원들에게 필요한 것들을 지도할 수 있는 시간이다.

방과후 활동 및 동아리

다양한 방과후 활동 프로그램과 동아리 프로그램 참여를 통해 자신의 적성과 흥미를 찾는다. 특수학급 학생을 대상으로 하는 다양한 방과후 프로그램들로는 연극 놀이, 종이 접기, 제과 제빵, 음악 줄넘기, 태권도, 토피어리, 원예치료, 미술치료, 음악치료, 밤벨 합주, 인라인스케이트 등이 있는데, 특수학급 구성원의 요구에 따라 얼마든지 다양한 프로그램을 운영할 수 있다. 비장애학생과 장애학생이 함께 참여할 수 있는 동아리를 조직하여 특수교사가 운영하기도 한다.

현장체험학습

다양한 현장체험학습을 통해 지역사회 시설 이용 및 공중예절을 지도한다. 미술관, 박물관 관람, 영화 관람, 놀이공원 체험, 지하철 버스 이용법, 다양한 식당 이용법(뷔페, 패스트푸드점, 분식점), 수영장, 눈썰매장 체험, 1박2일 수련 활동 체험들을 통해 가정과 학교에서의 좀 더 독립적인 생활을 할 수 있도록 지도한다. 지역사회 시설 이용에 대한 지도 내용은 다음과 같다.

- 교통: 대중교통 이용하기, 차내 예절 알기
- 전화: 전화하기, 전화 예절 알기, 비상시 전화번호 알기
- 물건 구매: 슈퍼마켓 이용하기, 식당 이용하기
- 은행: 저축의 개념 알기, 예금하기, 인출하기

일상생활 지도

초등학교에서 가장 중점을 두고 지도하는 부분이 일상생활 지도다. 학생

이 가정과 학교에서 독립적인 생활을 할 수 있도록 가정과 연계하여 지도해야 하는 부분이다. 일상생활 지도 내용은 다음과 같다.

- 예절: 인사하기, 바른 자세 알기, 대화하기, 화장실 이용하기
- 개인위생: 이 닦기, 머리 감기, 목욕하기, 단정하게 옷 입기
- 가사활동: 청소하기, 설거지하기, 정리 정돈하기, 화분에 물 주기
- 요리: 조리 기구 알기, 조리하기, 식사예절 알기

학교생활 적응 지도

초등학교에서는 일상생활 지도 다음으로 중요한 것이 학교생활 적응 지도다. 학교에서 좀 더 독립적으로 생활할 수 있도록 꾸준히 그 학년에 맞는 행동들을 지도한다. 독립적으로 등하교하기, 시간표 보고 학교 가방 챙기기, 하루 스케줄 관리하기, 급식예절 지키기, 수업 태도 익히기, 학교 규칙 지키기, 학교 행사(운동회, 학예회)에 참여하기, 친구들과 긍정적인 상호작용하기 등이 있다.

2. 중학교 특수학급 직업교육

1) 교육과정

중학교 특수학급에서의 직업교육과정은 기본교육과정을 적용한다. 기본교육과정의 성격과 목표를 살펴보면 다음과 같다.

(1) 성격

'진로와 직업'과는 자신의 진로 · 직업에 대하여 인식하고, 탐색하며, 준비하는 데 필요한 지식, 기술 및 태도를 함양하는 교과다. 진로 발달 단계에 따

라 자신의 진로를 개척하는 사람, 개인 및 사회 생활과 직업 생활에서 발생하는 문제를 해결하는 사람, 자신에게 적합한 직업을 탐색하고 준비하는 사람을 지향한다. 이 교과는 학생의 생애주기별 진로 발달 단계인 진로 인식, 진로 탐색, 진로 준비 등에 이르는 일련의 경험 과정에 기초하여 학생이 학교교육을 마친 후 지역사회 생활 및 직업 생활로 나아갈 수 있도록 연결하는 전환교육의 관점에서 실시된다. 또한 장차 성인으로서 지역사회 내에서 생활하는 데 필요한 기능적 생활 중심 지식, 기술 및 태도 함양에 중점을 두기 때문에 교과 내용에 대한 인식에서 나아가 이를 적용해 보고 지역사회에서 실천할 수 있도록 교내외에서 다양한 활동과 수행 및 실습을 강조한다. 이 교과의 주요 영역은 직업 생활 · 직업 탐색 · 직업 준비 · 진로 지도이며, 기본교육과정의 실과 교과와 연계되고, 선택 중심 교육과정 전문 교과 중 직업 교과와 관련성을 가진다. 자신의 흥미와 적성을 발견하고 자신에게 알맞은 진로 · 직업을 계획하고 준비하며, 다른 교과에서 다루어지고 학습된 지식과 기술을 종합하여 자신의 진로 · 직업으로 통합할 수 있도록 한다.

(2) 목표

교과 목표

성인으로서의 삶을 살아가는 데 요구되는 지식, 기술 및 태도를 습득하고 적용하며, 진로와 직업 세계에 대한 탐색과 경험을 통하여 자신의 진로 · 직업의 방향을 설정하고, 지역사회 직무에서 요구되는 능력을 길러 직업적 자립을 도모한다.

- 성인으로서의 생활에 필요한 지식, 기술 및 태도를 함양하여 직업 생활의 기본이 되는 개인 및 사회생활 기능을 수행한다.
- 진로 · 직업 세계에서 요구되는 신체 및 학습 기능을 함양하고, 다양한 도구와 컴퓨터 사용 능력을 기르며, 직업 생활에 필요한 기본적인 능력

과 작업 태도를 향상한다.

- 지역사회 직무에서 요구되는 기본적인 능력과 작업 태도를 경험하고 숙달하여 장차 직무를 수행할 수 있도록 준비한다.
- 진로 발달의 과정을 이해하고 자신의 진로 방향을 설계하며, 학교에서 사회로의 전환을 도모할 수 있도록 준비하고 실천한다.

단계별 목표

중학생으로서 진로와 직업을 인식하고 탐색하는 데 요구되는 지식, 기술 및 태도를 습득하고 적용하며, 개인생활과 가정생활에 필요한 능력을 함양하고, 작업 활동에 필요한 능력과 태도를 향상하며, 자신의 진로와 직업을 탐색하고 계획한다.

- 개인생활과 가정생활에 필요한 실생활 중심의 지식, 기술 및 태도를 함양하여 직업 생활의 기반을 마련한다.
- 작업 활동에 필요한 신체활동 및 학습 능력과 도구 사용 방법을 기르며, 직업에 대한 이해 수준을 높이고, 기본적인 직업 태도와 능력을 향상한다.
- 공예, 재배 · 사육, 판매 · 포장 · 배달, 조립, 음식 조리, 청소 · 세탁 · 세차, 사무 보조 등에 대한 기본 사항을 이해하고 도구 사용법을 익힌다.
- 자신의 진로와 직업에 대하여 인식하고, 기초적인 직업평가를 토대로 전환교육을 계획하며, 지역사회 관련 기관을 탐색하고 조사한다.

(3) 내용 체계

표 7-2 중학교 진로와 직업 교육과정의 내용 체계

학교급	중학교			
학년군	1~3학년			
영역	직업 생활	직업 탐색	직업 준비	진로 설계
내용	• 청소 　- 도구를 사용한 청소 　- 청소 후 뒷정리 • 옷차림 　- 단정한 옷차림 　- 세탁하기 　- 의복 관리 • 건강과 안전 　- 개인 위생상태 유지 　- 질병 예방 　- 건강한 식생활 실천 • 대인 관계 　- 인사하기 　- 생각의 이해와 표현 　- 성에 대한 이해 • 전화기 사용 　- 전화를 걸고 용건 　　말하기 　- 전화 예절 • 금전 관리 　- 화폐 알기 　- 물건 구입 계획 　- 예산에 맞는 지출 • 이동 　- 대중교통 수단과 　　시설 　- 집과 학교 주변의 　　이동 　- 지역사회 이동	• 신체 기능 　- 작업과 몸의 자세 　- 큰 동작의 작업 활동 • 학습 기능 　- 직업 관련 용어의 　　활용 　- 직업 관련 수의 활용 　- 직업 관련 측정 단 　　위의 활용 • 도구 사용 　- 생활도구의 사용 　- 사무용구의 사용 • 컴퓨터 사용 　- 컴퓨터 사용 방법 　- 컴퓨터 정보의 　　입력과 저장 　- 인터넷 정보의 　　검색과 전자 메일 　　활용 • 직업 이해 　- 가족의 직업 　- 지역사회 내 직업 　- 직업 현장 견학 • 직업 태도 　- 작업장 조직도 　- 직장 예절 　- 작업장 규칙 • 작업 능력 　- 작업 재료의 분류 　- 작업의 바른 자세	• 공예 　- 공예 활동 준비 　- 공예 도구의 사용 • 재배 · 사육 　- 재배 · 사육 활동 　　준비 　- 재배 · 사육 도구 　　의 사용 • 판매 · 포장 · 배달 　- 판매 · 포장 · 배달 　　활동 준비 　- 판매 · 포장 · 배달 　　도구의 사용 • 조립 　- 조립 활동 준비 　- 조립 도구의 사용 • 음식 조리 　- 음식 조리 활동 준비 　- 음식 조리 도구의 　　사용 • 청소 · 세탁 · 세차 　- 청소 · 세탁 · 세차 　　활동 준비 　- 청소 · 세탁 · 세차 　　도구의 사용 • 사무 보조 　- 사무 보조 활동 　　준비 　- 사무 보조 도구의 　　사용	• 진로 이해 　- 진로 과정 　- 일의 개인적 측면 　　이해 • 직업평가 　- 좋아하는 일과 　　잘하는 일 　- 작업 기초 기능의 　　평가 • 전환교육 설계 　- 전환교육계획 　　하기 ① 　- 전환교육계획 　　하기 ② • 전환교육 실시 　- 성인 생활 · 취업 · 　　진학 기관 조사 　- 성인 생활 · 취업 · 　　진학 기관 견학

(계속)

• 여가 생활
 - 여가 활동
 - 개인 여가 활동
   탐색
 - 여가 시설 이용
• 자기 결정
 - 자기 인식
 - 활동 계획
		• 대인 서비스
		 - 대인 서비스 활동
		   준비
		 - 대인 서비스 도구
		   의 사용	

2) 직업 교과의 교육계획[2]

직업 교과의 개별화교육계획, 연간 지도 계획 및 지도안은 다음과 같다.

(1) 개별화교육계획

표 7-3 개별화교육계획표(예시)

학 생		개별화교육 지원팀			
구 분	적 요	구 분	이 름	서명(날인)	역 할
학생	○○○	교 장 교 감 정보부장 원적담임 특수교사	김 ○○ 손 ○○ 황 ○○ 이 ○○ 문 ○○	인 인 인 인 인	IEP결정 IEP구안조언 제반교육지원 IEP정보제공 IEP구안
학년/반	1-3				
성 별	남				
주 소	경기도 용인시 기흥구				
전 화	○○○-○○○○				
출신교	○○초등학교				
IEP 시작일: 2011.03.28		IEP 종료일: 2012.02.28			
장애 상황	① 장애 유형: 지적장애　② 장애 부위: ·　③ 장애 등급: 2급 ④ 장애 원인: ·　⑤ 중복 장애: ·　⑥ 특이 사항: ·				
가정 환경	가족 상황: 모, 누나 특이 사항:				

(계속)

---

2) 이하의 내용은 문혜란(세마중학교) 교사가 작성한 것으로 본인의 허락을 받아 수록하였음.

현재 학습 수준	강 점		약 점	
	교사의 지시에 잘 따르고, 하고자 하는 의욕이 높음		불안도가 조금 있고 주의 집중이 다소 떨어짐	

연간 교육 계획	국어	글을 읽고 핵심 주제를 찾을 수 있다. 다른 사람과의 상호작용을 위한 발화를 자주 할 수 있다.			
	영어	실생활에 자주 쓰는 영어 단어를 10가지 알 수 있다.			
	수학	생활 장면에서 사칙연산을 이용하여 문제를 해결할 수 있다.			
	사회	공공 기관을 방문할 때 예절을 알고 지킬 수 있다.			

교육 배치	유 형	시작 및 종결일자	과 목	장 소
	통합학급	2011.03.02 ~ 2012.02.28	국어, 영어, 수학, 사회, 과학, 음악, 기술 · 가정, 체육	1-3
	특수학급	2011.03.02 ~ 2012.02.28	국어, 영어, 수학, 사회	학습지원실

과목 교사	과목	일반학급교육		특수학급교육
		과목 시수	통합학급 수업시수	특수학급 수업시수
	국어	4	0	4
	영어	4	3	1
	수학	4	0	4
	사회	5	2	3
	과학	3	3	0
	음악	4	4	0
	기가	4	4	0
	창체	2	1	0
	체육	3	2	0
	총 시수	31	19	12

평가 계획	평가시기	평가기간	평가방법	평가자
	매주	2011.03.02 ~ 2012.02.28	서술식 평가	문혜란

부모의 요구 동의	교육계획에 동의합니다. 학부모 (인)

(2) 연간 지도 계획

표 7-4 국어 · 직업과 연간 지도 계획(예시)

월	기간	교과 단원	교육 목표	교육 내용	평가
5	1주	대중교통 이용하기 1 (시내버스, 전철)	시내버스와 전철 노선의 명칭을 읽고 찾을 수 있다.	• 대중교통의 종류, 이용 방법 알기 • 버스 · 전철 노선 명칭 익히기 • 승차권 구입과 관련된 용어 알기 • 역 구내의 여러 표지판 읽기, 안내방송 듣기	
	2주	대중교통 이용하기 2 (좌석버스)	좌석버스 노선의 명칭을 읽고 찾을 수 있다.	• 좌석버스 노선 명칭 익히기 • 이동 관련 단어 쓰기 • 의사 표현하기	
	3주	은행 이용하기 1 (입금하기)	은행에서 입금표를 작성하여 도움을 요청할 수 있다.	• 은행에서 하는 일 알아보기 • 저축의 필요성 알아보기 • 입금표 작성하기 • 도움 요청하는 말하기	
	4주	우체국 이용하기	편지를 써서 보낼 수 있다.	• 편지 쓰기 • 우체국 관련 용어 익히기 • 그림 수수께끼(우체국 관련)	

	5주	병원 및 약국 이용하기	병원과 약국을 찾아 요구사항을 말할 수 있다.	• 병원 역할놀이하기
				  - 역할놀이 카드 만들기
				  - 병원을 이용하는 순서
				  - 역할극하기	

표 7-5 수학 · 직업과 연간 지도 계획(예시)

월	기간	교과 단원	교육 목표	교육 내용	평가
10	1주	패스트푸드점 이용하기	원하는 음식을 주문하고 계산할 수 있다.	• 용돈으로 살 수 있는 것 고르기 • 음식값 계산하기, 잔돈 받기 • 영수증 확인하기	
	2주	중간고사	떠들지 않고 조용히 시험 문제를 풀고 답안지에 마킹할 수 있다.	• 답안지에 날짜와 과목, 이름 올바로 쓰기 • 번호에 적당한 크기로 표시하기	

(계속)

3주	요리하기2 (라면 끓이기)	라면을 끓이는 순서 와 방법을 알고 끓여 먹을 수 있다.	• 라면의 가격 알아보기 • 물의 양과 재료의 양 알기 • 조리에 필요한 시간 계산하기	
4주	미술관 이용하기	미술관 관람료를 지 불하고 작품을 감상 할 수 있다.	• 하루 일과표 · 계획표 만들기 • 여러 가지 사물의 크기 · 위치 · 공간 비교하기 • 관람료 지불하기	
5주	등산하기	산의 높이와 등산에 걸리는 시간을 계산 할 수 있다.	• 산의 높이 알기 • 산에 가는 데 걸리는 시간 알기 • 등산하는 날 날씨 찾아보기	

(3) 직업 교과 지도안(약안)

표 7-6 직업 교과의 지도안

대단원	4. 화폐 알기		소단원	1. 화폐 계산하기	차시	4/5
일시	2011. 5. 12. 6교시 교사 ○○○	지도학급	학습지원실(남 3명)		지도 장소	학습지원실
학습 목표	가. 물건값의 합을 알고 물건값을 계산하여 돈을 지불할 수 있다. 나. 물건값을 알고 교사의 언어적 도움을 받아 돈을 지불할 수 있다.					
준비물	PPT 자료, 학습지, 활동지, 물건 가격 카드					

단계	학습 내용	교수-학습 활동			시간 (분)	학습자료 및 유의점
		교사 활동	학생 활동 가	학생 활동 나		
도입	주의집중 및 자신감 갖기, 전시학습 상기, 본시 학습 목표 제시	• 인사 및 음악으로 수업 열기, 구호 외 치기 • 물건가격카드 제시 • 본시 학습 목표 제시	• 인사 및 노래하기, 구호 외치기		5	물건 가격 카드, PPT 자료
			• 물건 가격 카드를 보고 물건 가격 말 하기	• 단위를 보고 물 건 가격 말하기		
			• 본시 학습계획을 읽고 이해한다.			

(계속)

전개	학습 내용	• 지령 제시 • 유인물 나눠 주기 • 화폐 모형 준비 • 전단지 나눠 주기 • 금액 제시 • 화폐 모형 준비	• 지령을 보고 인터넷을 검색하여 물건 가격 조사하기 • 물건 가격 계산하기 • 화폐 모형으로 나타내기 • 전단지를 보고 제시한 금액만큼 영수증에 기록하기 • 금액 계산하기 • 화폐 모형으로 나타내기	• 바꿀 수 있는 같은 금액을 화폐 모형으로 나타내기 • 제시한 돈의 합을 계산하기 • 화폐 모형으로 나타내기 • 전단지를 보고 제시한 물건 고르기 • 물건의 합을 계산하기 • 화폐 모형으로 나타내기	35	활동지, 화폐모형, 전단지, 계산기
		• 수준별 형성평가지 나누어 주기	• 형성평가 문제 풀기			학습지
정리	내용 정리 및 강화 차시 예고, 즐거운 마음 갖기	• 형성평가 풀이 및 강화 • 차시(화폐 계산하기의 실제-○○마트에서 물건 사기) 예고 • 인사 및 음악으로 수업 닫기, 구호 외치기	• 틀린 문제는 다시 확인받고 숙지하기 • 강화물을 붙이기 • 차시 예고 듣기 • 인사 및 노래하기, 구호 외치기		5	PPT 자료

3) 지도의 실제

중학교는 초등학교에서의 직업 인식을 기초로 직업 탐색을 하는 시기다. 직업 탐색을 위하여 일상생활, 사회생활, 여가 생활 및 직업 생활을 전 교과에 걸쳐서 지도한다.

(1) 일상생활

목적

일상생활에서 의식주 생활을 중심으로 하는 기본적인 신변 처리부터 시작하여 가족 간의 원만한 관계 유지와 생활을 위하여 자신의 역할을 감당할 수 있는 능력을 기른다.

방침

- 일상적 상황에서 경험, 지식 및 기술을 통합하여 습관이 형성될 수 있게 한다.
- 지속적이고 체계적인 반복성이 있는 경험을 제공한다.
- 생활연령에 적합한 기술을 익히게 하고 보다 전문적인 기술들로 발전시켜 갈 수 있게 한다.

표 7-7 일상생활의 세부 지도 내용(예시)

학기	월	시간	영역	지도 단원	지도 내용
1	3	주3	청소	청소 순서	• 청소 도구 읽고 쓰기 • 청소하는 방법 알기 • 청소 도구 구별하기 • 청소 시작과 끝나는 시간 • 청소에 사용된 시간 계산하기
	4	주3	요리	삶기와 찌기	• 여러 음식 이름 알기 • 주방 용품 이름 알기 • 조리 설명서 읽기 • 부피를 재는 단위 알기 • 무게를 재는 단위 알기 • 측량하기

(계속)

5	주3	세탁	세탁기 사용법	• 세탁 도구 이름 알기 • 세제 이름 읽기 • 섬유 이름 알기 • 세탁기 사용법 알기 • 양의 개념 알기 • %의 개념 알기 • 측량하기
2	10	주3	요리	라면 끓이기	• 라면의 종류 알기 • 재료와 부재료 알기 • 라면 끓이는 순서 알기 • 라면의 가격 알아보기 • 물과 재료의 양 알기 • 조리에 필요한 시간 계산하기
	12	주3	요리	밥 짓기	• 밥을 하는 방법 알기 • 쌀과 물의 양 측량하기 • 전기밥솥을 이용하여 밥 짓는 시간 알아보기 • 전기밥솥 사용법 알기

(2) 사회생활

목적

직업 활동의 기초가 되는 사회생활 기능을 갖추어 지역사회 내에서 직업과 관련된 생활을 수행하기 위함이다.

방침

• 실생활 중심의 체험학습이 되도록 한다.
• 직접 체험 및 모형링, 역할놀이 방법 등을 활용한다.
• 지역사회 속에서 보충 및 심화를 통해 일반화가 이루어지게 한다.

표 7-8 사회생활의 세부 지도 내용(예시)

학기	월	시간	영역	지도 단원	지도 내용
1	4	주3	물건 사기	문구점, 슈퍼	• 문구점 · 슈퍼에서 파는 물건 알기 • 필요한 학용품, 물건 목록 만들기 • 문구점 · 슈퍼 이용과 관련된 용어 익히기 • 화폐의 단위와 크기 알기 • 물건의 가격 알아보기 • 물건값을 계산하여 지불하기
				대형할인 마트	• 생활용품의 이름 알기 • 사고 싶은 물건의 목록 작성하기 • 물건에 표시된 관련 정보 읽기 • 물건 구입과 관련된 용어 익히기 • 화폐의 단위와 크기 알기 • 주어진 금액에 맞도록 구입 목록 작성하기
	5	주3	대중교통 이용	시내버스, 전철	• 대중교통의 종류 및 이용 방법 알기 • 버스 · 전철 노선 명칭 익히기 • 승차권 구입과 관련된 용어 알기 • 역 구내의 여러 표지판 읽기, 안내방송 듣기 • 버스 번호 구별하기 • 버스비 계산하기 • 전철 노선 구별하기 • 승차권 구입하기
				좌석버스	• 좌석버스 노선 명칭 익히기 • 이동 관련 단어 쓰기 • 의사 표현하기 • 버스 번호 구별하기 • 출구 · 입구, 번호 구별하기 • 버스비 계산하기
			은행 이용	입금	• 은행에서 하는 일 알아보기 • 저축의 필요성 알아보기 • 입금표 작성하기 • 도움 요청하는 요령 말하기 • 접수 번호표의 번호 읽기 • 통장에 입금할 돈 세기 • 공과금 납부 금액 읽기 • 통장에 기록된 내용 확인하기

(계속)

5	주3	우체국 이용	편지 써서 발송	• 편지 쓰기 • 우체국 관련 용어 익히기 • 그림 수수께끼(우체국 관련) • 우편번호 숫자 익히기 • 우표값 계산하기 • 버스비 이용하기
		병원, 약국 이용	요구 사항 말하기	• 병원 역할놀이하기 • 역할놀이 카드 만들기 • 병원 이용 순서 알기 • 역할극하기 • 동전과 지폐의 금액 알기 • 영수증 읽기 • 진료비 지불하기
1	6	주3	도서관 이용	도서 대출	• 읽고 싶은 책 선택하기 • 도서관 이용에 필요한 용어 알기 • 대출증 신청서 작성하기 • 대출신청서 작성하기 • 분류번호로 책 찾는 방법 알기 • 주민등록번호 읽기 • 전화번호 읽기
		동사무소 이용	행정업무 처리	• 동사무소에서 하는 일 알기 • 동사무소 이름 읽기 • 접수대 명칭 읽기, 신분증 제시하기 • 도움 요청하는 방법 알기 • 접수번호표의 숫자 읽기 • 신청서 발급 수수료 계산하기 • 신청 매수 확인하기(세기)
		미용실 이용	스타일 요구	• 미용 관련 용어 익히기 • 미용 관련 용어 말하고 읽기 • 질문에 적절한 대답하기 • 지시 따르기 • 미용비 계산하기
	7	주3	물건 사기	서점 이용	• 서점 관련 용어 익히기 • 여러 종류의 책 이름 알아보기 • 서점 이용 방법 익히기 • 서점에서의 예절 익히기 • 책 구입비 계산하기 • 책 관련 셈 단위 알아보기 • 여러 종류의 책 무게 재기 • 여러 종류의 책 크기 재기

(계속)

1	7	주3	극장 이용	영화관람	• 극장 관련 용어 익히기 • 영화 관람표 읽는 법 익혀 읽기 • 감상한 영화 제목이나 내용 말하고 쓰기 • 극장 이용 방법 익히기 • 영화 관람표 구입비 계산하기 • 1~100의 숫자 익혀 쓰기 • 관람표 번호와 좌석표 번호 대응시키기 • 시각 읽기 – 달력 보고 읽기
	9	주3	대중 음식점 이용	주문	• 음식점(분식집) 이름 알기 • 음식점에서 파는 음식의 이름 알아보기 • 음식점에서 파는 음식의 이름 쓰기 • 음식의 가격 알아보기 • 음식값을 계산하여 지불하기
2	10	주3	패스트 푸드점 이용	지역 음식점 이용	• 상호명 읽기 • 메뉴판에서 음식명 읽기 • 주문 시 필요한 용어 익히기 • 요구 사항 말하기 • 용돈으로 살 수 있는 것 고르기 • 음식값 계산하기, 잔돈 받기 • 영수증 확인하기
	11	주3	복지관 견학	복지관 이용	• 복지관의 시설도를 보고 위치 파악하기 • 직원에게 간단한 요구하기 • 층별 위치 파악하기 • 이용 요금 알고 돈 지불하기
			업체 견학	제과점	• 파티쉐의 지시에 따라 빵 만들기 • 조리 도구 이름 알기 • 저울의 사용법을 알고 무게 재기 • 적정 시간을 알고 요리에 걸리는 시간 알아보기

(3) 여가 생활

목적

　여가에 대한 충분한 이해와 여가 생활에 필요한 다양한 기술을 익혀서 건전하고 명랑한 생활을 영위하기 위함이다.

방침

* 여가 생활의 의미 및 가치를 이해하고 계획을 세워 참여한다.
* 운동이나 취미와 관련된 여가 생활과 관련된 기술을 익혀 참여한다.
* 가정 및 사회에서 할 수 있는 여가 생활과 관련된 기술을 익혀 참여한다.

표 7-9 여가 생활의 세부 지도 내용

학기	월	시간	영역	지도 단원	지도 내용
1	4	주3	꽃 가꾸기	식물 재배	• 식물의 종류와 이름 알기 • 화분에 물 주는 요일, 물의 양 알기 • 꽃씨의 개수와 흙의 양 알기 • 식목일의 의미 알기
	5	주3	공원 시설	공원 이용	• 공원시설에 있는 사물 알기 • 공원에서 지켜야 할 예절 알기 • 계절 및 날씨 알기 • 공원 시설 대여 시간 알기 • 공원 시설 대여료 내기
	6	주3	요리 실습	프렌치 토스트	• 프렌치토스트의 재료 이름 말하고 쓰기 • 프렌치토스트 만드는 순서 말하고 쓰기 • 프렌치토스트 재료의 개수와 양 알기 • 프렌치토스트 만드는 순서를 알고 만들기
2	10	주3	볼링장 이용	볼링 하기	• 여가 시간에 할 수 있는 운동의 종류와 하는 방법 알기 • 동작과 관련된 문장 익히기 • 볼링장과 관련된 용어 익히기 • 무게 비교하기 • 10 이하 수의 덧셈하기 • 조사표와 그래프 그리기
		주3	미술관 이용	미술관 관람	• 지하철 노선 명칭 알기 • 미술관 홍보물 읽기 • 메모지에 기록하기 • 하루 일과표 – 계획표 만들기 • 사물의 크기 • 위치 – 공간 비교하기 • 관람료 지불하기

(계속)

2	11	주3	등산	가을 산 등산	• 산에서의 예절 알기 • 산행 시 통행 예절 알기 • 산의 높이 알기 • 산에 가는 데 걸리는 시간 알기 • 등산하는 날의 날씨 찾아보기
		주3	박물관 이용	김치 박물관 관람	• 박물관 및 전시물 관련 용어 익히기 • 여러 종류의 김치와 관련된 용어 익혀 말하고 쓰기 • 전시대 안내 표지판 읽는 법 익히기 • 배추, 무 등을 세는 단위 알기 • 재료의 개수, 부피, 들이 알기
		주3	친구 집 방문	친구 집 방문	• 상황에 맞는 말 알기 • 높임말과 예사말 알기 • 방문 예절 알기 • 방문의 목적에 따라 행동하기 • 1,000단위의 수 읽기 • 물건 사기
		주3	연극 관람	연극 관람	• 연극의 개념과 종류 알기 • 연극 포스터 읽기 • 관람표 읽기 • 연극하기 • 화폐의 단위와 크기 알기 • 금액에 맞게 지불하기 • 관람석 찾기

(4) 직업 생활

목적

실생활에서 필요한 기초적인 직업 기능을 길러 직업인으로서 맡은 분야의 일을 충실히 수행하기 위함이다.

방침

• 직업활동에 필요한 기초 기능을 강화하고 직업을 탐색할 수 있도록 한다.
• 직무에 대한 기본적인 소양과 태도를 형성할 수 있도록 한다.

- 직업 기능을 익히고 맡은 분야의 일을 수행할 수 있는 기술을 익히게 한다.

표 7-10 직업생활 교육의 세부 지도 내용

학기	월	시간	영역	지도 단원	지도 내용
1	4	주3	바리스타	커피 만들기	• 커피 갈기 및 커피 담기 • 커피 내리기 • 커피와 우유 섞기 • 커피 꾸미기
	6	주3	컴퓨터	한글 작성	• 표 작성하여 글쓰기 • 글꼴 및 크기 바꾸기 • 저장하기
2	9	주3	제과제빵	케이크 만들기	• 빵 위에 크림 바르기 • 장식하기 • 자르기 • 포장하기
	10	주3	컴퓨터	파워 포인트	• 파워포인트 제목 쓰기 • 그림 삽입하기 • 저장하기
	11	주3	제과제빵	쿠키 만들기	• 저울로 계량하기 • 반죽하기 • 밀대로 밀기 • 모양틀로 찍어 내기 • 오븐에 굽기

3. 고등학교 특수학급 직업교육

1) 교육과정

(1) 기본교육과정의 성격

'진로와 직업'과는 학생이 자신의 진로 · 직업에 대하여 인식하고 탐색하며, 준비하는 데 필요한 지식, 기술 및 태도를 함양하는 교과다. 진로와 직업 과가 지향하는 인간상은 진로 발달 단계에 따라 자신의 진로를 개척하는 사람, 개인 및 사회 생활과 직업 생활에서 발생하는 문제를 해결하는 사람, 자신에게 적합한 직업을 탐색하고 준비하는 사람이다.

진로와 직업과는 학생의 생애주기별 진로 발달 단계인 진로 인식, 진로 탐색, 진로 준비 등에 이르는 일련의 경험 과정에 기초하여 학생이 학교교육을 마친 후 지역사회 생활 및 직업 생활로 나아갈 수 있도록 연결하는 전환교육의 관점에서 실시된다. 또한 장차 성인으로서 지역사회 내에서 생활하는 데 필요한 기능적 생활 중심의 지식, 기술 및 태도 함양에 중점을 두는 교과 특성에 따라 교과 내용에 대한 인식을 바탕으로 이를 적용해 보고 지역사회에서 실천할 수 있도록 교내외에서의 다양한 활동과 수행 및 실습이 강조된다.

진로와 직업과는 '직업 생활' '직업 탐색' '직업 준비' '진로 지도' 등 4개 영역으로 구분되며, 이 4개 영역은 중학교 1~3학년, 고등학교 1~3학년의 2개 학년군으로 구성되어 있다. 그리고 기본교육과정의 실과 교과와 연계되고, 선택 중심 교육과정 전문 교과 중 직업 교과와 관련성을 가진다.

진로와 직업과는 학생이 자신의 흥미와 적성을 발견하고 자신에게 알맞은 진로 · 직업을 계획하고 준비하며, 다른 교과에서 배운 지식과 기술을 종합하여 자신의 진로 · 직업으로 통합할 수 있도록 한다.

(2) 목표

교과 목표

성인으로서의 삶을 살아가는 데 요구되는 지식, 기술 및 태도를 습득하고 적용하며, 진로와 직업 세계에 대한 탐색과 경험을 통하여 자신의 진로 · 직업의 방향을 설정하고, 지역사회 직무에서 요구되는 능력을 길러 직업적 자립을 도모한다.

- 성인으로서의 생활에 필요한 지식, 기술 및 태도를 함양하여 직업 생활의 기본이 되는 개인 및 사회 생활 기능을 수행한다.
- 진로·직업 세계에서 요구되는 신체 및 학습 기능을 함양하고, 다양한 도구와 컴퓨터 사용 능력을 기르며, 직업 생활에 필요한 기본적인 능력과 작업 태도를 향상한다.
- 지역사회 직무에서 요구되는 기본적인 능력과 작업 태도를 경험하고 숙달하여 장차 직무를 수행할 수 있도록 준비한다.
- 진로 발달의 과정을 이해하고 자신의 진로 방향을 설계하며, 학교에서 사회로의 전환을 도모할 수 있도록 준비하고 실천한다.

학년군별 목표

고등학생으로서 진로와 직업을 탐색하고 준비하는 데 요구되는 지식, 기술 및 태도를 습득하여 적용하고, 지역사회 생활과 직업 생활에 필요한 능력을 함양하며, 교내 실습과 지역사회 실습을 통한 주요 직무와 과제를 훈련하여 자신의 전환 성과에 도달할 수 있도록 한다.

- 지역사회 생활과 직업 생활에 필요한 실생활 중심의 지식, 기술 및 태도를 함양하여 직업 생활의 기반을 마련한다.
- 작업 활동에 필요한 신체 활동 및 학습 능력을 익히고 적용하며, 실생활 직무에서 도구를 사용하고, 직업에 대한 이해와 직업에 대한 태도 및 능력을 향상한다.
- 공예, 재배·사육, 판매·포장·배달, 조립, 음식 조리, 청소·세탁·세차, 사무보조, 대인 서비스 등에 대한 주요 직무와 과제를 수행하며, 교내 실습 및 현장과 연계한 직업실습에 참여한다.
- 직업평가를 토대로 자신의 흥미와 적성 등을 파악하고 성인 생활, 취업, 진학 관련 전환교육을 계획하고 실시한다.

(3) 내용 체계

표 7-11 고등학교 진로와 직업 교육과정의 내용 체계

학교급	고등학교			
학년군	1~3학년			
영역	직업 생활	직업 탐색	직업 준비	진로 지도
내용	• 청소 　-사무실 청소 　-작업장 청소 • 옷차림 　-옷 입기와 단장하기 　-다양한 작업복 착용 • 건강과 안전 　-체중 및 체력 유지 　-안전과 구급 조치 • 대인 관계 　-감정의 이해와 표현 　-이성 교제 • 전화기 사용 　-생활 정보 전화의 　 사용 　-업무 관련 전화 • 금전 관리 　-금융기관의 이용 　-급여 관리 • 이동 　-다른 지역 이동 　-출퇴근지 이동	• 신체 기능 　-작은 동작의 작업 　 활동 　-작업 지속성 기르기 • 학습 기능 　-직업 관련 문서의 　 활용 　-직업 관련 서류 작 　 성과 직업 정보 활용 • 도구 사용 　-작업 도구의 사용 　-작업 기계의 사용 • 컴퓨터 사용 　-문서 작성과 출력 　-컴퓨터 활용 • 직업 이해 　-직업 체험 　-직업 선택 • 직업 태도 　-직장에서 시간 지키기 　-안전한 작업 　-지시에 따른 작업 • 작업 능력 　-협력 작업 　-신속한 작업 　-작업의 정확성 향상	• 공예 　-공예 과제 수행 　-공예 교내 실습 　-공예 지역사회 실습 • 재배·사육 　-재배·사육 과제 수행 　-재배·사육 교내 실습 　-재배·사육 지역사 　 회 실습 • 판매·포장·배달 　-판매·포장·배달 　 과제 수행 　-판매·포장·배달 　 교내 실습 　-판매·포장·배달 　 지역사회 실습 • 조립 　-조립 과제 수행 　-조립 교내 실습 　-조립 지역사회 실습 • 음식 조리 　-음식 조리 과제 수행 　-음식 조리 교내 실습 　-음식 조리 지역사회 　 실습 • 청소·세탁·세차 　-청소·세탁·세차 　 과제 수행 　-청소·세탁·세차 　 교내 실습 　-청소·세탁·세차 　 지역사회 실습	• 진로 이해 　-성인 생활의 측면 　 이해 　-일의 사회적 측면 　 이해 • 직업평가 　-전환 평가 　-평가 도구 　-현장 평가 • 전환교육 설계 　-전환교육계획하기 　-전환교육계획 보완 　 하기 　-전환 성과 달성 • 전환교육 수행 　-전환 관련 기관 직 　 원 만나기/계획 수행 　-전환 관련 기관 견 　 학·실습하기/서류 　 작성 　-전환 관련 기관 실 　 습·면접하기/진로 　 확정

(계속)

| | | • 사무 보조
  -사무 보조 과제 수행
  -사무 보조 교내 실습
  -사무 보조 지역사회
   실습
• 대인 서비스
  -대인 서비스 과제
   수행
  -대인 서비스 교내
   실습
  -대인 서비스 지역사
   회 실습 | |

2) 교육 계획

직업교육을 실시하기 위하여 학년 초에 수립한 개별화전환교육계획과 연간 지도 계획, 교수 – 학습 계획안은 다음과 같다.

(1) 개별화전환교육계획

개별화전환교육계획은 개별화교육계획에 포함되어 적용하며 학생이 학교를 졸업하고 장차 사회통합을 이루어 자립할 수 있도록 목표를 수립하여 지도한다.

표 7-12 개별화전환교육계획(예시)

> 학생 프로파일
> ○○는 19세로 정신지체 3급과 중복장애로 경증의 자폐성장애를 수반하고 있다. 부모와 동생과 함께 4명의 화목한 가정에서 생활하여 명랑하고 활기차다. ○○는 자폐성장애로 주어진 상황에 스스로 대처하지 못하고, 교사의 요구에 따라 수행하나 수행 정도도 반복 확인을 하는 등의 행동 특성을 보인다. 매사에 책임감이 강하고 성실하며 예의 바르다. 어려운 글자를 제외하고는 한글을 해득하고 숫자, 화폐를 인지하여 물건을 사고 거스름돈을 받을 수 있다. 방과후 학교 활동에서 작품 만들기를 하며 성취감을 갖는다. 두세 번 대중교통을 이용하여 간 길은 혼자 갈 수 있다. 친구들과 휴대전화로 문자 메시지를 주고받을 수 있으나 친구 사귀기에 다소 어려움이 있다.

(계속)

학생	이름: 이○○		
	생년월일: 1992년 10월 12일		학반: 건축과 3-1
	주민번호: 921012-××××××		ITP 회의날짜: 2011년 3월 8일
참여자			
	이름	지위	
	이○○	학생	
	신○○	담임교사	
	임○○	통합학급 담임교사	
	황○○	특수교육부장	
	정○○	어머니	

Ⅰ. 진로와 경제적 자가 충족	
1. 고용 목표	단순 조립으로 물건을 생산하는 회사에 취업할 수 있다.
현행 수준	학교의 모의작업장에서 하루 3시간 훈련한다.
목표 성취를 위한 단계	① 직업상담으로 요구 파악 ② 기관 간 연계로 직업평가 실시 ③ 개별화전환교육계획 작성 ④ 직업 시간에 다양한 조립 훈련 실시 ⑤ 가정에서 일상생활 훈련을 통한 직업 훈련 실시 ⑥ 산업체 현장 견학 ⑦ 사업체 개발 ⑧ 지원고용 ⑨ 취업 ⑩ 사후 지도
종료일	2012년 2월 15일
목표 이행 책임자	담임교사와 직업 교과 지도교사, 특수교육 부장교사
2. 직업교육/훈련목표	직업교육 시간에 하루 3시간 이상의 모의 작업 훈련을 실시하여 작업 기능과 작업 태도를 향상시킬 수 있다.
현행 수준	난이도가 높은 작업을 일정 기간 수행 후 불량 없이 작업하며 속도를 높여 신속하게 수행한다.
목표 성취를 위한 단계	① 직업교육 시간을 하루 3~7시간까지 점차 늘려 훈련 ② 정확성과 신속성을 높이도록 정해진 시간에 작업 상태 확인
종료일	2011년 7월 30일
목표 이행 책임자	직업 교과 지도교사
3. 재정/수입 욕구 목표	용돈기입장을 사용하여 용돈 관리를 할 수 있다.
현재 수행 수준	돈이 생겼을 때 사용할 목적에 알맞게 사용한다.
목표 성취를 위한 단계	① 정기적인 용돈을 받도록 부모와 상담 ② 직업 생활 시간을 통해 용돈기입장 기입하는 방법 지도 ③ 은행 이용하기 지도로 장차 월급 관리하는 방법 지도
종료일	2012년 2월 15일

(계속)

목표 이행 책임자	직업 생활 담당 교사, 부모
Ⅱ. 지역사회 통합과 참여	
4. 독립 주거 목표	집을 마련하기 위해 주택청약예금을 납입할 수 있다.
현행 수준	자신의 집이 필요하다는 생각은 있으나 방법은 모른다.
목표 성취를 위한 단계	① 집이 필요한 이유 설명 ② 집 마련하는 방법 지도 ③ 주택청약을 납입하는 것에 대해 부모와 상담 ④ 은행 이용 방법 지도
종료일	2011년 12월 31일
목표 이행 책임자	담임교사, 부모
5. 교통 이용/ 이동 목표	스스로 목적지까지의 교통편을 알아보고 이용할 수 있다.
현행 수준	가야 할 목적지까지의 이동 방법을 두세 차례 연습 후 혼자 대중교통을 이용하여 이동한다.
목표 성취를 위한 단계	① 다양한 교통기관 지도 ② 교통기관 이용 방법 지도 ③ 부모와 함께 훈련 ④ 혼자 이용하기 ⑤ 다양한 교통기관 이용
종료일	2011년 12월 31일
목표 이행 책임자	담임교사, 사회 담당 교사, 부모
6. 사회적 관계 목표	친구와 동료들과의 관계를 발전시킬 수 있다.
현행 수준	친구의 소중함을 알고 있으나 친구관계 유지가 부족하다.
목표 성취를 위한 단계	① 직장생활을 하면서 학교 친구와의 관계 유지 방법 지도 ② 직장 동료들과의 좋은 관계 유지 방법 지도 ③ 직장 웃어른과의 관계 유지 방법 지도
종료일	2012년 2월 15일
목표 이행 책임자	담임교사, 부장교사
7. 오락/여가 목표	자신이 좋아하는 취미생활을 할 수 있다.
현행 수준	컴퓨터 게임하기, 집안일을 하며 여가를 즐길 수 있다.
목표 성취를 위한 단계	① 자신이 좋아하는 취미 알기 ② 좋아하는 것을 할 수 있는 방법 지도 ③ 실제로 취미생활을 하도록 지도
종료일	2012년 2월 15일
목표 이행 책임자	담임교사, 부장교사, 부모
Ⅲ. 개인적인 적성	
8. 건강/안전 목표	정기적인 운동으로 건강을 유지할 수 있다.

(계속)

현행 수준	건강하며 음식을 적당히 먹으나 운동은 하지 않는다.
목표 성취를 위한 단계	① 건강을 유지하는 방법 지도 ② 평소 하고 싶은 운동 찾기 ③ 정기적인 운동 방법 지도 ④ 저녁 시간에 운동하기
종료일	2012년 2월 15일
목표 이행 책임자	사례관리자, 후견인
9. 자기권리 주장/ 미래 계획	직업 생활에 자신을 갖고 자신의 의사를 간단히 표현할 수 있다.
현행 수준	경증의 의사소통장애가 있어 소극적인 성격이 있다.
목표 성취를 위한 단계	① 자기결정력을 기를 수 있는 방법 안내 ② 다양한 상황에서 대화, 질문, 칭찬으로 자기결정 기술을 향상하도록 적용 ③ 현장실습을 통해 자기결정력 기르기
종료일	2012년 2월 15일
목표 이행 책임자	담임교사, 교과 담당 교사, 부모
학생 진로 선호도	
단순 조립 사업체에서 일하기	
학생의 주요 전환 요구	
① 고용 ② 교통기관 ③ 용돈관리 ④ 사회적 관계 ⑤ 자기의사결정력	
추가 정보	
없음	

(2) 연간 지도 계획

개별화전환교육계획을 실행하기 위하여 직업 교과의 연간 지도 계획을 수립하며, 장단기 목표, 월별 학습 지도 내용, 지도 자료, 유의점, 평가 수준이 항목으로 구성되어 있다. 〈표 7-13〉은 조립 종목의 지도 계획으로, 사업체 생산 과정의 훈련 재료를 준비하여 훈련하도록 계획을 수립한 것이다.

표 7-13 (진로와 직업)과 연간 지도 계획

담임	부장	교감	교장
		전결	

방송전기통신과 3학년 2반 성명: 이 ○ ○

현재학습 능력	• 교사의 요구로 작업준비를 할 수 있다. • 정확성, 신속성이 향상되어 생산성이 높다.	장기 목표	• 바른 자세로 4시간 이상 연속하여 집중 작업을 할 수 있다. • 협업, 분업으로 공동 작업을 할 수 있다.
단기 목표			

단기 목표	• 바른 자세로 4시간 이상 연속하여 집중작업을 할 수 있다. • 불량 작업을 찾아내어 수정할 수 있다

월	주	기간	월별 학습지도 계획		평 가				
			내 용	자료 및 유의점	아주 잘함	잘함	보통	못함	아주 못함
3	1	2-5	통합학급 적응 기간 (통합학급 교사와 급우, 교실 익히기)				V		
	2	7-11							
	3	14-19	축하카드 1 부품 명칭 알기	축하카드, 봉투, 부품, 스티로폼, 비닐	V				
	4	21-25	축하카드 1 조립 순서 알기	〃	V				
	5	28-2	축하카드 1 부품 조립하기	〃	V				
4	6	4-8	축하카드 1 조립하기	〃	V				
	7	11-16	축하카드 포장, 운반, 청소하기	상자 테이프, 테이프 커터기, 상자		V			
	8	18-22	인형 부품 1 명칭 알기	인형 부품, 스티커, 비닐, 테이프	V				
	9	25-30	인형 부품 1 조립 순서 알기	〃	V				
5	10	2-7	인형 부품 1 조립하기	〃	V				
	11	9-13	인형 부품 2 조립 순서 알기	〃	V				
	12	16-21	인형 부품 2 조립하기	〃	V				
	13	23-27	레인지 용기 뚜껑 부품 구별하기	레인지 용기 뚜껑, 손잡이, 실리콘, 스티커	V				
6	14	30-4	레인지 용기 뚜껑 손잡이 조립하기	〃	V				
	15	7-10	레인지 용기 뚜껑 실리콘 조립하기	〃	V				
	16	13-18	레인지 용기 뚜껑 스티커 붙이기	〃	V				
	17	20-24	레인지 용기 뚜껑 포장, 운반, 청소하기	상자 테이프, 테이프 커터기, 상자		V			

(계속)

	18	27-2	인형 부품 2 조립 순서 알기	인형 부품, 스티커, 비닐, 테이프	∨		
7	19	4-8	인형 부품 2 조립하기	〃	∨		
	20	11-16	조립 부품 정리 및 청소하기	상자, 상자 테이프, 테이프 커터기		∨	
평 가			바른 자세로 앉아 4시간 연속하여 집중작업을 할 수 있음. 미리 4시간 작업할 것을 약속하고 할 경우에 가능하고, 약속하지 않을 경우 연속하지 못함. 시간마다 쉬는 시간을 지켜 쉬어야 함. 사업체 초과근무 등 변화에 대처하도록 훈련 필요.				

(3) 교수·학습 계획안

다음에 제시된 교수 – 학습 계획안은 통합교육과정으로 국어교과와 직업 교과, 수학교과와 직업 교과를 한 시간의 수업 시간 내에 지도할 수 있도록 수립하였다.

표 7-14 국어 · 직업과 교수 – 학습 계획안(예시)

단원	대단원	고마운 사람에게 감사의 마음 표현하기			차시	3/5
	소단원	편지글 쓰기			지도 대상	특수학급 1, 3학년 12명
학습 목표	상: 축하카드를 조립하여 부모님께 축하글을 쓸 수 있다. 하: 축하카드를 조립하여 부모님께 드리는 축하글을 보고 쓸 수 있다.					

학습 과정	학습 내용	교수 – 학습 활동			시간 (분)	학습 자료 및 지도상 유의점
		교사 활동	학생 활동			
			상	하		
도입	• 인사하기 • 출석 확인 • 모둠 확인 • 선행학습 확인 • 동기 유발 • 학습 목표 확인	• 인사하기 • 출석 확인하기 • 각 모둠 확인하기 • 선행학습 내용 질문하기 • 동기 유발 자료 제시 • 학습 목표 제시	• 바른 자세로 인사하기 • 호명에 대답하기 • 각 모둠별로 대답하기 • 선행학습 내용 질문에 대답하기 • 다양한 종류의 카드 중 본인이 좋아하는 카드 선택하기 • 목표 스스로 읽기	 • 목표 따라 읽기	7	• 여러 종류의 축하카드 • 카드를 스스로 선택하여 흥미를 유도하는 동기 유발이 되도록 한다 • 학습 목표를 정확히 인지하도록 강조한다.

(계속)

전개	• 카드 조립 시연 • 부품 준비 하기 • 카드 조립 하기 • 개별화 지도하기	• 카드 조립 시연 해 보기 • 카드 작업 부품 준비하기 • 조립 과정 확인 하기 • 개별화 지도하기 • 모둠별 순회 지도하기	• 교사의 카드 조립 시연을 보며 설명 듣기 • 선택한 카드 에 맞는 부품 준비하기 • 순서와 주의 점 말하기 • 순서에 맞게 입체물 붙이기 • 접는 선에 맞춰 카드 접기 • 카드에 종이 봉투를 끼워 비닐에 넣기	• 교사의 카드 조립 시연을 보며 설명 듣기 • 카드의 그림과 같은 부품 찾기 • 순서와 주의점 듣기 • 카드의 그림과 같은 입체물 붙이기 • 접는 선에 맞춰 카드 접기 • 카드에 종이봉투를 끼워 비닐에 넣기	36	• 카드 부품, 카드, 속지, 봉투, 비닐, 필기도구 • ppt 자료 • 조립 과정의 순서에 맞게 작업하는지 확인한다. • 플래시 타이머를 이용하여 시간 공부와 흥미를 유도하는 수업을 한다.
전개	• 완성품 확인 하기 • 축하글 알기 • 축하글 쓰기 • 발표하기	• 완성한 카드 확인하기 • 축하글에 설명 하기 • 축하글 쓰기 • 축하글 발표하기	• 밀봉하여 완성하기 • 완성한 카드 확인하기 • 설명 듣기 –누구에게 –어떤내용으로 –첫인사, 인사말, 끝인사 순으로 쓰기 • 축하글 쓰기 준비하기 • 축하글 순서에 맞게 글쓰기 • 자신이 쓴 축하글 발표하기	• 밀봉하여 완성하기 • 완성한 카드 확인하기 • 설명 듣기 –누구에게 –어떤 내용으로 –첫인사, 인사말, 끝인사 순으로 보고 쓰기 • 축하글 보고 쓸 준비하기 • 주어진 축하글 보고 쓰기 • 자신이 보고 쓴 축하글 따라 읽기	36	• 작업 과정의 순서를 알고 불량이 나지 않도록 주의할 것을 지도한다. • 축하글의 형식에 맞게 쓰도록 지도 한다. • 각 부품을 구별하여 제자리에 정리 정돈하도록 지도한다. • 발표와 발문으로 스스로 할 수 있는 수업이 되도록 유도한다.
정리	• 평가하기 • 차시 예고 • 정리하기	• 평가하기 • 차시 예고 • 축하카드 친구에게 편지쓰기 • 정리하기	• 불량 확인하기 • 완성품 개수 세기 • 작업 태도 평가하기 • 차시 내용 듣기 • 카드 부품 정리하기	• 불량품 확인하기 • 완성품 개수 세기 • 작업 태도 평가하기 • 차시 내용 듣기 • 카드 부품 정리하기	7	

표 7-15 수학 · 직업과 교수 - 학습 계획안(예시)

단원	대단원	측정		차시	3/5
	소단원	무게 재기		지도 대상	특수학급 1, 2, 3학년 12명

학습 목표	상: 도라지 껍질을 벗겨서 무게를 비교할 수 있다. 하: 도라지 껍질을 벗겨서 무게의 숫자를 따라 읽을 수 있다.				

학습 과정	학습 내용	교수 - 학습 활동			시간 (분)	학습 자료 및 지도상 유의점
		교사 활동	학생 활동			
			상	하		
도입	• 인사하기 • 출석 확인 • 각 조 확인 • 선행학습 확인 • 동기 유발-무게에 대한 양감 느끼기 • 학습 목표 확인	• 인사하기 • 출석 확인하기 • 각 조 확인하기 • 선행학습 내용 질문하기 • 동기 유발 자료 제시 • 학습 목표 제시	• 바른 자세로 인사하기 • 호칭에 대답하기 • 각 조별로 대답하기 • 선행학습 내용 질문에 대답하기 • 1리터 페트병을 이용하여 무게 단위의 필요성 알기 • 목표 스스로 읽기	 • 목표 따라 읽기	7	• 1리터 페트병, 칠판 • 무게에 대한 양감을 기르는 데 중점을 둔다. • 학습 목표를 인지하도록 강조한다.
전개	• 작업 전 도라지 무게 재기 • 작업 도구 준비하기 • 도구 사용 시 안전사고 알기 • 작업 과정 알기 • 도라지 껍질 벗기기 • 개별화 지도하기	• 1kg의 도라지 준비하기 • 작업칼 준비하기 • 도구 안전사고 지도하기 • 도라지 껍질 벗기는 작업 과정 설명하기 • 도라지 작업 시작 요구하기 • 개별화지도하기	• 저울의 0점 맞추기 • 도라지 1kg 계량하기 • 도라지의 무게 칠판에 기록하기 • 작업칼 안전하게 가져오기 • 작업칼 안전하게 사용하는 방법 알기 • 도라지 껍질 벗기는 작업 과정 알기 • 도라지 껍질 벗기기	• 저울의 눈금 및 숫자 따라 읽기 • 무게 단위 숫자 따라 읽기 • 작업칼 안전하게 가져오기 • 작업칼 안전하게 사용하는 방법 알기 • 도라지 껍질 벗기는 작업 과정 설명 듣기 • 도라지 껍질 벗기기	36	• 앞치마, 면장갑, 작업칼, 바구니, 접시, 눈금저울, 디지털저울, 칠판(화이트보드 칠판) • 작업칼을 안전에 유의하며 가져오도록 한다. • 작업을 하면서 손힘의 강약을 스스로 느끼면서 조절해 볼 수 있는 기회를 부여한다.

(계속)

전개		• 조별 순회 지도 하기 • 작업한 도라지 확인하기 • 작업칼 정리 지도하기	-위쪽을 왼손으 로 잡고 칼날 을 똑바로 세 워 밑부분으 로 칼질하여 껍질 벗기기 -위쪽으로 칼 질을 하여 껍 질 벗기기 -면장갑으로 끝부분까지 쓸어내려 벗 기기 -도라지 윗부 분 껍질 벗기 고 손질하기 • 칼을 통에 담기	-도라지의 잔뿌리 잘라내기 -교사 요구 따라 손잡고 작업하 기 -도라지 잔뿌리 모으기 -껍질 벗긴 도라 지 바구니 담기 • 작업칼 안전하게 갖다 놓기 • 칼을 통에 담기	36	• 작업이 완료되 면 사용했던 칼 부터 칼 통에 갖다 놓도록 지 도한다. • 생활경험 소재 로 무게에 대한 양감을 느끼게 한다. • 작업 주변을 스 스로 정리 정돈 하게 한다.
	• 도구 정리 하기					
정리	• 평가하기 • 차시 예고 • 정리하기	• 평가하기 • 무게의 합 계산 하기 • 도구, 작업대 정리 지도하기	• 저울로 작업량 재기 • 작업량 기록 하기 • 불량 확인하기 • 작업 태도 평 가하기 • 차시 내용 듣기 • 도구, 작업대 정리하기	• 저울로 잰 작업량 따라 읽기 • 불량 확인하기 • 작업 태도 평가 하기 • 차시 내용 듣기 • 도구, 작업대 정 리하기	7	

3) 통합형 직업교육 거점학교

통합형 직업교육 거점학교는 2010년 교육과학기술부의 장애학생 진로 · 직업교육 내실화를 위한 방안으로 마련되어 전국에 지정된 학교에서 운영하고 있다. 이 사업은 주로 특수학급 학생을 대상으로 직업교육을 실시하고 취업 및 진학을 결정할 수 있도록 지원하는 것을 주요 역할로 한다.

(1) 거점학교 이해

운영 목적

• 인근 특수학급 학생들을 지원하여 직업적 능력을 향상시키고, 현장실
  습과 지원 고용의 기회를 제공하기 위함이다.
• 전문계 고등학교에 통합된 장애학생의 진로 · 직업교육을 내실화하여
  취업률을 제고하기 위함이다.

운영 목표

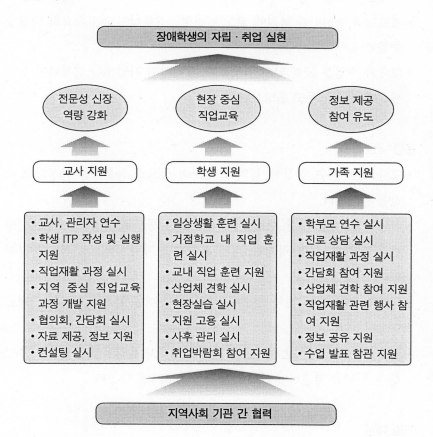

[그림 7-1] 통합형 직업교육 거점학교의 운영 목표

운영 방법

- 3학급 이상의 특수학급이 설치된 전문계 고등학교 중 '통합형 직업교육 거점학교'를 공모·지정하여 직업교육을 중점으로 실시한다.
- 교육과학기술부에서 지원한 예산으로 직업 훈련실을 조성하며, 조성한 직업 훈련실과 전문계 고등학교의 직업 훈련실을 이용하여 인근 특수학급 학생들이 직업 훈련을 할 수 있도록 기회를 제공한다.
- 장애학생에게 현장실습 위주의 직업교육을 제공하고, 인근 특수학급 학생에 대한 직업재활 및 컨설팅 제공 등 해당 지역 장애학생에 대한 직업교육 거점학교로서의 기능을 수행한다.
- 프로그램 운영비를 목적에 맞도록 편성·집행하여 거점학교의 역할을 수행한다.
- 교내외 수업을 균형 있게 실시하되, 지역사회 사업체와 연계하여 현장실습에 중점을 두고 운영한다.

운영 내용

- 교사 지원: 연수, 컨설팅, 협의회, 연구회 등으로 전문성을 신장하고 역량을 강화한다.
- 학생 지원: 직업 훈련, 현장실습, 지원 고용 등으로 직업적 능력을 신장한다. 전공과, 대학, 복지관, 직업 훈련기관, 재활기관으로 진로를 결정한다.
- 학부모 지원: 연수, 견학, 컨설팅, 상담, 정보 제공 등으로 지식과 경험을 향상시킨다.
- 기관 간 연계: 기관 간 연계를 통하여 거점학교 운영을 효율적으로 추진한다. 협약을 체결하여 연계를 유지하고 효과를 높인다.

지원 대상

- 대·중·소도시에 위치한 지역의 특성 및 요구에 따라 지원 대상을 정

한다.

- 주로 고등학교 특수학급 학생을 대상으로 하나, 거점학교 여건과 지역적 상황에 따라 중학교 특수학급 및 특수학교 학생을 지원할 수 있다.

직업 훈련 종목 및 직업 훈련실

- 직업 훈련 종목의 선정은 학교의 여건과 지역의 요구를 조정하여 정한다.
- 직업 훈련실은 훈련 종목에 적합하도록 시설·설비를 갖춘다. 일반학급의 직업 훈련실을 사용할 경우에는 일반학급의 시간표를 기준으로 지역의 학생들이 원활하게 사용할 수 있도록 시간을 계획한다.
- 직업 훈련실의 사용 기회는 거점학교와 지역 학교가 조정하여 정하며, 학생의 직업적 능력을 향상시킬 수 있는 훈련이 되도록 사용 횟수 및 시간을 정한다.

인력 활용

- 학급당 배치 교사가 중심이 되어 추진하며, 모든 교사가 거점학교 업무를 분장하여 효율적인 운영이 되도록 한다.
- 책임 운영 및 추진력 있는 사업 경영을 위하여 특수학급 부장교사를 배치하는 체계를 갖추도록 한다.
- 학교 상황에 적합한 스페셜 코디네이터를 선정·배치하여 적합한 업무를 분장한다. 특히 교사의 업무가 증가할 수 있는 사업체 발굴, 취업 알선 및 직업재활 관련 업무를 분장하여 거점학교의 운영을 효과적으로 돕는다.
- 거점학교 담당 교사의 정기 전보 등으로 업무 추진에 어려움이 예상되는 경우, 학교장은 해당 교사의 동의하에 시·도 교육청과 협의하여 전보 유예 조치를 권장할 수 있다.

(2) 거점학교 운영의 실제

교내 직업 훈련

교내 직업 훈련의 목적은 장애학생의 직업적 기능, 지식 및 태도를 향상시켜 직업인으로의 준비를 갖추기 위함이다. 교내 직업 훈련의 방법은 다음과 같다.

- 지원 대상은 성남시 포함한 4개 시 고등학교 특수학급 학생이며, 거리와 학교 상황을 고려하여 희망하는 학교에 한해 훈련실을 개방한다.
- 지원 기간은 4, 5, 6, 7, 9, 10, 11, 12월로서 8개월이다.
- 훈련 종목은 목공 · 제과제빵 · 요리 · 조립 · 뷰티클래스이며, 목공과 뷰티클래스는 일반학급 직업 훈련실을 사용하기 위하여 일반학급과 시간을 조정한다. 제과제빵 · 목공 · 뷰티클래스는 강사를 지원하며, 희망에 따라 먼 지역의 학교는 강사를 파견한다.
- 사용 횟수는 1주에 1회 이상, 반일과 전일제로 학교의 상황에 맞게 선택한다.
- 목공 · 제과제빵 · 요리 · 뷰티클래스의 재료비를 지원한다.
- 조립은 조립 물량의 정도와 희망에 따라 각 학교에 부품을 지원하여 학교에서 조립 수업을 할 수 있도록 지원한다.
- 조립은 거점학교에서 수업 안내를 하여 해당 학교 교사가 수업을 하며, 요리는 자율적으로 메뉴를 정하여 수업한다.
- 훈련실 정리 정돈은 사용 학교에서 하며, 훈련실 관리는 거점학교 담당 교사가 한다.
- 직업 훈련을 통하여 학생의 능력과 적성을 파악하며, 능력에 맞는 지원을 하도록 계획한다.
- 각 학교는 훈련 후 직업 훈련일지를 작성한다.

직업재활 과정

가. 기본 방향

- 지원 대상은 학생과 교사, 학부모로 하며 교사와 학부모는 연수를 통하여 직업재활 관련 전문성을 신장하고 역량을 강화시킨다.
- 진로상담부터 사후 지도에 이르는 과정으로 지역 기관과 연계하여 실시한다.
- 직업재활 과정은 본교 교사와 지역 학교 담당 교사가 협력하여 실시한다.

나. 세부 추진 계획

직업재활 과정을 추진하기 위한 세부 계획은 〈표 7-16〉과 같다.

표 7-16 직업재활 과정 세부 추진 계획

추진 내용	목표	시기	대상
진로상담	1회	3월, 수시	1, 2, 3학년
직업평가	1회	11월	1, 2, 3학년
개별화전환교육계획 수립	1회	3월	1, 2, 3학년
직업 적응 훈련	수시	연중	1, 2, 3학년
직업 훈련	수시	연중	1, 2, 3학년
산업체 현장견학	2회	3, 9월	1, 2, 3학년, 학부모
사업체 개발	2회	3, 9월	2, 3학년
산업체 현장실습	1회 이상	연중	2, 3학년
지원 고용	1회 이상	연중	2, 3학년
취업	1회 이상	연중	2, 3학년
사후 지도	1회 이상	연중	취업생
기관 간 협력	1회 이상	연중	지역 기관
가족 지원	1회 이상	연중	학부모, 가족

다. 진로상담

진로상담은 장애학생의 직업적 요구와 능력을 알아보고 그에 맞는 직업교육과정에 대한 정보를 제공하여 직업교육을 효율적으로 실시하기 위함이다. 진로상담의 방법은 다음과 같다.

- 1년 연중 실시한다.
- 3학년의 경우에는 진로를 결정하고 지도하기 위하여 수시로 상담한다.
- 상담 후에는 일지를 작성하여 진로지도 시 참고하며, 다음 학년에 전달한다.
- 3월 통합학급 적응 기간 동안 학생, 학부모와의 상담을 통하여 진로를 취업으로 희망할 경우 거점학교에 지원 고용을 위한 서류를 제출하도록 공문을 발송하여 수합한다.

라. 직업평가

직업평가는 장애인의 잠재능력, 적성, 흥미 등을 평가하여 직업교육을 위한 기초 자료, 직업재활의 적격성 판정, 적합한 직종 선택을 지원하기 위하여 실시한다. 직업평가의 방법은 다음과 같다.

- 학교에서 가까운 재활기관에 의뢰하여 평가를 받는다.
- 소견서는 학교와 가정에서 보관하며, 직업 훈련과 직업 배치 시 참고한다.
- 현재 2학년 직업평가를 복지관에 의뢰하여 2011년 2학기부터 평가를 실시한다.

마. 개별화전환교육계획(ITP)

ITP는 학교, 지역사회 및 가정의 효율적인 협조 체제를 통하여 학생 개개인의 특성 및 요구에 중점을 두고 교사의 관찰, 학부모 상담, 학생의 요구, 직업평가를 기초로 장단기 목표를 수립하여 학교에서 사회로의 전환을 성공적으로 이루기 위해 필요하다. 개별화전환교육의 계획 방법은 다음과 같다.

- ITP를 수립하기 위하여 관찰, 상담, 평가 등을 실시한다.
- 학생과 부모와의 상담을 통하여 양식에 작성하며, 학생의 졸업 후 미래를 계획한다.
- 학생을 알고 미래를 조언할 수 있는 관계자로 구성하여 작성한다.
- ITP는 IEP에 포함되어 실행한다.
- 전환교육 각 영역의 목표는 해당 관련 교과에서 교과 담당 교사가 지도한다.

바. 직업적응 훈련

직업적응 훈련은 장애학생이 직업적인 기술 외에 기초기능학습, 지역사회시설 이용 능력 및 일상생활 지도를 통하여 사회나 직장생활에서 보다 나은 적응을 하기 위함이다. 직업적응 훈련의 영역 및 훈련 내용은 〈표 7-17〉과 같다.

표 7-17 직업적응 훈련 내용

항목	영역	훈련 내용
기초 기능학습	언어	신상기록, 생활에 필요한 단어 알기, 직업에 관한 언어
	수	1~100의 수 읽고 쓰고 세기, 개수 세기(1~10)
	시간	전자시계, 바늘시계 보기, 일과 시간표 익히기, 달력 읽기
	돈	동전과 지폐 섞어 세기, 물건 가격 읽기, 물건 사기
지역사회 시설 이용	교통	대중교통 이용하기, 차내 예절 알기
	전화	전화하기, 전화예절 알기, 비상시 전화번호 알기
	은행	저축의 개념 알기, 예금하기, 인출하기

(계속)

일상생활	예 절	인사하기, 바른 자세 알기, 대화하기, 화장실 이용하기,
	개인위생	이 닦기, 머리 감기, 목욕하기, 화장하기, 옷 입기
	가사활동	청소하기, 설거지하기, 정리 정돈하기, 화분에 물 주기
	요 리	조리 기구 알기, 조리하기, 식사예절 알기

사. 직업 훈련(조립훈련)

조립훈련은 사업체 현장에 직접 참여하여 훈련하기 어려운 점을 보완하고, 현장에서 필요한 실제적인 훈련을 학교로 이동 훈련함으로써 손가락의 기민성 훈련을 통하여 생산력을 높여 취업을 원활하게 할 수 있도록 하기 위함이다(황윤의, 2003b). 직업 훈련의 영역과 훈련 내용은 〈표 7-18〉과 같다.

표 7-18 조립훈련 내용

영역	훈련 내용
생활용품	레인지 용기 뚜껑, 도라지 껍질 벗기기, 인형 부품 조립
문구용품	축하카드, 크리스마스카드, 연하장, 클리어 파일, 모형 비행기

직업 훈련의 방법은 다음과 같다.

- 학생의 능력과 적성을 키울 수 있는 훈련 재료를 준비한다.
- 사업체 현장에서 필요로 하는 훈련 재료를 준비한다.
- 가능한 사업체 현장에서 직접 훈련 물량을 확보한다.
- 다양한 종류의 훈련 물량을 확보하여 다양한 훈련을 실시한다.
- 훈련 시 사업체에서 요구하는 물량 납품 날짜를 엄수한다.
- 지역 학급에서 요청 시 지원한다.
- 조립 훈련 분석표와 과정도를 작성한다.

아. 사업체 개발

구직 장애인에게 적합한 직업의 발굴, 장애인 구인여부 협상 등 장애인 구인등록을 유도하고 직무분석, 구인 조건을 정확하게 파악하기 위해 조사하고 분석하는 과정이다(박희찬, 2009). 사업체 개발의 방법은 다음과 같다.

- 사업체 개발은 연중 실시한다.
- 학생의 능력과 적성에 맞는 사업체를 개발한다.
- 다양한 직종에 취업할 수 있도록 다양하게 개발한다.
- 현재 취업해 있는 업체를 먼저 고려하고 인터넷이나 정보지 등을 활용한다.
- 장애인고용공단 및 지역 복지관과 연계한다.
- 개발 지역 범위는 출퇴근이 용이하도록 거주지와 근접한 곳으로 한다.
- 사업체 방문 시 학교와 학생을 알릴 수 있는 리플릿 등의 자료를 준비한다.
- 사업주와는 신뢰를 구축하도록 약속 등을 정확하게 준비한다.
- 사업체 현황을 알 수 있도록 기록한다.

자. 산업체 현장견학

산업체 현장견학은 산업체에서의 작업 태도, 분위기, 작업 정도 등을 파악하여 직업 훈련을 효과적으로 하며, 성취감을 갖고 작업하여 자신감을 가질 수 있도록 하기 위함이다. 사업체 현장견학 방법은 다음과 같다.

- 장소는 지역 공단, 복지관, 전환 센터와 협력하여 선정한다.
- 일반 사업체와 장애인이 취업한 사업체를 대상으로 한다.
- 학부모를 참여시켜 자녀의 진로교육에 도움이 되도록 한다.
- 학생, 학부모가 직업 탐색의 기회를 가질 수 있도록 한다.

차. 산업체 현장실습

산업체 현장실습은 작업 활동에 필요한 기본적인 작업 태도 및 기능을 습득하고 직업 경험을 통하여 장애학생들의 현장적응력을 높여 직업현장에 원만하게 적응할 수 있도록 하기 위함이다. 산업체 현장실습의 방법은 다음과 같다.

- 실습 장소는 기존 개발한 사업체, 신규 사업체로 학생의 접근성을 고려한다.
- 학생의 능력과 적성에 맞는 사업체에 배치한다.
- 실습 시, 교통지도는 부모가 역할을 담당하도록 한다.
- 직무 지도는 지역 학교 담임교사가 주로 하며, 거점학교와 협력한다.
- 학생과 부모에게 현장실습에 대한 동의서를 받는다.
- 거점학교는 협약 기관 및 지역 기관과 연계하여 사업체 선정 및 직무지도 등을 협력한다.
- 실습 기간은 사업체와 학교의 상황에 따르며, 학생의 능력을 고려하여 정한다.
- 사업체에는 학생을 파악할 수 있도록 학생신상카드, 출근부를 제출한다.

카. 지원 고용

지원 고용은 일반 사업체에 경쟁 고용이 어려운 정신지체 · 발달장애 학생을 대상으로 일반인과 통합된 작업장에서 계속적인 지원 서비스를 제공하여 안정적인 고용이 유지되도록 지원하기 위함이다. 지원 고용의 방법은 다음과 같다.

- 사전 훈련은 주로 상담 및 교통 훈련으로 부모가 참석하여 지도하도록 한다.
- 현장훈련 시 직무 지도는 학생의 담임교사가 주로 지도하도록 지원한다.

- 훈련 기간은 3~7주이며 고용노동부 지원 관련 제출 서류는 기관에서 담당하도록 한다.
- 학생의 능력과 적성에 맞는 사업체에 배치하며 접근성을 고려한다.
- 학생과 부모의 요구를 고려하며 지원 고용에 대한 동의서를 받는다.
- 사업체에는 학생을 파악할 수 있도록 학생신상 카드를 제출하고 출근을 확인하기 위하여 출근부를 마련하여 출근 상태를 확인한다.
- 거점학교는 협약 기관 및 지역 기관과 연계하여 직무 지도 등을 협력한다.
- 실습 후 취업 여부를 학생, 담당 교사, 사업체 담당자가 결정한다.

타. 사후 지도

사후 지도는 취업한 장애인이 직장생활의 적응 과정에서 겪게 되는 여러 가지 어려운 문제로 직장생활에서 소외되거나 위축되지 않도록 직무 환경을 개선·조정함으로써 장애인이 만족스러운 직장생활을 할 수 있도록 지원하기 위함이다(서울장애인종합복지관, 2001). 사후 지도의 방법은 다음과 같다.

- 대상은 취업 학생, 동료, 관리자 및 학부모로 한다.
- 시기는 연중 실시하며, 1년에 한 번 정기 지도와 수시 지도를 한다.
- 지도 기간은 졸업 후 일정 기간 지도하며 요구가 있을 때에는 지도한다.
- 문제의 경중에 따라 현장 방문, 전화 지도 중에서 교사가 선택한다.
- 문제가 발생할 경우 즉시 해결한다.
- 사후 지도 일지와 사업체 현장 평가서를 작성하여 피드백한다.

파. 기관 간 연계

기관 간 연계를 하는 목적은 기관 간 협력 체제의 구축을 통하여 거점학교 운영을 효과적으로 하고, 전문적인 업무를 분담하여 최대의 서비스를 제공하기 위함이다. 기관 간 연계의 방침은 다음과 같다.

- 연계 기관은 연구기관, 공공기관, 직업재활기관, 사업체 등을 포함하며, 각 기관의 강점 및 장점을 활용하여 최대의 서비스를 제공한다.
- 효과적인 협력 체제를 유지하기 위해 협약서를 작성하고 협력한다.
- 업무 분담, 인력 분배로 업무의 효율성을 높인다.
- 연계 시 유의할 점을 숙지하여 상대 기관을 배려함으로써 업무의 효과를 높인다.
- 간담회, 협의회 등의 모임에 참석하여 연계 담당자와의 유대관계를 쌓아 연계가 원활하도록 한다.

관리자 및 교사 지원

관리자 및 교사 지원의 목적은 연수 및 정보 제공을 통하여 직업재활 관련 전문성을 신장하고 역량을 강화하기 위함이다. 관리자 및 교사 지원의 방침은 다음과 같다.

- 연수는 월 1회, 연중 7회 실시하며, 그중 2회는 현장연수를 실시한다.
- 직업재활 과정 컨설팅, 자료 및 정보를 제공한다.
- 교사협의회를 통하여 지역의 교사가 협력하여 지역사회 중심의 직업교육을 실현하도록 지원하며, 활동 내용을 협의록에 작성한다.
- 사업체 견학, 취업박람회에 참여하는 기회를 제공한다.
- 연수 내용은 직업재활을 준비할 수 있도록 이론과 실제를 겸한다.

가. 교사연구회

교사연구회의 목적은 지역 중심의 교사연구회를 조직하여 활동함으로써 장애학생 진로 · 직업교육 관련 전문성을 신장하고 역량을 강화하여 장애학생 진로 · 직업교육 활성화와 일반화를 위한 기반을 마련하기 위함이다. 교사연구회의 방침은 다음과 같다.

- 지역은 성남시, 용인시, 광주시와 하남시의 3개 지역으로 구분한다.
- 연구 주제는 장애학생 진로 · 직업교육 관련 내용으로 선정한다.
- 연구 기간은 2011년 12월까지이고, 활동은 지역에서 자유롭게 실시하며, 장애학생의 진로 · 직업교육이 활성화 · 일반화될 수 있는 방안을 마련한다.
- 연구 내용은 12월 보고서로 제출한다.

학부모 지원

학부모 지원은 직업재활 관련 지식 및 정보를 습득하여 자녀의 직업재활에 자신을 갖고 지원하도록 하기 위함이다. 학부모 지원 방침은 다음과 같다.

- 연수는 월 1회, 연중 7회 실시하며, 그중 2회는 현장연수를 실시한다.
- 사업체 견학, 취업박람회에 참여하는 기회를 제공한다.
- 여러 지역의 학부모가 정보를 제공하고 협력하도록 기회를 마련한다.
- 졸업생을 대상으로 진로상담 및 졸업 후 취업을 지원한다.
- 연수 내용은 직업재활을 준비할 수 있도록 하며, 이론과 실제를 겸한다.
- 연수는 지속적으로 실시하여 정착될 수 있도록 한다.
- 필요한 주제에 전문가를 초빙하여 질 높은 연수가 되도록 한다.

특수교육 – 복지 연계형 일자리 사업

특수교육 – 복지 연계형 일자리 사업은 공공기관 실습을 통하여 일반 사업체 취업을 원활하도록 돕기 위함이다. 특수교육 – 복지 연계형 일자리 사업의 방침은 다음과 같다.

- 광주시청, 하남시청, 용인시청과 협약을 맺고 수행 기관으로 활동한다.
- 지원 학교는 12개교이며, 실습 학생은 22명이다.
- 배치 기관은 지역의 시립도서관 9곳, 우체국 2곳, 특수학교 3곳이다.

- 1, 2월에는 실습을 위한 사전교육을 실시하며 지역 학교의 담당 교사와 협력한다.
- 3~11월까지 9개월간 실습을 하며, 실습 초기 현장 배치 시 직무 지도는 학교의 담당 교사가 실시한다.
- 수행 기관의 역할은 원활한 현장실습 확인과 문제점 파악 및 해결을 지원한다.
- 매월 말 현장실습 비용 지급을 위하여 근무상황부와 활동일지를 수합하여 지역 시청에 제출한다.
- 적합한 현장실습 장소(배치 기관) 선정을 위하여 시청과 협력하여 지역의 기관을 개발한다.
- 수행 기관과 지역 학교의 담당 교사는 사전 교육과 현장교육이 원활하게 이루어질 수 있도록 적극 협력한다.
- 11개월간의 현장실습을 마친 후 학생의 능력이 향상되어 행정 도우미로 배치될 수 있도록 유의하여 진행한다.

학교 내 일자리 사업

중증 장애를 가진 학생을 대상으로 각급 학교 내에서 할 수 있는 일자리를 찾아 일을 하도록 하여 고용의 기회를 확대하기 위함이다. 학교 내 일자리 사업의 세부 내용은 다음과 같다.

- 2012년 교육과학기술부에서 제시한 학교 내 일자리 직무는 여덟 가지로 특수교육 보조 · 교무 보조 · 교육행정실 보조 · 특별실 보조 · 학교 식당 보조 · 도서관 사서 보조 · 청소 · 학교 버스 보조다.
- 경기도 교육청에서는 네 가지 직무를 선정하였으며, 특수교육 보조 · 교무 보조 · 도서관 사서 보조 · 학교 식당 보조다.
- 학교 내에서 교사의 지도로 실습을 하며 실습 수행 정도에 따라 선발하여 인력풀을 구축한 다음 고용으로 추진할 계획이다.

- 2012년 졸업생을 대상으로 도서관 사서 보조로 70명을 고용하여 사후 관리를 실시하고 있다.

정책연구학교 운영

정책연구학교 운영의 연구 주제는 통합형 직업교육 거점학교 운영을 통한 취업률 제고다. 연구 목적은, ① 통합형 직업교육 거점학교 운영을 위한 인적·물적 자원 구축 ② 통합형 직업교육 거점학교 운영을 위한 프로그램 구안 ③ 통합형 직업교육 거점학교 운영 프로그램 적용 결과 장애학생 취업률 제고 등에 있다. 정책연구학교의 연구 방법은 다음과 같다.

- 인적 자원을 구축하기 위하여 관리자·교사·학부모 대상 연수를 실시하여 인식을 개선시킨다.
- 물적 자원을 구축하기 위하여 직업 훈련실을 구축하고, 일반학급의 직업 훈련실을 최대한 활용한다.
- 거점학교 운영 프로그램 구안은 거점학교 목적에 부합되도록 직업 훈련과 직업재활 과정을 적용할 수 있도록 프로그램을 구안한다.
- 프로그램 적용 결과 진학 및 취업률을 제고할 수 있도록 한다.
- 운영 프로그램 개발·적용한 자료 및 내용을 일반화할 수 있도록 방안을 마련한다.

홍보 및 일반화

홍보 및 일반화는 인식을 개선하고 진로·직업교육을 활성화하기 위함이다. 홍보 및 일반화의 방법은 다음과 같다.

- 본교 홈페이지에 자료 및 활동 내용을 탑재하여 자료를 일반화한다.
- 리플릿 제작, 성과 발표회를 통하여 활동 내용과 방법을 널리 알린다.
- 학교 신문, 방송, 현수막, 가정통신문을 통하여 널리 홍보하여 거점학교

를 알리고 활용할 수 있도록 한다.
- 거점학교 운영을 통하여 진로 · 직업교육을 일반화할 수 있는 방안을 마련한다.

평가

평가의 목적은 평가 결과를 차기 연도 운영에 반영하여 운영의 질을 높이기 위함이다. 평가 방법은 다음과 같다.

- 프로그램 내용 및 수행의 효과성 및 효율성을 점검한다.
- 예산 집행의 적절성을 확인한다.
- 교사 및 학부모를 대상으로 만족도 조사를 실시한다.
- 교육과학기술부와 시 · 도교육청의 점검 및 평가를 받는다.

예산

예산 책정의 목적은 거점학교 운영의 효과를 높이고 운영에 필요한 비용 및 경비를 조달하기 위함이다. 예산 책정 방법은 다음과 같다.

- 거점학교 운영 목적에 부합하도록 편성한다.
- 시설 · 설비의 목적사업비는 직업 훈련실 조성에 사용한다.
- 교내 직업 훈련을 위한 재료비를 책정한다.
- 스페셜 코디네이터의 인건비와 강사료를 준비한다.
- 교사, 학부모 대상 연수, 현장 견학비를 책정한다.
- 현장실습, 연구회, 연구학교 운영, 협의회, 세미나 등의 항목을 편성한다.
- 계획에 맞는 예산을 집행하며, 예산 운영의 적절성을 평가한다.

제8장

장애학생 직업교육 및
평생교육 정책

　장애가 있는 자녀를 둔 부모의 가장 큰 희망 중의 하나는 자녀가 학교를 졸업한 후에 직업을 갖고 의미 있는 삶을 영위하는 것이다. 다음은 특수학교의 한 부모가 현장 의견 수렴을 위해 학교를 방문한 정책 담당자에게 전달한 의견으로, 이는 특수교육 정책 수립에 커다란 시사점을 제공해 주고 있다.

　　학교교육에 대해서는 대만족입니다. 그러나 학교 졸업 후가 걱정입니다. 아이들이 갈 곳이 없습니다. 다시 집으로 돌아와서 생활하게 될 것을 생각하면 막막합니다.

　교육과학기술부[1]는 현장의 의견 수렴을 토대로 2009년 '장애학생 진로 · 직업교육 내실화 방안'을 수립하여 장애학생이 학교 졸업 후 곧바로 취업으로 연결될 수 있도록 정책을 추진하고 있다(교육과학기술부, 2009a). 이 장에서는 장애학생 진로 · 직업교육 내실화 방안을 자세히 살펴보고자 한다.

---

1) 정부조직법 개정 시행(2013. 3. 23)에 따라 교육과학기술부는 교육부로 변경되었으나, 법 시행 이전의 명칭은 그대로 사용함.

1. 장애학생 직업교육 정책

1) 특수학교 학교기업의 설치 확대

일반학교에서의 학교기업은 1990년대 중반부터 일부 전문대학을 중심으로 운영되기 시작하였고, 특성화 고등학교[2]에서의 학교기업은 「산업교육진흥 및 산학협력촉진에 관한 법률(1997. 4. 1. 시행)」의 공포와 학교회계 제도의 도입 이후인 1997년부터 시작되었지만, 특수학교에서의 학교기업은 2008년 말까지 한 곳도 없었다. 이것은 「산업교육진흥 및 산학협력촉진에 관한 법률(1997. 4. 1. 시행)」 제36조에서 산업교육기관으로 분류되는 학교가 학교기업을 설치 · 운영할 수 있도록 규정하고 있어, 산업교육기관에 속하지 않는 특수학교는 법적으로 학교기업을 설치 · 운영하는 것이 불가능하였기 때문이었다. 그러던 것이 2007년 「산업교육진흥 및 산학협력촉진에 관한 법률」이 개정되면서, 제2조의 '산업교육기관'에 특수학교가 추가로 포함됨에 따라 법적으로 특수학교도 학교기업을 설치 · 운영할 수 있게 되었다(정민호, 2009; 정민호, 김삼섭, 2010; 정민호, 최영종, 김삼섭, 2009).

장애학생은 학습 특성상 지역사회 사업체에서의 현장실습을 통해 취업률을 향상시킬 수 있다. 그러나 사업체의 부족과 비협조로 현장실습을 실시하는 데 어려움이 있었고, 이러한 한계를 극복하고자 몇몇 특수학교에서는 자체적으로 학교기업을 운영하고자 하는 노력도 있었다. 교육과학기술부는 2009년 특수학교 현장 방문을 통해 장애학생의 진로 · 직업교육의 현황을 파악하고, 학교기업 운영에 대한 의견을 수렴하여 특수학교에서의 학교기업 설치 사업을 추진하였다.

---

2) 「초 · 중등교육법 시행령」 개정에 따른 명칭 변경: 전문계 고등학교(2007. 4. 12.) → 특성화 고등학교(2010. 6. 29.)

특수학교가 관할 세무서에 학교기업을 등록하고 운영하기 위해서는 적절한 시설 및 장비의 확충, 적정 업종의 선정, 프로그램의 개발 등 많은 준비가 필요하기 때문에, 3년 동안의 준비 기간을 설정하고 학교기업을 등록·운영하기 전까지는 '학교기업형 직업 훈련실'로 명칭하여 운영하도록 하였다.

특수학교의 학교기업은 2009년 5개교, 2010년 7개교, 2011년 8개교를 선정하여 2011년 현재 총 20개의 학교기업이 특수학교에서 추진되고 있다. 선정된 특수학교에는 학교기업 전담 부장교사를 배치하도록 하였고, 학교의 실정에 따라 담당 수업시수를 탄력적으로 조정하는 등 학교기업 운영의 효율성을 향상시킬 수 있도록 하였다. 학교기업 전담 교원이 정기 전보 등으로 업무 추진에 어려움이 예상되는 경우에는 학교장이 본인의 동의를 얻어 시·도 교육청과 협의한 후, 전보 유예 조치를 할 수도 있다. 또한 학교기업에도 장애학생 '통합형 직업교육 거점학교'와 마찬가지로 교사가 담당하기 어려운 학교기업의 회계, 영업, 홍보, 취업 알선, 사업체 발굴 등 지원·보조 업무를 수행하도록 스페셜 코디네이터를 채용할 수 있도록 하였고, 퇴직 교원 및 지역사회 내 자원봉사자 등도 적극 권장하도록 하였다.

특수학교의 학교기업 운영은 지역 우수업체와의 맞춤형 직업 훈련 협약을 통한 운영, 지역사회 내 사회적 기업 및 표준사업장 등과의 연계를 통한

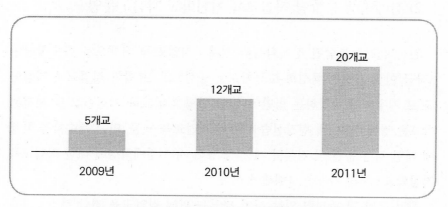

[그림 8-1] 특수학교 학교기업의 연차적 확대(2009~2011)
출처: 교육과학기술부(2009a)

운영, 민간기업의 학교 내 유치를 통한 운영 등 다양한 방법으로 추진할 수도 있다.

학교기업의 사업 종목은 학교가 자의적으로 판단하여 결정하지 않고, 지역사회 내 사업체 분석, 학생 분석 및 직업교육 전문가의 컨설팅 등을 통해 학생들이 학교 졸업 후 취업으로 연결될 수 있는 종목을 선정해야 한다. 뿐만 아니라 특수학교 학교기업의 우수한 생산품, 용역, 서비스 등을 기반으로 우수학교기업으로 성장할 수 있도록 하여야 한다. 또한 생산품에 대해서는 교육청의 협조를 얻어 지역 내 국가기관, 공공기관, 대학, 기업 등에 적극 홍보하고, 온라인 판매, 우편 판매 등의 다양한 판로도 개척해야 한다. 학교기업으로 등록한 후에는 '학교기업회계처리규칙'에 따라 재정을 관리하여야 한다.

특수학교의 학교기업을 운영함으로써 실제 취업과 관련된 현장실습이 강화되고 장애학생의 직업 적응능력 및 취업률이 향상될 것으로 기대되며, 장애인 또는 특수학교 졸업생에게 학교기업에의 취업 기회를 제공하여 장애성인의 고용기회 확대에도 기여할 것으로 보인다(교육과학기술부, 2009a, 2009b).

2) 장애학생 통합형 직업교육 거점학교 지정 · 운영

일반학교에 통합된 장애학생의 진로 · 직업교육 대책으로 특수학급이 3학급 이상 설치된 특성화 고등학교를 중심으로 '통합형 직업교육 거점학교'로 지정하여 운영하는 방안이다. '통합형 직업교육 거점학교'로 지정된 학교는 장애학생에게 현장실습 위주의 직업교육 제공, 인근 특수학급 학생에 대한 직업 훈련 및 컨설팅 제공 등 당해 지역 장애학생에 대한 직업교육 거점학교로서의 기능을 수행해야 한다.

책임 운영 및 추진력 있는 사업 경영을 위해 직업교육 전담 부장교사를 배치하도록 하고 있고, 당해 학교 및 지역 특수교육 대상 학생의 직업교육

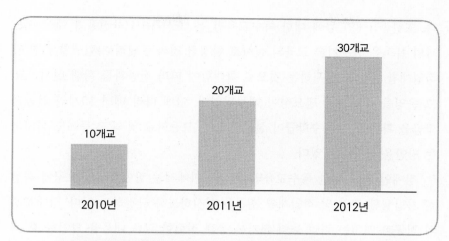

[그림 8-2] 장애학생 통합형 직업교육 거점학교의 연차적 확대(2010~2012)
출처: 국립특수교육원(2012)

내실화를 위한 전문적인 지원 및 기획ㆍ관리ㆍ조정 기능도 담당하도록 하였다. 또한 다수 특수교사들이 특성화 고등학교의 역량 및 전문성을 갖춘 직업교사와 연계하여 당해 직종의 최근 동향, 취업 정보, 직업교육 훈련 기법 등에 대한 정보 공유, 팀 티칭, 교수-학습활동 지원, 동료장학 등을 실시하여 장애학생에게 적합한 직업교육 서비스를 제공하도록 하였다. 특히, 직업교육 담당 교원이 정기 전보 등으로 업무 추진에 어려움이 예상되는 경우에는 학교장이 해당 교원의 동의하에 시ㆍ도 교육청과 협의하여 전보 유예 조치를 할 수 있도록 하였다. 또한 교사가 담당하기 어려운 사업체 발굴, 취업 알선 및 제반 관련 업무 수행을 위해, 필요할 경우에는 '스페셜 코디네이터'도 채용할 수 있다(교육과학기술부, 2009a).

3) 전공과 확충 및 운영 내실화

고등학교를 졸업하는 장애학생의 일부는 전공과 진학을 희망하고 있으나, 전공과 학급이 충분히 설치되어 있지 않아 교육 기회가 부족한 실정이다. 또한 「장애인 등에 대한 특수교육법」은 「(구)특수교육진흥법」에서 전공과의 목적을 전문기술 교육의 실시로 한정한 것과는 달리 자립생활 훈련 및 직업재활 훈련을 실시하는 것으로 확대함에 따라 전공과를 확대 설치하고, 그 운영을 내실화할 필요성이 대두되었다. 이에 따라 매년 30개의 전공과 학급을 확대하고, 특수학급이 설치된 일반 고등학교 및 폐교 등에도 설치하는 방안을 권장하고 있다.

「장애인 등에 대한 특수교육법」은 전공과에서는 장애학생의 요구에 적절한 자립생활 훈련 및 직업재활 훈련을 실시하도록 규정하고 있다. 장애학생의 전공과 배치는 직업 능력 평가를 통해 적절한 교육 내용을 확인한 후 해야 하는데, 이 과정에서 장애학생의 직업 능력을 평가할 때 직업교육 전문기관과의 협력이 필요하다. 전공과의 운영은 지역 실정과 학교 여건에 따라 다음과 같은 다양한 모형으로 운영할 수 있다. 첫째, 학교별 특성화 모형으로, 지역 내 인접 학교를 자립생활 훈련 중심의 학교와 직업재활 훈련 중심의 학교로 구분하여 운영하는 모형이다. 둘째, 학급별 특성화 모형으로, 한 학교 내 여러 개의 전공과 학급이 설치되어 있는 경우 자립생활반과 직업

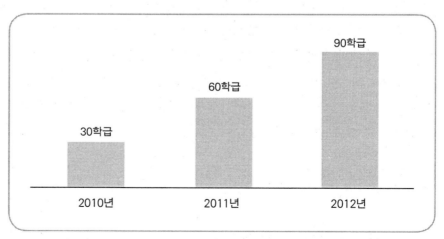

[그림 8-3] 전공과의 연차적 확대(2010~2012)

출처: 국립특수교육원(2012)

훈련반으로 구분하여 운영하는 모형이다. 셋째, 학급 내 특성화 모형으로 한 학급 내 학생들을 자립생활 훈련과 직업재활 훈련으로 구분하여 개별화 교육을 하는 모형이다(교육과학기술부, 2009a).

4) 유연한 교육과정 운영을 통한 진로·직업교육 활성화

고등학교 과정 이상 장애학생의 현장실습, 지원고용 등 직업교육 활성화를 위해 직업교육과정의 유연성 있는 운영이 필요하다. '2010년 특수교육 교육과정'의 기본교육과정에서는 직업교육 시간을 중학교 과정에서 6시간, 고등학교 과정에서 8시간 할애하고 있으나, 교과를 통합하여 운영할 경우에는 보다 융통성 있게 운영하는 것이 가능하다(교육과학기술부, 2010a).

표 8-1 특수학교의 교과통합 운영 사례

당초 시간표	교과통합 운영 사례
1교시 국어 2교시 수학 3교시 직업 4교시 직업	1~4교시 통합 운영 - 직장에서의 언어예절(국어) - 부품 종류별 숫자 계산(수학) - 부품 조립하기(직업)

※ 교과는 필요에 따라 통합 교육과정으로 편성·운영 가능
출처: 교육과학기술부(2009a)

직업교육과정은 지역사회 사업체의 분포, 취업 가능 직종 및 직무 분석, 학생 분석 등을 토대로 취업과 연계되는 내용으로 구성·운영되어야 하며, 직업교육 및 훈련의 효과적인 제공을 위해 블록타임제(특정 교과의 수업을 특정 요일에 몇 개의 시간씩 묶어서 운영하는 제도)의 운영 등 유연한 교육과정의 운영이 필요하다.

또한 지역사회 밀착형 현장실습이 강화되어야 한다. 지역사회 현장실습

은 활동 유형, 인정 절차, 인정 범위, 인정 기간 등을 학칙에 규정하여 수업으로 인정할 수 있다.

○ **예시**
서울△△학교 학칙 제○○조(현장실습)

> 특수교육 대상 학생의 직무 수행 능력 및 직장 내 대인 관계 등의 향상을 위해 지역사회 사업체 현장실습은 3개월의 범위 내에서 실시하되, 성과 평가를 통해 추가 실시할 수 있다. 법적 근거:「초·중등교육법 시행령」제48조 제5항 및 「학교생활기록 작성 및 관리지침」제14조.

> 특수학교 교육과정 해설(교육과학기술부, 2009c: p. 414)
> • 기본교육과정을 이수하는 대부분의 학생들은 현장실습이 중요
> • 고등학교 2~3학년 및 전공과 단계에서 현장실습을 보다 집중적으로 실시
> • 교내 실습, 지역사회 실습을 위한 장소 및 인력과 재원의 확보가 필요

지역사회의 직업교육 인프라(사업체, 직업 훈련 기관 등)에 대한 정보 공유 및 진로·직업교육 자료 개발·보급 등을 위해 직업교육 담당 교사 동아리를 지원하고 있다. '진로·직업교육 연구회'는 직업교육 능력 개발 연수 추진, 우수 사례 발굴·공유, 현장실습·지원고용 등의 자료·지침 개발 등의 역할을 수행하고 있으며, 우수 '진로·직업교육 연구회'의 사례발표 대회, 우수활동 UCC 대회 등도 개최하도록 하고 있다(교육과학기술부, 2009a).

5) 유관기관 협력 및 지원체제 구축

장애학생의 직업 훈련 및 취업과 관련된 유관기관 간의 협력 체제가 구축되어 중앙 및 지역 차원에서의 협력[3]을 구체화할 계획이다. 이와 관련하여

---

3) 교육과학기술부와 보건복지가족부의 협력으로 '12년 특수교육-복지 연계형 복지일자리 약 750개 개발

국립특수교육원은 교육과학기술부, 보건복지부, 고용노동부 및 각 부처 소속기관 등 중앙 차원의 협력 체제를 구축하고, 정기적 협의회를 개최하고, 장애학생의 진로 · 직업교육에 대한 정책 개발, 직업교육 · 훈련에 대한 지원, 고용 · 취업 지원 등에 관한 행정적 · 재정적 지원 방안 마련, 사업 공동 수행 등의 업무를 수행하게 된다.

표 8-2 A교육청의 유관기관 협약 체결 사례

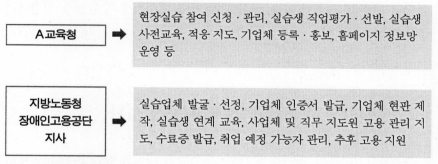

A교육청	→	현장실습 참여 신청 · 관리, 실습생 직업평가 · 선발, 실습생 사전교육, 적응 지도, 기업체 등록 · 홍보, 홈페이지 정보망 운영 등
지방노동청 장애인고용공단 지사	→	실습업체 발굴 · 선정, 기업체 인증서 발급, 기업체 현관 제작, 실습생 연계 교육, 사업체 및 직무 지도원 고용 관리 지도, 수료증 발급, 취업 예정 가능자 관리, 추후 고용 지원

출처: 교육과학기술부(2009a)

　특수학교 및 특수학급이 설치된 일반학교도 단위학교 차원에서 장애인복지관, 직업 능력개발센터 및 대학 등과의 업무 협약을 체결하는 것이 필요하다. 이것은 유관기관의 역할 분담과 협력으로 업무의 효율성 향상 및 기관 간 다양한 직업교육 · 훈련 프로그램의 공유를 가능하게 할 것이다.

　이와 관련하여 장애학생 진로 · 직업교육의 체계적 · 전문적 지원, 중앙부처, 산하 기관, 교육청, 학교 및 지역사회 사업체 간의 수직적 · 수평적 네트워킹을 위한 허브 기능을 담당하는 '진로 · 직업교육지원팀'을 국립특수교육원에 설치하였다. 이 팀은 팀장 1명(교육연구사)과 연구원 6명(파견교사)으로 구성되어 있으며, 장애학생의 진로 · 직업교육 발전을 위한 정책 개발, 장애학생의 현장실습, 지원 고용, 취업 지원, 사후 관리 등 매뉴얼 개발 및 직업교육 관련 연수 업무 등을 수행하고 있다.

아울러 장애학생이 학교에서 받은 직업교육·훈련, 현장실습의 내용 및 장애학생의 직업 능력, 장점, 진로 희망 등을 등록하여 구직자로서의 장애학생의 정보를 관리하는 '장애학생 진로·직업교육 정보시스템'을 구축하고, 장애 유형·수준을 고려한 첨단공학 기술 기반의 '가상현실 직업 훈련 프로그램' 개발 계획도 수립하였다. 이 프로그램은 직업 훈련 전 과정을 직접 체감할 수 있는 체험형 프로그램을 적용하여 장애학생의 직업교육 성과를 향상시키고자 하는 것으로, 다수의 장애학생이 다양한 직업 장면에서 활용할 수 있는 필수 기초 직업 기술, 상황 대처 기술, 의사소통 기술 등을 선정하여 개발을 추진하게 된다.

2. 장애학생 직업교육 정책의 추진 성과

교육과학기술부의 '장애학생 진로·직업교육 내실화 방안'은 2010년부터 본격적으로 추진되기 시작하였다. 교육의 성과는 단기간에 나타나기 어려운 특성을 가지고 있고, 특히 장애학생을 대상으로 할 경우에는 더욱 그러하다. 그러나 2011년 전국의 특수학교, 특수학급, 일반학급을 대상으로 장애학생의 진로·직업교육의 성과를 조사한 결과, 장애학생의 진학률과 취업률은 전년도에 비해 뚜렷한 상승세를 보이고 있었다.

1) 장애학생의 진학률과 취업률의 증가

(1) 진학률 현황

2011년 장애학생의 진학률은 고등학교 과정 졸업생의 경우, 전년도 39.8%보다 5.5% 증가한 45.3%로 나타났고, 전공과는 전년도와 비슷한 수준이었다. 진학률 현황 중 주목할 만한 것은 일반학급 배치 특수교육 대상 학생의 진학률이 전년도 31.3%보다 25.6%나 증가하여 56.9%로 나타났다.

(2) 취업률 현황

2011년 장애학생의 취업률은 고등학교 과정 졸업생의 경우, 전년도 42.2%보다 8.3% 증가한 50.5%로 나타났고, 전공과는 전년도 42.8%보다 8.0% 증가한 50.8%로 나타났다. 취업률 현황은 고등학교 과정과 전공과 졸업생 모두 8% 이상의 증가세를 보이고 있다.

2) 장애학생의 사업체 현장실습 증가

2010년 특수학교에 재학하는 고등학교 과정 학생 중 당해 학교 주관으로 실시하는 지역사회 사업체 현장실습에 참여한 학생은 특수학교 고등학교 과정이 915명(20.0%), 전공과 1,004명(53.3%), 거점학교 137명(51.1%)인 것으로 나타났다. 일반학교에 재학 중인 특수교육 대상 학생은 현장실습의 참여가 어려운 것으로 지적되었는데, 거점학교는 특수학교의 전공과와 비슷한 수준으로 현장실습을 실시하고 있었다.

2010년 특수학교와 거점학교가 타교 학생의 현장실습을 지원한 현황은 특수학교 고등학교 과정 108명, 특수학교 전공과 41명, 거점학교 218명으로 나타났고, 직업교육 활동 지원 현황은 특수학교 고등학교 과정 876명, 특수학교 전공과 187명, 거점학교 1,759명으로 나타나, 특수학교와 거점학교는 인근 학교 학생에 대한 지원을 활발히 하고 있었다. 특히, 거점학교는 당해 학교 학생(268명)의 약 7배에 달하는 인근 학교 학생을 지원하고 있어서 그 역할이 매우 우수한 것으로 나타났다.(〈표 8-3〉, [그림 8-4] 참조)

표 8-3 장애학생 사업체 현장실습 현황(2010)

과 정	전체 학생 수	사업체 현장실습 참여 학생 수					타교 학생의 사업체 현장 실습 참여 수	타교 학생의 직업교육 활동 참여 수
		1개월 미만	1~2개월	2~3개월	3개월 초과	소 계		
특수학교 고등학교 과정	4,579	505	86	87	237	915 (20.0%)	108	876
특수학교 전공과	1,883	340	144	82	438	1,004 (53.3%)	41	187
거점학교	268	56	46	7	28	137 (51.1%)	218	1,759

출처: 국립특수교육원(2012)

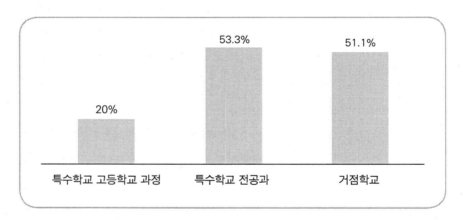

[그림 8-4] 특수학교와 거점학교의 현장실습 실시율(2010)
출처: 국립특수교육원(2012)

3) 중등과정 특수교육 대상 학생의 증가 추세

2011년 학교 과정별 특수교육 대상 학생의 증감 현황을 살펴보면, 초등학교 과정의 학생은 170명이 감소하였고, 나머지 과정은 모두 증가하였다. 증가 현황을 구체적으로 살펴보면, 장애영아 66명, 유치원 142명, 중학교 1,133명, 고등학교 1,328명, 전공과 455명이 증가하였다. 특히, 중등과정

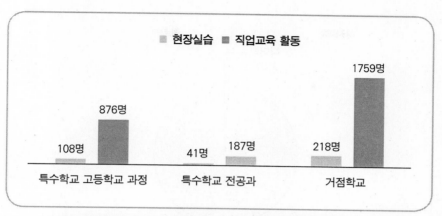

[그림 8-5] 특수학교와 거점학교의 인근 학교 학생 지원 현황(2010)
출처: 국립특수교육원(2012)

의 특수교육 대상 학생은 전년도에 비해 2,916명이 증가하였는데, 이것은 2011년 전체 특수교육 대상 학생이 전년도에 비해 2,954명 증가한 것을 감안할 때, 전체 증가의 98.7%를 중등과정이 차지한 것이다. 이러한 변화는 중등과정에서 강화된 진로·직업교육의 실시와 관련이 있는 것으로 보인다(교육과학기술부, 2011).

표 8-4 학교 과정별 특수교육 대상 학생의 증감 현황(2010~2011)

(단위: 명)

학교 과정		2010년	2011년	증가 수
장애영아		290	356	66
유치원		3,225	3,367	142
초등학교		35,294	35,124	-170
중등과정	중학교	19,375	20,508	1,133
	고등학교	19,111	20,439	1,328
	전공과	2,416	2,871	455
계		79,711	82,665	2,954

출처: 국립특수교육원(2012)

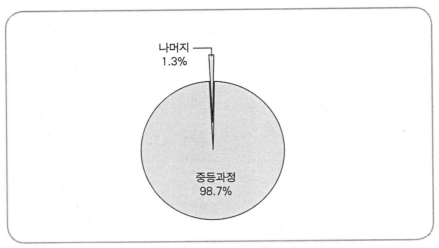

[그림 8-6] 전체 증가 현황 중 중등과정이 차지하는 비율(2011)
출처: 국립특수교육원(2012)

4) 특수학교 학교기업의 운영 개시

2009년 처음으로 시작된 특수학교 '학교기업형 직업 훈련실' 설치 사업에 총 39개 특수학교가 35개(대구는 5개 특수학교가 공동으로 1개 사업 신청) 사업을 신청하여 현장의 많은 수요를 알 수 있었다. 따라서 2009년 하반기 수립된 '장애학생 진로·직업교육 내실화 방안'에도 '특수학교 학교기업 설치 확대 사업'이라는 이름으로 변경하여 포함하게 되었다. 특수학교 학교기업의 설치는 기업 형태로 운영할 수 있는 공간(건물)의 신축이나 리모델링을 필요로 하기 때문에 3년 정도의 시간을 두고 세무서에 학교기업 등록을 하도록 하였다. 2009년 예산 교부 후, 약 3년의 시간이 지나면서 2011년 12월 현재 제1기 특수학교 학교기업 5개 중 4개가 개관하였고, 나머지 1개 특수학교는 곧 개관을 할 예정이다. 2009년에 선정된 제1기 특수학교 학교기업의 개관 현황은 〈표 8-5〉과 같다.

표 8-5 제1기 특수학교 학교기업의 개관 현황(2009년 선정)

개관일	시 · 도	학교명	사업 종목
2010. 11. 12.	전북	전주선화학교	쿠키, 도예, 비누, 천연염색 제품, 체험관 운영 등
2010. 12. 10.	대구	대구 5개교 공통	사무용지, 베이커리, 세탁, 안마, 제과 · 제빵 등
2011. 3. 30.	서울	한빛맹학교	음악, 체력 단련, 안마(직업 훈련) 등
2011. 4. 12.	대전	대전혜광학교	카페, 운동화 빨래, 비누공방, 임가공 조립 등
2012. 6. 20.	충북	꽃동네학교	제과 · 제빵 등

출처: 국립특수교육원(2012)

특수학교의 학교기업이 속속 문을 열면서 특수학교의 정체성이 확립되고 있다. 그동안 통합교육의 확대 추세에 따라 특수학교의 학생이 감소하는 추세에 있었고, 학교에 따라서는 위기를 맞이하기도 하였다. 그러나 특수학교가 추진하기에 더 유리한 진로 · 직업교육이 강화되면서 학교기업을 추진하는 특수학교를 중심으로 학생들이 증가하고 있다. 이것은 대부분의 학부모가 유 · 초등학교 과정에서는 통합교육을, 중등과정에서는 보다 강화된 직업교육을 희망하여 특수학교에서의 교육을 받고자 하는 희망과 잘 맞아떨어진 것으로 보인다. 특수학교의 학교기업은 최근에 문을 열었기 때문에 아직 성과를 거론하기에는 시기상조다. 그러나 이러한 정책으로 특수학교의 정체성이 확립되고, 그 기능과 역할이 확대되고 있는 것은 분명하다. 이러한 변화는 단순히 학교기업을 추진하고 있는 특수학교만이 아니라 모든 특수학교로 발전해야 할 것이다. 이제 중등과정이 설치된 특수학교는 진로 · 직업교육을 보다 강화하고, 또한 학교기업이 설치된 특수학교처럼 인근 학교의 학생까지 지원하는 역할을 확대해야 할 것이다.

표 8-6 특수학교 학교기업 추진 현황(총 20개교; 2009~2011)

시·도	제1기(2009년, 5개교)	시·도	제2기(2010년, 7개교)	시·도	제3기(2011년, 8개교)
서울	한빛맹학교	부산	부산혜성학교	대전	대전원명학교
대구	대구 5개교 공동	인천	미추홀학교	울산	울산혜인학교
대전	대전혜광학교	광주	광주선광학교	경기	성은학교
충북	꽃동네학교	강원	속초청해학교	강원	태백미래학교
전북	전주선화학교	충남	천안인애학교	충북	청주맹학교
		전남	순천선혜학교	충남	공주정명학교
		경북	포항명도학교	경북	영명·진명학교
				경남	창원천광학교

※ 특수학교 학교기업이 없는 시·도: 제주
출처: 국립특수교육원(2012)

5) 장애학생 통합형 직업교육 거점학교의 확대 및 운영

2010년 '장애학생 진로·직업교육 내실화' 사업으로 추진된 '장애학생 통합형 직업교육 거점학교' 사업은 당해 학교는 물론 인근 학교까지 지원하고 있기 때문에 현장에서의 평가가 매우 긍정적이다. 성과를 살펴보면, 거점학교 재학생 268명 중 137명(51.1%)이 현장실습에 참여하였다. 인근 학교 지원 현황을 살펴보면, 인근 학교 학생의 현장실습은 40개교 218명을 지원하였고, 거점학교 주관 직업교육 활동은 인근 학교 88개교에서 1,759명의 학생을 지원하였다.

그동안 일반학교 특수학급에서의 진로·직업교육 실시는 매우 어려운 것으로 나타났다. 대부분 특수학급이 1학급이어서 특수교사 1인의 노력만으로는 한계가 있었다. 그러나 거점학교가 인근 학교의 특수교육 대상 학생을 지원하기 시작하면서부터 일반학교 특수학급에서의 진로·직업교육에 새 바람이 불고 있다. 거점학교를 중심으로 인근 학교 교사까지 연합하여 활동하기 시작하면서 특수교사는 용기를 얻으며, 진로·직업교육 실시를 위한 새로운 아이디어도 창출하는 것으로 나타났다. 이러한 변화는 학생에게도

나타나고 있었다. 몇 개 학교가 함께 현장실습이나 진로 · 직업교육을 실시
하면서부터 학생들 간에 만남의 기회가 많아졌고, 이에 따라 새로운 교우관
계도 형성되고 있었다.

　장애학생 통합형 직업교육 거점학교는 일반학교에 통합된 장애학생들에
게 새로운 학습 경험과 학습 장면 외의 긍정적 경험 제공에도 기여하고 있
는 것으로 나타났다.

표 8-7 장애학생 통합형 직업교육 거점학교의 현장실습 및 인근 학교 지원 현황(2010)

(단위: 명)

시 · 도	학교명	전체 학생 수	사업체 현장실습 참여학생 수				인근 학교 학생의 본교 주관 교외 사업체 현장실습 참여 수	인근 학교 학생의 본교 교내 직업교육 활동 참여 수
			1개월 미만	1~2 개월	2~3 개월	3개월 초과		
서울	상암고등학교	11	0	2	2	3	13개교 33명	14개교 282명
부산	동래원예고등학교	36	0	0	0	5	0개교 0명	2개교 13명
대구	대구서부공업고등학교	26	15	0	0	1	7개교 108명	3개교 15명
광주	광주전자공업고등학교	24	0	0	0	7	4개교 20명	7개교 68명
경기	이천제일고등학교	52	0	0	0	2	0개교 0명	4개교 30명
	성남방송고등학교	14	10	11	0	10	12개교 48명	29개교 1,163명
충북	제천제일고등학교	8	0	7	0	0	0개교 0명	7개교 80명
충남	공주생명과학고등학교	35	0	8	0	0	3개교 8명	11개교 34명
전남	목포공업고등학교	21	10	2	1	0	1개교 1명	5개교 60명
제주	제주고등학교	41	21	16	4	0	0개교 0명	6개교 14명
합 계		268	56	46	7	28	40개교 218명	88개교 1,759명

출처: 국립특수교육원(2012)

| 표 8-8 | 장애학생 통합형 직업교육 거점학교 추진 현황(총 22개교: 2010~2011) |

시·도	제1기 거점학교(2010년, 10개교)	시·도	제2기 거점학교(2011년, 12개교)
서 울	상암고등학교	서 울	경복고등학교
부 산	동래원예고등학교	대 전	동대전고등학교
대 구	대구서부공업고등학교	경 기	안양공업고등학교 시흥은행고등학교 포천일고등학교 안성고등학교
광 주	광주전자공업고등학교		
경 기	성남방송고등학교 이천제일고등학교		
		충 남	논산공업고등학교 금산산업고등학교
충 북	제천제일고등학교		
충 남	공주생명과학고등학교	경 북	김천생명과학고등학교
전 남	목포공업고등학교	경 남	아림고등학교 김해생명과학고등학교
제 주	제주고등학교	제 주	함덕고등학교

출처: 국립특수교육원(2012)

6) 전공과 확대 및 일반학교 전공과 설치

2010년 '장애학생 진로·직업교육 내실화 방안'이 추진되면서 전공과는 장애학생의 장애 유형 및 장애 정도를 고려하여 맞춤형 교육을 실시하도록 하였다. 따라서 중증의 장애학생에게는 자립생활 훈련을, 경증의 학생에게는 직업재활 훈련을 실시할 수 있다. 또한 특수학급이 설치된 일반학교에도 전공과가 설치되고 있다. 2010년에는 인천광역시교육청 관내의 강남영상미디어고등학교[4]에 전공과가 설치되었고, 2011년에는 경기도교육청 관내의 이천제일고등학교에 전공과가 설치되었다. 2011년에는 전공과 학급이 58학급 증가하였고, 학생 수는 455명이 증가하였다.

---

4) 인천광역시 강화군 소재 특성화 고등학교로, 전국 최초로 일반 고등학교에 '전공과'를 설치(2010. 3.)하였고, 제과제빵·조립·포장·세차를 중심으로 진로·직업교육을 실시하였다.

표 8-9 최근 3년간 전공과 학급 및 학생 수 증가 현황(2009~2011)

구 분	2009년	2010년	2011년
전공과 학급 수 (증가 수)	214학급 (44학급)	256학급 (42학급)	314학급 (58학급)
전공과 학생 수 (증가 수)	2,062명 (307명)	2,416명 (354명)	2,871명 (455명)

출처: 국립특수교육원(2012)

7) 장애학생 진로 · 직업교육 지원체제 구축

(1) 국립특수교육원 진로 · 직업교육 지원 조직 설치

2010년 장애학생 진로 · 직업교육의 내실화를 위해 국립특수교육원에 진로 · 직업교육을 담당하는 팀이 설치되었다. 2011년 현재는 '진로 · 평생학습팀'으로 개명하고 연구관 1명, 연구사 2명, 연구원 6명이 배치되어 업무를 추진하고 있다. 국립특수교육원 진로 · 평생학습팀의 주요 업무는 장애학생 진로 · 직업교육 관련 연구 · 연수, 직업교육 프로그램 개발, 직업정보 시스템 개발 · 운영 등이다.

(2) 유관기관 협력

장애학생의 진로 · 직업교육 내실화를 위해서는 유관기관 간의 긴밀한 협력이 필요하다. 중앙 차원의 유관기관 협력의 실무는 국립특수교육원이 담당하고 있으며, 한국장애인고용공단, 한국장애인개발원, 한국직업 능력개발원 등과 협약을 체결하여 긴밀한 협조체제를 유지하고 있다. 또한 시 · 도 교육청은 지방노동청, 한국장애인고용공단 지사 등과 협약을 체결하여 긴밀한 협력을 하고 있다. 2011년 현재 11개 시 · 도 교육청이 협약을 체결하였다. 단위 학교 차원에서는 지역사회의 사업체, 복지관, 대학 등과 긴밀한 협력 체제를 유지하고 발전시켜야 할 것이다.

표 8-10 시·도 교육청의 유관기관 협약 체결 현황(2010~2012)

연도	협약 체결 시·도 교육청	비고
2010	인천, 충남, 광주, 충북, 제주, 대구	6개 교육청
2011	서울, 대전, 울산, 전남, 경남	5개 교육청
2012	부산, 경기, 강원, 전북, 경북	5개 교육청

출처: 국립특수교육원(2012)

(3) 진로·직업교육 연구회 육성 운영

지역사회 직업교육 인프라(사업체, 직업 훈련 기관 등)에 대한 정보 공유 및 진로·직업교육 자료의 개발·보급 등을 위해 직업교육 담당 교사 동아리(연구회)를 육성하여 운영하고 있다. 2010년 시·도별로 1개씩 16개 연구회를 지원한데 이어, 2011년에도 시·도별로 1개씩 16개 연구회, 총 32개 연구회를 지원하고 있다. 2012년에도 시·도별로 1개씩 16개 연구회를 신규 선정하여 지원하게 되며, 한번 선정된 연구회는 500만 원씩 3년간 지원받는다.

(4) 교육과학기술부 요청 정책연구학교 지정 운영

특수학교 학교기업 및 장애학생 통합형 직업교육 거점학교를 중심으로 장애학생 진로·직업교육 내실화를 위한 정책연구학교를 지정하여 운영하

표 8-11 교육과학기술부 요청 정책연구학교 운영 현황

시·도 학급별	서울	부산	대구	대전	경기		충북	전북	충남	전남	제주
일반 학교	상암고 등학교	동래 원예고 등학교	대구 서부 공업고 등학교	-	이천 제일고 등학교	성남 방송고 등학교	-	-	공주 생명 과학고 등학교	목포 공업고 등학교	제주고 등학교
특수 학교	한빛맹 학교	-	대구보 명학교	대전혜 광학교	-	-	꽃동네 학교	전주선 화학교	-	-	-

출처: 국립특수교육원(2012)

고 있다.

(5) 잡에이블(JOBable)의 구축 · 운영

국립특수교육원은 장애학생이 학교에서 받은 직업교육, 직업 훈련, 현장실습 등의 내용 및 장애학생의 직업 능력, 장점, 진로 희망 등을 등록하여 장애인 구인업체에 제공하여 취업을 지원하는 정보시스템인 '잡에이블(JOBable)'을 구축하여 운영하고 있다. 이 시스템의 적극적이며, 효과적인 사용은 장애학생의 취업 지원에 기여할 뿐만 아니라, 교원의 직업 정보 공유를 통해 학생 취업에 대한 빠른 대응이 가능하게 할 것으로 보인다.

3. 장애인 평생교육 정책

장애인을 대상으로 하는 평생교육 프로그램이 부족하고 학령기에 교육기회를 놓친 장애인이 많아 전반적인 지원 방안 수립의 필요성이 꾸준히 제기되어 왔으나 실질적인 지원 계획이 수립된 것은 「장애인 등에 대한 특수교육법」(이하 「특수교육법」)의 제정(2007. 5)과 함께 구체화되었다.

「특수교육법」의 본격 시행(2008. 5)과 함께 추진된 장애인 평생교육 관련 정책을 살펴보면, '제3차 특수교육발전 5개년계획(2008~2012)'의 주요 과제로 '장애성인교육 지원 확대'가 선정되었고, 시 · 도 교육청별 지역 중심 장애인 평생교육 지원 방안을 수립(2008. 12)하여 추진하고 있다. 이와 함께 2009년부터 정책 사업으로 '장애성인 평생교육 지원' 사업 특별교부금으로 신규 편성하여 평생교육 시설의 여건 개선 및 프로그램 확대 등의 지원을 실시하고 있으며, 2010년 장애인의 평생교육을 구체적으로 지원하기 위해 '장애성인 평생교육 활성화 방안'을 수립하여 2011년부터 본격적으로 추진하고 있다(교육과학기술부, 2008, 2010b).

장애인 평생교육은 「특수교육법」의 시행과 함께 확대 시행을 위한 다양한 정책 지원이 시도되고 있고, 학교 형태의 평생교육 시설 등록 확대 및 예산 지원 등 일정 부분 정책 실시에 따른 성과가 있었다고 할 수 있다. 그러나 장애인 관련 단체 및 시설 등의 요구에 비해 만족할 만한 지원이 제공되었다고 하기에는 부족한 것이 사실이며, 정책적 지원 또한 강화되어야 할 필요성이 있다.

1) 추진 현황 및 문제점

(1) 추진 현황

2010년 12월 현재 등록 장애인은 2,517,312명으로 총인구(48,874,539명)의 약 5.2%를 차지하는 것으로 조사되고 있다. 장애인의 교육 정도는 초졸 이하 48.9%, 중졸 15.6%, 고졸 24.9%, 대졸 이상 10.6%로 국민 평균에 비해 낮은 것으로 나타나고 있어 장애인에 대한 교육 지원 필요성이 제기되고 있다(보건복지가족부, 한국보건사회연구원, 2009).

장애성인 평생교육 관련 추진 정책은 「특수교육법」 시행 이후 '제3차 특수교육발전 5개년계획(2008~2012)'의 수립과 추진, 장애성인 평생교육 지원 국가시책사업, '장애성인 평생교육 활성화 방안'의 시행 등으로 정리할 수 있는데, 주요 추진 현황은 다음과 같다(교육과학기술부, 2010a).

■ **제3차 특수교육발전 5개년계획(2008-2012)의 수립 · 추진**

• 「장애인 등에 대한 특수교육법」의 제정으로 장애성인 평생교육 지원 근거 마련(2007. 5.)

• 제3차 특수교육발전 5개년계획(2008~2012)의 주요 과제로 '장애성인교육 지원 확대'를 선정(2008. 8.)

• 장애인 평생교육 시설 등록 업무 관련 조치(특수교육지원과-606, 2009. 3. 4.)

  - 등록 방법: 「평생교육법시행규칙」 제11조 '학교 형태의 평생교육시설 등록

(계속)

신청'에서 규정하는 서식을 활용하거나, 교육청별 실정에 맞게 양식 사용
- 장애성인 교육 관련 대통령 지시사항(여성 장애인 교육 개선 대책을 마련할 것, 2008. 3.) 추진으로 교육청별 장애인 평생교육 지원 계획 수립(2008. 12.)

■ 장애성인 평생교육 지원 사업 추진
- 장애성인 평생교육 지원(신규) (2009년 969백만 원, 2010년 900백만 원) 국가시책사업 추진(2009)
- 장애성인 대상 평생교육 및 문해교육 프로그램 지원 확대(2009~2010)
- 특수교육 여건 개선 사업으로 통합하여 지원(2011)

장애성인 평생교육지원 국가시책사업 주요 지원 내용

2009년	시설 개선(25개 기관), 프로그램 운영(20개 기관), 정책 연구(1개 기관)
2010년	프로그램 운영 52개 기관(특수학교 16, 특수교육지원센터 9, 평생학습관 27), 개발 4개 기관
2011년	프로그램 개발비 6억 원(문해교육 3억 원, 학점 및 교양 3억 원), 시범 운영비 1억 5천만 원(5개교)

■ 장애성인 평생교육 활성화 방안 수립·추진
- 전문가협의회 운영 및 의견 수렴을 통한 방안 수립
  - 관계 부처 및 유관기관, 대학, 시·도 교육청 등 의견 수렴(2010. 8.)
  - 장애성인 평생교육 활성화 방안 수립(2010. 9.)
- 장애성인 평생교육 활성화 방안 추진(2011~2013)
  - 교육기회를 놓친 장애성인의 초·중등교육 지원
  - 원격 교육 시스템 활용 장애성인 평생교육 지원
  - 장애성인 지원 평생교육 프로그램 확대
  - 평생교육 지원 확대를 위한 인프라 구축
- 장애인 평생교육 시설(야학) 현황 조사(2011. 4.)
  - 조사 결과: 시설 수(49개소), 교사 수(543명), 학생 수(1,190명), 프로그램 수(353명), 지원 예산(2,609백만 원, 지방비)

(2) 문제점

장애인 중 많은 수가 학령기에 교육 기회를 갖지 못해 초 · 중등학교 학력을 취득하지 못한 것으로 나타나고 있다. 또한 개설되어 있는 프로그램이 제한적이고, 이들의 지원을 위한 인프라 구축도 매우 미흡한 실정이며, 장애로 평생교육 시설에 접근하기 어려운 점 또한 참여 범위 제한에 영향을 미치고 있다.

장애성인 평생교육에서 나타나는 문제점을 요약하면 다음과 같다.

■ 교육 기회를 놓친 장애성인의 학력 이수 기회 부족

• 만 18세 이상 장애성인 중 중학교 졸업 이하의 학력을 소지한 비율이 58.1%로 전체 인구의 30.3%에 비해 현격한 차이를 보이고 있음(2005, 통계청).

• 학교를 다니지 않았거나 중도에 그만둔 이유가 경제적 어려움(75.0%)이 가장 큰 것으로 나타나 지원 필요성이 제기됨

장애성인 중도 탈락 이유   (단위: %)

경제적 어려움	집에서 못 다니게 해서	다니기 싫어서	장애	편견	기타
75.0	10.7	4.9	4.8	2.2	2.4

■ 장애성인 지원 평생교육 프로그램 개설 저조

• 평생교육기관에서 장애성인을 대상으로 개설한 프로그램이 적어 참여 기회가 부족

• 2009년부터 정책 사업으로 장애성인 평생교육을 지원하고 있으나 확보된 예산 범위에서 개별 프로그램 중심 사업 추진

■ 평생교육 지원 확대를 위한 인프라 미흡

• 장애인 평생교육과 관련된 교육과학기술부 유관부서 및 타 부처, 일반 지방자치단체 등과의 연계에 한계

(계속)

- 평생교육진흥원 및 시·도 평생교육진흥원, 시·군·구 평생학습관 활용 및 연계 방안 마련 부족
- 장애인의 생애 단계에 적절한 평생학습 모형 제시 부족
  - 체계적이고 종합적인 장애성인 지원 관련 연구 필요
- 장애성인 평생교육을 체계적으로 지원할 중앙 및 지역 차원의 담당 기관 부재
  - 장애성인의 평생교육 관련 프로그램의 개발 및 지원 기능을 담당할 중앙센터의 부재로 종합적인 지원 대책 마련이 어려움
  - 지역사회 기관 간 협력 체계 구축을 통한 지역 중심 장애성인 평생교육 지원을 담당할 지역 센터가 설치되어 있지 않아 업무 추진에 어려움이 있음

2) 추진 방향 및 체계

장애성인 평생교육 정책 지원 현황과 문제점 분석을 토대로 다음과 같이 추진 방향과 추진 체계를 마련하고 장애성인의 사회 참여 기회 확대를 목표로 2010년 9월에 지원 방안을 수립하였으며, 2011년부터 본격적으로 추진하고 있다.

■ 추진 방향
- 제2차 평생학습진흥종합계획(2008~2012) 연계 지원
  - 주요 추진 과제인 '저소득층, 장애인 등 소외계층을 위한 평생학습 기회 확대' 계획과 연계하여 지원
- 장애성인 평생교육 성과 극대화를 위한 핵심 추진 과제 선정
  - 청년 및 장년층을 중점 지원 대상으로 평생교육 관련 교육기회 제공 및 프로그램 확대, 인프라 구축 등 과제 추진

(계속)

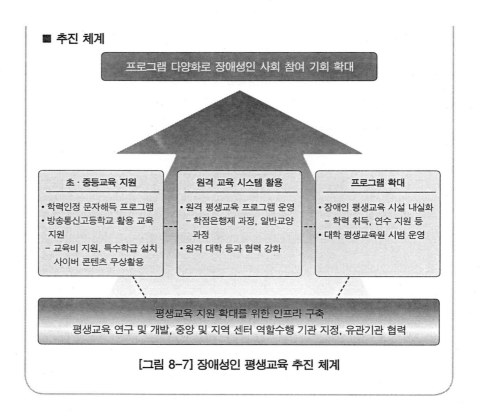

■ 추진 체계

프로그램 다양화로 장애성인 사회 참여 기회 확대

초·중등교육 지원	원격 교육 시스템 활용	프로그램 확대

• 학력인정 문자해득 프로그램
• 방송통신고등학교 활용 교육 지원
  - 교육비 지원, 특수학급 설치 사이버 콘텐츠 무상활용
	• 원격 평생교육 프로그램 운영
	  - 학점은행제 과정, 일반교양 과정
	• 원격 대학 등과 협력 강화
		• 장애인 평생교육 시설 내실화
		  - 학력 취득, 연수 지원 등
		• 대학 평생교육원 시범 운영

평생교육 지원 확대를 위한 인프라 구축
평생교육 연구 및 개발, 중앙 및 지역 센터 역할수행 기관 지정, 유관기관 협력

[그림 8-7] 장애성인 평생교육 추진 체계

3) 장애성인 평생교육 정책 과제

정책 과제	주요 추진 내용

I. 교육 기회를 놓친 장애성인의 초·중등교육 지원	• 학력인정 문자해득교육 프로그램에 장애성인 참여 확대
	  - 프로그램 참여 확대를 위한 홍보, 참여 기회 확대 유도
	• 방송통신고등학교를 활용한 장애성인 고등학교 과정 교육 지원 확대
	  - 특수학급 설치, 지역 및 특수교육기관 연계 직업교육, 콘텐츠 제공

II. 원격 교육 시스템을 활용한 장애성인 평생교육 지원 확대	• 국립특수교육원 원격교육연수원의 평생교육 지원 기능 강화
	  - 학점은행제 표준교육 과정, 일반교양 과정 등 설치
	  - 원격 교육 지원을 위한 콘텐츠 개발 및 변환
	• 원격 대학 등과의 협력을 통한 장애성인의 평생교육 기회 확대
	  - 원격 대학 교육 시스템 활용, 학습 자료 열람

(계속)

Ⅲ. 장애성인 지원 평생교육 프로그램 확대	• 장애성인 평생교육 시설(장애인 야학) 운영의 내실화
	  - 학력 취득 프로그램 운영 권장, 직무 역량 강화 지원, 교재 · 교구 지원
	• 장애성인 평생교육 지원모형 개발을 위한 대학 평생교육원 지정 시범운영
	  - 장애성인 지원 대학평생교육원 시범 운영

Ⅳ. 장애성인 평생교육 지원 확대를 위한 인프라 구축	• 장애성인 평생교육 지원 프로그램 연구 · 개발
	  - '청년장애인 진로 · 직업교육 지원 복합 타운 설치 타당성' 정책 연구
	  - 평생교육 실태 조사, 문해 교육과정 자료 개발
	• 장애성인 평생교육 지원 중앙 및 지역 센터 지정
	  - 국립특수교육원에 '장애성인 평생교육지원팀' 설치
	  - 거점 특수교육지원센터를 지정하여 지역센터로 활용
	• 장애인 관련 부처 · 기관 · 단체와 유대 · 협력 강화
	  - 평생교육 유관부처 및 기관 연계 강화
	  - 장애인 단체와 협력하여 평생교육 내실화 유도

(1) 교육 기회를 놓친 장애성인의 초 · 중등교육 지원

학력인정 문자해득교육 프로그램에 장애성인 참여 확대

「평생교육법」 제40조 '문자해득교육 프로그램의 교육과정 등'은 만 18세 이상 성인 문자해득교육 프로그램 이수 시, 그에 상응하는 학력을 인정하고 있다. 교육과학기술부는 성인의 문자해득을 지원하기 위해, 2006~2007년에 초등과정 성인문해 교과서 및 지도서를 개발하였고, 2009년에는 초등과정 성인문해 교과서 워크북의 개발을 완료하였다. 또는 2009년에 문자해득교육 교육과정을 고시(교육과학기술부 고시 제2009-21호)하였고, 초등과정 문자해득교육 프로그램(총 3단계, 640시간)도 개발하였다.

이러한 학력인정 문자해득교육 프로그램에 대한 장애성인의 참여 확대를 위해 시 · 도 교육청, 지방자치단체, 장애인 단체, 평생교육진흥원 등과 연계하여 문자해득교육 프로그램 참여 방법 및 지역별 지정 기관을 안내한다. 평생교육기관에는 일반인과 장애성인이 함께 참여하는 문자해득교육 프로그램의 개설을 권장하여 장애성인도 참여할 수 있다.

방송통신고등학교를 활용한 장애성인 고등학교 과정 교육 지원 확대

방송통신고등학교는 2010년 현재 전국 40개 고등학교에 설치되어 있고, 장애학생은 24개교에 67명이 재학하고 있으며, 5명 이상 재학하고 있는 학교는 5개교다. 그러나 방송통신고등학교에 재학하고 있는 장애학생에 대한 교수-학습 지원 및 출석 수업 지원을 위한 별도의 대책이 마련되어 있지 않아 일반학생과 동일한 기준이 적용되고 있다.

표 8-12 장애학생 5명 이상 재학 학교 현황

(단위: 명)

지역	서 울			울 산	경 북
학교명	경동고	경복고	수도여고	학성고	안동고
장애학생 수	7	5	7	7	6

주: 안동고등학교를 제외한 4개의 고등학교에 특수학급이 설치되어 있고, 방송통신고등학교는 특수학급 미지정
출처: 교육과학기술부(2010a)

특수교육대상자로 선정된 장애성인에게 교육비를 지원하고, 장애성인의 개별적 요구를 고려하여 장애인시설 및 특수교육기관과 연계한 직업교육 교육과정을 운영하게 된다. 또한 방송통신고등학교의 사이버 콘텐츠를 장애성인이 무상으로 활용할 수 있게 된다.

(2) 원격 교육 시스템을 활용한 장애성인 평생교육 지원 확대

국립특수교육원 원격교육연수원의 평생교육 지원 기능 강화

2010년 현재 평생학습관, 학교, 직업 훈련기관, 학원 등 전국 495개 기관에서 16,611개 평가 인정 학습 과목이 운영되고 있다. 국립특수교육원은 원격교육연수원을 통해 학부모, 특수교육 보조원, 교원 대상 연수를 제공하고 있으나, 장애성인 대상 과정은 미개설되어 있는 실정이다. 이에 따라

국립특수교육원 원격교육연수원은 학점은행제 표준교육 과정, 일반교양 과정 등을 운영하고, 원격 평생교육 과정 운영을 위한 콘텐츠를 개발할 계획이다.

원격 대학 등과의 협력을 통한 장애성인의 평생교육 기회 확대

원격 대학 및 원격 형태 평생교육시설 사이버대학은 2010년 현재 총 20개교이고, 장애인 재학생은 사이버대학 1,370명, 방송통신대학 445명으로 총 1,815명이지만, 아직 장애인 대상의 대학은 없는 실정이다. 또한 원격 대학의 학습 콘텐츠는 웹 접근성을 고려하지 않아 장애인이 학습하기에 어려움이 있다. 따라서 재학하지 않는 장애성인에게도 원격 대학 교육 시스템 활용의 기회를 확대하고자 한다. 비학위 과정 교양 과목에 대한 무상 수강의 기회를 제공하고, 원격 대학 학습 콘텐츠의 웹 접근성을 개선하며, 원격 대학 등의 교육 지원 시스템을 장애성인에게 개방하도록 권장하게 된다.

(3) 장애성인 지원 평생교육 프로그램 확대

장애성인 평생교육 시설(장애인 야학) 운영의 내실화

2010년 현재 장애성인 평생교육 시설(야학) 26개소에 397명의 교사가 1,048명의 학생을 지도하고 있고, 143개의 프로그램이 운영되고 있다.

표 8-13 장애성인 교육 시설(야학) 지원 현황

(단위: 개, 명, 백만 원)

장애성인 교육 시설(야학) 기관 수	교사 수	학생 수	운영 프로그램 수				예산 (지방비)
			문해	교양	직업	기타	
26	397	1,048	50	45	14	34	1,464

출처: 교육과학기술부(2010a)

평생교육 시설을 통해 초·중등과정 학력을 취득할 수 있도록 학력인정

문자해득교육 프로그램의 운영을 권장하고, 문해교육 프로그램 운영의 전문화 및 특성화를 도모하게 된다. 장애성인 평생교육 시설 교사 및 강사의 직무 역량 강화를 지원하고, 장애성인의 평생교육을 지원하는 교재·교구도 개발·보급할 계획이다.

장애성인 평생교육 지원모형 개발을 위한 대학 평생교육원 지정·시범 운영

2010년 현재 대학부설 평생교육원은 230개 대학이 운영 중이고, 특수교육 관련 학과가 개설된 대학은 29개교다. 평생교육진흥원이 추진 중인 평생학습 중심 대학 사업에 참여하는 대학은 19개교이고, 특수교육 관련 학과가 개설된 대학은 4개교(순천향대학교, 공주대학교, 대전대학교, 나사렛대학교)다. 장애성인(노인, 소외계층 포함) 프로그램이 일부 개설되어 있으나, 프로그램 시행 후 적합성 분석이 없어 매우 부족한 실정이다. 따라서 대학 평생교육원의 시범 운영을 통해 지역 실정에 맞는 장애성인 평생교육 지원 모형을 개발할 계획이다.

표 8-14 **대학부설 평생교육원 운영 현황**

(단위: 개)

특수교육 관련 학과 개설 대학		평생교육원 개설 대학		평생학습 중심 대학	
학교 수	학과 수	학교 수	특수교육 관련 학과 개설 학교 수	학교 수	특수교육 관련 학과 개설 학교 수
39	69	230	29	19	4

출처: 교육과학기술부(2010a)

(4) 장애성인 평생교육 지원 확대를 위한 인프라 구축

장애성인 평생교육 지원 프로그램 연구·개발

교육과학기술부는 2009년 '장애성인 평생교육 실태조사 및 장애성인교육 운영모형 개발' 연구를 수행하였다. 그러나 장애성인의 생애단계에 적절하게 적용할 수 있는 평생학습 모형의 제시가 필요하다. 이에 따라 '청년장애인 진로·직업교육 지원 복합타운 설치 타당성' 연구를 추진하게 되고, 장애성인 평생학습 서비스 제공 전국 실태 조사를 실시하게 된다. 또한 장애성인의 특성을 고려한 초·중등 문해 교육과정 자료의 개발도 지원하게 된다.

장애성인 평생교육 지원 중앙 및 지역 센터 지정

교육과학기술부는 2009년부터 정책 사업(특별교부금 지원)으로 장애성인 평생교육 지원 사업을 추진하고 있다. 또한 전국 187개 특수교육지원센터 중 일부(17개소)는 52개의 장애성인 평생교육 프로그램을 운영하고 있다.

표 8-15 장애성인 평생교육 프로그램 지원 현황

(단위: 개)

평생교육기관		특수학교		특수교육 지원센터		계	
기관 수	프로그램 수	기관 수	프로그램 수	기관 수	프로그램 수	기관 수	프로그램 수
67	191	15	73	17	52	99	316

출처: 교육과학기술부(2010a)

국립특수교육원은 '장애성인 평생교육지원팀'을 설치하여 장애성인 평생교육 지원을 위한 중앙센터 역할을 수행하게 된다. 또한 거점 특수교육지원센터는 장애성인 평생교육 지원을 위한 중심 역할을 수행할 계획이다.

장애인 관련 부처·기관·단체와 유대·협력 강화

중앙부처 간 직업재활교육을 중심으로 협력하고 있으나, 장애성인 평생교육 지원을 위한 전반적인 협력은 미비한 실정이다. 장애성인 평생교육 유관부처 및 기관 간 연계를 강화하고, 장애인 단체와 협력하여 장애성인 평생교육 내실화를 유도하게 된다.

표 8-16 장애성인 관련 부처별 업무 현황

관계 부처	교육부	보건복지부	고용노동부
주 대상자	학령기 학생 중심	성인(중증장애인) 중심	성인(경증장애인) 중심

담당 업무	• 통합형 직업교육
	  거점학교 운영
	• 전공과 확충
	• 특수학교 학교기업
	  확대
		• 중증장애인 직업
		  재활
		• 장애인 일자리 지원
		  사업
		• 행정 · 복지 일자리
		  사업
			• 장애인 직업 능력 개발
			• 취업 지원(구직, 상담 등)
			• 장애인 지원(자금, 인력)
			• 연구 및 개발

유관기관	국립특수교육원 평생교육진흥원	한국장애인개발원	한국장애인고용공단

출처: 교육과학기술부(2010a)

제9장 **직무 분석 및 직무 개발**

1. 장애인 고용을 위한 직무 개발 및 배치 이론

직무 개발(job development)과 직무 배치(job placement)는 직업적 준비가 완료된 내담자를 위해 필요한 직무를 개발하고 취업하도록 하는 과정이라 할 수 있다.

미국직업사전에는 직무 개발 전문가의 직무 내용이 기록되어 있는데, ① 사회적으로 불이익을 받는 구직자의 고용이나 현장훈련의 기회를 높이거나 개발하며, ② 직업에서 구직자를 소외시키는 취업 규칙을 재개정하도록 사업주를 설득하고, ③ 만성적으로 실업 상태에 있는 구직자가 있다면 이 근로자가 수행할 수 있는 직무를 사업주에게 확인시켜 주며, ④ 비교적 최근에 배치된 불이익을 당했던 구직자의 문제나 고충 사항과 진행 사항들을 다루기 위하여 사업주와 관계를 형성하며, ⑤ 회사의 다른 근로자에게 지급할 봉급만큼 받을 수 있도록 고용주를 설득하고, ⑥ 사업주와 현장훈련을 개발해서 적용시키고 이것이 완료되고 난 후에 고용 계약을 작성하도록 돕고, ⑦ 불이익을 받고 있는 구직자를 취업이 용이하게 되도록 다양한 부가 서비스에 대한 욕구를 파악하고 개발하여 주고, ⑧ 다양한 매체를 통하여 국가나 산업체 노동부에서 실시하고 있는 다양한 훈련 프로그램을 알리고, 그리고 ⑨ 이력서 작성, 구인처 탐색, 인터뷰 기법을 가르칠 수 있는 직무라고 기술되어 있다(DOT, 2002).

직무 개발은 가능한 구체적 직업(일자리) 등을 확보하는 것을 말하며, 유용한 직업에 관한 정보를 내담자에게 제공하기 위하여 취업원을 개발하는 전문적이고 종합적인 활동이다.

직무 배치는 내담자를 적절한 직무에 선별적으로 배치시키는 전문 활동으로, 흔히 직무 개발과 함께 사용된다. 직무 배치는 사람과 직무를 연결시키는 노력이지만, 많은 경우 장애 내담자의 특정한 제한점 때문에 직업 배치에 지장이 초래된다. 따라서 고용주에게는 완전한 생산성을 보장하는 방법으로 내담자의 직업적 필요들을 구체적으로 충족시키기 위해 직무의 변경이나 창조를 하는 직무 공학(job engineering)이 요구된다. 이러한 방법에는 직무 수정(job modification)과 직무 재구조화의 과정이 많이 사용된다(이달엽, 2004).

다양한 정도의 장애를 지니고 있는 구직자가 자신의 직업적 목적을 수립하고 수행하도록 할 때 개개인의 능력과 흥미를 고려하는 개별화된 접근 방식이 중요하며, 새로운 직업을 받아들이기 위해 적절한 직업적 가치를 발견하는 것이 중요하다. 직업 시장의 조사, 구직, 취직, 직업 유지 기술들의 훈련이 필요하며, 긍정적인 직업 관련 태도와 행동 개발을 위해 구조화된 직업 활동이 필요하다. 이와 관련한 직업 서비스로는 ① 직업상담, ② 직업평가, ③ 직업 수정 ④ 직무 분석, ⑤ 구직 및 직업 유지 기술, ⑥ 직무 개발 및 배치, ⑦ 직업 적응, 그리고 ⑧ 노동시장 조사 등이 있다(이달엽, 2004).

사업체를 개발하기 위한 직업 개발 전략에는 크게 두 가지가 있다. 첫째, 직업개발전문가가 대상 구직 장애인을 대신하여 직업을 구하는 방법이다. 둘째, 구직 장애인 스스로가 직업개발전문가의 지도와 지원을 받아 직접 직업을 구하는 방법이다. 이 두 가지 전략은 구직 장애인의 균형 잡히고 정확한 견해를 바탕으로 이루어진다(박희찬, 이종남, 1999).

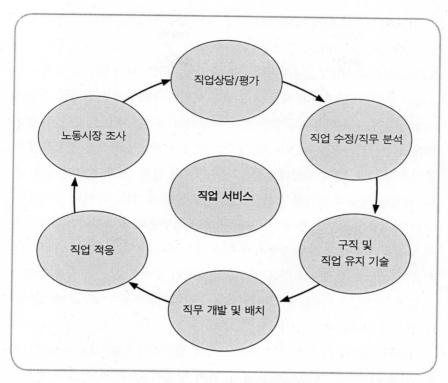

[그림 9-1] 직업 개발 및 배치의 위치

고용주 중심 접근(employer-centered approach)

이 방법은 직업개발전문가가 고용주와 직접 접촉할 것을 요구한다. 직업
개발전문가는 이때 그가 속한 기관의 가치와 사업주에게 어떤 서비스를 제
공해 줄 수 있는지에 대해 전달하고, 직무와 관련된 정보들을 공유한다. 이
방법의 목표는 사업주를 만나거나 면담을 주선하는 것이다.

고용인 중심 접근(employee-centered approach)

구직 대상자가 스스로 직업개발을 하는 것을 말한다. 이때 직업개발전문
가는 사업체에 적절한 구직자가 선별되어 직업에서 제외되지 않도록 도와
야 한다. 이것을 구직 장애인이 자기 자신에 대한 긍정적인 정보를 전달할

수 있도록 도움으로써 이루어지는 것이다. 직업개발전문가는 구직자가 직업을 가짐으로써 사업체에 도움이 될 수 있는 장점 3~5가지의 목록을 만들도록 도와준다. 또한, 고용주에게 중요한 것이 무엇인지 확인한 후에 장애인 고용 시 이것과 관련되어 제공할 수 있는 이익이 무엇인지를 설명해야 한다.

전통적인 직무 배치 접근법은 취업 대상자의 자격을 취업할 수 있는 빈자리에 연결시키는 것이다. 이러한 전략은 경쟁적 취업 상황에서 성공적인 연결이 가능하며, 이때 직업개발전문가는 개인의 관심, 과거의 학력, 직업 훈련, 취업경력 등의 평가를 통해 개인이 충족시킬 수 있는 자격과 그에게 적절한 자리를 연결하고자 할 것이다. 하지만 대부분의 중증장애인들은 경쟁적 일자리에 맞는 조건을 갖추지 못하고 있는 경우가 많다. 그러한 중증장애인을 대상으로 장애인의 장애정도에 관계없이 장애를 지닌 사람들의 만족스럽고 생산적인 취업을 촉진하기 위해서 직업개발전문가의 기술과 창의력을 발휘하게 되는 것이다(성규탁 역, 1993).

직무와 개인이 가지고 있는 능력 사이에 불일치가 있는 것으로 나타났다면, 이를 해결하기 위해서는 크게 두 가지 방법이 있다. 첫째, 그 사람에게 그 직무에서 요구하는 기술을 가르치는 것이다. 둘째, 다른 하나는 업무내용이나 작업 환경의 전환을 통해 그 사람의 직업 적응을 용이하도록 지원하는 것이다.

직업 적응을 지원할 때에는 다음의 범위 내에서 직무의 변경이나 작업장의 환경을 개선하는 것이 타당하다.

- 과도한 사업상의 비용을 들이지 않는다.
- 일반적인 작업의 흐름을 깨지 않는다.
- 다른 근로자에게 불편을 주지 않는 범위에서 개선한다.
- 보다 향상된 생산성과 질로서 근로자의 업무 능력을 향상시킨다.

2. 장애인 고용을 위한 직업 개발 및 배치 사례

장애인의 직업 적응을 지원하기 위한 다양한 방법이 있는데 몇 가지 대표적인 방법을 사례와 함께 소개하면 다음과 같다.

직무 창출(job creation)

특정 개인의 알려진 지식이나 기술과 관련된 직무를 개발하는 것이다. 그 직무가 사업주에게는 새로운 것이라 할지라도 전체적인 사업의 운영을 향상시킬 수 있도록 할 수 있다.

사례 | 시각장애인 헬스키퍼

- ㈜ IBM
- ㈜ MPC
- ㈜유베이스 유니티
- 교보생명
- FM 커뮤니케이션즈

기업의 헬스키퍼로 지원 채용된 시각장애인 오세관씨가 6급을 취득해 ㈜MPC의 사랑봉사센터에서 마사지로 직원들의 피로를 풀어주고 있다.
대방주 기자

사례 | 공연전시 가이드

부분 근무제(partial participation)

과업이나 할 일을 전체적으로 수행할 수 없는 사람의 제한된 역할을 개발하는 것을 의미한다. 부분 근무는 중증장애인이 그가 기술과 능력을 가지고 할 수 있는 직업의 한 부분을 수행하도록 해 준다. 직무의 나머지 기능은 일반적으로 회사의 다른 직원들에 의해 수행되거나 혹은 다른 장애인에 의해 행해진다.

사례 | 정신장애인 이미지 보정 직무

사례 (실패 사례) | 시각장애인 컴퓨터 속기

● 서울시 의회
의회 속기 직무는 속기는
물론 문서 편집까지 이어져
있어 시각장애인의 수행이
불가하였음

직무 분담(job sharing)

직업개발전문가가 직무 적응을 계획하는 데 활용할 수 있는 부수적인 방법으로서 일자리의 인력을 둘 또는 그 이상의 과정으로 나누는 것을 의미한다. 전형적으로 이것은 직무의 양을 구분하는 것이지만, 근로자의 특정 기술이나 능력에 맞추기 위해 그 기능을 재조정하는 것도 포함된다.

사례 | 안산시청 취업 지원업무

● 안산시청
손 장애가 있어 입력 속도에 제한이
있는 1인이 수행하던 전화 응대 직무
와 워드 입력 직무를 주변 근로자와
분담하여 수행

유동적 시간근무제(flex-time scheduling)

이 방법은 중증장애인에게 매우 중요한 직무 적응을 제공해 줄 수 있다. 유동 근무 시간은 근무자가 일을 하는 데에서 일정한 유동성을 허용하는 직무 일정을 말한다. 유동 시간은 다양한 방식으로 조정될 수 있다.

- 자신이 희망하거나 가능한 시간을 일주일에 몇 시간 또는 며칠만 일하도록 한다.
- 하루에 일정 시간을 근무 시간으로 선택할 수 있으며, 꼭 있어야 할 시간에 출근하도록 한다.
- 개인적 일정이나 필요에 따라 작업장 안이나 밖에서 일하도록 한다.

사례 | CJ 텔레닉스의 재택 홈쇼핑 컨설턴트

- CJ 텔레닉스
재택 시스템을 설치하여 출퇴근의 제약과 근무 시간의 제약을 없애고 유동적으로 근무 가능하도록 조정함

직무 재구성(job restructuring)

과업의 반복 주기나 일하는 방법의 변화 등을 통해 구직자의 욕구에 가장 잘 연결될 수 있도록 직무를 수정함으로써 개인의 학습 형태나 능력에 보다 적합한 방식으로 일하도록 지원하는 것을 말한다. 지원 고용 근로자의 직무수행 욕구를 충족시키는 데 비용이 적게 들고 효과적인 방법으로 알려져 있다.

사례 | **자폐성장애인의 농업 분야 직무 개발(경기도 직업개발연구원)**

• 해피투게더 농장
  (경기도직업개발연구원)

작업장 개선(job site modification)

일반적으로 장애인 근로자가 일하기로 되어 있는 물리적 공간이나 작업 영역을 필요에 따라 변화시키는 것을 말하며, 다음의 사항들을 포함하고 있다.

- 작업대나 의자의 높이를 조절하는 것
- 화장실에 장애인을 위한 손잡이를 설치하는 것
- 일반 근로자의 주차 지역에 별도의 장애인 주차 지역을 두는 것
- 건물의 엘리베이터에 점자로 된 버튼을 설치하는 것
- 시각장애가 있는 사람을 위한 확대된 표지판 설치
- 글을 못 읽는 사람들을 위한 색깔로 구분하는 표지판
- 직무 성과를 향상시키기 위한 특수한 장비의 설치

사례 | **표준사업장, 자회사형 표준사업장 등 다수 장애인 고용사업장**

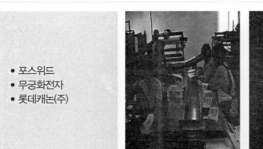

- 포스위드
- 무궁화전자
- 롯데캐논(주)

보조공학 기기 및 서비스

컴퓨터의 이용, 전기 장치, 특수 장비, 로봇공학 및 다양한 보조 장치의 활용을 포함하여 장애인의 기능 수준을 향상·유지·개선하기 위해 활용되는 보정 전략과 적응 장비로 구성되어 있다. 이는 물리적 설비나 하드웨어만 포함되는 것이 아니라 목적을 달성하기 위해 그것들을 효과적으로 적용하기 위한 정보를 포함한다.

사례 | **표준사업장, 자회사형 표준사업장 등 다수 장애인 고용사업장**

- 일산직업 능력개발센터 김○○ 선생
- 서울대학교 이상묵 교수 등 다수

업무능률 향상을 위한 보조공학 기구들을 활용한 모습

저기술 직무 적용(low-tech job application)

간단한 적용이나 낮은 비용의 설비를 통해 장애인이 독립적이고 효과적으로 업무를 할 수 있도록 지원하는 것을 말한다.

사례 | 한국전자금융(보조공학기기를 활용하여 뇌병변장애인 청소 직무 적용)

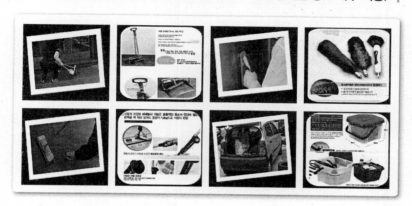

지원 고용-직무 적응 전략(supported employment-a job accommodation strategy)

일하기를 원하는 장애인의 능력·기술·재능을 향상시키기 위한 수단으로 작업장 내 훈련, 교통 편의 보조, 지속적인 지원 서비스를 활용하여 고용상의 장벽을 극복할 수 있도록 지원하는 방법이다.

사례 | 외식업 분야 정신지체인 주방보조원 고용

- 사업체명: ㈜푸드스타 TGIF, 베니건스, 아웃백스테이크하우스, 썬앳푸드, KFC, 롯데리아, 맥도날드, 피자헛, 빕스 등

사례 | 정신장애인, 정신지체인, 발달장애인 고용

- 사업체명: GS칼텍스 주유소, 현대오일뱅크주유소 등
- 직 무: 주유원, 세차원 등

사례 | 기타 지원 고용

- 장애 유형: 지적장애, 정신장애, 뇌병변 장애 등
- 직 무: 세탁물 분류원, 세탁원, 포장원, 전자조립, 간병인 등

3. 장애인 고용을 위한 사업주 및 장애인 대상 지원 서비스의 적용

장애인을 위한 직무 개발을 위해 장애인 고용 시 현행 사용되고 있는 사업주와 장애인 대상 제도적 지원 사항을 알고 활용하는 것은 매우 중요하다. 장애인 고용 시 지원 서비스 적용의 토대 위에 직무 개발 전략을 함께 사용하여야 실질적인 고용으로의 성공적인 이행이 가능한 경우가 많다. 지원 서비스의 지원 사항들은 한 사람의 장애인을 고용하기 위해 한 가지 방법만 적용하는 것이 아니라 필요한 여러 가지 방법을 적절하게 활용하여야 하며, 최적의 자원으로 최대한의 고용 효과를 이끌어내는 전략적 접근이 필요하다.

장애인 고용 사업주에 대한 지원 사항은 다음과 같다.

- 장애인 고용 촉진 지원금 또는 장애인 고용 장려금 지원
- 고용 시설 자금 융자
- 고용 시설 무상 지원
- 장애인 근로자의 재택 근무 지원
- 고용 관리 비용 지원
- 장애인 표준사업장 지원
- 보조공학 기기 지원
- 고령자 고용 환경개선 자금 융자
- 통합 지원 서비스 지원
- 교육 연수 지원

이와 같은 사항들은 장애인 고용을 하기 위한 환경 조성을 위해 비용적 측면, 물리적 시설 측면, 보조공학 등의 고용 유지를 위한 물적·인적 지원, 장애인 인식 개선을 지원하는 교육 연수 지원, 그리고 다양한 측면에서 장애

인 고용 환경을 조성하고 장애인과 어울려 일하기 위해 필요한 다양한 측면의 지원 사항으로 구성되어 있다. 직무 개발과 직업 배치 시 이러한 사업주 지원 사항을 고려하여 장애인의 해당 직무 수행 범위를 확대 적용하여 보다 다양한 영역으로 직무 배치를 시도할 수 있다.

장애인 고용을 실행하는 데 사업주와 장애인이 함께 이용할 수 있는 서비스는 다음과 같다.

- 취업 알선 서비스
  - 모집 대행 서비스
  - 중증장애인 지원 고용 프로그램
  - 시험 고용 프로그램
  - 현장 평가 프로그램
- 직업 능력 개발 사업
  - 양성 훈련
  - 나눔 맞춤 훈련
  - 재직 근로자 능력 향상 훈련
  - 기타 훈련

이와 같은 서비스 및 프로그램을 활용하여 해당 직무와 사업체의 특성에 맞는 고용 프로그램을 통해 장애인 – 무(無) 적격성을 검사하여 보고 해당 직무에 진입할 수 있다.

취업을 희망하는 장애인은 다음의 서비스를 활용하여 자신의 적성과 능력에 맞는 직업을 찾고 유지하는 데 도움을 받을 수 있다.

- 장애인 취업 프로그램 제공(희망 코디 및 구직 역량강화 프로그램)
- 근로지원인 지원
- 소상공인 지원 자금(장애인 기업 포함) 융자

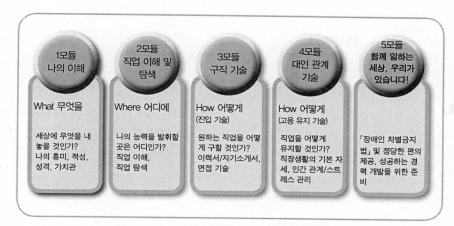

[그림 9-2] 구직 역량강화 프로그램 세부 내용

제10장
직업상담 및 사례관리

1. 직업상담의 개념 및 정의

1) 직업상담 개념

직업상담은 직업 준비나 직업 선택, 그리고 진로를 선택해 나가는 과정에서 일어나는 문제를 예방하고 목표를 이루도록 지원하는 포괄적인 활동을 의미한다. 즉, 상담의 기본 원리에 토대를 두되 직업에 초점을 두기 때문에 자기 자신과 직업에 대한 탐색을 하도록 하고, 개인이 주체적으로 만족할 수 있는 직업을 선택하고 직업생활을 할 수 있도록 하는 데 초점을 둔다(김병숙, 2008). 직업상담은 직업에 관해 일차적인 초점을 두는 상담으로서 상담의 기본 원리와 기법, 상담자와 내담자 사이의 내면적 상호작용을 강조한다. 다시 말해, 직업상담이란 기본적인 상담의 원리를 토대로 직업과 관련된 탐색과 의사결정을 촉진하여 자신에게 적합한 직업을 선택할 수 있도록 지원하는 활동이라고 할 수 있다(박자경 외, 2010).

장애인 직업상담은 상담의 기본 원리에 바탕으로 두고 직업과 진로를 선택해 나가는 과정이므로 원칙적으로 비장애인 직업상담과 동일하다. 하지만 장애인을 대상으로 하는 직업상담의 경우는 부가적으로 장애와 관련된 요소를 고려해야 하므로 차이점이 있다. 예를 들어, 선천적 장애 혹은 아주 어릴 적부터 장애가 있었던 경우 발달과정에서 교육과 경험 등이 다를 수 있다. 직업생활 도중에 사고나 질병으로 장애를 입게 된 경우도 자신의 의사와 상관없이 장애가 원인이 되어 이전 직업으로의 복귀가 어려울 수 있다. 따라서 직업과 관련된 개인의 특성을 고려할 때, 일반적 특성뿐만 아니라 장애와 관련되어 나타난 개인적·사회적 요소들에 대한 추가적인 고려가 필요하다.

2) 직업상담의 기능

직업상담이 직업과 관련된 탐색과 의사결정을 촉진하여 자신에게 적합한 직업을 선택할 수 있도록 하는 활동이라고 했을 때, 구체적으로 어떤 기능을 하고 있는지 살펴보고자 한다. 박자경 등(2010)은 직업상담의 기능을 다음의 다섯 가지로 요약하였다.

첫째, 직업상담은 내담자가 결정한 직업 계획과 직업 선택을 확인하는 기능을 한다. 내담자가 정하고 있는 직업적 계획이 무엇인지, 또한 자신의 능력과 적성을 고려한 적합한 선택인지 여부를 확인한다. 이때 상담자가 가진 직업 정보를 활용하는 것도 중요하지만, 내담자의 심리검사 자료 등 객관화된 자료를 활용해 내담자에게 적합한지 여부를 상담하는 것이 바람직하다.

둘째, 직업상담은 개인의 직업적 목표를 명확히 해 주는 기능을 한다. 내담자는 자신이 희망하는 것이 있더라도 구체화시키지 못하고 막연한 경우가 있다. 또한 잘못된 정보로 판단을 그르칠 수도 있다. 이 경우 자신이 희망하는 것을 명확히 하는 것을 도와주고, 비현실적이거나 잘못된 판단을 하고 있을 때 바로잡아 주는 것이 중요하다.

셋째, 직업상담은 내담자로 하여금 자아와 직업세계에 대한 이해를 돕는다. 직업에 필요한 조건, 이를 위한 훈련 및 취업 기회, 보수 및 작업 조건, 직업 전망 등은 직업을 이해하고 선택해 나가는 데 중요한 정보다. 이러한 정보는 직업세계에 대한 이해와 함께 자신에 대한 발견과 이해의 기회이기도 하다.

넷째, 직업상담은 내담자에게 진로 관련 의사결정 능력을 길러 주는 기능을 한다. 사람들은 살아가면서 수많은 결정을 한다. 하지만 자칫 스스로의 판단보다는 남의 의견을 그대로 따르거나 중요한 순간에는 심지어 회피하는 경향도 나타난다. 직업 선택과 진로 결정 시 현명하게 적응하고 선택해 나갈 수 있는 능력과 기술은 반드시 필요하다. 직업상담은 내담자에게 진로와 관련해 의사결정 능력을 길러 주는 기능을 한다.

다섯째, 직업상담은 직업 선택과 직업 생활에서의 능동적인 태도를 길러 주는 기능을 한다. 직업 및 진로 문제 등을 결정할 때 우리는 종종 외부 환경이나 주변 사람의 의견에 전적으로 좌우되는 경우가 있다. 직업상담은 내담자가 이러한 상황에 직면했을 때 스스로 선택하고 자신을 중심으로 외부 상황을 활용할 수 있는 능동적인 태도를 길러 준다.

3) 상담의 특성

상담은 기본적으로는 자신에 대한 이해를 목적으로 하지만, 때로는 심리적·정신적 문제를 치료해 주기도 하며, 직업상담과 같이 진로와 관련된 문제를 해결하고 지원해 주는 역할을 한다. 다음은 상담이 가지고 있는 기본적인 특성들이다.

(1) 상담(counseling)

상담이란 내담자로 하여금 자신에 대한 이해를 높여 바람직한 방향으로 발전할 수 있도록 돕는 구조화된 상호작용의 과정이다. 이러한 상담은 전문적인 상담자가 내담자의 문제를 해결할 수 있도록 돕고, 이 과정에서 개인적·사회적·교육적 문제 등 내담자의 모든 문제를 다룰 수 있다. 상담은 이후 소개하는 심리치료, 생활 지도, 진로 상담, 직업상담 등을 포함하는 가장 포괄적인 개념이다.

(2) 심리치료(psychotherapy)

상담이란 용어가 사용되기 시작한 초기에는 주로 치료(therapy), 처치(treatment) 등의 의미로 사용되었다. 이것이 심리학의 한 분야로 발전하여 신경증, 우울증 등 개인의 심리적·정신적 문제를 다루는 심리치료라는 분야로 인식되어 왔다. 상담이론의 대부분은 심리치료를 위한 상담 기법을 개발하는 과정에서 완성되었다.

(3) 생활 지도

개인이 일상생활에서 갖게 되는 여러 가지 문제에 대해 적절히 대처하고 해결할 수 있도록 도와주고, 건전한 사회생활을 영위할 수 있도록 하는 전문적인 과정이다.

(4) 진로 상담

상담 원리를 근간으로 삶의 궁극적인 목표를 달성할 수 있도록 향후의 인생 항로를 설계하고 계획하는 데 도움을 주는 것에 초점을 둔다. 즉, 개인의 장래에 대해 구체적인 계획을 수립하는 데 주안점을 둔다.

(5) 직업상담

개인이 특정 직업을 선택하고 직업 생활을 원활하게 수행할 수 있도록 도우며, 나아가 직업전환 및 은퇴의 과정에서 발생할 수 있는 문제들을 예방하고 지원하는 전문적인 상담활동이다. 개인에게 각종 취업에 필요한 정보, 조건 및 절차 등 종합적인 관련 정보를 제공하고 개인의 능력과 적성에 맞는 직업 선택이 이루어지도록 함으로써 효율적인 인력 관리에 도움을 주는 역할을 한다.

4) 직업상담의 종류

우리나라에서는 진로 상담 · 직업상담 · 산업 상담의 용어에 대한 정의가 혼돈되어 있어 영역 또한 학자마다 다르게 접근하고 있다. 이들은 모두 상담의 기본 원리에 근간을 두고 있으나, 상담 대상과 내용에 따라 각기 다른 종류의 상담 영역을 갖고 있다. 김병숙(2008)은 다음과 같이 각 영역을 비교하여 제시하였다.

진로 상담 영역은 진로 계획과 의사결정, 진로 준비를 위한 일반 상담과 진로를 위한 진로 문제 치료 등으로 분류된다. 직업상담 영역은 직업 선택의 의사결정과 직업 준비를 위한 일반 상담, 취업을 위한 취업 상담, 직업 적응 상담, 직업전환 상담, 진로 및 직업 문제를 치료하는 직업 문제 치료, 퇴직 후 진로를 위한 은퇴 상담 등으로 나뉜다. 산업 상담 영역에는 내적 · 외적 요인에 의하여 직업을 전환하려는 직업전환 상담, 직업생활의 적응에 대한 직업 적응 상담, 직업 적응 문제에 대한 직업 문제 치료 등이 있다.

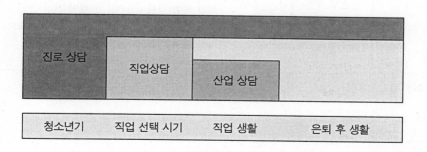

[그림 10-1] 인간발달 과정에서의 진로 상담 · 직업상담 · 산업 상담의 영역

출처: 김병숙(2008)

표 10-1 진로 상담 · 직업상담 · 산업 상담의 대상 및 상담 영역

구분	진로 상담	직업상담	산업 상담
대상	청소년, 취업 이전 성인, 직업 전환자	취업자, 재직자, 실직자, 은퇴자, 장애인, 제대 군인, 북한 이탈 주민, 외국인 근로자 등	재직자
상담자의 직무 내용	진로 계획 정보수집 · 분석 검사의 실시 상담 의사결정 진로 수정 프로그램 개발 및 수정	진로 경로 계획 개인 · 직업 · 미래 사회 정보수집 · 분석 · 가공 · 제공 검사 실시 상담 실시 의사결정 취업 알선 직업전환 진로 경로 개척 은퇴 후 진로	개인 정보수집 · 분석 검사 실시 상담 실시 진로 경로 개척 직업전환 직업 적응
상담 종류	진로 일반 상담 진로 경로 개척 상담 진로 수정 상담 진로 문제 치료	직업 일반 상담 취업 상담 진로 경로 개척 상담 직업 전환 상담 직업 적응 상담 직업 복귀 상담 직업 건강 상담 직업 문제 치료 은퇴상담	직업전환 상담 진로 경로 개척 상담 직업 적응 상담 직업 건강 상담 직업 문제 치료

출처: 김병숙(2008)

2. 직업상담자의 직무와 역할

1) 직업상담자의 직무 내용

우리나라 직업상담의 획기적인 발전을 가져온 것은 2000년도에 직업상담자를 국가자격제도로 도입한 후부터다. 이와 비슷한 시기에 한국직업상

담협회(www.kvoca.org)가 설립되었다. 상담 분야로서는 처음으로 직업상담 분야가 도입된 것이다. 한국직업상담협회는 각종 직업 정보와 직업상담, 직업상담자 교육과 관련된 정보를 제공하고 있다. 한국직업상담협회는 직업상담자를 다음과 같이 정의하였다.

> 개인의 직업발달을 지원하기 위하여 고안된 직업상담 자격제도로서 직업안정기관이나 교육훈련기관, 인력 관련 기관, 기업의 상담실, 초·중·고등학교 및 대학교 등에서 직업 선택, 취업처 결정, 직업전환, 직업 적응, 실업 위기, 은퇴 등의 과정에서 내담자의 개인적 특성을 평가하고 적합한 직업의 종류, 준비전략 등을 조언하여 개인으로 하여금 의사결정을 하는 데 도움을 주고 직업생활상의 문제를 예방하고 처치하는 등의 상담활동을 수행하는 자를 말한다.

(1) 직업상담자의 직무와 관련된 용어

직업 정보(vocational information)

미래의 직업 전망, 직업 구조와 직업군, 취업 경향, 노동에 관한 제반 규정, 직업의 분류와 직종, 직업에 필요한 자격 요건, 준비 과정, 취업 정보 등을 포함하여 내담자가 직업을 이해하고 직업과 관련된 의사결정을 하는 데 도움을 줄 수 있는 정보를 의미한다.

직업 훈련(vocational training)

직업을 갖고자 하는 자에게 산업사회에서 일하는 데 필요한 기능, 지식 및 태도를 개발하도록 도와주고, 취업한 자에게는 기술의 발전과 산업변화에 대처할 수 있는 능력을 향상시켜 자아실현을 도와주는 일련의 훈련 활동이다.

직업 지도(vocational guidance)

자기 자신을 이해하며 직업을 선택하고 직업에 대한 적합한 준비를 하여 직업인으로서 만족할 만한 생활을 하는 데 도움을 주거나 조언을 하기 위한 의도적이고 체계적인 활동이다.

직업 지도 프로그램(vocational guidance program)

직업의식을 높이고 미래와 직업 그리고 자신에 대한 이해의 폭을 넓힐 수 있도록 돕는 프로그램을 말한다.

취업 알선(employment mediation)

취업 정보를 가지고 적합한 구직자와 구인 업체를 연결시켜 주며, 고용계약이 성립되도록 관련된 정보와 상담을 실시하는 활동이다.

내담자 · 피상담자(counselee, client)

스스로 혹은 타인의 권유로 상담을 받는 자를 말한다.

일(work)

인간이 하는 모든 행동 중에서 목표를 성취하거나 변화되거나 변화를 조정하기 위한 행동이다.

진로(carrer)

개인이 일생 동안 추구하는 일의 총칭이며, 협의의 의미로 직업과 같이 사용한다.

직업(occupation, vocation)

생계의 유지와 사회적 역할 분담 및 자아실현을 목표로 하는 어느 정도의 계속적인 노동이나 일이다. 직업은 두 가지 개념으로 구분되는데, 'occupation'의 의미는 생활을 위한 개인의 계속적인 일로서 일 또는 사업에 따른 대가로 경제적 보수가 반드시 고려되는 것이다. 이에 비해 'vocation'의 의미는 생계를 위한 수입을 제공하는 수단과 방법 등 인간의 생활을 규칙화하며 개인의 사회적 위치를 확인시켜 주는 특수한 일이다. 또한 조물주로부터 소명받은, 즉 어떠한 일을 하든지 자기가 하는 일에 전력을 다하는 것이 하늘의 뜻이고 소명이라고 생각하는 천직관 등의 의미가 있다.

직무(job)

일 또는 업무를 분류하는 하나의 단위로서 조직 내에서 유사한 역할과 책임을 지닌 책무, 과업, 요소 등으로 구성된다.

과제(task)

특정 역할을 구성하는 구체적이고 명확한 작업 활동, 혹은 의미나 목적을 가진 여러 동작들의 집합이다. 처음과 끝을 분명하게 논리적으로 구획 지을 수 있으며, 그 자체로 독립될 수 있는 측정이 가능한 행동의 범위다. 근로자에게 부여된 일의 한 단위로서 분업이나 분담이 가능하다.

직무 분석(job analysis)

직무를 구성하고 있는 일, 즉 직무에 대한 조사 및 자료수집 활동을 통해 해당 직무의 내용과 직무를 수행하기 위하여 요구되는 직무 조건을 조직적으로 밝히는 절차다. 다양한 직무에 대한 정보를 수집·분석하여 직무별 목적, 주요 활동과 책임, 직무 수행 요건을 명확히 규정하는 일련의 작업이다. 직무를 정의할 때는 특정 직무에서 수행하는 업무 내용과 그 직무를 담당할 사람에게 요구되는 수행 요건을 대상 내용으로 한다.

(2) 직업상담자의 역할

직업상담자는 상담의 목적을 설명하고, 상담자와 내담자의 역할을 분명히 한다. 상호 긍정적인 관계를 형성함으로써 상담을 진행해 나가는 데 원활한 상황을 만든다. 상담 기법을 통해 내담자의 문제를 확인하며, 직업 선택에 관심이 있는 경우 직업상담을 실시한다. 상담자는 내담자가 충분한 동기를 갖고 있는지 확인하고 동기 수준이 낮을 경우 동기를 갖도록 해야 한다. 내담자가 염려하고 있는 부분에 대해 가능한 대안을 찾아 주고 내담자에 관한 모든 정보와 관련된 부가적 정보를 종합한다. 이렇게 종합한 정보는 내담자의 가능한 직업을 결정하는 데 중요한 정보가 된다. 상담자는 내담자의 목표와 실제 직업적 능력, 상황 등을 고려하여 실제 가능한 대안을 제시한다. 각기 다른 장단점을 설명하고 내담자가 가장 가망 있는 대안을 선택하여 실행하도록 돕는다. 이후 선택한 대안에 만족하는지 확인하고 상담 관계를 종결한다.

2) 직업상담 실시

직업상담은 직업을 선택할 때부터 은퇴 후까지 직업과 관계된 모든 부분에서 이루어지는 것으로 구인·구직 상담, 진학 상담, 경력 개발 상담, 직업 적응 상담, 직업전환 상담, 은퇴 후 상담 등으로 분류된다. 여기서는 구인·구직 상담부터 직업 적응 상담까지 소개하고자 한다.

구인·구직 상담

구인·구직 상담 시 우선 구직표와 구인표에 작성된 정보가 누락된 것이 없는지 확인한다. 구인 사업체에 대해서는 조직 문화, 특별히 요구되는 자질과 요건, 근로 조건상의 특이한 점, 우대 조항, 진급 및 승진, 복지 등에 관하여 상세한 정보를 수집한다. 한편, 구직자에 대해서는 별도의 상담지를 준비하여 보다 상세한 정보를 수집하고, 구직자가 원하는 구인처에 대한 요구 사항을 면밀히 분석한다. 상담을 진행하면서 구직자에게 별도의 문제가 발견되는 경우 직업평가사와 연결해 주고, 직업 지도 프로그램이 필요하다면 프로그램을 실시하는 시간과 기관을 안내해 주고 프로그램에 참여하도록 권유한다.

진학 상담

진학 상담은 주로 청소년을 대상으로 하며, 일하면서 공부하는 직업인을 대상으로 할 때도 있다. 진학 상담은 내담자의 적성 및 흥미 검사 결과와 함께 자신의 꿈, 가족의 기대, 앞으로의 진로 계획에 대한 정보를 수집하고 의사결정에 도움이 되도록 직업에 대한 상세한 정보를 제공한다. 진학 상담은 주로 아직 진로를 결정하지 못했거나 갈등하는 경우 실시하며, 잘못된 선택을 한 청소년에 대해서는 스스로 올바른 결정을 해 나갈 수 있도록 조언해 준다.

경력 개발 상담

경력 개발 상담은 주로 직업인을 대상으로 한다. 상담자는 직업생활을 하면서 자신의 경력개발을 할 수 있도록 「근로자직업능력 개발법」 등 각종 제도를 안내하고, 그 직업의 진입 요건을 제시하며, 경력 개발을 위하여 내담자의 여가 시간을 이용하도록 조언한다. 정보를 바탕으로 내담자가 경력 개발 계획을 세우도록 돕는 한편, 경력개발을 위한 현장 훈련(On the Job Training: OJT), 위탁 훈련(Off the Job Training: Off JT), 향상 훈련 등에 관련된 기관, 교육과정, 소요 기간, 참여 방법 등에 대한 정보를 제공한다.

직업 적응 상담

직업 적응 상담은 신규 취업자나 직업인을 대상으로 한다. 신규 취업자에 대해서는 조직 문화, 인간관계, 인사 노무 관리의 형태, 직장 예절, 직업 의식과 직업관 등에 관한 정보를 제공하고, 필요하다면 직업 지도 프로그램에 참여하게 한다. 직업인에게는 직업 스트레스, 직무 만족, 작업 동기, 직업 의식 및 직업관과 관련된 상담을 실시한다.

3) 직업상담 대상자

청소년

직업상담에서 전통적으로 우선시 되는 대상이 청소년이다. 최초 직업상담을 도입하던 당시, 직업상담은 청소년의 직업 지도로부터 출발하였다. 청소년의 직업상담은 청소년의 자아정체성, 자기개념 등에 대한 상담이나 프로그램을 운영하고, 청소년의 자기 탐색 과정과 진로 성숙을 돕거나 진로에 대한 의사결정 능력을 함양시키는 과정 등이 포함된다. 청소년 수준에 맞도록 직업 정보를 가공하여 제공하는 것도 직업상담 과정에서 이루어진다.

실업자

직업상담에서 중요한 대상은 실업자다. 실업자는 실업 전후에 겪는 충격과 동시에 재취업에 대한 부담으로 심리적인 어려움을 겪게 된다. 실업이 발생한 초기에는 정신적인 고통에서 벗어나도록 충격 완화 프로그램을 제공하는 한편, 노동시장에 빠르게 재진입할 수 있도록 자신이 취해야 할 행동에 대한 상담도 필요하다. 직업훈련 과정을 선택하고 이수하며 직무 능력을 향상시키거나 직업을 전환하는 데 도움을 주며, 취업 효능감을 증진시켜 노동시장에 진입하게 한다.

장애인

「장애인고용촉진 및 직업재활법」에서는 장애의 정의 및 개념을 신체 또는 정신상의 장애로 인하여 장기간에 걸쳐 직업 생활에 상당한 제약을 받는 자로 규정하였고, 중증장애인은 장애인 중 근로 능력이 현저하게 상실된 자로 의료적 손상의 결과인 직업적 장애(work disability), 즉 직업 능력을 기준으로 규정하였다. 장애인의 직업상담은 재활 상담 분야에서 주로 다루고 있다. 직업재활 상담자는 장애인의 고용을 위해 많은 역할을 담당하는데, 사례 개발부터 초기 면접, 진단, 적격성 판정, 재활 계획 수립, 서비스 제공, 직업 배치 및 사후 지도 등의 역할을 수행하고 있다. 이러한 업무를 효과적으로 수행하기 위해 상담과 직업평가, 직업상담, 사례관리, 직업 개발 및 직업 배치 등 폭넓은 지식과 기술을 필요로 한다. 장애인을 위한 직업상담을 실시하는 기관은 노동부 고용지원센터 외에 '장애인종합복지관' '한국장애인고용공단 지사' '서울시 일자리지원센터' 등이 있다.

여성

우리나라 여성은 과거에 비해 직업을 갖는 비율이 높아졌으며 동시에 생애주기의 변화로 육아 이후 잔여 기간이 많아졌다. 또한 여성 중에서도 전문직에 종사하고자 하는 욕구가 많아져 경력 단절 이후 직업 욕구나 직업 수준이 다양하게 나타나고 있다. 처음 직업을 가지려는 여성, 근무 시간을 중시하는 여성, 임금이나 승진 등에 관심이 있는 여성, 전문직을 고수하는 여성, 여가 시간 활용으로 직업을 갖고자 하는 여성 등이 있다. 그러므로 직업에 진입 혹은 복귀하고자 하는 여성에게 자신에 대한 이해, 사회의 흐름, 미래사회, 직업 세계 등에 대한 정보를 제공하고, 직업 복귀를 할 수 있는 방법들을 안내하는 한편, 직업훈련에 참여하여 취업하는 각 단계별 직업상담이 이루어지는 것도 바람직한 방안이 될 것이다.

노인

직업 생활에서 정년퇴직은 실제적으로는 노인이 아님에도 불구하고 사회적 · 기능적으로 은퇴한 노인의 역할 수행을 요구받게 된다. 따라서 은퇴 시기에 따라 노인이 되는 시기가 달라진다고 할 수 있다. 앞으로 수명 연장과 함께 정년퇴직 연령이 연장되거나 연령 제한이 없어지면 노화 현상이나 노년기의 행동은 크게 달라질 것이다. 또한, 노인 인구가 많아지고 노인이 일자리를 원하고, 일할 능력이 있는 한 일을 계속할 수 있는 사회적 분위기가 형성되면서 점차 노인 근로자를 위한 훈련과 재훈련에 대한 관심이 늘어나고 있다. 노인에게 직업이란 수입을 얻게 된다는 경제적인 의미뿐만 아니라 사회와의 연결 통로이며, 건강의 유지, 삶의 보람 등 비경제적으로도 큰 의미를 갖는다. 노인을 위한 현행 고용 지원 체계로는 노동부 고용지원센터 외에 '고령자인재은행'과 '고급인력정보센터'가 있으며, 보건복지부에서 관장하는 '노인취업알선센터'와 서울시가 독립적으로 운영하는 '고령자취업알선센터' 등이 있다. 고령자 고용 촉진을 위한 제도적 개선과 노인 직업 훈련 그리고 직업상담이 이루어져야 하며, 노년 준비 프로그램, 은퇴 후 여가 활용을 위한 계획, 직업 훈련 등을 돕는 직업상담 등이 필요하다.

4) 직업상담 과정

직업상담의 과정은 연구자에 따라 차이가 있지만, 크게는 2단계로 나뉠 수 있다. 우선 내담자의 상담 목적과 문제를 확인하는 단계이며, 다음으로 내담자의 목적에 따른 문제 해결 단계다. 각 단계는 하위 단계들로 세분화되는데, 간단히 살펴보면 다음과 같다.

(1) 내담자의 문제 확인

들어가기

내담자의 목표와 문제를 확인한다. 상담자는 내담자의 생각과 느낌을 듣고, 내담자와 자신의 책임을 포함한 상호 간의 관계를 분명히 한다. 즉, 직업과 관련해 상담자와 내담자가 서로의 역할을 알고 직업과 관련을 맺는 첫 번째 단계다.

내담자 정보 수집하기

내담자의 자아정체성을 알고, 생애 역할과 주변 상황, 개인의 가능성, 환경적 장벽, 내담자의 의사결정 방법 등을 탐색한다. 즉, 내담자의 문제를 해결하기 위해 내담자와 내담자를 둘러싼 환경을 분명히 파악한다.

(2) 내담자의 문제해결

행동하기

확인된 문제와 내담자의 정보를 종합하여 개입 수준을 정한다. 직업상담 기법을 이용한 개입이거나, 심리검사 결과에 근거한 방법일 수 있다. 내담자의 문제를 해결하고 진로를 발전시키기 위해 내담자를 지원한다.

평가하기

내담자의 목적 또는 문제를 해결하였는지 확인한다. 문제가 해결되지 않았으면 다시 한 번 과정을 순환하고, 문제가 해결되었으면 상담 관계를 끝낸다.

3. 직업상담 기술

직업상담을 위해 상담자는 내담자와 긍정적인 관계를 형성하고, 문제 진단부터 필요한 자원의 연계, 프로그램 운영에 이르기까지 다양한 기술이 필요하다. 연구자들이 제시한 직업상담자의 역량은 다양하지만 크게 몇 가지 공통 범주로 분류할 수 있다. 박자경 등(2010)는 선행 연구결과를 토대로 효과적인 장애인 직업상담을 위해 다음과 같이 다섯 가지의 직업상담 기술이 필요하다고 제시하였다(〈표 10-2〉 참조).

표 10-2 **직업상담 기술 구성 요소**

직업상담 기술	세부 내용	관련 지식
내담자와 협력적 관계 형성	• 내담자 참여 유도, 동기화 • 의사소통 기술	• 상담 이론 및 기법
내담자 특성 분석	• 면접 기술 • 장애 관련 특성 파악 • 직업흥미 · 적성 검사 활용 • 작업표본 검사 활용 • 진로성숙도, 직업가치 검사 활용 • 성격검사 등의 심리검사 활용	• 심리검사의 특성 및 활용에 대한 지식 • 장애에 대한 이해
노동시장 및 직업 정보의 수집과 분석	• 직업(직무)의 이해 • 교육, 훈련, 관련 법률 정보 활용	• 직업 특성, 노동시장 변화에 대한 이해
지역사회 자원의 활용 · 연계	• 지역사회 자원 분석 • 서비스 의뢰	
진로 관련 프로그램 개발 및 운영	• 진로 관련 프로그램 개발 • 진로 관련 프로그램 운영	• 욕구조사 방법에 대한 이해 • 프로그램 개발 및 평가 방법에 대한 이해

출처: 박자경 외(2010).

1) 내담자와 협력적 관계 형성

내담자는 상담 목적이 분명함에도 불구하고 상담에 적극적이기보다 비협조적인 경우가 많다. 또한 현실적인 판단을 하지 못해 상담자가 당황하는 경우도 종종 발생한다. 이를 위해서는 상담 초기 라포 형성과 장애 특성에 대한 이해를 통해 내담자와 상담자 간의 긍정적이고 협력적인 관계를 형성하는 것이 중요하다. 특히 내담자의 이야기를 들어주고 공감해 주는 기술이 중요하다. 상담자는 내담자의 욕구, 관심사, 가능성 등에 관심이 있음을 내담자에게 보여 줌으로써 일단 긍정적이고 협력적인 관계를 마련해야 한다. 그런 다음 직업상담 전 과정을 통해 관계를 발전시켜 나가야 한다. 경청, 공감 등 상담의 기본 기법을 통해 내담자를 대한다. 직업상담은 일반 상담과는 달

리 직업에 초점을 두고 있기 때문에 짧은 시간에 효과적으로 직업적 정보를
최대한 얻을 수 있도록 상담을 주도해야 한다.

> **장애 특성을 알지 못해 초임 상담자가 어려움을 호소하는 사례**
>
> "예전에 경험하지 못한 새로운 장애 유형의 사람들을 만나면 굉장히 긴장되
> 고 부담스러워요. 경험이 부족해서인지 구직자를 처음 대할 때 어떻게 대해
> 야 하는지 어려운 경우가 있습니다."
>
> "밀폐된 공간에서 장애가 심한 내담자를 만났을 때 그 자체가 무섭고 힘들었
> 습니다. 아마 장애의 특성에 대해 잘 몰랐거나 라포를 형성해 나가는 상담 방
> 법이 익숙하지 않아서 더 그랬던 것 같아요."

2) 내담자 특성 분석

내담자의 특성을 분석하기 위해서는 면접 기술 및 다양한 검사 도구의 활
용이 필요하다. 구체적으로는 면접 기술, 직업흥미 및 적성 검사, 작업표본
검사, 진로성숙도 및 직업가치 검사의 활용, 성격검사 등의 심리검사 활용,
그리고 장애 관련 특성을 파악하는 직업상담 기술이 필요하다. 상담자가 처
음 내담자를 만나 면담하는 것을 초기 상담이라고 하며, 이러한 직업상담을
위해서는 면접 기술이 필요하다. 여기서 제시한 여러 가지 검사에 대한 설명
은 제4장을 참고하기 바란다.

(1) 초기 상담

초기 상담은 상담 과정에서 첫 번째로 실시되는 가장 중요한 면담으로,
상담자와 내담자 모두가 상담 관계를 원하고 있는지 또는 그 관계가 지속될
수 있는지를 해석해야 한다. 즉, 상담자는 정직하고 개방적이며 적절한 관계
형성을 통하여 내담자의 문제를 다룰 수 있어야 한다. 초기 상담은 내담자와

의 관계의 시작으로서 상담자가 내담자에 대해 필요한 정보를 수집하고 받아들이는 과정이다. 초기 상담의 중요한 목적이 정보수집에 있으므로 상담자는 정보수집을 위해 탐색, 폐쇄형 · 개방형 질문을 사용한다.

탐색

탐색은 '누가, 무엇을, 어디서, 어떻게'로 시작되는 질문이다. 그것은 단답형이 아닌 최소한 한두 마디 단어 이상의 응답을 요구한다. 예를 들어, "일자리를 구하기 위해서 당신은 어떤 계획을 가지고 있는가?"와 같은 질문을 하는 것이 좋다. 대부분의 질문은 '왜'라는 단어 없이 시작해야 한다. '왜'라는 단어는 불만을 표시하고 내담자를 방어적인 위치에 두기 때문에 피하는 것이 좋다.

폐쇄형 질문

폐쇄형 질문은 '예/아니요' 같이 제한된 응답을 요구하는 것이다. 폐쇄형 질문은 짧은 시간에 상당한 양의 정보를 추출해 내는 데 아주 효과적이므로 구직표, 면담지 등 일정한 양식 안에 기입해야 할 정보를 얻고자 할 때 유용하다. 그러나 정교화된 정보를 얻는 데는 한계가 있어 때로는 도움이 되지 않을 때도 있다.

개방형 질문

폐쇄적인 질문과 달리 '무엇을, 어떻게' 등과 같은 단어로 시작되는 개방형 질문이 있다. 이것은 내담자가 말할 수 있도록 많은 시간을 할애해야 한다. 폐쇄형 질문과 비교해 개방형 질문은 내담자가 말을 하도록 동기를 더 부여한다는 점에서 차이가 있다.

내담자의 태도로 초임 상담자가 어려움을 호소하는 사례

"내담자의 정보를 알아보기 위해 신상정보를 물어보면 구직 장애인이 그걸 왜 알려고 하냐고 질문할 때가 있습니다. 내담자의 이러한 반응은 어찌 보면 당연할 수도 있는데, 내가 적절하게 질문을 하지 못해 그런 상황이 생기는 것 같아요."

"자신을 지나치게 오픈하는 내담자를 만났을 때 어떻게 적절하게 거리를 유지해야 하는지 모를 때가 있습니다. 그냥 마냥 앉아서 내담자의 이야기를 들어주는 게 상담은 아니라는 생각이 들어요."

(2) 직업상담의 주요 요소

감정이입

감정이입은 마치 자신이 내담자 세계에서의 경험을 갖는 듯한 느낌을 말한다. 감정이입은 타인의 감정을 이해하고 그러한 감정을 스스로 다시 경험하는 능력 또는 타인과의 유대를 강화하는 긍정적·부정적 감정의 공유로 정의된다. 즉, 감정이입은 다른 사람이 처한 감정적 반응 상황을 이해하고 자신이 마치 상대방의 입장이 된 것처럼 동일하게 느낄 수 있는 능력 또는 감정적 반응을 일컫는다. 직업상담 시 내담자가 처한 상황과 감정적 반응을 이해하는 것이 중요하다. 하지만 내담자의 입장을 이해하고 그에 근거해 대안적인 관점을 도출하는 것은 유용하지만, 지나친 정서적 공감은 피하는 것이 좋다.

언어적 행동 및 비언어적 행동

언어적 행동은 내담자에게 중요한 것이 무엇인가를 논의하거나 이해시키는 의사소통을 포함하고 있다. 재진술, 언어적 강화가 상담자가 내담자 개인에게 초점을 맞추고 있음을 의미하는 언어적 행동이라면, 미소, 몸짓, 기울임, 눈맞춤, 끄덕임 등은 상담자가 관심을 갖고 열린 상태가 되어 내담자를 끌어들이는 데 효과적인 비언어적 행동 방법이다(〈표 10-3〉참조). 한편 도움이 되지 않는 면담 행동은 충고다. 간혹 내담자가 주제에 대해 상담하기를 거부할 때 또는 위급한 상황에서 내담자의 안전과 직접적인 복지를 위한 충고는 유익한 경우도 있지만 대부분 부정적인 결과를 가져온다. 과도한 질문 역시 상담자가 흔하게 행하는 실수다. 이러한 상황에서 내담자는 상담하는 것이 아니라 상대가 캐묻는다고 느낀다. 상담자는 두 가지 이상의 질문을 연이어 하는 것을 피한다.

표 10-3 언어적 행동과 비언어적 행동

	언어적 행동	비언어적 행동
도움이 되는 행동	• 이해 가능한 언어 사용 • 내담자의 진술을 짚고 명백히 함 • 적절한 해석 • 근본적인 신호에 대한 반응 • 언어적 강화를 사용(예: 음, 알지요 등) • 내담자에 대해 존칭 사용 • 적절한 정보 제공 • 긴장 해소 위해 가끔 유머 사용 • 비판단적인 태도	• 눈의 접촉 유지 • 내담자 이야기에 고개를 끄덕임 • 표정을 지음 • 가끔 미소를 지음 • 가끔 손짓을 함 • 내담자와 적절한 거리를 유지함
도움이 되지 않는 행동	• 충고 • 타이르기 • 달래기 • 비난 • 광범위한 시도와 질문 • '왜'라는 질문 • 지시적 · 요구적 • 과도한 해석 및 분석 • 어려운 단어 사용 • 상담자 자신에 대해 지나친 공개	• 멀리 떨어져 앉기 • 조소 • 얼굴을 찡그리는 것 • 입을 꽉 다물기 • 손가락질을 하기 • 자세가 흐트러짐 • 눈 감기 • 너무 빠르거나 너무 느리게 이야기하기

직면

직면은 내담자로 하여금 행동의 특정 측면에 대해 검토하고 수정하게 하는 것이다. 즉, 직면은 사람들로 하여금 무엇이 일어나고 있고 그 결과가 무엇인지를 보다 분명하게 알도록 하여 자신의 생활이 원활해지고 타인과 보다 훌륭한 관계를 맺을 수 있도록 변화를 모색하게 한다. 적절한 직면은 자신을 솔직하게 돌아볼 수 있는 용기와 함께 성장을 가져다 주지만, 실패할 경우 내담자에게 오히려 해로울 수 있다.

계약

계약은 목표 달성에 포함된 과정과 최종 결과에 초점을 두는 것이며, 다음과 같은 사항에 유념해야 한다.

- 상담자는 내담자에게 상담의 목적이 일하는 것임을 분명하게 가르쳐 주어야 한다.
- 상담을 위한 계약은 내담자와 관련된 변화를 위한 것이라는 점에서 매우 중요하다. 내담자가 다른 사람들의 행동을 탐색해 보기를 원할 경우 상담자는 자문자와 같이 행동한다.
- 상담자는 내담자의 신용 없는 말들을 포함하는 계약은 하지 않도록 한다. "시도해 보라."와 같은 말은 구체적이지 않아 내담자가 목표에 도달하는 데 도움이 되지 않는다.
- 상담자는 계약의 초점이 변화에 있음을 강조해야 한다. 상담자는 내담자의 행동, 사고 혹은 느낌상의 변화를 촉진하는 계약을 강조해야 한다.

리허설

일단 계약이 설정되면 상담자는 내담자에게 선정된 행동을 연습하거나 실천토록 함으로써 내담자가 계약을 실행하도록 도와야 한다. 내담자의 리허설은 명시적인 것과 암시적인 것으로 나뉜다. 명시적 리허설은 내담자로

하여금 그가 하고자 하는 것을 말로 표현하거나 행위로 나타내 보일 것을 요구하는 것이며, 암시적 리허설은 목표를 상상하거나 숙고해 보도록 하는 것이다.

3) 노동시장 및 직업 정보의 수집과 분석

노동시장 및 직업 정보의 수집과 분석을 위해서는 직업 정보 시스템의 활용이나 교육, 훈련, 각종 법률과 제도에 대한 정보를 수집하고 제공하는 기술이 필요하다. 또한 직무 분석 결과를 활용하는 방법, 「근로기준법」 「노동법」 「고용보험법」, 복지제도 등 각종 법률과 제도에 대해 장애인 내담자가 알아야 할 기본적인 정보를 알아야 한다. 직무 분석에 관해서는 제9장을 참고하기 바란다.

> **초임 상담자가 직업 정보로 어려움을 호소하는 사례**
>
> "내담자의 특성을 잘 알아도 직업 정보를 모르면 소용이 없어요. 직업이나 직무에 대한 것들을 잘 알아야 할 것 같습니다."
> "직업 사전이나 직업 코드에서 상식적으로 알고 있어야 하는 내용을 모를 때 곤란한 경우가 있어요. 직업 사전이나 직무 분석 결과를 활용하지 않는 것은 그것이 필요하지 않아서라기보다는 잘 몰라서 활용하지 않는 경우가 많습니다."
> "노동시장이나 직업에 대한 교육을 할 때 지역 특성을 고려하는 것이 필요할 것 같습니다. 지역별로 구인 직종, 규모 등의 편차가 크니까 그 지역에 대해 정보를 알지 못하는 경우 대처가 어렵습니다."

4) 지역사회 자원의 활용 · 연계

지역사회 자원의 활용 · 연계를 위해서는 각 자원의 역할과 기능을 알고,

기관들 간 협력 기술을 경험적으로 습득하는 것이 중요하다. 지역사회 자원을 활용하는 것은 지역사회 네트워크 기관을 잘 알고 협력 관계를 구축하는 것인 만큼 별도의 교육이 필요하기보다는 직접 경험하는 것이 가장 중요하다. 지역사회 각 자원의 고유한 특성과 장단점, 만족도 등에 대해 현장에서의 경험을 가진 선배들을 통해 정보를 수집하는 것도 하나의 방안이다.

5) 진로 관련 프로그램 개발 및 운영

그동안 진로 관련 프로그램은 재학생을 위한 학교, 혹은 일반 구직자를 위한 고용지원센터 등에서 주로 개발하고 운영하였다. 하지만 최근 장애인 구직자를 위해서도 각종 프로그램을 개발하고 운영하는 추세에 있다. 한국장애인고용공단에서는 구직자를 위해 취업 성공 패키지 프로그램의 일환으로 2011년 '구직 역량강화 프로그램'을 개발하여 운영하고 있으며, 특수학교 졸업반 학생을 위해서도 적극 활용하고 있다. 이러한 움직임은, 지금까지 장애인 직업상담이 상담부터 자원을 연계, 활용하는 데까지 주로 이루어졌다면, 앞으로는 진로를 개척하고 직업 능력을 강화하는 프로그램을 운영하는 데에도 적극 활용되어야 함을 의미한다고 하겠다.

4. 사례관리

1) 사례관리의 개념

사례관리는 사회복지의 실천 방법 및 서비스 전달 체계라고 말할 수 있다. 사례관리는 임상 개입의 의미와 행정적 의미가 복합된 의미로, 지역에서 다양한 문제에 의해 사회적 기능 수행이 어려운 클라이언트에게 포괄적·체계적·지속적인 서비스를 지역사회에서 전달하는 데 목적을 둔 일련의 문제 해결 과정이라 할 수 있다(이경아, 2008 재인용). 사례관리를 담당하는 사람은 고객이 적절한 서비스를 받을 수 있도록 복잡한 서비스 전달 체계를 연결시켜 주는 역할을 한다. 즉, 사례관리란 복잡하고 다양한 문제나 장애를 가진 개인과 그 가족에게 효과적으로 서비스를 제공하기 위해 제안된 통합적 접근 모형이라 할 수 있다(홍선미, 2006). 직업상담에서는 서비스 대상자를 내담자로 표현했으나, 여기서는 고객 또는 클라이언트로 표현한다.

2) 사례관리의 목적

미국사회복지사협회(National Association of Social Workers)에 따르면, 사례관리는 효과적·효율적인 방법으로 다양하고 복합적인 욕구를 가진 고객에게 질 높은 서비스를 제공함으로써 고객의 기능을 극대화하는 것을 우선 목적으로 한다. 사례관리는 전문적 훈련, 가치, 지식, 이론 및 기술에 기초를 두며, 다음의 목적을 포함한다.

- 고객의 발전을 지향하며, 문제 해결 능력과 대처 능력을 증진시킨다.
- 자원과 서비스를 보다 효과적으로 연결할 수 있는 시스템을 제안한다.
- 자원, 서비스 및 기회를 제공할 수 있는 시스템에 사람들을 연결시킨다.
- 전달 체계의 범위와 능력을 증진시킨다
- 사회 정책 개발과 향상에 기여한다.

3) 사례관리의 대상

지역사회에서 자신의 욕구에 대해 적절한 서비스를 체계적으로 공급받지 못하는 서비스 이용자가 모두 포함된다. 특히, 노인, 아동, 장애인(정신장애인)과 같이 복합적인 욕구나 만성적인 장애를 가진 대상자에게 더욱 효과적으로 적용된다.

4) 사례관리의 기능

사례관리의 기능은 주어진 현장과 대상자의 특성에 따라 세분화될 수 있으나, 크게 서비스 대상자에게 직접적으로 서비스를 제공하는 기능과 서비스의 연계와 조정을 위한 간접적인 개입 기능을 모두 포함한다. 즉, 사례관리는 직접적인 서비스 기능과 간접적인 서비스 기능을 통합한 것이다. 사례관리의 서비스 기능과 사례관리 과정을 살펴보면 다음과 같다.

(1) 서비스 기능

직접적인 서비스 기능
지역사회에 있는 서비스 대상자에게 개별화된 상담과 치료를 제공하며, 필요로 하는 서비스를 중개하는 기능이다.

- 사례 발견과 의뢰
- 적극적인 서비스 대상자(고객) 발굴
- 초기 면접
- 사정
- 목표 설정
- 서비스 계획 및 개입
- 재사정
- 결과 평가
- 상담
- 치료
- 고객 옹호
- 고객과 서비스, 자원 간의 연계

간접적인 서비스 기능

지역사회 내에서 기관이나 비공식적인 지지망의 지지 체계를 활성화시키며, 자원을 개발하는 기능이다.

- 자원 파악 및 목록 작성
- 기관 상호 간의 조정

(2) 사례관리의 과정

사례 개발 및 접수

서비스가 의뢰되거나 스스로 신청하는 과정으로서 서비스에 대한 설명 및 합의가 이루어지며, 소비자와 라포를 형성하여 신뢰를 쌓고, 고객의 자기결정권과 권리에 대한 부분을 인식시키는 것이 중요한 단계다.

사정

고객의 의료적·신체적·정신적·지적·사회적·직업적 평가를 통해 고객의 장애가 그의 생활에 미치는 영향, 특히 독립적으로 일하거나 생활하는 데에서의 능력 장애에 대한 부분에 중심을 둔다. 사정을 할 경우에는 소비자의 잔존 능력이나 기술 사정을 비롯하여 취업을 하는 데 영향을 미치는 정서적·경제적·환경적 요인을 고려하여야 한다.

계획

고객의 욕구와 필요성에 의해 서비스를 개발하고 계획하는 단계로서 목표를 설정하고 자원계획을 수립하여 관련 기관의 기능, 서비스 자격 요건, 서비스 비용, 접근성, 그리고 서비스를 실행하는 데에서의 장애 요인에 대한 분석이 필요하다. 이를 바탕으로 서비스 계획을 수립할 경우, 장기 및 단기 목표, 서비스 내용, 기관, 서비스 담당자, 서비스 기간, 비용 등을 고려하여야 한다. 이 과정에서 중요한 것은 고객 중심의 계획이 수립되어야 한다는 것이다. 사례관리에서 가장 중요한 계획 단계에서 사례관리자는 지역사회의 다양한 정보를 제공하여야 한다.

개입 및 조정

이 과정은 사례관리의 효율성과 성공을 위해 사례관리자가 개입하고 필요시 조정하는 단계다.

점검 및 옹호

계획이 실행되는 과정에서 사례관리자는 지속적으로 계획을 점검하고 평가해야 한다. 고객에게 적절한 서비스를 제공하고 있는가가 가장 기본적으로 점검해야 할 사항이다. 또한, 고객의 목표 달성에 대한 정도와 서비스 제공자의 지원 정도를 점검해야 하며, 필요시 고객을 보호하고 고객의 권리 및 인권을 보호하여야 한다.

평가

점검 과정이 서비스가 적절하게 수행되고 있는가를 확인하는 과정이라면, 평가는 고객이 제공받은 서비스가 효과적인가를 결정하는 과정이다. 효과적인 결과를 가져왔다고 평가되면 서비스를 종결짓고, 그렇지 않은 경우에는 새로운 계획을 세워야 한다.

종결

사례관리에서 종결은 다양한 이유가 있다. 가장 이상적인 종결은 효율적인 계획에 의해 고객의 욕구가 충족된 경우다. 그러나 때로는 고객의 적극성 부족 및 효과적이지 못한 결과로 종결될 수도 있다.

5) 사례관리자의 역할

사례관리자는 사례를 발견하여 접수부터 사후 관리에 이르기까지 사례관리의 모든 과정 동안 다양한 역할을 수행하게 된다.

표 10-4 사례관리의 주요 기능 및 요구되는 지식과 기술

역할	주요 기능	지식과 기술
중개자	자원 연결, 의뢰	의뢰 자원에 대한 폭넓은 이해, 현행법과 정책에 대한 지식, 의사소통 기술
중재자	갈등의 해결	인간 행동과 가족 역할에 대한 이해, 의사소통 기술
자원 배당자	계획, 예산, 관리, 점검	기획, 유용한 자원과 비용에 대한 인식
목표 유지자	고객과 프로그램 목표의 조화	목표와 결과와의 효과성 점검
자료수집가	프로그램 운영과 행정적인 목적을 위한 정보의 수집	정보를 체계화하고 획득하며 제공하는 능력
서비스 관리자	서비스의 전달, 분량 및 품질의 관리	법규, 규칙 및 절차의 인식
교섭자	계약 및 다른 협정에 대한 교섭	조직 상호 간의 의사소통, 조직의 내외정책과 의례에 대한 인식
상담자	고객, 가족, 서비스 제공자 및 직원에 대한 지지의 제공	임상 기술
문제 해결자	문제의 확인, 의사결정	최상의 대안에 대한 분석과 선택, 다른 학문 분야와의 공동 연구
자문가	고객, 가족, 서비스 제공자 및 직원에 대한 원조와 교육의 제공	교육과 훈련의 기술
옹호자	고객, 서비스, 프로그램 및 기관을 위한 옹호	욕구에 대한 인식, 훌륭한 판단, 그 외의 설득력

출처: 이경아(2008).

5. 사례관리를 통한 장애인 직업재활 서비스

1) 장애인 직업상담 및 직업평가

사례관리에서 직업재활의 주체는 장애인 당사자이며, 상담자는 장애인이 자신의 직업을 찾아갈 수 있도록 돕는 조언자, 코치, 격려자, 지원자 등의 기능을 수행한다. 사례관리에서 직업상담과 직업 능력 평가는 장애인이 자신의 직업적 장점을 발굴하여 그것을 인식하게 함으로써 자신의 직업적 강점과 제한점을 고려한 직업재활 계획을 수립할 수 있도록 돕기 위한 과정이다. 장애인의 직업적 강점을 다양한 시각과 방법을 통해서 찾아가는 과정이라고 할 수 있다(강석동, 2008). 이에 따라, 직업재활 기관에서는 효과적인 사례관리를 위해 직업재활사, 즉 취업 알선을 담당하는 상담자와 직업평가사를 배치하여 팀 협력 접근 방식을 구현하고 있다. 장애인의 효과적인 사례관리를 위해 상담자와 직업평가사의 역할이 중요하다.

사례관리 모형에서의 장애인 직업재활 과정을 살펴보면, 고객이 서비스를 신청하면 사례관리 모형에 대한 안내와 함께 서비스 탐색 계약을 체결한다. 이후 직업상담과 직업평가가 이루어지고 이 결과를 토대로 직업재활 계획을 수립하고 개별 고용 계획서를 작성하게 된다. 계획서에 따라 자원을 개발하고 타 기관 의뢰를 포함해 서비스를 제공하게 된다. 이후 서비스 제공에 대한 결과를 평가하고 적응 지도한다.

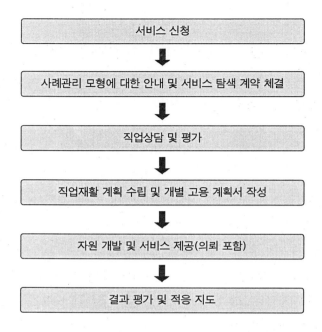

[그림 10-2] 장애인 직업재활에서의 사례관리 과정

(1) 구직 장애인 초기 상담

직업재활 서비스에서 초기 상담은 매우 중요하다. 구직을 희망하는 장애인에게 구직에 필요한 정보를 얻을 수 있을 뿐만 아니라 기관에서 제공할수 있는 서비스를 적절히 조율할 수 있기 때문이다. 또한 이 과정에서 직업평가가 필요한 경우 평가를 의뢰할 수 있으며, 평가가 어려운 경우 초기 상담 과정에서 보다 많은 정보를 얻을 수 있다. 구직 장애인의 경우 장애 특성에 의해 직업적으로 고려해야 할 사항이 발생할 수 있으므로 직업평가 기능이 특히 중요하다. 〈표 10-5〉와 〈표 10-6〉은 초기 상담 시 필요한 정보를보여 주고 있다.

표 10-5 구직 장애인 초기 상담 시 반드시 필요한 정보

- 구직자 성명, 주소, 연락처, 나이, 생년월일 등 신상 정보
구직표 내용이 있으면 확인합니다.

- 구직자의 외양, 태도 및 행동
직접 질문은 하지 않으며, 상담 시 태도나 행동을 통해 기술한다.

- 가족관계, 학력 및 직업 경력
다음 질문들은 단답형 질문보다는 최대한 자연스러운 대화를 통해 알아내도록 한다.
  - 교육 수준(학력, 전공, 성적)
  - 병역
  - 자신의 성격
  - 가족관계(결혼여부, 기혼자인 경우 자녀의 수와 연령, 배우자의 나이, 직업)
  - 육아 부담 여부
  - 경제적 수준(배우자의 소득 수준)
  - 직업 경력
  - 자격증 소지 여부

- 장애 정보
다음 질문들은 개인에게 민감한 사안일 수 있으므로 사전에 양해를 구한다.
  - 병력
  - 장애 원인 및 발생시기
  - 현재 장애 정도
  - 현재 의료적 처치(약물 복용, 외래 진료 횟수 등)
  - 보장구 여부
  - 일상생활 자립 정도(신변 처리, 식사 준비, 대중교통 이용 등)

- 직업 흥미 및 적성
  - 여가 생활
  - 특기
  - 흥미 분야

- 취업 구직조건
  - 희망 직종
  - 희망 임금
  - 기타 희망 근무조건

　구직장애인에 대해 보다 잘 이해하기 위해서는 심층 상담이 필요하다. 심층 상담은 초기 상담 시 질문하는 항목과 유사하지만, 각 문항 내에서 서술형 응답을 통해 내담자의 심리사회적 문제를 보다 깊이 있게 알아볼 수 있

는 장점이 있다. 구직자의 상황을 보다 다각적으로 분석함으로써 문제 진단
을 정확히 하고 내담자에게 보다 적합한 서비스를 제공할 수 있다.

표 10-6 구직 장애인 심층 면담 시 필요한 상담 내용

- 가족력
  - 기본 가족관계(출가자 포함): 어떤 가족과 동거하고 있는가?
  - 가족 중에 가장 자신과 가까운 사람은 누구이며 자신을 가장 지지하는 사람은
    누구인가? 가족 중에서 가장 대화를 많이 하는 사람은 누구인가?
    (정신장애인 경우 가족 구성원들 각각과 어떤 관계인지 알아본다.)
  - 가족의 경제력: 가족의 사회경제적 지위는 어느 정도인가? (기초생활 수급 여부
    확인) 주 수입원은 누구이며 장애 치료를 위한 의료 지원은 누가 하는가? 평가
    대상자가 수입이 없을 때 경제적 지원은 누가 얼마나 하는가?
- 학력
  - 최종 학력은 어떻게 되며, 학창 시절 학업 수준은 어떠했는가?
  - 평가 대상자의 학력과 학업 성취 수준이 차이가 나는 경우 어떤 이유에서 이러
    한 차이를 보이는지 확인한다.
  - 자신의 전공이 잘 맞았는가? 맞지 않았다면 다른 진로 계획이 있었는가?
  - 학창 시절 적응을 잘 하였는가? 학창 시절 마음속 이야기를 터놓고 할 수 있는
    친구가 있었는가? 혹시 따돌림을 당하지는 않았는가?
- 개인의 성격, 심리 상태
  - 자신이 생각하고 있는 자신의 성격은 어떠한가?
  - 최근 정서적으로 어려움을 겪고 있는가? 만약 그렇다면 어떤 것 때문인가?
- 직업 경력
  - 직업 경험이 있는가? 만약 있었다면 어느 업체를 얼마나 오래 다녔는가?
  - 급여 수준은 어떠했으며, 만족스러웠는가?
  - 했던 일 중에 가장 좋았던 일과 가장 싫었던 일은 무엇인가? 그 이유는 무엇인가?
  - 퇴사한 직접적인 이유는 무엇인가?
  - 재직 시절 다른 사람들과의 관계는 어떠했는가? 혹시 직장 내에서 차별을 당하
    거나 따돌림을 당하지 않았는가?
- 장애 정보
  - 장애 발생 시기, 장애 원인 등에 대한 구체적인 시점과 당시 장애 상태를 파악한다.
  - 재활치료력(물리치료, 작업치료, 언어치료, 심리치료 등) 및 치료를 어느 기관에
    서 얼마나 받았는지 확인한다.
  - 기타 치료 경험 및 현재 의료적 처치는 어디서 어떻게 하고 있는가?
  - 보장구를 활용하는가? 활용 수준은 어느 정도인가?

(계속)

- 희망 구직 조건
  - 상용직, 계약직 중 어떤 형태의 직업을 희망하는가? 만일 상용직이 어려운 경우 계약직도 가능한가?
  - 내담자가 구직 조건 중 가장 중요하다고 생각하는 것은 무엇인가? 그 이유는 무엇인가?
  - 사업체에 꼭 필요로 하는 편의 시설이 있는가? 만약 있다면 어떤 것인가?
  - 사업체의 희망하는 복리후생은 어떤 것인가?
- 기타
  - 공단을 방문하게 된 계기는 무엇인가? 자발적으로 왔는가, 타의에 의해서 왔는가?
  - 공단 이외의 다른 구직 서비스 기관을 이용한 경험이 있는가?
  - 구직 서비스 이외의 다른 서비스를 희망하는 것이 있는가? 있다면 무엇인가?

(2) 직업평가

직업재활 과정에서 성공적인 취업 배치를 위해서는 장애인의 근로 능력과 적성을 파악할 수 있는 직업평가가 중요하다. 미국의 경우에는 직업평가가 시스템화되어 직업평가 결과를 입력하면 데이터베이스를 통해 직업평가 결과에 맞는 직업을 제시해 준다. 상담자는 그러한 결과를 참고하여 장애인의 적성과 능력에 맞는 구직을 시키고 있다. 그러나 우리나라의 경우 이러한 시스템은 마련되어 있지 않다. 이러한 한계점은 직업평가에 대한 의미나 활용도를 떨어지게 할 수 있으나, 개별적으로 평가사의 직업평가 결과와 상담자의 알선 과정에서 적합한 서비스를 제공할 수 있도록 노력하고 있다.

직업평가 방법에는 표준화된 도구를 활용하는 것과 관찰과 면접을 통해 직업 능력을 예측하는 방법이 있다. 이러한 방법은 신체적·정신적 손상에 대한 제한성 여부를 판단함으로써 장애인의 근로 조건을 진단하는 첫 단계다. 이때 직업평가는 단순히 신체적·정신적 능력을 알아내는 것에 초점을 두는 것이 아니라 직업생활을 하는 데 기능적인 제한점이 있는지 여부에 초점을 두어야 한다. 동일한 장애 유형에서도 기능적인 강점과 제한점은 각기 다르다. 따라서 장애 유형에서 벗어나 각 개인의 기능적 측면과 개인의 직업적 흥미 및 적성을 폭넓게 파악해야 한다.

2) 사례관리 실제

다음은 지적장애 3급인 장애인의 직업재활 계획 수립 및 개별 고용 계획서 작성 사례를 보여 주고 있다.

사례 개요
• 35세(1978년생)의 남성 지적장애인으로서 약간 큰 키에 보통 체격임 • 얼굴은 갸름하고 살이 별로 없음, 말수가 적고 묻는 말에만 매우 간단하게 대답하고, 두리번거리며 주위를 살피는 행동이 자주 보임 • 부모님 계시고, 2남 중 차남. 현재는 형과 함께 생활하고 있음. 어렸을 때 경기를 많이 하고 전반적인 발달이 늦어 6세경 걷기 시작하였음. 초등학교도 9세 때 갈 수 있었고 일반학교 특수반으로 입학함 • 중학교 졸업 후 고등학교 진학을 하지 않고 스스로 신문 배달을 함. 최근까지 약 10년간 월 10만 원 정도의 임금과 숙식을 제공받으며 일을 함. 사장의 배려로 일을 하면서 기계공고 야간반을 다녔음. 신문 배달을 위해 2륜 자동차 면허 자격을 취득하였음. 매우 간단한 한글은 읽고 쓸 수 있으나 수 개념은 거의 없음 • 자신이 할 수 있는 단순직으로 월 70만 원 정도를 희망함 • 신체적으로 건강하고 팔의 힘 및 손 기능이 우수하며, 혼자서 대중교통을 이용할 수 있고, 오토바이도 탈 수 있음. 청결 및 위생개념은 다소 부족하지만 그 외 기본적인 독립생활기술은 습득되어 있음. 하지만 지적장애 3급으로 학습 능력이 부족하여 기초 학습수준이 초등학교 1~2학년 수준이며, 특히 수리력이 낮아 한 자릿수 덧셈 · 뺄셈도 불가함. 성격적으로는 말수가 적고 사회성 및 대인 관계 능력이 부족함. 단, 신체활동을 좋아해 밖으로 돌아다니는 일을 선호함 • 야외에서 활동하는 직종이나 힘을 활용할 수 있고, 셈이 필요 없는 직무 및 직종이 바람직하고, 대근육이 발달되어 있고 인내 및 지구력이 양호하고 성실하므로 양팔을 이용한 단순 생산직이나 운반직 등이 적합할 것으로 판단됨
직업적 강점 및 제한점

• 직업적 강점
  – 신체적으로 건강하고 팔의 힘이 강하고 손 기능이 우수하며, 사회성 · 지시 반응 · 순응도가 양호하고, 대중교통 이용이 가능하며, 기초적인 학습 능력이 있음
  – 대근육을 활용한 단순 생산직 취업이 가능할 것으로 판단됨
• 제한점
  – 수 기능이 약하고, 내성적으로 말수가 적음, 새로운 사람들과 일에 적응하는 데 다소의 적응 기간이 필요하며, 반복 훈련이 요구됨

(계속)

현재 활용 가능 자원 및 자원 개발 계획
• 거주지와 가까운 인근의 사업체는 ○○산업 1곳이 있음 • 현재 다른 구인 자원을 개척하는 데에는 제한이 있음 • 따라서 보호자 및 본인과 협의한 결과 현재 자원으로 지원 고용 현장 훈련을 수료하 　는 것과 단순 생산직 취업을 목표로 선정하는 것에 동의함

사례분석회의 결과 보고서

제기 사항	• 직업적 고려 사항에 대한 점검 • 추가적인 중간 목표 수립, 추가적인 자원 개발
토의 사항	• 직업적 고려 사항: 새로운 일에 적응하는 데 시간이 필요함 • 추가적인 중간 목표 수립: 지원 고용으로 미취업 시 사업장 개발 　을 추가적인 중간 목표로 선정하는 것이 필요함 • 추가적인 자원 개발: 단순 노무 직무가 많은 생활용품 제조업체 　를 중심으로 추가적인 자원 개발이 필요함
추천 및 조치 사항	• 지원 고용 결과 미취업 시 중간 목표 추가 및 자원 개발을 추가 　하기로 함

개별 고용 계획서

성명	김○○	주민등록번호	78○○○○-1○○○○○○
장애 유형	지적장애 3급	전화번호	○○○-○○○
주소		경기도 ○○○	

- 직업 목표: 안정적인 단순 생산직 취업
- 중간 목표: 지원 고용 수료
- 목표 선정 사유
  - 신체적으로 건강하고 팔의 힘이 강하고 손 기능이 우수함. 사회성·지시반응·순응도가 양호하고, 대중교통 이용이 가능하며, 기초적인 문자 해독 능력이 있음. 따라서 단순 생산직 취업이 가능할 것으로 판단됨
  - 거주지 인근에 출퇴근 가능한 지역으로 사업체를 선정하는 것이 타당함. 현재 구인업체 중 내담자가 시도할 수 있는 업체는 ○○산업임
  - 새로운 환경과 일에 적응하는 데 다소의 적응 기간이 필요함. 따라서 본인 및 보호자와 협의하여 현재 자원으로 지원 고용을 시도하고 그 결과에 따라 추후 추가적인 계획을 수립하기로 함

순번	서비스명	내용	담당기관	기간	이행 여부
1	지원 고용	사전 및 현장 훈련	○○ 지사	2012. 3. 5~3. 23	

위 개별 고용계획서는 상호 협의에 따라 작성되었으며, 직업 목표를 위해 서로 책임감을 가지고 최선의 노력을 다할 것에 동의합니다.
구직자는 개별 고용 계획 이행에 변동이 있을 경우 상담자에게 즉시 연락을 해야 하며, 상담자는 구직자의 동의 없이 개별 고용 계획서를 임의로 변경할 수 없습니다.

2012. 2. 27
구직자: ○○○ (인)
보호자: ○○○ (인)
상담자: ○○○ (인)

제11장 지원고용 및 네트워크

1. 지원고용의 이해

우리나라의 직업재활시설은 지난 20년 동안 수적으로는 증가하였지만, 고용의 기회를 제공하는 대안으로 확립되지 못하였고 시설 유형별로 역할과 기능, 운영 면에서도 많은 문제점이 노출되고 있다(한국보건사회연구원, 2006).

지금까지 가장 흔한 장애인 고용 형태는 장애인에게 직업의 중요성을 일깨워 주면서 일반 고용이 어려운 우리의 고용 시장을 고려하여 보호받을 수 있는 환경하에서 일할 수 있도록 하는 보호작업장이 주종을 이루어 왔다. 그러나 이런 형태의 보호고용은 장애인의 사회통합을 저해하는 문제점이 있는 것으로 알려져 일반 사업장에서의 경쟁고용이 어려운 중증장애인에게 비장애인과 같은 수준의 임금을 받을 수 있는 지원고용(supported employment) 프로그램이 도입되었다.

보호작업장에 대한 비판과 일반고용에 대한 기대로 시작된 지원고용은 이미 서구 여러 나라에서는 중증장애인을 위한 가장 효과적인 고용 프로그램으로 자리를 잡았으며, 우리나라에서는 1993년을 기점으로 지원고용을 도입하였다.

지원고용은 인간의 삶 속의 가치 문제를 근본적으로 제기하고 있다. 즉, 인간은 누구나 인간답게 살 권리가 있으며 그 권리가 확보되어야 한다는 것이다. 인간이 직업을 갖는다는 것은 삶의 질에 직접적으로 연관된 것으로, 직업을 통해 자신의 삶을 실현하고 다른 사람과의 관계를 형성하며, 나아가 자기 자신이 누구인지 규정지으며, 자신의 가치와 경제적 재원도 마련할 수 있는 것이다. 또한 직업을 통해 자아존중감을 실현할 수 있고, 인간관계 속에서 상호작용의 맥을 형성시킬 수 있다.

지원고용은 중증장애인에게 직업을 갖고 사회에 통합되어 살아갈 수 있도록 지원하는 것이다. 그러므로 지원고용은 장애인과 비장애인의 직업적 · 비직업적 교류를 강조하며 장애와 상관없이 모든 인간이 올바른 인간관계를 형성해 나갈 수 있도록 하는 것이다.

장애인의 고용 문제는 그동안의 노력으로 상당한 진전을 보여 왔음에도 불구하고 중증장애인의 실업률은 여전히 높게 나타나고 있다. 중증장애인 고용 확대를 위해 다양한 지원고용 프로그램 개발 노력과 현장 전문가의 역할이 필요하다.

2. 지원고용의 정의 및 대상

1) 지원고용의 정의

지원고용의 조작적 · 법적 · 문헌적 정의를 살펴보면 다음과 같다.

조작적 정의

지원고용은 중증장애인을 대상으로 통합된 작업장에서 일반고용이 가능하도록 지원고용 전문가를 활용하여 대상자 선정 및 평가, 실시 사업체 개발 및 직무 분석, 직무 배치, 훈련 및 계속적 지원을 제공하는 고용 서비스다.

법적 정의

「장애인고용촉진 및 직업재활법」 제12조 ①항에서는 노동부장관 및 보건복지부장관은 중증장애인 중 제2조 제4호의 규정에 의한 사업주가 운영하는 사업장에서 직무수행이 어려운 장애인이 직무를 수행할 수 있도록 지원고용을 실시하고 필요한 지원을 하여야 한다고 규정하고 있다.

문헌적 정의

경쟁적 고용이 불가능한 상태에 있거나 혹은 심한 장애에 의해 그 고용이 때때로 중단되거나 방해를 받게 되는 중증장애인을 대상으로 통합된 작업장에서 계속적인 지원 서비스를 제공하면서 이루어지는 경쟁적 고용이다 (1986년 미국 재활법).

2) 지원고용의 대상

장애인직업재활사업규정(안)에서는 "지원고용 대상은 구직 등록을 한 15세 이상의 중증장애인으로서 직업상담 및 직업평가 결과 직업 생활에 대한 이해 및 작업 환경에 대한 심리적 · 기능적 적응력 향상의 지원 없이는 독립적으로 직무를 수행하기 어려운 자로 한다."라고 규정하고 있다.

3. 지원고용 모델 및 핵심 요소

1) 지원고용 모델

(1) 개별배치 모델

개별배치 모델(Individual Placement Model)은 취업자의 안정적이고 만족스러운 작업 수행을 위해 사업장 내부 혹은 외부에서 1:1의 집중적인 훈련과 지도 감독, 고용 관리, 지원 서비스를 제공하는 모델이다. 이 모델의 장점은 낮은 생산성 때문에 고용되지 않았던 많은 중증장애인에게 고용 기회를 제공하고, 지원고용 전문가가 작업장에 배치되어 일대일의 지원이 이루어지므로 지원의 효과가 크며, 월평균 임금이 다른 모델에 비해 높다는 장점을 갖고 있다. 반면 프로그램의 효과가 지원고용 전문가에게 달려 있고 훈련을 하는 데 드는 비용이 다른 모델에 비해 많이 든다는 단점이 있다.

(2) 소집단 모델

소집단 모델(Work Enclave Model)은 장애인들이 소집단으로 비장애인들과 함께 특정 작업장 내에서 고용의 기회를 갖는 형태이며, 소집단의 규모는 6~8명 정도가 적절하다. 부족한 노동력을 채우고 높은 생산성을 유지할 수 있다는 점에서 이 모델을 선호하는 고용주들도 있다. 그러나 한 번에 많은 중증장애인을 고용하고자 하는 사업체를 찾기도 쉽지 않고, 한 명의 지원고용 전문가를 활용하므로 개별적인 지원을 하기가 어렵고 장애인끼리만 상호작용을 할 가능성이 높아 이상적인 사회통합에 기여하지 못하는 단점이 있다.

(3) 이동작업대원 모델

이동작업대원 모델(Mobile Work Crews Model)은 4~5명이 한 팀이 되어 지원고용 전문가와 함께 이동하면서 공원 관리, 빌딩 청소, 차량 관리, 쇼핑몰 관리와 같은 작업을 하는 것이다. 장애인에게 소집단으로 고용 기회를 제공한다는 점에서 소집단 모델과 유사하다.

지원고용 전문가는 이동작업대원을 감독하고 사업체와 관련된 세부 사항들에 주의를 기울여야 한다. 작업 배치 계획, 생산 수준이 낮은 고용인의 관리, 차량 관리 등 작업상의 변수들을 다소 쉽게 조절할 수 있는 장점이 있으지만, 장애인들끼리만 상호작용을 하기 때문에 사회통합 차원에서 비판을 받고 있다.

(4) 소기업 모델

소기업 모델(Small Business Model)은 일반 대중과 접촉할 기회가 있는 장소에 위치하고 일부 소기업에서는 비장애인을 고용하여 장애인과 비장애인이 통합될 수 있는 방식으로 운영되기도 한다. 이 모델은 주로 소규모 창업으로 식당, 상점, 선물가게, 제과점, 꽃가게, 사회적기업 등을 들 수 있다. 기존에 직업재활시설에서 서비스를 받던 중증장애인에게 유급 기회를 제공할 수 있다는 장점을 지니고 있지만, 일부 하청 중심으로 이루어지는 소기업은 하청 물량에 따라 고용 여부가 결정되는 단점이 있다.

(5) 전환고용 모델

전환고용 모델(Transitional Employment Model)은 프로그램 참가자가 작업 기술을 배우고 긍정적인 경험을 가질 수 있도록 단기간의 고용 기회를 갖도록 하는 데 있다. 전환고용은 일반적으로 3~6개월간 지속되며, 대부분 시간제를 기본으로 이루어지며, 작업 수행의 결과에 따라 최저임금이나 사업체 기준에 따라 임금을 받는다. 이 모델은 학교(특수학급)나 성인 정신장애인에게 서비스를 제공하는 기관에서 널리 활용되고 있다. 전환고용 경험은 자신감을 형성하고 미래에 보다 독립적이고 영구적인 취업을 할 수 있도록 연결하는 데 도움을 준다.

2) 지원고용 핵심 요소

(1) 통합

지원고용은 분리된 사업체나 시설에서의 취업이 아닌 일반 사회 내의 기업체에서의 취업을 의미한다.

(2) 월급과 부가 급부들

통합된 환경하에서 일하는 장애인이 비장애인과 동등한 급여와 수당, 휴가, 의료보험, 건강검진 등의 복리 혜택을 누릴 수 있어야 한다.

(3) 선 배치

선 배치 후 필요한 훈련은 현장에 맞게 제공되는 개념으로 배치 속에서 필요한 지원을 찾아내고 지원을 유지해 나가는 형태다.

(4) 완전 포용

지원고용의 전제 가치 중 "어떠한 사람이라도 직업을 원할 경우 배제되어서는 안 된다."라는 가치와 일맥상통하는 내용으로서 아무리 장애가 심한 사람이라 할지라도 지원고용 프로그램에서 제외될 수 없다는 것이다. 지능이나 행동상의 문제들을 이유로 배제하는 것이 아니라, 그 사람이 할 수 있는 것과 적절한 방식의 지원이 무엇인가를 찾아내야 한다.

(5) 융통성 있는 지원

개인차가 큰 개별 장애인에게 적합한 지원 방법을 찾아내야 하며, 다양한 직무에 따라 융통성 있게 개입하는 것이 필요하다.

(6) 장기적인 지원

단기간에 종료되는 지원이 아니라 필요한 경우 생애를 통한 지원이 될 수 있도록 해야 한다.

(7) 선택

장애인이 자신의 직업과 인생을 살아가는 방법을 선택할 수 있는 훈련이 포함되어야 한다.

4. 지원고용 실시 과정

지원고용의 과정에는 취업을 원하는 장애인이 직업 생활, 사회생활, 가정 생활 등 모든 면에서 정상화를 달성할 수 있도록 계획되어야 한다. 지원고용 전문 요원으로는 사회복지사, 직업평가사, 특수교사, 직업재활사, 직업코치, 사후 지도 담당자 등이 있으며, 이들은 장애인이 가능한 사회적·경제적으로 독립된 형태로 살아갈 수 있도록 많은 지원을 아끼지 말아야 한다.

1) 지원고용 과정도

지원고용 실시 과정도는 [그림 11-1] 과 같다.

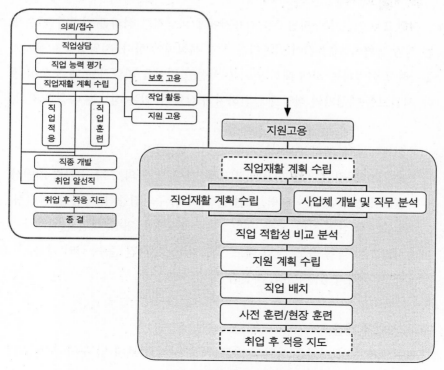

[그림 11-1] 지원고용 실시 과정도

2) 지원고용의 세부 내용과 방법

지원고용의 과정에는 취업을 원하는 장애인이 직업 생활, 사회생활, 가정생활 등 모든 면에서 정상화를 달성할 수 있도록 계획되어야 한다.

(1) 직업재활 계획 수립

장애인에 대하여 직업상담과 직업평가를 실시한 결과를 토대로 직업재활 계획을 수립하게 된다. 직업재활 계획 수립은 장래의 모든 직업재활, 교육, 훈련, 장단기 목표, 계속 지원 등이 어떻게 제공될 것인지 청사진을 제공하는 것이다.

(2) 지원고용 대상 분석

지원고용 전문가는 지원고용 이용자에게 바람직한 성과를 가져다줄 수 있는 직업 유형이 어떤 것이 있는지를 찾기 시작해야 한다. 지원고용 이용자가 좋아하고 싫어하는 것에 대한 인식은 적절한 직업을 파악하는 데 도움이 된다. 지원고용 대상자의 직업과 관련하여 수집할 수 있는 정보는 다음과 같다.

- 신체적 능력: 체력, 지속성, 지구력, 인지력, 감각
- 손 기능: 동작성, 양손 협응력, 정확성, 기계 · 기구의 조작, 손가락 기민성
- 일반적 능력: 지시 이해력, 표현력, 기억력, 주의집중력, 독립성, 판단력
- 일상생활: 신변 처리, 교통 이용, 의사소통, 복장, 위생, 대인 관계
- 작업습관: 작업 속도, 작업 태도, 작업 지속성, 시간 준수, 작업 의욕
- 태도: 장애 수용, 책임감, 자신감

(3) 사업체 개발

지원고용 실시 기관은 사업장 방문, 각종 구인 정보지 및 구인 관련 인터넷 홈페이지 활용 등의 방법으로 지원고용 실시 사업체를 개발하여야 한다.

지역사회 조사

지원고용 전문가가 수행해야 할 첫 번째 활동은 장애인에게 적합한 직업을 찾아내기 위해 지역사회 사업체의 직업 정보를 수집하는 일이다. 특정한 일자리를 놓고 고용주들과 구체적인 접촉을 하기 전에 하는 전초 작업이라고 할 수 있다.

- 지역사회 내에 사업을 새로이 시작하는 곳이 있는가?
- 새로운 생산품 개발로 사업체가 확장되는 곳이 있는가?
- 노동 집약적인 작업이 이루어지는 사업체가 있는가?
- 장애인 고용에 대해 긍정적인 견해를 보여 주는 사업체가 있는가?
- 장애인이나 가족 및 아는 사람이 운영하는 사업체가 있는가?
- 장애인 표준사업장이나 장애인 다수 고용 사업체가 있는가?

노동시장 탐색

장애인의 고용이 가능한 사업체를 찾기 위해서는 되도록 많은 자원을 활용해야 한다. 지역 신문의 구인 광고는 직업 안내 정보를 가장 명확히 알 수 있는 방법 중 하나다. 신문의 구인란을 잘 살펴보면, 지역사회에서 주로 어떤 분야의 직업을 구할 수 있는지 알 수 있다. 또한 전화번호부도 고용 가능한 사업체 파악을 위해 좋은 자원이 될 수 있다. 전화번호부에는 직업별, 업종별, 지역별, 회사 계열별, 직책별로 전화번호가 입력되어 있다. 정부의 고용 관련 기관은 직업 안내와 고용 동향을 알기 위한 좋은 자원 중의 하나다. 지역사회 내 고용 기관 직원과의 업무 협조와 좋은 관계는 많은 이점을 가져다줄 것이다.

- 한국장애인개발원 Dream job World
- 시·군·구의 지역사회경제과
- 고용노동부 고용지원센터, 노동부 work net

- 한국장애인고용공단 지사 구직 창구, 구인 정보지, 장애인 채용박람회
- 지역별 산업관리공단 본부(창원공단, 하남공단, 시화공단 등)
- 상공회의소(중소기업협회 회원사 명부, 상공회의소 전국 기업체 총람)
- 각종 구인 사업체 인터넷 홈페이지

노동시장 분석

지역사회 노동시장 분석은 고용인의 현실적인 직업 목표 설정을 위해 중요한 수단이 될 수 있다.

- 직무 기술: 작업 내용, 신체적 · 정신적 활동, 담당할 직무, 책임 수준, 장비, 도구, 재료, 근무 시간 등을 파악함으로써 이루어진다.
- 보수: 시간급, 일급, 주급, 월급, 연봉 등의 용어로 파악한다.
- 자격 요건: 경력, 교육 정도, 자격증, 면허증, 신체 조건, 흥미와 적성, 취업 경험 등으로 파악한다.
- 고용 경향: 미래의 발전 가능성, 고용 추세 및 산업 동향을 통해 파악한다.

사업체 개발

노동시장 분석이 완료되면, 다음 단계로 장애인의 특성과 능력에 적합한 사업체를 개발하는 과정으로 들어간다. 사업체 개발 방법은 구직자에게 현실적인 직업 목표를 설정하는 데 가치 있는 도구가 될 수 있다. 사업체 개발 방법은 구체적인 취업 내용을 제공해 주며, 다양한 채널을 통하여 수집된 직업 정보는 각 직업재활 관련 기관별로 취업 대상자의 장애 유형과 기능의 정도에 따라 적절하게 쓰일 수 있도록 분석하여 유용한 자료로 활용한다.

(4) 직무 분석

직무 분석의 정의

직무 분석은 어떤 직무의 특성을 규정하는 데 필요한 각종 정보들을 사용 목적에 맞도록 과학적·체계적으로 분석하는 활동을 말한다. 직무를 구성하고 있는 일의 전체와 그 직무를 수행하기 위해서 담당자에게 요구되는 경험, 기능, 지식, 능력, 책임 및 그 직무와 구별되는 요인을 각각 명확하게 밝혀 기술하는 수단이다.

직무 분석의 목적

직무 분석은 목적에 따라 교육과 훈련, 조직 관리, 채용 및 배치, 임금 관리, 안전 관리, 작업 조건의 개선, 근로자에게 요구되는 능력 등을 분석하기 위하여 실시되는 것이다.

직무 분석의 내용

직무 분석은 지원고용 전문가가 직업 개발을 위한 정보를 수집한 다음에 누가 하는지, 무슨 일을 하는지, 어떠한 방법으로 하는지, 왜 하는지, 언제 하는지, 어디서 하는지 등, 그 직업이 어떤 것을 필요로 하는지 자세하게 파악하는 것이다. 직무 분석에 포함되는 내용은 다음과 같다.

- 담당 직무: 직무명, 주 작업, 보조 작업, 직무 시 중요한 사항, 근무 부서
- 작업 시간대: 평일, 주말 근무, 시간외 근무, 2교대, 3교대 근무
- 작업장 요소: 위험 요소, 작업장 환경, 동료 간 분위기, 외부인 접촉 정도
- 작업 요소: 손 기능, 이동 능력, 주의집중력, 과제 변화 정도, 작업 지속 시간, 듣기, 변별력, 연속성, 작업 속도, 지시 이해력, 의사소통 능력, 작업 자세 등
- 학습 요소: 읽기, 쓰기, 수 개념, 시간 개념, 금전 개념

- 기타: 사용 장비, 공구, 재료, 특별 용어, 작업복, 안전 장비(안전모, 마스크, 장갑, 장화, 보안경 등)

직무 분석 과정

직무 분석은 다음과 같이 6단계 분석 방법으로 하는 것이 효과적이다.

- 1단계: 작업장을 방문하여 다양한 과제를 수행하고 있는 직원들의 태도를 관찰한다.
- 2단계: 현장 관리자 및 직원을 만나서 작업장의 제반 사항을 파악한다.
- 3단계: 구체적인 작업 과정을 현장 직원을 통해서 배운다.
- 4단계: 능숙하게 작업을 수행할 수 있을 때까지 작업을 수행해 본다. 작업에 익숙해지는 것은 앞으로 실시하게 될 장애인 직업 배치와 지원 전략에 긍정적인 영향을 미치게 한다.
- 5단계: 직무 분석 양식을 작성한다. 직무의 절차와 방법, 제공 가능한 지도 수준을 기록한다.
- 6단계: 조사한 직무 분석을 최종 검토하기 위하여 고용주 및 현장 관리자와 만난다. 이 과정에서 필요한 모든 직업 조정 또는 직무 수정에 대해 교섭한다.

(5) 직업 적합성 비교 분석

직업 적합성 비교 분석이란 지원고용 이용자의 관심과 욕구, 능력, 특성 등을 직업 개발에서 얻은 구체적인 직업 정보 및 성격과 비교 · 분석 · 검토하여 실제 직업으로의 연결 가능성 여부를 결정하는 것이다.

성공적인 직업 배치를 위하여 지원고용 전문가는 지원고용 이용자의 직업 능력과 작업에서 요구되는 사항 간의 직업 적합성을 주의 깊게 사정할 필요가 있다.

(6) 지원 계획 수립

직업 적합성 비교 분석 결과에 따라 지원의 필요성과 지원 영역이 결정되는 데 적합하지 않은 항목에 대해서는 지원 계획을 수립하게 된다. 일반적인 지원 영역으로는 다음과 같은 것들이 있으며, 개인의 요구와 필요에 따라 지원의 항목은 달라진다.

- 일상생활 지원: 신변 처리, 작업장 시설 이용, 직장예절, 출퇴근 등
- 직무 지원: 출근 시간 준수, 작업 방법, 작업 태도, 안전사고 예방 교육, 생산성 지원(작업 기술 및 업무 수행 능력), 이해력, 정리 정돈
- 사회성 지원: 감독자, 작업 동료 및 다른 직원들과의 대인 관계 형성
- 문제행동 지원: 이상 행동, 공격적 태도 등

(7) 직무 배치

지원고용 실시 기관은 지원고용 이용자로 선정된 자의 직업평가와 직무 분석에서 얻은 정보를 바탕으로 가장 적합하다고 판단되는 직무에 배치한다. 직무 배치를 위해 가장 중요한 요소는 지원고용 이용자의 직장 접근 가능성, 동기, 가족의 지지, 환경적 요건과 관련된 직업에 대한 정확한 정보를 파악하는 것이다.

직장 접근 가능성

지원고용 이용자가 교통시설을 이용할 줄 모른다고 해서 무조건 제외되어서는 안 된다. 지원고용 전문가는 교통시설 이용을 위한 대책을 다각도로 모색할 필요가 있다.

- 대중교통 수단을 이용할 수 있도록 훈련한다.
- 작업자와 가까운 사람(이웃, 친척, 직장 동료)의 차를 이용할 수 있도록 한다.

- 자전거를 타고 작업장까지 가는 법을 가르친다.
- 작업장이 집에서 가까울 때 걸어 다니는 법을 가르친다.
- 가족이 작업장까지 데려다 주고 데려오게 한다.

이와 같은 모든 대책을 강구해도 출퇴근하는 것이 불가능하다면, 그 대상자는 그 취업 자리에 적절하지 않다.

장애인의 동기

다양한 직업 경력을 갖고 있는 지원고용 이용자의 경우, 어떤 직업에 대한 동기가 있는지 파악하기는 어렵지 않다. 실제 작업 경험이 거의 없는 장애인에 대해서는 지원고용 전문가가 그 장애인의 작업에 대한 동기를 평가하여야 한다. 예를 들어, 어떤 지원고용 이용자가 집에서 가사와 같은 종류의 일(예: 접시 닦기, 청소)을 좋아한다는 정보를 얻었다면, 지원고용 이용자가 그와 같은 유형의 작업에 관심을 가지고 있음을 판단할 수 있다.

가족의 지지

장애인이 직업을 선택할 때 부모나 보호자의 지지와 지원이 필요하다. 부모나 보호자가 비지지적이거나 비협조적인 태도를 보일 경우 장애인이 고용을 만족스럽게 유지한다는 것은 실제로 어려워진다. 예를 들어, 장애인이 버스노선에서 멀리 떨어진 직장에 배치되었다고 가정할 때, 교통 대책을 마련하기 위한 가족의 협조는 매우 중요하다.

신체적 능력

신체적 능력을 평가하여 직무를 수정할 필요성이 있는지에 대하여 평가하여야 한다. 장애인이 전체 공정 중 하나의 과제를 수행할 수 없다면, 다른 과제로 대체하거나 다른 동료와 작업의 내용을 바꿀 수 있는지 판단해야 한다.

일상생활 기술

의사소통 기술, 사회적 상호 관계의 수준, 작업자의 특성 등 특정한 직업과 관련되어 면밀히 평가되어야 한다. 예를 들어, 서비스업과 같은 일은 일반 대중과 많은 접촉을 요하고 눈에 쉽게 띄기 때문에 상당한 정도의 적절한 사회적 행동이 요구된다. 욕설이나 자기파괴적인 행동과 같은 부적응 행동이 존재할 때 직업을 잃기 쉽다.

환경적 요건

직무 배치를 위해서는 직무 분석뿐 아니라 환경적 영역들에 대한 이해도 필수적이다. 이때 다음의 영역들을 고려하여야 한다.

- 물리적 환경: 작업대, 건물 접근성, 장애인 화장실, 출퇴근 수단
- 심리적 환경: 동료 근로자들과의 접촉 정도, 지도 감독의 유형과 범위, 직무로부터 오는 스트레스와 압력, 직무 과정의 규칙성
- 사회적 환경: 지원고용 대상자가 접촉하게 될 동료 근로자의 유형, 직무 안팎에서 이루어지는 사회적 활동의 회수와 범위 등

(8) 사전 및 현장 훈련

사전 훈련

사전 훈련은 지원고용 이용자의 사업체 직무 배치 이전 지원고용 실시 기관에서 한다. 장애인직업재활사업규정(안) 제20조 2항의 규정에 의한 사전 훈련 실시 기간은 6일 이내로 하고, 훈련 시간은 1일 4시간 이상 8시간 이하로 한다.

현장 훈련

사전 훈련을 종료한 장애인에 대하여 훈련 내용 규정을 준용하여 사업체

에서 현장 훈련을 실시한다. 현장 훈련의 방법은 현장 안내, 배치, 적응 훈련, 평가, 취업 확정의 단계로 진행한다. 현장 훈련 기간은 3주를 기본으로 하고, 훈련 시간은 1일 4시간 이상 8시간 이하로 하며, 1주일 20시간 이상 44시간 이하로 한다. 지원고용 이용자의 장애 상태 또는 훈련 직종의 특성상 소기의 목적을 달성하기 어렵다고 판단되는 경우, 현장 훈련 연장 신청서를 제출하고 연장 훈련을 실시할 수 있다. 현장 훈련 연장 기간은 1주일씩 연장하여 최대 4주까지 할 수 있다.

(9) 취업 후 적응 지도

장애인이 지원고용 과정을 마치고 취업한 뒤에 다양하게 발생하는 문제를 해결할 수 있도록 지원하는 것이 취업 후 적응 지도다. 장애인의 직업안정을 위하여 필요하다고 인정하는 때에는 취업한 후에도 사업체에 고용되어 있는 장애인에 대하여 필요한 지도를 실시하여야 한다. 취업 후 적응 지도가 필요한 장애인으로는 이직 경험이 많은 장애인, 직장생활 무경험 장애인, 장기간 실직 상태에 있었던 장애인, 연령이 낮은 장애인, 의사소통 능력 및 사회 적응 능력상 직장 적응 배려가 필요하다고 인정되는 장애인 등이다.

현장 방문 지도

정기적으로 취업체를 방문하여 직무 수행 능력과 근무 상황을 점검하며 문제점을 파악하여 적절히 보완한다.

- 현장의 작업 감독자, 직장 동료들과 개별적인 접촉을 통하여 장애인의 상태를 확인하고 지도 방법을 적절히 설명해 준다.
- 장애인의 개인 신상, 건강관리, 애로 사항 등을 청취하고 해결하기 위한 정기적 상담을 실시한다.
- 문제 발생 시 수시로 취업 후 적응 지도를 실시하여 문제를 개선하도록 한다.

전화 지도

시간적인 여건이 허락되지 않을 경우, 현장에 전화를 걸어서 현장 감독자와 접촉하며 적응 상황 및 문제점을 파악하여 보완한다.

관리자 및 동료 교육

사업체의 상사나 동료들은 장애인의 직업 생활에서 가장 중요한 주변 환경이다. 이들이 장애에 대한 이해와 협력을 얼마나 지원해 주는가에 따라 장애인의 고용 유지에 결정적인 영향을 미친다. 현장 관리자를 지원하기 위한 교육 지침은 다음과 같다.

- 정기적 방문 및 전화로 계속적인 협조 관계를 유지한다.
- 기관의 소식지를 발송하여 정보를 제공하고 지속적인 관심을 이끌어 낸다.
- 사업체 대표자나 관리자를 기관에 초청하여 간담회를 통해 장애인에 대한 인식을 개선하고 취업 및 현장실습 협력 체제를 계속 유지한다.

취업자 부모 교육

취업자 부모 교육은 취업자 부모가 취업에 대한 두려움과 자녀에 대한 낮은 기대감으로부터 벗어나서 자신감을 가지고 현실을 올바르게 이해하고 적극적으로 자녀의 직업 생활을 지지하고 지원할 수 있도록 지원하는 데 있다. 구체적 사항은 다음과 같다.

- 현장 적응 지도 방법과 가정 지도 방법을 분기별로 부모에게 교육하며, 가족의 지원을 얻는다.
- 부모의 적극적인 참여와 협조가 있어야 성공할 수 있다는 것에 대한 중요성을 인식시킨다.
- 취업자 부모 간담회를 연 1회 이상 실시하고 각각의 사례 발표를 통하

여 부모 상호 간의 정보를 교환한다.
- 부모 만족도 설문지를 통하여 문제점을 보완하고 현장 지도를 강화한다.

5. 지원고용에서의 교사와 전문가의 역할

지원고용 서비스의 질은 이 서비스를 제공하기 위해 고용된 지원고용 전문가의 질적 수준에 따라 직접적인 영향을 받는다. 지원고용 서비스는 잘 준비된, 유능한, 그리고 지원고용 이용자 · 사업체 · 후원 기관의 변화하는 욕구에 민감한 지원고용 전문가에 의해 지원될 때 가장 효과적이다.

지원고용에서의 교사와 전문가는 지원고용 이용자가 지원고용을 통하여 직업을 얻고 유지하도록 조력하기 위하여 다양한 역할을 수행해야 한다.

(1) 직업 개발 활동
- 지원고용 목표와 직업 배치 계획을 위하여 지원고용 이용자와 그들의 지원 계획 팀을 원조한다.
- 중증장애인 고용의 가치에 대하여 고용주에게 설명하고 협조를 요청한다.
- 현장 관리자 및 직장 동료에게 지원고용의 방법과 절차에 관하여 교육한다.
- 지원고용 이용자의 고용 가능성에 대해 고용주와 논의한다.
- 특수한 장애인의 기능적 제한성에 대해 고용주를 교육한다.
- 지원고용 이용자의 고용 기회가 그들의 흥미, 목표 및 지원 욕구와 가장 잘 연결되도록 원조한다.

(2) 작업장에서의 고용 활동

- 지원고용 이용자에게 사업체 내의 세면장, 휴게실, 식수대, 사물함, 편의시설, 탈의실, 매점, 화장실, 식당, 사무실, 양호실, 일반적인 건물 배치 등을 알려준다.
- 작업장의 재구조화, 작업 공정의 단순화, 작업 수행을 향상하기 위한 보조 기구나 장비의 사용 등 필요에 따라 작업장을 변경하고 조정한다.
- 채용된 지원고용 이용자를 상급자와 작업 동료를 포함한 사업체 내의 주요 인사에게 소개하고 상호 간의 의사소통을 증진시킨다.
- 일상적으로 수행하는 작업의 기본 단계를 배울 수 있도록 돕기 위해 지원고용 이용자에게 현장 작업 훈련과 감독을 제공한다.
- 작업 과정을 배우는 단계 동안 고용주의 기대에 맞는 작업의 양과 질을 보장하기 위해 필요한 생산 지원을 한다.
- 작업장에서 수용할 수 있는 작업 행동을 강화해 주는 행동 수정과 지원 서비스를 제공한다.
- 지원고용 전문가의 지원 정도를 계속적으로 줄여 나가기 위해 작업장 내의 상급자나 동료로부터 지원 협력을 얻는다.
- 지원고용 이용자의 작업 수행을 향상시키는 데 필요한 특별한 지도 방법이나 다른 지원 서비스를 상급자나 작업 동료에게 가르친다.

(3) 계속적인 지원 활동

- 배치된 지원고용 이용자에게 계속적 또는 간헐적인 지도 감독을 제공한다.
- 사업체에서 요구하는 훈련, 부가적인 지도 감독, 생산 지원, 행동 관리 지원, 질적인 보장, 고용주 지원, 개인적 상담 등이 포함되는 사후 지원 서비스를 제공한다.
- 가족 구성원, 직업재활사, 그룹홈 직원 등 지원고용 이용자와 관련된 모든 주요 인사와 의사소통을 유지한다.

- 지원고용 이용자가 고용주, 작업 동료에게 이용당하지 않도록 지원고용 이용자의 권익을 옹호하고 보호해 준다.
- 직무 수행 시 항상 윤리적이고, 전문적인 행동수칙을 준수한다.

6. 지원고용 발전 방안

정부의 장애인 직업재활 정책이 시설 중심 접근 방법에서 지역사회 중심 접근 방법으로 전환되고 있고, 장애인복지는 그러한 정책을 수행하는 주요한 서비스 전달 체계로 자리 잡아 가고 있다. 또한 경증장애인은 대부분 직업을 갖고 있는 데 비해 중증장애인은 여전히 취업을 하는 데 어려움을 겪고 있다. 이러한 현실에서 지역사회 중심의 직업재활 정책을 수행하기 위한 대안으로서 지원고용의 실시는 불가피한 선택이라고 본다.

지원고용 이용자에게 적합한 다양한 지원고용 모델을 적용하는 것이 필요

우리나라 장애인복지관에서 사용하고 있는 지원고용 모델을 보면 주로 개별배치 모델을 사용하고 있는 것으로 조사되었다. 장애가 중증이고 집중적인 지원이 필요한 장애인에게는 개별배치 모델보다는 소집단 모델이 더 적합한 것으로 나타나고 있다. 공장이 적고 일거리가 적은 중소도시나 농촌 지역에서는 이동작업대원 모델이 적합한 것으로 나타나고 있다. 따라서 복지관이 위치한 지역적인 특성에 맞게 다양한 지원고용 모델을 적용하는 노력이 필요하다.

지원고용은 직업 적응 훈련 및 보호작업장과 연계하여 운영하는 것이 효과적

지원고용은 선 배치 후 훈련 방법이 원칙이지만, 실제 장애인복지관에서 지원고용을 실시하는 데에서는 기존의 보호작업장 또는 직업 적응 훈련 프로그램과 연계하여 운영하는 것도 하나의 방법이 될 수 있다. 그 이유는 지원고용의 성패는 지원고용 이용자의 개인적인 특성과 능력이 중요한 요인으로 작용하는 것으로 보고되고 있기 때문이다. 지원고용 이용자의 의사소통 능력이나 직장에서의 작업 기술, 회사의 규칙 준수 정도 등이 직업 유지에 많은 영향을 미치고 있으므로, 지원고용 이용자가 직장에 배치되기 전에 보호작업장이나 직업 적응 훈련을 통하여 필요한 기술을 습득할 수 있도록 지원하는 것이 효과적일 수 있다.

지원고용은 자연적 지원을 적극 활용하는 것이 필요

지원고용 전문가 한 사람이 많은 지원고용 이용자들에 대한 필요한 지원 서비스를 제공하는 데는 한계가 있다. 이러한 한계점을 극복하기 위해서는 주위의 자연적인 지원을 끌어내고 그들의 도움을 받는 것이 필요하다.

가족을 지원고용에 개입시키기 위해서는 계획 단계부터 가족을 참여시키는 것이 효과적이다. 가족은 지원고용 이용자의 작업 습성이나 흥미에 대한 정확한 정보를 제공해 줄 수 있고, 지원고용 이용자의 작업 의욕과 동기를 끊임없이 불어넣어 줄 수 있다. 작업이 습관화되어 있지 않은 지원고용 이용자는 장시간 작업하는 것에 싫증을 낼 수 있고, 여러 가지 이유와 핑계를 대면서 직장 출근을 회피하는 경우가 종종 있는데, 이런 경우 가족의 지원은 매우 중요하다. 또한 가족이 적극적으로 출근하도록 격려하고 지지함으로써 지원고용 이용자는 자연스럽게 직장 출근을 습관화하게 된다.

작업 현장의 동료 또는 상사의 지원과 협조를 이끌어 내기 위한 노력이 요구된다. 그러기 위해서는 직업개발 단계에서 지원고용 이용자를 지원할 수 있는 사람을 현장에서 찾아내야 한다.

7. 직업재활 네트워크

1) 네트워크의 이론

(1) 자원의존 이론

자원의존 이론(resource dependency theory)은 기관의 환경적 측면을 강조한다. 기관은 필요한 모든 자료를 가지고 있을 수 없기 때문에 환경(다른 기관)에 의존할 수밖에 없는 것이다. Donaldson(1995)은 한 기관의 수행력 중 10%만이 내부적 요인에 의해 결정되며 나머지는 외부적 요인에 의해 결정된다고 하였다. 이러한 자원의존 이론은 기관이 선택과 보유라는 순환 고리에 의해 운영된다는 것을 제시한다.

더 나아가 이 이론은 기관이 구조나 전략을 바꾸기보다 목적과 영역을 새로운 방향성에 따라 바꾸는 것을 의미한다. 자원의존 이론에서는 기관의 관리자가 자원 획득에 대한 결정을 하고 어떻게 환경에 대응할 것인지를 결정하는 데 가장 중요한 역할을 한다. 내부적인 권력 구조 또한 매우 중요한 역할을 한다. 자원의 가치가 높을수록 자원 소유자의 힘은 더 커지기 때문에 의사결정을 내리는 관리자는 자율적으로 판단을 내리는 권한을 부여받는다.

(2) 기관이론

기관이론(institutional theory)은 기관이 획득할 수 있는 적법성의 유형과 기관의 운영 유형에 대해 설명한다. Selznick(1996)은 "적법성이란 관습적이며 정당화된 기관의 특별한 운영 형태"를 의미한다고 하였다. 기관은 이러한 적법한 운영을 원하기 때문에 그 형태가 매우 유사하다.

DiMaggio와 Powell(1983)은 이를 동형이성(同刑異性, isomorphism)이라 하였으며, 다음의 세 가지 형태로 나누었다. 첫째, 강제적 형태(coercive isomorphism)는 다른 기관의 힘이나 문화적 기대에 의해 움직이는 것을 말한다(예: "정부에서 하라고 했어."). 둘째, 모방적 형태(mimetic isomorphism)는 자신의 기관 운영에 확실성이 없을 때 다른 기관에서 성공한 방법을 모방하는 것이다(예: "그 기관이 성공했기 때문에 우리 기관에서도 성공할 거야."). 셋째, 규범적 형태(normative isomorphism)는 서로 다른 기관의 관리자가 유사한 방법으로 훈련받거나 전문적으로 상호 교류할 때 나타나게 된다(예: "우리 모두 이런 형태로 일해."). Powell은 이러한 유형은 동시에 2개 이상 나타날 수도 있다고 하였다.

2) 기관 간 협력

성공적인 기관 간 협력은 환경, 멤버십, 과정 및 구조, 의사소통, 비전, 자원 등 6개 요인에 의해 결정되며(Mattessich & Monsey, 1992), 이러한 요인은 기관 간 협력을 통해 참여 기관에게 긍정적인 효과를 제공할 수 있도록 해 준다.

(1) 기관 간 협력 요인

환경

환경은 협력이 실행될 수 있는 원동력이기도 하며, 앞으로 직면하게 될 어려움이 무엇인지 예측할 수 있게 해 주는 요인이다. 환경은 항상 긍정적일 수 없으며, 환경이 적합하지 않을 경우에도 협력 기관들은 환경을 개선할 수 있는 방안을 강구해야 한다. 기관 간 협력 관계를 향상시키는 환경 요인은 강력한 리더십, 구성원의 욕구와 관심 판별, 법령 제정, 그리고 기관이 자원을 공유하고 협력 관계를 맺을 준비가 되어 있어야 한다.

멤버십

협력 관계는 멤버십의 영향을 많이 받는다. 가장 중요한 멤버십 요인은 기관 운영에 대한 지식, 기관의 문화적 규준과 가치, 기관의 제한점과 기대 수준인데, 이는 각 기관마다 특별한 정책이 있기 때문에 협력을 위해서는 서로 기관의 규칙을 지키는 범위에서 가장 융통성 있게 관계를 유지해야 하기 때문이다(Texas Center for the Advancement of Literacy and Learning, 2004).

과정 및 구조

구조에서도 협력 기관들은 새로운 또 하나의 정책 기관이 되어서는 안 되며, 구조는 정보 교환, 의사결정, 자원 분배 등을 촉진시키는 구조가 되어야 한다(Winer & Ray, 1994). 또한 모든 과정은 내담자 중심이 되어야 한다.

의사소통

의사소통은 기관 간 신뢰를 형성하는 가장 중요한 요소다. 의사소통은 정보 교류, 각 구성원의 책임 소재, 기대 수준, 서로의 의견 청취 등의 시스템에 의해 활발히 이루어질 수 있다. 기관 간 협력은 협력 기관들이 다양한 관습과 조직 문화, 근무 방법, 권력 유형에 대해 솔직하고 명확하게 의사소통할 것을 요구한다(Winer & Ray, 1994). 의사소통은 공식적이든 비공식적이든 자주 이루어져야 하고, 개방된 환경이 주어져야 한다.

비전

협력 기관들은 공동의 비전을 가져야 하며, 공동의 목적과 목표를 세워야 한다. 공동의 비전은 지역사회에 대해 대표성을 가지게 하며, 보다 큰 활동을 할 수 있도록 한다.

자원

자원은 재정, 테크놀로지, 스태프, 훈련 및 접촉을 의미한다. 재정 자원은 참여 기관이 투입할 수 있는 재정과 기관 밖에서 지원받을 수 있는 자원을 말한다. 기간 밖의 자원은 시설과 인적 자원을 의미한다.

(2) 기관 간 협력의 장점

기관 간 협력의 장점은 자원이 부족하여 이전에 수행하지 못했던 서비스를 실시할 수 있는 것이다. 또한 타 기관의 전문가들과의 만남을 통해 전문성을 향상시킬 수 있으며, 새로운 방법과 아이디어를 얻을 수 있다. 기관 간 체계적이며 지속적인 의사소통을 통해 보다 신뢰할 수 있는 정보를 공유할 수 있고, 정책이나 법률적인 정보도 함께 나눌 수 있으며, 다양한 문제 해결, 비용 절감, 공동 자원 사용에 따른 기관의 서비스 능력 향상, 중복 서비스 제공 방지, 자원의 확대 등의 장점이 있다.

(3) 기관 간 협력의 기능

기관 간 협력을 성공으로 이끄는 요인을 다음과 같다(Bell & Smith, 2004b).

- 공통의 목적: 모든 참여 기관의 욕구가 반영된 공통의 협력 목적을 찾아 내야 한다.
- 의사소통: 모든 구성원이 현재의 상황을 이해하고 미래를 예측할 수 있도록 모든 사람이 쉽게 이해할 수 있는 일상적인 용어로 의사소통해야 한다.
- 모든 구성원의 가치 인정: 모든 구성원은 자신이 협력 과정에서 매우 중요한 역할을 하는 사람으로 인식할 수 있도록 가치가 인정되어야 한다.
- 참여의 기회: 모든 구성원은 목표 설정, 방법 선택, 의사결정, 토론 등에서 자신의 의견을 반영할 기회가 제공되어야 한다.
- 소유자로서의 인식: 협력 관계에서 중요한 구성원으로 인식하고 각 활동에 대해 책임감을 가지는 것은 의사결정에 매우 지대한 영향을 미친다.
- 대표자로서의 인식: 참여자는 개인적인 성취 이외에 협력 과정에 기여자로서의 인식을 갖고 성공하기 위해 노력하도록 하는 촉매제의 역할을 한다.
- 효율적인 회의 진행: 공통의 목적을 향해 회의가 진행될 수 있도록 해야

한다.

- 협력 과정과 양식: 회의와 의사결정에 대한 양식을 구축한다.
- 리더십 공유: 여러 기관과 구성원이 리더십을 공유하고 책임과 의무를 공유해야 한다.

(4) 기관 간 협력 목적 설정

기관 간 협력 목적의 특성은 다음과 같다(Bell, Smith, & King, 2004).

- 신뢰성: 기관 간 협력 관계를 맺는 목적을 성취할 수 있다는 신뢰감이 나타나야 한다. 구성원이 성취할 수 없거나 성취할 수 있다고 믿지 못하는 그림의 떡인 목적을 설정해서는 안 된다.
- 성취 가능성: 정해진 시간 내에 목적 달성이 가능해야 한다.
- 실체성: 목적은 모든 구성원이 이해할 수 있어야 한다.
- 계획성: 목적 달성 완료일이 목적에 대한 언급에 나타나 있어야 한다.
- 윈윈(win-win) 전략: 모든 구성원이 성공할 수 있는 목적이어야 한다.

목적이 달성된 후 최종 보고서를 작성하기 이전에 모든 구성원이 전 과정을 재검토할 수 있는 기회를 제공하여 구성원의 의견이 반영되고 결과를 수용할 수 있도록 하는 것이 바람직하다.

(5) 기관 간 협력에서의 의사소통

의사소통은 면대면 대화, 회의, 전화, 메모, 편지, 이메일, 팩스, 매체(신문, 잡지, 라디오, TV) 등의 다양한 방법을 통해 이루어진다. 최적의 의사소통 방법을 찾는 것은 쉽지 않기 때문에 의사소통 방법을 선택하는 데에는 메시지의 중요도, 방법의 효율성, 피드백의 종류 등을 살펴보아야 한다.

효율적인 의사소통이란 메시지에서 공통의 의미를 발견하는 것이며, 메시지 송신자와 수신자가 메시지에 담긴 아이디어나 정보를 서로 잘 이해하는 것을 의미한다(Beckham & King, 2004). 만일 효율적인 의사소통이 이루어지지 않으면 시간의 낭비, 원망, 루머, 부정적 관계 형성 등의 부정적인 결과를 초래하게 되기 때문에 효과적으로 의사소통하는 것은 기관 간 협력에서 매우 중요한 요소다.

3) 네트워크의 필요성

지역사회를 중심으로 하는 네트워크는 기관과 전문가들이 서로 자원이 되어 인적 · 물적 자원을 활용하는 것을 말하며, 협력을 체계적으로 구축함으로써 단편적인 서비스가 아닌 복합적 · 포괄적 서비스를 제공하고 이를 통해 서비스의 질을 향상시키기 위한 조정 능력을 의미한다.

네트워크 구축 방법으로는 서비스 의뢰, 정보 및 자원 교류, 자원 개발, 공동 사업 추진 등을 위한 직접적 · 간접적 방법이 있다. 네트워크 구축을 통하여 서비스의 중복을 피하고 서비스를 필요로 하는 장애인의 욕구 충족과 서비스를 전달하는 기관의 효율적인 자원 배분과 활용이라는 측면에서 네트워크 구축의 필요성이 있다고 할 수 있다.

장애학생이 지역사회를 중심으로 직업재활 서비스를 의뢰하는 과정을 살펴보면, 관련 기관으로부터 공식적인 의뢰를 받는 경우보다는 대부분 장애인 보호자나 가족이 서비스 기관을 직접 찾아오는 것이 대부분이다.

장애인의 직업재활 서비스 욕구는 장애 영역별로 그 범위가 매우 넓으며, 다양한 종류의 서비스를 제공받고자 하는 욕구가 있다. 이러한 욕구를 원활하게 해소하고 효과적인 직업재활 서비스를 제공하기 위해서는 장애인복지관과 관련 기관의 연계가 필요하다. 장애범주 확대로 장애인의 직업재활 욕구는 점점 복잡하고 다양화되어 가고 있지만, 지역사회에서 직업재활 서비스를 연계 · 지원하는 기구나 기능이 없이 기관 독자적으로 수행함으로써 서비스의 중복이나 누락으로 인하여 귀중한 자원을 낭비하거나 서비스의 불균형 등을 초래하고 있다.

학교와 장애인복지관이 공식적으로 연계가 이루어지면 장애학생에 대한 직업 탐색 프로그램을 다양하게 적용해 볼 수 있기 때문에 장애학생에게도 보다 현실적인 직업재활 서비스 제공이 이루어질 수 있을 것이다.

네트워크 구축은 직업재활 관련 업무를 담당하는 학교나 기관이면 반드시 필요하며, 직업재활 관련 기관들이 서로 경쟁자의 관계가 아니라 상호 연계되고 협력하는 관계로 발전하는 것이 성공적인 직업재활 네트워크 구축을 위한 열쇠다. 직업재활 네트워크 구축은 장애학생에게 직업재활에 필요한 다양한 프로그램 지원을 통하여 장차 고용으로 연계하기 위한 효과적인 수단이 될 수 있기 때문에 매우 필요한 실정이다.

4) 네트워크 구축의 기대효과

(1) 직업재활 기관 및 실무자의 기대효과
- 직업재활 맞춤 서비스 제공
- 직업재활 자원 개발 및 활용
- 특화된 직업재활 프로그램 활성화
- 직업재활 서비스의 한계점 상호 보완
- 기관 간 서비스 중복 최소화
- 네트워크를 통한 직업재활 실무자 전문성 향상

(2) 직업재활 서비스를 이용하는 장애인 기대효과
- 다양한 직업재활 정보 습득 용이
- 개인에게 적합한 직업재활 서비스 이용
- 장애인의 직업재활 서비스 선택권 확대
- 보다 만족스럽고 질 높은 서비스 이용
- 경제적 · 사회적 · 심리적 자립 지원 가능
- 장애인의 삶의 질 향상

5) 네트워크 구축 방법

네트워크 구축 방법은 각 단계에 의해서 이루어진다.

1단계	**구성원이 당면한 공통 문제 확인** • 문제의 종류 • 문제의 원인 • 변화에 대한 기관의 욕구 • 변화를 위한 기술과 자원 • 변화에 관련되는 사람(실무자, 지도자)
2단계	**당면한 공통 문제 해결 방법과 방향 결정** • 네트워크의 이념과 목표 규정 • 공동의 문제 해결을 위한 인적 · 물적 자원 확인 • 공동의 문제 해결을 위한 협력 방법 찾기 • 문제 해결을 위하여 필요한 사항 단계적 합의
3단계	**문제 해결할 협력 팀의 조직화** • 협력에 참여할 기관의 범위(기관 유형, 지역) 설정 • 협력 시 사용할 커뮤니케이션 방법 구체화 • 네트워크 구성원의 역할 부여(연락, 소모임 담당) • 협력 과정의 기록 및 관리 방법 개발 • 협력의 효율성을 올리기 위한 전략 개발과 합의
4단계	**문제 해결을 위한 구성원들의 협력 계약 체결** • 협력할 분야 설정(공동으로 대처할 업무 분야) • 협력 관계를 위한 기관 간 협약서 작성 및 공유 • 협력 체계 구축(협력할 업무의 전달 체계 구축) • 협력 지침(규칙 및 규정 등) • 회의 횟수, 방법 등 기타 세부 사항 결정

(계속)

5단계	조직 강화 및 협력 활동의 유지 · 발전 • 협력을 위한 구성원의 업무 역할 구체화 및 실행 • 협력을 위한 인적 · 물적 자원과 정보 구체화 및 실행 • 협력을 촉진하는 업무 수행 방법의 구체화 및 실행 • 협력 활동 보고서 작성 • 협력 업무, 수행 방법에 대한 평가 방법 구체화 • 성공 사례 혹은 관련 사례 나누기

[그림 11-2] 네트워크 구축 방법

6) 네트워크 구축 모형

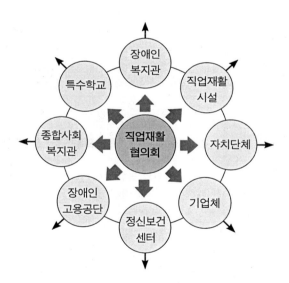

[그림 11-3] 네트워크 구축 모형도

7) 네트워크 구축 기관별 주요 역할

장애인복지관

장애인복지관에서는 직업상담, 직업평가, 직업 적응 훈련, 직장 예절, 모의 작업 훈련, 취업 박람회 참석, 사업체 개발, 현장실습, 취업 알선, 사후 지도, 부모 교육, 방과후 프로그램, 하청 물량 연계, 네트워크 구축, 온라인 카페 운영 등의 서비스를 지원한다.

직업재활시설

직업재활시설은 직업 적응 훈련, 일상생활 훈련, 현장 훈련, 하청업체 개발, 하청 물량 연계 등의 서비스를 지원한다.

특수학교(학급)

특수학교 및 특수학급은 각종 교육 프로그램 제공, 실습 대상자 선정, 직업 탐색 프로그램 참여, 방과후 프로그램 참여, 직업 적응 훈련 대상자 지원, 학생 정보 공유 및 자료 제공, 직업 탐색, IEP 수립, 부모 교육 등의 서비스를 지원한다.

정신장애인 시설 및 종합사회복지관

정신장애인 사회복귀시설과 정신보건센터는 정신 상담 및 사회 적응 훈련, 지원고용 현장실습을 제공하고, 종합사회복지관은 하청 물량 연계 등의 서비스를 지원한다.

한국장애인고용공단

한국장애인고용공단은 구인·구직 상담, 직업평가, 취업 알선, 보조 도구 지원, 맞춤 훈련, 지원 고용, 전문 요원 교육 등의 서비스를 지원한다.

지방자치단체 및 공공기관

지방자치단체 및 공공기관은 지역사회 내 직업재활 서비스 욕구가 있는 장애인에게 직업 정보 제공 및 취업 알선, 고용지원 서비스 안내, 장애인 직업재활 대상자 연계, 복지정책 등의 서비스를 지원한다.

기업체

기업체는 취업 욕구가 있는 장애인에게 장애인의 특성과 능력에 적합한 다양한 직무 분야에서 일할 수 있도록 일자리를 제공하며, 취업이 어려운 장애인을 위한 하청 작업 물량을 지원하여 자립하는 데 도움을 준다.

8. 네트워크의 활성화 방안

기관 간 협력관계 구축을 위한 네트워크는 단계적 적용이 필요

네트워크 구축의 저해 요인은 목표의 불명확화, 기관 간 상호 이해의 부족, 역할 개념의 혼란, 자기 중심주의, 기관 간 심리적 단절, 기관 간 사용 공간의 분리 등이다. 네트워크는 기관 간 상호 이익이 존재해야 자발적인 참여가 가능하다.

네트워크를 구축하기 위해서는 철저한 사전 준비와 조사를 근간으로 관련 담당자의 네트워크 구축에 대한 이해를 돕기 위한 사전 교육이 1차적으로 진행되고 단계적으로 간담회를 통하여 다양한 욕구와 의견을 충분히 조율한 후에 협약 단계로 접근하는 것이 성공적인 네트워크를 구축하는 방법이라고 볼 수 있다. 현재 연계하려고 하는 기관의 설립 목적, 운영 방식, 서비스 지원 범위, 인적·물적 자원 등에 대한 이해가 있어야 하고, 기관 간 상호작용을 증가시키기 위해서 담당자 간에 정기적인 모임을 가져야 한다.

네트워크 간담회 참석과 관련하여 기관장의 네트워크 구축 간담회 참석 지원 정도에서는 77.7%가 적극적으로 참석할 수 있도록 지원하고 있는 것으로 나타났고, 재정적 지원(교통비, 식비)에서는 66.5%, 직업재활 정보 제공 및 자원 제공 정도에서는 69.2%가 적극적으로 지원하고 있는 것으로 나타났다. 이러한 기관장의 적극적인 지원과 담당자 간의 상호작용은 공동의 계획 개발 노력, 모임, 시설의 공동 사용, 상호 방문, 교육 및 훈련 등을 통해 발전시킬 수 있다.

각 기관별 서비스 제공 방식, 장애 유형, 네트워크를 구축할 수 있는 역량이나 여건도 다를 수 있기 때문에 지역의 특성이나 기관의 여건을 반영하여 네트워크 구축에 대한 역량을 키워 가며 단계적으로 네트워크를 구축할 필요가 있다.

네트워크는 신뢰와 협력이 바탕이 되어야 함

장애인복지관이 중심이 되어 추진하고 있는 직업재활 네트워크는 5단계로 구성되어 있고, 단계별로 참여기관이 수행해야 할 과제를 구체적으로 제시하고 있다. 각 단계는 1단계 네트워크 참여 기관의 당면한 공통 문제 확인, 2단계 네트워크 구축을 위한 방향 설정, 3단계 협력 팀 조직화, 4단계 협력 계약 체결, 그리고 5단계 조직 강화 및 협력의 유지 발전으로 구성되어 있다.

단계별 네트워크를 구축하게 되면 참여기관들이 각자의 문제를 공통으로 인식하고 당면한 과제를 함께 해결해 나가려는 연대 책임 의식을 가지게 된다. 또한 단계별 달성해야 할 목표와 과제에 대한 로드맵을 제시함으로써 효과적인 합의에 도달할 수 있으며, 기관에 대한 신뢰도, 인지도, 가치관 등에 대한 이해도 함께 이루어져 협력 관계가 보다 탄탄해질 수 있다.

네트워크는 상호 신뢰와 협력이 바탕이 되어야 하며, 협약서를 체결하였더라도 기관장이나 실무 담당자가 협력을 거부하거나 관심이 없다면 무용지물이 되기 쉽다. 네트워크에 참여하는 기관들이 상호 존중과 신뢰를 바탕으로 절차와 방법에 따라 기본적인 합의를 하나씩 이루어 갈 때 직업재활 네트워크 구축의 목적을 이룰 수가 있다. 기관의 자발적인 참여에 의한 민주적인 방식으로 구축해 나가는 것이 무엇보다 필요하다.

네트워크의 효과적 운영을 위해 중심 기관 역할이 중요함

네트워크의 효과적인 운영을 위한 중추 조직(hub)의 역할과 매개 조직(broker)의 역할에 대한 중요성을 알아내고자 한 박치성(2006)의 연구 결과,

협력 관계 강도가 약한 정보 공유와 업무 주선은 거미줄처럼 복잡한 네트워크 형태를 나타내는 반면, 협력 강도가 강한 공식 계약이나 조인트 프로그램에서는 상대적으로 연결 밀도가 낮음이 확인되었다. 중심 기관은 전체 네트워크의 중심에 위치하여 정보와 자원의 흐름을 조정하거나 전달하는 역할을 수행한다.

중심 기관이 없을 경우 전체 네트워크 기관이 정보를 습득하는 시간이 길어지고 협조가 어려울 수 있다. 장애인고용 네트워크 구조 분석을 통한 활성화 방안을 위한 김언아(2007)의 연구에서도 각 중심기관들이 지역별, 장애유형별 기관의 서비스 성격에 따라 연계되는 특징을 보이고 있으며, 공단 지사보다 더 이전에 설립된 장애인복지관들이 높은 접근성을 가지고 중심 역할을 하고 있는 것으로 나타났다. 직접적인 서비스 제공을 하고 있지는 않으나 적극적인 정보 제공과 타 기관과의 연계 활동을 통해 네트워크상에서 매우 중요한 매개역할을 하고 있는 기관도 연구에서 확인되었다. 연계를 위해 중심 기관들이 해야 할 중요한 역할에 대해서도 기관별 정보수집과 정보제공이 가장 중요하다고 응답했으며, 장애인 고용 네트워크 활성화를 위해서 필요한 사항으로 물적·인적 자원 공유가 가장 높게 나타났다.

그러므로 중심 역할을 하는 기관과 매개 역할을 하는 기관들을 네트워크에 적극 참여시켜 다양한 정보 제공과 서비스를 이용자에게 제공할 수 있는 방안을 마련하여 네트워크를 보다 효율적으로 활성화시키는 노력이 필요하다.

중심 기관의 가장 중요한 역할은 파트너십이 공고히 유지되고 기관 간 신뢰 관계를 형성하도록 돕는 것이다. 중심 기관은 네트워크 참여 기관들의 자발적인 참여와 민주적인 방법에 의한 합의를 이끌어 낼 수 있도록 하여야 하며, 네트워크 구성원 간에 조직력이 강화되고 협력이 유기적으로 이루어질 수 있도록 노력하여야 한다.

기관 간 역할분담을 통한 네트워크 협의체 구성이 필요
연계를 촉진할 수 있도록 하기 위해서는 기관 간 분명한 역할분담을 통해 업무를 조정함으로써 연계가 쉽게 이루어질 수 있도록 해야 한다. 또한 연계 방법과 절차를 명확히 하고 책임과 권한의 소재를 명백히 함으로써 갈등과 대립을 줄이고 자연스럽게 연계가 촉진될 수 있을 것이다.

직업재활 사업을 수행하는 모든 기관들이 동일한 운영 지침과 평가를 통해 일관성 있게 사업이 수행될 수 있도록 사전에 의견을 조율하여 통합된 의사소통을 하며, 조정이나 연계가 필요한 업무에 대해 즉시 해결하는 체계가 기관별 혹은 지역별로 구축되어야 한다.

2005년 서울장애인종합복지관에서 추진한 직업재활 네트워크 구축 연구에서는 네트워크 구축 과정의 어려운 점으로 '기관의 미션과 비전 등의 차이로 기관 간 협력 및 합의의 어려움' '기관의 경험적 자료나 정보를 타 기관에 공개하는 것을 부담스러워함' '담당자의 협조가 기관장보다 더 중요함' '특정 기관이 추진하면 그것을 무조건 따르고자 하는 소극적인 태도' 등으로 나타났다.

개방적이며 격식을 따지지 않고 지속적인 관계 유지를 위해 서로의 아이디어를 공유하는 관계가 되도록 하는 것이 중요하다(Bell & Smith, 2004a). 네트워크는 수직적인 관계가 아니라 수평적인 관계이므로 경험이 많은 장애인복지관이 직업재활 네트워크 협의체를 체계적으로 구성하여 역할을 수행한다면 동등한 입장에서 보다 내실 있게 잘 추진될 것이다.

네트워크 구축을 통한 이용자 중심의 직업재활 서비스 확대가 필요

직업재활이란 장애인의 신체적 · 정신적 · 사회적 · 직업적 · 경제적 능력을 최대한 찾아내고 길러 줌으로써 일할 권리와 의무를 가지도록 하여 궁극적으로는 자립 생활을 영위하게 하는 것이다.

장애인복지관의 직업재활 서비스는 직업평가, 직업상담, 직업(적응) 훈련, 직업 전 훈련, 취업 알선, 사업체 개발, 직무 분석, 취업 후 적응 지도, 현장 평가, 부모 교육 등 다양한 서비스로 구성되어 포괄적으로 지원되고 있다.

2005년도에 서울장애인종합복지관에서 추진한 직업재활 네트워크 구축은 국내 처음으로 실시한 '직업재활 네트워크 구축 모형연구'[1]에서도 많은 기관들이 네트워크를 통해 얻고자 하는 이점으로 취업과 관련된 직업상담, 직업 능력평가, 사업체 개발, 취업 알선, 취업 후 적응 지도의 순으로 연계를 희망하는 것으로 나타났다.

기관 간 네트워크를 실시하는 목적은 장애인에게 'One Stop Service'를 제공하여 장애인의 욕구를 원활하게 해소하고 효과적인 직업재활을 도모하기 위해서라고 볼 수 있다. 네트워크가 발전하기 위해서는 현재와 같은 협약 체결과 간담회 수준에서 벗어나 기관 간에 명확한 공동의 계획이 수립되어 실천할 수 있어야 한다. 연계 프로그램의 성공을 위해서는 미리 정해진 기준에 의해 정기적으로 평가를 실시하고 재검토해야 한다(Wright, 1980).

직업재활 네트워크 구축을 통한 장애인의 자립 지원을 위해서는 기관 간 직업재활 네트워크를 보다 더 체계적으로 준비하여 네트워크 기관들의 참여도와 만족도를 높일 수 있는 대안 마련이 시급히 필요하며, 네트워크 구축을 통해 서비스 이용 장애인에게 폭넓은 서비스가 지원되어야 한다.

---

1) 2005년 사회복지공동모금회 전국제안기획사업의 일환으로 서울장애인종합복지관에서 프로젝트를 수행하였으며, 공동 연구 기관으로 서부장애인종합복지관과 부천시장애인종합복지관이 함께 참여했으며 서울, 경기, 인천을 연계하는 '직업재활 관련 기관 간 네트워크 구축을 통한 장애인 자립지원 활성화 방안 연구'를 추진하고 각 단계별 직업재활 네트워크 구축 방법을 홍보하기 위하여 비디오를 제작하여 전국 직업재활 관련 기관, 학교, 정신보건센터, 직업재활시설, 장애인 단체, 공공기관 등에 1,000개를 무상으로 배포하였다.

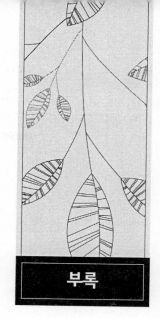

부록

장애인고용을 위한 사업주 및 장애인 대상
지원 서비스 소개

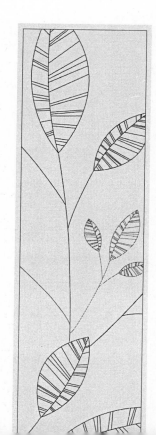

부 록

장애인고용을 위한 사업주 및 장애인 대상 지원 서비스 소개*

1. 장애인 고용사업주 지원

1) 장애인고용장려금 지원

> **「장애인고용촉진 및 직업재활법」 제30조**
> ○ 장애인의 고용 촉진과 직업안정을 위하여 장애인을 고용한 사업주에게 고용장려금을 지급합니다.
> ○ 고용장려금은 매월 상시 고용하고 있는 장애인 수에서 의무고용률에 따라 고용하여야 할 장애인 총수를 뺀 수에서 지급단가를 곱한 금액으로 합니다.

가. 장애인고용장려금 제도란?

○ 고용장려금은 장애인근로자의 직업 생활 안정을 도모하고 고용 촉진을 유도하고자 의무고용률(2.7%)을 초과하여 장애인을 고용한 사업주에게 일정액의 지원금을 지급하는 제도입니다.

---

* 상기 사업주 및 지원 서비스 소개 내용은 1년 주기로 업데이트 되며, 자세한 내용은 한국장애인고용공단 홈페이지(www.kead.or.kr)에서 확인할 수 있습니다.

나. 장애인고용장려금 지원 대상

○ 월별 상시근로자[1]의 의무고용률을 초과하여 장애인을 고용한 사업주입니다.

❏ 장애인 의무고용률

- '10년도 이후 2.7%(소수점 이하 올림)
  ※ 공기업 및 준정부기관은 3%(소수점 이하 올림)
- '10년도 이전 2%(소수점 이하 올림)

○ 최저임금 이상을 받거나 최저임금 적용제외 인가를 받은 장애인근로자에 한해 지급합니다.
○ 단, 「고용보험법」, 「산업재해보상보험법」, 「사회적기업 육성법」에 의하여 장려금 또는 지원금을 지급받은 장애인근로자에 대하여 그 지급기간에는 고용장려금을 지급하지 않습니다.
  ※ 「장애인고용촉진 및 직업재활법」 제30조 및 동법 시행령 제29조

▷ 참고: '고용 촉진지원금'과 '장애인 고용장려금' 비교

구 분	「고용보험법」상 고용 촉진지원금	「장애인고용촉진 및 직업재활법」상 장애인 고용장려금
대상기업	사업주가 지원금 지급 대상인(취업 지원프로그램 이수자) 구직자를 채용하고 6개월 이상 고용을 유지하면 지급 대상(중증장애인은 구직등록 후 1개월이 경과해야 지급 대상이 됨)※ 채용 전 3개월, 이후 12개월 동안 감원하지 않아야 함	장애인고용률 2.7% 초과 사업주
지원기간	최대 1년까지 지급(6개월 단위로 지급) • 첫 번째 6개월 후 최대 260만 원 (중증장애인 340만 원) • 두 번째 6개월 후 최대 390만 원 (중증장애인 520만 원)	고용되는 기간 중 계속 ('11. 1. 1. 부터 6급장애인은 입사일로부터 만 4년까지만 지원)

(계속)

---

1) 상시근로자: 매월 임금지급의 기초가 되는 날이 16일 이상인 근로자('06. 1. 1 이후)
  단, 소정근로 시간이 60시간 미만인 자(중증장애인 예외)는 제외('05. 1. 1 이후)
  ※ 「장애인고용촉진 및 직업재활법 시행령」 제24조 제3항

지원금액	• 경증장애인: 연 650만 원 　최초 6개월 → 260만 원 　나머지 6개월 → 390만 원 • 중증장애인: 연 860만 원 　최초 6개월 → 340만 원 　나머지 6개월 → 520만 원 ※ 지원금 상한은 임금의 75%	만 3년까지	경증남성: 월 30만 원 경증여성 · 중증남성: 월 40만 원 중증여성: 월 50만 원
		만 3년 ~ 만 5년	경증여성: 월 28만 원 중증남성: 월 40만 원 중증여성: 월 50만 원
		만 5년 초과	경증남성: 월 21만 원 경증남성: 월 15만 원 경증여성: 월 20만 원 중증남성: 월 40만 원 중증여성: 월 50만 원
신청기관 (지급기관)	고용노동부 고용센터	한국장애인고용공단 지사	
신청시기 (지급시기)	6개월 단위로 지원금 신청	1월~3월: 당해연도 4월 1일 　　　　이후 신청 4월~6월: 당해연도 7월 1일 　　　　이후 신청 7월~9월: 당해연도 10월 1일 　　　　이후 신청 10월~12월: 다음연도 1월 1일 　　　　이후 신청 (처리기간: 30일)	
구비서류	• 새로 고용한 피보험자의 월별 　임금대장 사본 및 임금지급을 　증명할 수 있는 서류 • 근로계약서 사본 • 중증장애인임을 증명하는 서류	• 장애인근로자 명부 • 장애인임을 증명하는 서류 • 중증장애인임을 인정할 수 있 　는 서류 • 장애인근로자의 월별 임금대장 　사본 • 장애인근로자의 월별 임금대장 　사본월별 원천징수이행상황신 　고서 또는 전체 근로자의 월별 　임금대장 사본	
중복수혜 금지	고용 촉진지원금과 고용장려금 중 1개만 선택적으로 신청 가능		

2) 고용시설자금 융자

> **「장애인고용촉진 및 직업재활법」 제21조**
> ○ 장애인을 고용하거나 고용하려는 사업주에게 장애인을 고용하는 데에 필요한 시설과 장비의 구입 및 설치, 수리, 생산라인 조정 등에 드는 비용을 지원합니다.

가. 고용시설자금 융자란?

○ 사업주에 대하여 장애인 고용과 관련된 작업시설, 부대시설, 편의시설 등의 설치·구입·수리비용을 장기 저리로 융자하여 장애인고용을 촉진하는 제도입니다.

나. 융자 대상

○ 장애인을 고용하여 사업을 운영하고 있거나 장애인을 고용하여 사업을 운영하고자 하는 모든 사업주입니다.

다. 융자금 용도 및 지원조건

(1) 융자금 용도

① 작업시설, 편의시설, 부대시설의 설치비용 및 구입비용, 수리비용, 생산라인 조정 비용 등

② 출퇴근용 승합자동차 구입비용

(2) 지원조건

구분	지원내용	지원 범위	지원한도	융자기간 대출금리
시설 자금	• 작업시설 - 장애인고용에 따라 설치·구입·수리하는 작업장, 작업설비, 작업장비 등 • 편의시설 -「장애인·노인·임산부 등의 편의증진보장에 관한 법률 시행령」 제4조 규정에 의한 시설 • 부대시설 - 장애인고용에 따라 설치·구입·수리하는 기숙사, 식당, 휴게실, 의무실 또는 물리 치료실 등	시설 투자비 전액	사업주당 15억원 이내(장애인 1인당 5천만 원, 고용의무인원의 25% 중증고용 조건)	10년(5년 거치5년 분할상환)·연 3%

3) 고용시설 무상 지원

> **「장애인고용촉진 및 직업재활법」 제21조**
> ○ 장애인을 고용하거나 고용하려는 사업주에게 장애인근로자가 안전하고 편안하게 근로할 수 있는 환경과 장애인용 작업장비 및 설비 등을 무상으로 지원합니다.

가. 고용시설 무상 지원이란?

○ 장애인근로자에 대한 장애인용 작업장비·설비 등을 무상 지원하여 장애인의 근로 능력을 보완하고, 사업장 내 각종 시설에 대한 장애인 접근 편의성을 높이기 위하여 편의시설을 설치하는 등의 근로 환경을 개선하는 제도입니다.

나. 지원 대상

○ 장애인을 고용하여 사업을 운영하고 있거나, 장애인을 고용하여 사업을 운영하고자 하는 모든 사업주입니다.

다. 지원한도

○ 한 사업주당 3억 원 한도 내에서, 장애인근로자 1인당 1천만 원(중증장애인 1천5백만 원) 이내에서 지원합니다.

라. 무상 지원 대상 시설 및 지원비율

구분	무상 지원 대상 시설	지원비율
1	장애인용으로 제작된 작업대, 작업장비·공구, 작업보조기기의 설치·구입·수리비	한도금액 내에서 소요비용 전액
2	장애인의 작업편리를 위한 작업대, 작업장비·설비, 공구의 전환·개조비	상동
3	시각장애인의 직장 생활에 필요한 무지점자기, 음성지원카드, 녹음기, 컴퓨터 특수장비의 설치·구입·수리비	상동
4	〈통근용 승합 자동차의 리프트 등〉 장애인용 특수 설비의 설치·구입·수리비	상동

(계속)

5	장애인 고용우수사업주 등의 통근용 승합자동차 구입비	4천만 원 한도
6	「장애인·노인·임산부 등의 편의증진에 관한 법률」 시행령 제4조에서 정한 편의시설의 설치·구입·수리비	소요비용이 • 1천만 원 이하 시: 전액 • 1천만 원 초과 시: 1천만원 + 1천만 원 초과금액의 2/3(만 원 이하 절사)
7	재택근무에 필요한 작업장비의 설치·구입·수리비	사업주당 3천만 원 한도(장애인 근로자 1인당 3백만 원 한도)

4) 장애인근로자의 재택근무 지원

> **「장애인고용촉진 및 직업재활법」 제21조**
> ○ 중증장애인을 재택근무 형태로 고용하는 사업주에게 재택근로자 고용에 따른 작업장비의 설치·구입·수리비용을 지원합니다.

가. 재택근무지원이란?
○ 정보통신 기술의 발전과 사회 전반에 걸친 근무 환경의 변화에 따라 이동이 자유롭지 못한 중증장애인을 재택근무 형태로 고용하는 사업주에게 재택근로자 고용에 따른 작업장비의 설치·구입·수리비용을 지원하는 제도입니다.

나. 지원 대상
○ 재택근무형태로 중증장애인을 신규고용(단, 채용 후 3개월이 경과하지 아니한 자)하는 사업주입니다.

> **❑ 재택근로자**
> 업무의 전반 또는 그 대부분에 대해서 사업장에 출근하지 않고 자신의 거처에서 근무하는 자

❑ **재택근로자의 근로자성 인정기준**

「근로기준법」상의 근로자에 해당하는지 여부를 판단함에 있어서 그 계약의 형식에 관계없이 실질적으로 근로자가 사업 또는 사업장에 임금을 목적으로 종속적인 관계에서 사용자에게 근로를 제공하였는지 여부에 따라 판단

다. 지원금액
○ 한 사업주당 3천만 원(장애인근로자 1인당 3백만 원 한도) 이내 지원합니다.

라. 지원용도
○ 재택근로자에게 지원하는 작업장비의 설치 · 구입 · 수리비

 ※ 단, 공단 보조공학과 관련하여 무상 임대 · 지원하는 장비는 지원불가하며 기타 작업장비의 범위는 별도 안내 예정

마. 재택근로자의 요건
○ 업무내용이 큰 폭으로 근로자의 재량에 맡길 필요성이 높은 직무
○ 도급 또는 위임의 형태가 아닌 것
○ 사업주의 근로자에 대한 지휘 · 감독이 명확할 것

5) 고용 관리비용 지원

「**장애인고용촉진 및 직업재활법」 제21조**

○ 장애인을 고용하거나 고용하려는 사업주에게 장애인의 적정한 고용 관리를 위하여 작업지도원을 배치하는 데 필요한 비용을 지원합니다.

가. 고용 관리비용 지원이란?
○ 장애인근로자의 적정한 고용 관리를 유지하는 데 필요한 작업지도원을 사업장에 위촉 · 배치하는 데 소요되는 비용을 최대 3년간 지원하는 제도입니다.

나. 지원 대상
○ 중증장애인 등을 고용하여 기준에서 정한 자격을 갖춘 작업지도원을 위촉 ·

선임·배치하여 작업지도를 실시한 사업주입니다.

○ 단, 국가 또는 지방자치단체가 설치한 장애인 관련 시설이나 사회복지법인, 기타 비영리법인이 설치한 장애인복지시설(법인 포함)은 지원 대상에서 제외합니다.

다. 지원기준

구 분	지급요건	지급액
작업지도 비용	사업주가 중증장애인(청각·언어장애인 제외) 근로자를 수급자격인정 신청일 90일 이전에 새로이 고용하고 해당 사업장에 배치된 작업지도원으로 하여금 장애인 1명당 월 12시간 이상 작업지도를 실시한 경우에 해당 사업주에게 지급. 단, 작업지도원 1명당 관리 대상 장애인은 5명을 초과할 수 없음	대상 장애인 1명당 월 14만 원

라. 지원기간

○ 작업지도비용: 공단 평가 결과에 따라 최대 3년간 지급합니다.

마. 자격기준

구 분	자격기준
작업 지도원	• 「장애인고용촉진 및 직업재활법」 제65조의 규정에 의한 장애인직업 생활상담원 자격증서 및 「사회복지사업법」 제11조에 의한 사회복지사 자격증서 소지자. 다만, 장애인직업 생활상담원으로 배치된 자는 제외 • 재활, 교육, 심리, 의료, 기술, 사회사업 분야 및 중증장애인근로자의 작업과 관련된 분야의 전문학사 학위이상 소지자 • 고등학교 졸업 이상의 학력이 있는 자로서 「장애인고용촉진 및 직업재활법」 제70조의 규정에 의한 기관·단체에서 장애인 관련 업무에 2년 이상 종사한 자 • 작업지도 대상 장애인근로자가 수행할 업무에 1년 이상 종사한 자 • 「장애인고용촉진 및 직업재활법」 시행규칙 제16조 제2항의 규정에 따라 공단이 실시하는 소정의 전문요원 양성 과정을 이수한 자

6) 장애인 표준사업장 지원

> **「장애인고용촉진 및 직업재활법」 제22조**
> ○ 장애인 표준사업장을 설립·운영하거나 설립하려는 사업주에게 그 설립·운영에 필요한 비용을 지원합니다.

가. 장애인 표준사업장 지원이란?

○ 일반노동시장에서 취업에 어려움을 겪고 있는 중증장애인에 대한 안정된 일자리 창출과 사회통합 기반을 조성하며, 모범적이고 성공적인 장애인고용기업 모형을 제시함으로써 장애인고용을 통하여 기업이 성공할 수 있도록 지원하는 제도입니다.

나. 지원 대상

○ 장애인 표준사업장을 설립·운영하거나 설립하려는 사업주입니다.
  ※ 장애인직업재활시설(「장애인복지법」 제58조)을 설립·운영하고 있는 사업주, 장애인 표준사업장 융자금 또는 무상 지원금 지급이 취소된 날로부터 3년이 경과하지 않은 사업주 등은 신청할 수 없습니다.

다. 지원 금액

○ 무상 지원금 용도에 해당하는 실제 투자금액과 공단이 산정한 금액 중 적은 금액의 4분의 3에 해당하는 금액을 지원합니다.
○ 신규 장애인고용인원에 따라 최고 10억 원까지 지원합니다.
  - 신규장애인고용인원 10명 이상 15명 이하: 3억 원
  - 신규장애인고용인원 16명 이상 20명 이하: 5억 원
  - 신규장애인고용인원 21명 이상 25명 이하: 7억 원
  - 신규장애인고용인원 26명 이상 30명 이하: 9억 원
  - 신규장애인고용인원 31명 이상: 10억 원
  ※ 장애인고용의무이행기간에 대한 이행보증보험증권 또는 부동산근저당을 공단에 설정·제공해야 합니다.

라. 지원 용도

○ 작업시설, 부대시설, 편의시설의 설치 · 구입 · 수리 · 개선에 소요되는 비용 (임차보증금 및 토지구입비는 제외)

○ 장애인의 출퇴근 편의를 위한 승합자동차 구입비용 (단, 장애인근로자 수가 최소 20명 이상인 사업주)

7) 보조공학기기 지원

> **「장애인고용촉진 및 직업재활법」 제21조**
> ○ 장애인을 고용하거나 고용하려는 사업주에게 장애인의 직업 생활에 필요한 작업 보조공학기기 또는 장비 등을 지원합니다.

가. 보조공학기기 지원사업은?

○ 장애인의 고용 촉진과 고용 안정을 도모하기 위하여 직업 생활에 필요한 각 종 보조공학기기를 무상으로 임대 또는 지원하는 제도입니다.

나. 신청 대상

○ 장애인을 고용한 사업주 또는 고용하려는 사업주가 신청할 수 있습니다.

○ 고용노동부 지정 직업 훈련 기관장이 신청할 수 있습니다.

○ 국가 및 지방자치단체의 장(공무원이 아닌 장애인근로자 대상)이 신청할 수 있습니다.

※ 장애인근로자 및 장애인 직업 훈련생 중에서 보조공학기기 사용자를 지정하여 신청(단, 보조공학기기 사용자가 사업주인 경우에는 신청할 수 없음)

다. 지원한도 및 조건

(1) 지원한도

구분		지원 한도
상 용 보조공학기기	무상 임대	장애인 1인당 지원물품가액 최고 1,000만 원(중증 1,500만 원) 사업장당 총 2억 원 이내 지원

(계속)

	무상 지원	장애인 1인당 지원물품가액 최고 300만원 사업장당 총 5,000만 원 이내 지원
맞춤 보조공학기기	무상 지원	장애인 1인당 지원물품가액 최고 300만원 사업장당 총 5,000만 원 이내 지원

(2) 지원조건

- 무상 지원: 지원 기준가액 100만원 미만(1년 사용 후 사업장에 귀속)
- 무상 임대: 지원 기준가액 100만원 이상(5년 이내 일정 기간 임대 후 사업장에 귀속)
- 재활용 무상 임대기기는 감가상각액을 제외한 잔존가액을 취득가액으로 결정

8) 고령자 고용 환경개선자금 융자

> **「고용보험법」 제23조, 동법 시행령 제36조**
>
> ○ 고령자를 고용하거나 고용하려는 사업주에게 고령자의 고용안정과 취업의 촉진을 위하여 관련 시설 및 장비의 설치 · 개선 등에 필요한 비용을 대부합니다.

가. 고령자 고용 환경개선자금 융자란?

○ 고령자를 고용하거나 고용하고자 하는 사업주에게 고령자 친화적 시설 또는 장비의 설치 · 개선 · 교체 · 구입 등에 필요한 비용을 융자하는 제도입니다.

나. 융자 대상

○ 고용보험에 가입하고 보험료를 체납하고 있지 않은 사업주입니다.

○ 「고용상 연령차별금지 및 고령자고용촉진에 관한 법률」에서 정해진 준고령자나 고령자를 고용하고 있거나 융자 대상 시설 등의 설치가 완료되기 전까지 고용할 계획이 있는 사업주입니다.

○ 정부로부터 고령자 고용 환경개선융자사업과 동일한 품목으로 시설 및 장비를 지원받고 있지 않은 사업주입니다.

다. 융자금 용도 및 지원조건

(1) 융자금 용도

○ 고령자 친화적 시설 또는 장비의 설치 · 개선 · 교체 · 구입

(2) 지원조건

○ 사업주당 10억 원 한도, 연리 3%, 10년 상환(5년 거치 5년 균등분할)

9) 통합지원 서비스 지원

가. 통합지원 서비스란?

○ 장애인고용률이 저조한 사업장이나 구인이 필요한 사업장을 대상으로 장애인의 고용 환경을 체계적이고 종합적으로 진단하여 개별 기업 특성에 맞는 장애인고용에 대한 최적의 해법제시를 통해 장애인 고용창출 및 지속적인 고용이 유지될 수 있도록 장애인 고용 환경을 구축하는 종합서비스입니다.

나. 신청 대상

○ 장애인 의무고용사업체 중 미이행 사업체, 당해 연도 표준사업장 선정사업체 또는 표준사업장 신청예정사업체, 장애인 구인사업체, 시설융자 · 무상 지원 신청(예정) 사업체

다. 진단 및 서비스 내용

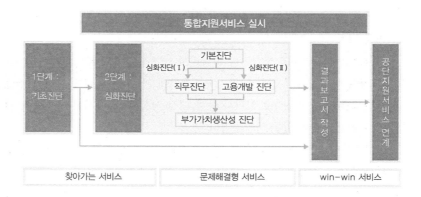

라. 지원내용

○ 진단을 통해 사업장의 장애인 고용 환경을 체계적이고 종합적으로 분석하여 드립니다.

○ 사업장에 꼭 필요한 장애인을 채용할 수 있도록 도와드립니다.

○ 장애인고용과 연계된 다양한 정부지원 혜택을 받을 수 있도록 도와드립니다.

○ 장애인을 고용을 통한 생산성을 더욱 개선할 수 있는 방안을 제시해드립니다.

→ 위의 모든 내용을 진단을 통해 맞춤형 보고서로 제공해 드립니다.

마. 혜택

○ 장애인고용 가능직무 개발 및 적합장애인 구인을 지원합니다.

○ 장애인고용에 따른 보조공학기기 지원과 고용 관리비용을 지원합니다.

○ 시설설비, 편의시설 진단을 통한 시설융자 및 무상 지원을 지원합니다.

○ 「장애인차별금지 및 권리구제 등에 관한 법률」 시행에 따른 장애인식 개선 교육과 차별 개선을 지원합니다.

○ 장애인고용을 통한 생산시스템의 개선 및 생산성 향상 방안을 제시합니다.

바. 진행절차

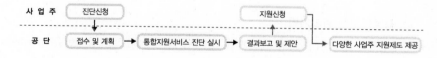

사. 접수처

○ 접수처: 사업장 소재지 관할 공단 지사

10) 교육연수 지원

□ **장애인식 개선교육 및 사업체의 장애인고용 관리 전문인력 역량 강화를 지원합니다**

○ 장애인식 개선교육의 질적, 양적 제고를 통한 기업의 장애인고용여건 조성

- 장애인고용의 실질적 주체인 사업주와 인사담당자 등을 대상으로 올바른 장애 이

해와 바람직한 인식 개선을 통해 장애인고용 촉진 분위기 및 고용여건 조성
- 사업주의 장애인식 개선교육 법적 의무를 효과적으로 지원할 수 있는 다양한 교육 콘텐츠 업그레이드 및 개발
○ 사업체 내 장애인고용 관리 전문인력 양성을 위한 교육서비스 강화
- 장애인직업 생활상담원, 장애인고용 관리기법, 장애인차별금지법실무 등 장애인 고용 현장에서 필요로 하는 전문화된 핵심 과정을 운영하여 사업체의 장애인 고용 관리 전문 인력 양성

가. EDI 행동프로그램 Ⅱ

장애인식 개선 교육의 최고 브랜드로 자리매김한 EDI행동프로그램의 개정판인 행동프로그램Ⅱ는 장애인고용 현장에 초점을 맞춰 개발한 장애인식 개선 프로그램입니다.

○ 교육 대상: 사업체 임직원, 공무원 등
○ 교육 방법: 집합교육, 기업체 출장교육
○ 주요과목: EDI 행동프로그램 1장(장애와 나)~18장(차별사례), 장애인차별 예방가이드, 장애스포츠 체험 등
○ 교육일정: 수시

나. 장애인고용 관리기법

장애인근로자를 위한 고용 관리기법 및 사업주 지원제도 등 장애인을 고용하는 사업주가 효율적인 장애인 인사관리를 위해 필요한 지식을 제공하는 교육 프로그램

○ 교육 대상: 장애인다수고용사업장 인사담당자
○ 교육 방법: 집합교육
○ 주요과목: 장애인고용관련 사업주 지원제도, 장애인근로자를 위한 인사관리 기법, 장애인 차별예방 및 편의제공 등

다.「장애인차별금지법」실무

「장애인차별금지 및 권리구제 등에 관한 법률」시행에 따른 제도 이해 및 현장 사례 중심의 차별예방가이드 교육과정

○ 교육 대상: 사업체 임직원, 장애인고용 종사자

○ 교육 방법: 집합교육

○ 주요과목: 「장애인차별금지 및 권리구제 등에 관한 법률」에 대한 이해, 정당한 편의 제공 등

> **❏ 연수신청 안내**
>
> ○ 신청: 사이버연수원 홈페이지(http://cyedu.kead.or.kr)에서 신청
> ○ 문의: 고용개발원 교육연수부 (031-728-7289, 7113)
>   * 상세 일정은 한국장애인고용공단 및 사이버연수원 홈페이지에 공지

2. 장애인고용, 이렇게 하세요

1) 취업알선서비스

○ 공단 전국 지사에서는 일자리를 찾는 장애인과 장애인을 채용하고자 하는 사업주에게 다양한 고용정보를 제공하고, 장애인의 능력에 적합한 사업체를 찾아 취업을 알선합니다.

○ 취업 후에는 직장에서의 업무, 동료 직원과의 관계 등 원만한 직장생활을 유지하도록 정기적으로 도움을 드립니다.

○ 또한 장애인고용포털사이트 워크투게더(www.worktogether.or.kr)를 통해 장애인 구인·구직서비스를 제공합니다.

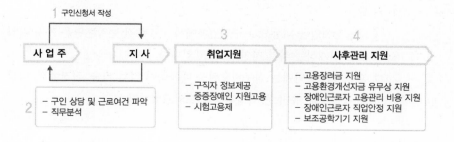

가. 모집대행

(1) 개 요

○ 공단에서는 구인 사업체의 요구에 부응할 수 있도록 상담 및 평가 과정을 통해 해당 직무에 적합한 장애 인력을 추천해 드립니다.

(2) 절 차

구인신청	사 업 주
방문, 전화상담 등을 통한 구인접수	공 단
구직욕구와 구인욕구의 매칭	공 단
인적자원 발굴 및 알선	공 단
면접 후 장애인고용	사 업 주
취업 후 적응 지도	공단 · 사업주

(3) 대표 사례

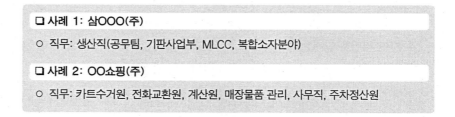

□ 사례 1: 삼○○○(주)

○ 직무: 생산직(공무팀, 기판사업부, MLCC, 복합소자분야)

□ 사례 2: ○○쇼핑(주)

○ 직무: 카트수거원, 전화교환원, 계산원, 매장물품 관리, 사무직, 주차정산원

나. 중증장애인 지원고용

(1) 개 요

○ 중증장애인을 대상으로 구인업체에서 3~7주간 현장훈련을 거쳐 취업으로 연계하는 취업 지원프로그램입니다.

○ 훈련기간 동안에는 직무지도원을 배치하여 작업 기술, 직장예절, 직장 내 동료관계 유지 등 직장적응을 도와드립니다.

(2) 절 차

구인신청	**사 업 주**
▼	
장애인대상자 모집 및 선정	**공 단**
▼	
사업장 직무 분석	**공 단**
▼	
직무지도원 선임 및 배치	**공 단**
▼	
대상자 사전훈련(6일 이내)	**공 단**
▼	
대상자 현장훈련(3~7주)	**공 단**
▼	
훈련평가 후 장애인고용	**사 업 주**
▼	
적응 지도	**공단 · 사업주**

(3) 지원고용 지원금

구 분	지 급 액
사업체	훈련생 1인당 1일 17,650원
훈련생	훈련준비금: 40,000원(6일 이상 출석시), 훈련수당: 1일 12,000원
직무지도원	사업체 직원, 재활기관종사자: 1일 25,000원, 공단 선임: 1일 50,000원

※ 사업주 보조금 및 훈련생 수당은 훈련생의 출석일수, 직무지도원 수당은 훈련지도 일수에 비례하여 현장훈련 종료 후 지급

※ 훈련생은 훈련기간 동안 상해보험 가입

(4) 주요 직무

○ 서비스 분야: 외식업체 주방보조원, 어린이집 보육교사 보조, 바리스타, 노인요양병원 간병보조, 주유소 세차원, 지하철 택배 등

○ 제조업 분야: 전자조립, 세탁원, 제빵원, 포장원, 단순제조원 등

○ 공공분야: 우체국 우편분류원, 도서관 사서보조 등

(5) 대표 사례

○○노인요양전문병원은 옷 입히기, 목욕, 식사 지원 등 간병업무에 대해 지적장애인 2명을 3주간 현장훈련을 통해 최종 채용하였습니다. 중증장애인 주간보호시설 등에서 자원봉사 경험이 있는 2명은 직업평가를 통해 사전 직무가능성을 검토하였고, 1차 원장, 간호사, 간병사의 면접, 2차 지사 내 사전교육, 3차 병원 내 요양보호사를 직무지도원으로 선정하여 3주간의 집중적인 직무교육을 통해 채용을 결정하였습니다. 채용된 장애인들은 밝고 명랑한 성격으로 요양병원 노인들의 말벗이 되어주고, 심부름을 해주는 등 요양원의 분위기를 변화시켰고, 현재는 경력을 쌓으면서 직무의 종류가 늘어나고, 숙련도도 향상되는 등 안정된 적응을 보이고 있습니다.

다. 시험고용

(1) 개 요

○ 장애인에게는 현장 연수를 통하여 직장체험이나 직무 기술 습득 등의 기회를, 사업주에게는 장애인고용을 직접 체험하게 하여 장애인고용에 대한 편견을 해소함으로써 궁극적으로 장애인 고용의 계기를 마련할 수 있도록 지원하는 제도로, 미취업 상태에 있는 청년층 장애인에게 시험고용 기회를 제공하는 연수기업에게 연수생 1인당 월 70만원을 최대 3개월까지 지원합니다.

(2) 절 차

절차	담당
연수생 및 연수기업 시험고용 연수(실시)동의서 제출	사업주, 연수생
연수생 및 연수기업 선정	공 단
시험고용 연수협약서 및 연수지원약정서 체결	사업주, 연수생, 공단
연수 참여 등 사업실행	사업주, 연수생
지원금 지급 신청(사업주) 및 지급	사업주, 공단
인턴생 평가 및 고용	공단·사업주

(3) 대표 사례

□ 사례 1: 주)○○LCD(BLU 조립 및 검사원) 취업사례

LG디스플레이(주) 협력업체인 (주)○○LCD는 장애인을 채용하지 않아 장애인고용부 담금을 납부해야 하는 어려움을 겪고 있었지만 장애인고용에 대한 편견과 경험 부족으로 장애인고용에 부정적인 인식을 갖고 있었습니다. 공단과 구인협의를 하던 중 장애인을 채용하기로 하였지만 경영진의 반대가 직접 고용에 장벽이 되었습니다.

그러던 중 공단으로부터 고학력 청년층을 대상으로 한 시험고용제도에 대한 안내를 받았고, 사업장에서 연수를 통해 채용이 가능한지 직접 체험해보기로 결정하였다. 3개월의 연수 기간 중 장애인연수생의 성실한 태도와 업무능력을 충분히 확인하게 되었고 이를 계기로 2명의 장애인을 고용하였고 더불어 경영진의 장애인에 대한 부정적인 태도를 바꿀 수 있었습니다.

□ 사례 2: 법무법인 OO(IT 운용 및 관리) 취업사례

대학 졸업 후 안정적인 직장에 사무직/전산직으로 취업을 희망했던 신OO(청각2급, 26세)는 장애로 인하여 의사소통이 어렵다는 이유로 취업에 곤란함을 겪고 있었습니다. 마침 장애인 고용에 관심을 갖고 있던 법무법인 OO를 대상으로 공단 서울지사는 인사담당자에게 해당 청각장애인이 전산직으로 근무하기에 크게 문제가 없을 것이라고 설득하여, 시험고용제도를 통하여 실제로 직무에 적응할 수 있는지 여부를 지켜보기로 하였습니다. 2개월의 연수 기간 동안 청각장애인의 직무능력과 인성 등을 종합적으로 판단한 사업체는 청각장애인을 전산직 담당자로 채용하게 되었습니다.

라. 현장 평가

(1) 개 요

○ 사업체 혹은 유사한 환경에서 5~12일간 직무체험을 통해 구직장애인은 현장적응력 등 취업가능성을 평가하고, 구인업체는 적합장애인을 탐색하는 평가프로그램입니다.

(2) 절 차

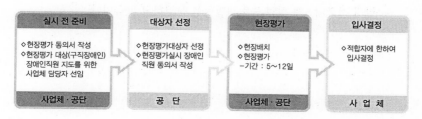

(3) 현장 평가보조금

사업체(현장 평가 실시기관)	장 애 인
1인 1일 17,650원	1일 10,000원

※ 현장 평가 보조금은 평가일수에 비례하여 평가 종료 후 지급, 현장 평가에 참여하는 장애인은 평가기간 동안 상해보험에 가입됨.

(4) 주요직무 사례
○ 사무원, 전화상담원, 전자부품 조립원, 검사원, 기계조작원, 제품성형 원 등

2) 직업 능력개발

가. 양성훈련
○ 장애인의 직업 능력을 향상시켜 보다 나은 일자리를 선택하게 함으로써 안 정된 직업 생활을 영위하도록 지원하고 있습니다.
○ 현재 전국의 5개 직업 능력개발원을 운영하고 있습니다.

기계분야	전자분야	정보기술분야	디자인분야
훈련직종	**훈련직종**	**훈련직종**	**훈련직종**
· 3D CAD/CAM · 전산응용기계설계/가공 · 고속가공 · CNC 선반/MCT	· PC 정비 · 전자 CAD · 전자기기 · 전자회로설계	· 전산응용프로그램개발 · 전산시스템운용 · 전산사무	· 디지털디자인 · 시각/3D 제품디자인 · 전시모형 및 인테리어 소품디자인
취업분야	**취업분야**	**취업분야**	**취업분야**
· CAD/CAM 설계 · 기계제작 및 가공 · 금형(제품)설계 및 제조 · 자동차, 항공, 반도체산업 첨단 가공 업무	· 전자 및 디지털기기 · 전자회로 및 PCB설계 · 컴퓨터 A/S 및 제조 관련 · 자동화기기 제어 및 설계	· 임베디드 시스템 설계 · 소프트웨어 설계 · 인터넷 프로그래밍 설계 · 자동화기기 제어 및 설계	· 그래픽/웹디자인 · 광고디자인 · 제품디자인 · 게임 · 전시/주택모형제작

일산, 부산, 대전, 전남, 대구 직업능력개발원 공통운영

인쇄분야	공예분야	건축분야	외식분야	의상분야
훈련직종	**훈련직종**	**훈련직종**	**훈련직종**	**훈련직종**
· 편집디자인 · 이미지 리터칭 · 그래픽 · 전자책(e-book)제작	· 귀금속디자인 · Jewelry CAD/CAM · 왁스 모델링 · 정밀주조작업	· 건축설계 · 실내건축	· 제과/제빵 · 바리스타	· 패션디자인 · 패턴제작 · 봉제 · 양장/한복
취업분야	**취업분야**	**취업분야**	**취업분야**	**취업분야**

· 출판사/인쇄
· 신문사
· 광고디자인
· 디지털출력
· 전자책(e-book)제작
	· 귀금속세공 및 원형
	  /왁스원형제작
	· 귀금속캐스팅 및
	  Jewelry CAD
	· 귀금속공예공방
		· 건축설계/의장
		· 건축리모델링
		· 인테리어디자인
		· 디스플레이/가구/건축
		· 건축감리/건축CG
			· 윈도우베이커리
			· 프렌차이
			· 호텔외식부
			· 커피전문점
			· 제과
				· 의류제작
				· 전통/생활한복디자인
				· 의류수선
				· 홈패션
				· 창업

일산 직업능력개발원 | 부산 직업능력개발원 | 부산, 대전 직업능력개발원 | 대구 직업능력개발원

※ 지적 · 자폐성 장애인 대상 단순직무훈련 실시(5개 직업 능력개발원)

나. 나눔맞춤훈련

(1) 개 요

○ 기업으로부터 사전에 요구받은 특정 기술 및 직무 등을 중점적으로 훈련하여 기업의 요구에 적합한 전문 인력을 양성하는 훈련 방법으로 기업의 사회적 책임과 연계하여 일자리를 장애인과 나누자는 의미를 가지고 있습니다.

○ 교과 과정 설계부터 훈련생 선발 및 훈련, 취업에 이르기까지 전 과정을 기업체와 연계하여 진행하게 되며 실제 직무수행과 밀접한 훈련을 실시하므로 수료생의 현장적응력이 높아 기업과 장애인의 만족도가 높게 나타나고 있습니다.

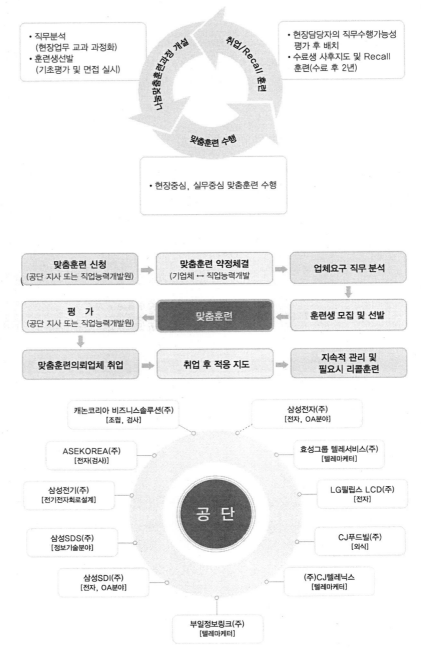

(3) 대표사례

❏ 사례 1: 삼성전자(주)

2006년 공단과 맞춤훈련 협약을 맺은 후 2010년까지 507명이 맞춤훈련을 수료하여 483명이 취업하였고 그중 459명이 재직 중에 있다. 맞춤훈련 진행은 전기전자, 정보기술, 기계, OA, 디자인 분야에 관련된 직무로 나눠 공단의 5개 직업 능력개발원에서 진행하고 있다. 맞춤훈련을 마친 훈련생들은 삼성전자 각 사업장에 배치하고 있다.

> 한국장애인고용공단은 이번 삼성전자의 하반기 맞춤훈련에 참여하는 장애인은 92명으로 그중 중증장애인 21명으로 전체의 22.6%를 차지한다고 밝혔다. 올해 상반기에 훈련을 마친 49명을 포함하면 총 142명으로 삼성전자가 맞춤훈련을 도입한 이래로 가장 큰 규모다.
>
> – 아시아경제 2010. 9. 29 기사내용 중 일부 발췌 –

❏ 사례 2: 캐논코리아 비즈니스 솔루션(주)

2009년부터 2010년까지 공단 일산직업 능력개발원과 5회의 맞춤훈련(사무기기 조립검사 직무)을 실시, 59명의 장애인이 정규직으로 입사하여 성공적인 직장생활을 하고 있다.

> 윤○○생산부본부장은 "장애인을 뽑기는 하지만 애초엔 비장애인의 80%쯤 일해주면 된다고 기대했다"면서 "그래서 비장애인 12명이 정원인 직무에 16명을 배치하였다"라고 말했다. 하지만 석 달도 안 돼 '예상'이 빗나갔다. 장애인의 생산능력이 석 달 새 비장애인 수준까지 올라온 것이다.
>
> – 조선일보 2010. 7. 20 첫 맞춤훈련 이후 상황에 대한 캐논코리아의 인터뷰 내용 중

❏ 사례 3: 금형설계 및 가공 직종 다수업체와 맞춤훈련 실시

2010년 전남직업 능력개발원과 ㈜SPACESOLUTION이 금형CAD/CAM 나눔맞춤훈련을 총괄하여 약정을 체결하고, ㈜SPACESOLUTION의 협력업체인 ㈜삼진LND 등 10개 업체에 필요한 금형설계, 금형가공(CAM · CNC운영)직무에 대한 맞춤훈련을 실시하였다.

○ 맞춤훈련 협력업체 현황
 - 경인지역: ㈜SPACESOLUTION, ㈜보원정공사, ㈜삼진LND, ㈜프라코, ㈜화성몰드테크
 - 경남지역: ㈜경성정밀, ㈜아스픽

- 경북지역: 주)태성정밀, 주)신흥정밀
- 광주지역: 주)태영PRECISION

다. 재직근로자능력향상훈련

○ 장애인근로자의 직무수행 능력 향상을 위한 훈련 과정입니다. 재직근로자능력향상 과정은 재직근로자의 업무손실을 최소화하기 위해 주로 온라인(http://digital.kead.or.kr)상에서 진행되나, 기업에서 요구할 경우 맞춤식 오프라인 훈련 과정을 개설합니다.

  - 공단에서 운영 중인 디지털능력개발원(http://digital.kead.or.kr)은 「쉽게 배우는 디자인기초 및 2D그래픽 과정 등 99종, 동영상 콘텐츠 1,035편」의 콘텐츠를 운영하고 있습니다.

○ 장애인근로자 향상훈련을 희망하는 기업은 가까운 공단 직업 능력개발원에 훈련희망 직무, 훈련 인원, 훈련 기간 등을 요청하시면, 해당 직업 능력개발원에서는 기업과 협의하여 훈련을 진행하게 됩니다.

라. 기타 훈련 과정

(1) 전직 · 이직자 재취업 훈련

○ 실직장애인 및 전직희망자에게 재취업에 필요한 기능을 훈련하여 재취업을 알선하고 있습니다.

(2) 취업예정자 단기 직무 훈련

○ 취업예정 장애인에게 기업이 요구하는 직무 또는 사회성 및 인성과 관련된 단기훈련(1개월 이내) 서비스를 제공하여 안정적인 고용유지 및 직업 생활을 영위할 수 있도록 하고 있습니다.

3. 장애인에 대한 지원

1) 근로지원인 지원

가. 근로지원인 지원이란?

○ 직장생활에서 장애인이 수행하는 직무 중 핵심 업무를 제외한 부수적인 업

무를 근로지원인의 도움을 받을 수 있도록 지원하는 서비스입니다.

나. 지원 대상
○ 중증장애인근로자(예산 범위 내에서 대상자 선발)를 대상으로 지원합니다.
  ※ 업무 수행 능력은 보유하고 있으나 장애로 인해 부수적인 업무 수행에
  어려움을 겪고 있는 장애인

다. 지원 시간
○ 월 100시간 이내(공단 평가를 통하여 결정)에서 지원합니다.

라. 본인 부담금
○ 근로지원 서비스를 제공받은 시간동안 시간당 500원(수화통역 지원 대상 장
  애인은 시간당 700원)을 자비용으로 부담합니다.

마. 신청시기 및 접수처
○ 신청시기: 매년 사업계획에 의한 시기(공단 홈페이지 참조)
○ 접 수 처: 지원 대상자 소재지 관할 공단 지사

❏ 참고: 장애유형별 근로지원 서비스 예시

장애유형	근로지원 서비스 영역
지체 · 뇌병변	① 업무수행과 관련된 컴퓨터 활용 등 부수적 업무지원 ② 핵심 업무 수행하는 데 신체적으로 불가능하거나 장애로 인해 지나치게 많은 시간이 소모되는 물건을 들거나 이동 지원 ③ 출장 및 업무를 위한 휠체어 등 이동 지원 ④ 주된 업무와 관련된 전화를 받거나 손 등을 이용한 서류 정리 등
시각	① 업무보고를 위한 프레젠테이션 등 기술적 지원 ② 서류 대독(代讀), 점역(點譯), 수기(手記) 등 업무와 관련한 지원 ③ 인터넷 · 신문 · 전문서적 등 업무와 관련한 정보 검색 ④ 직무상 강의, 교육 등 외부 스케줄과 관련된 지원 등
청각 · 언어	① 비장애인 동료 또는 상사와의 대화 시 수화통역 지원 ② 직무상 연관된 고객관리 지원 ③ 직무상 강의, 교육 등 외부 스케줄과 관련된 지원 ④ 업무와 관련된 전화 받기, 대화 기록 등 지원 등

2) 장애인취업 지원프로그램('희망코디'프로그램) 제공

가. 취업 지원프로그램('희망코디' 프로그램)이란?

○ 구직장애인에게 체계적인 상담·평가를 실시하여 개별취업계획을 수립하고, 수립된 취업계획을 토대로 개별 구직역량에 맞는 단계별 맞춤 프로그램을 제공하여 조기 취업을 유도함으로써 직업안정 및 생활안정을 지원하는 프로그램입니다.

나. 취업 지원프로그램('희망코디' 프로그램) 대상

○ 「장애인고용촉진 및 직업재활법」에 의한 중증장애인
○ 장애발생 이후 취업경험이 없는 경증장애인
○ 뚜렷한 직업관이 없거나 직업준비가 되어 있지 않은 장애인

다. 취업 지원프로그램(('희망코디' 프로그램) 참여자 특전

○ 취업 지원프로그램 이수자는 고용 촉진지원금 인력풀에 등록되어 취업이 용이할 수 있습니다.(고용 촉진지원금: 장애인의 신규고용 촉진과 고용안정을 지원하기 위해 사업주가 장애인을 고용하는 경우 고용노동부에서 사업주에게 지급하는 지원금)
○ 취업 지원프로그램 중 소정의 요건이 충족되는 경우 프로그램별 수당이 지급되거나 고용 촉진지원금 수급 자격이 인정됩니다.

라. 취업 지원프로그램('희망코디' 프로그램) 참여 방법

○ 공단 지사, 직업 능력개발원을 방문하여 구직등록한 후 상담을 통해 취업 지원프로그램 참여 여부를 결정하게 됩니다.

마. 기타 취업 지원프로그램 및 실시 기관

○ 직업 능력개발원 운영사업(고용노동부, 한국장애인고용공단): campus.kead.or.kr/main.do
○ 장애인시험고용프로그램(고용노동부, 한국장애인고용공단): www.kead.or.kr
○ 취업성공패키지(고용노동부 고용센터): www.work.go.kr/jobcenter

○ 경력단절여성 고용 촉진프로그램 중 직업교육 훈련 프로그램(고용노동부, 여성가족부 여성새로일하기센터): www.mogef.go.kr
○ 두드림존(여성가족부): www.dodream.or.kr
○ 자활사업(보건복지부): www.mw.go.kr
○ 희망리본프로젝트(보건복지부): www.mw.go.kr
○ 출소자 허그일자리지원프로그램(법무부): www.moj.go.kr
○ 제대군인지원사업(국가보훈처 제대군인지원센터): www.vnet.go.kr

3) 소상공인지원자금(장애인기업 포함) 융자- 중소기업청 주관

가. 신청 접수: 소상공인지원센터
○ 소상공인지원센터의 상담을 거친 후 자금 신청

나. 신용보증서 발급: 지역신용보증재단, 신용보증기금
○ 신청인의 신용 · 재정상태 · 경영능력 · 사업성 등을 종합적으로 평가하여 신용보증서 발급
※ 순수 신용이나 담보부 대출을 하려는 소상공인은 소상공인지원센터에서 상담 후 신용보증기관을 거치지 않고 대출취급은행에서 직접 대출

다. 자금대출: 대출 취급은행
○ 대출취급은행에서 신용 평가, 담보 감정, 보증기관의 신용보증서 확인 등의 절차를 거쳐 대출

라. 소상공인자금 내 장애인기업 융자 현황

구 분	소상공인지원자금	장애인기업 융자
융자규모	• 2,500억 원*우선 지원자금(1,850억 원)과 정책목적자금(650억 원)	• 장애인기업융자는 정책목적자금(650억원) 내에 포함됨
융자시기	• 2011.1.3~자금 소진 시까지	• 2011.1.12~자금 소진 시까지

(계속)

구 분	소상공인지원자금	장애인기업 융자
신청 대상	• 제조업, 건설업, 운송업, 광업: 상시 종업원 10인 미만 기업 • 도·소매업 등 각종 서비스업: 상시 종업원 5인 미만 기업 – 융자제외 대상업종에 해당되지 아니할 것 • 우선지원자금 대상 – 중소기업청장이 정한 교육을 이수한 소상공인 또는 예비창업자 • 정책목적자금 대상 – 프랜차이즈 가맹점 사업자, 신사업개발 창업자, 장애인 창업자 등 정부의 정책적 지원 사업에 참여한 소상공인 및 재해피해 소상공인	• 좌동 – 창업 7년 미만 장애인 기업
융자범위	• 소상공인 창업 및 경영개선에 필요한 자금	• 좌동
대여한도	• 5천만 원	• 1억 원
대출금리	• 공자기금 대출금리에서 0.13%p 차감(기준금리–변동금리)	• 연 3%(고정금리)
대출기간	• 5년 이내(거치기간 1년 이내 포함)	• 7년 이내(거치기간 2년 이내 포함)
상환방식	• 1년 거치 후 4년간 대출금액의 70%는 3개월(또는 1개월)마다 균등 분할 상환하고, 30%는 상환기간 만료 시에 일시상환	• 2년 거치 후 5년간 대출금액의 70%는 3개월(또는 1개월)마다 균등 분할 상환하고, 30%는 상환기간 만료 시에 일시상환
융자기관	• 국민·기업·신한·우리·외환·한국씨티·하나·부산·대구·광주·전북·경남·SC제일·제주은행·농협중앙회·저축은행중앙회·수협중앙회·새마을금고	• 좌동

참고문헌

강석동(2008). 자원개발과 고용네트워크. 사례관리실무 교육연수자료. 한국장애인고용공
    단 고용개발원.
강위영, 이상진(1999). 직업 및 직능평가. 서울: 학지사.
공보부(1967). 관보, 호외(1967. 4. 15).
곽금주, 박혜원, 김청택(2002). 한국웩슬러아동지능검사 3판. 서울: 도서출판특수교육.
교육과학기술부(2008). 제3차 특수교육발전 5개년계획. 서울: 교육과학기술부.
교육과학기술부(2009). 장애학생 진로·직업교육 내실화 방안(특수교육지원과-3881,
    2009. 12. 28). 서울: 교육과학기술부.
교육과학기술부(2009a). 장애학생 진로·직업교육 내실화 방안 (미간행 자료).
교육과학기술부(2009b). 2009년 특수학교 「학교기업형 직업 훈련실」 설치 지원 계획(미
    간행 자료).
교육과학기술부(2009c). 특수학교 교육과정 해설(Ⅱ) 기본교육과정.
교육과학기술부(2010a). 장애성인 평생교육 활성화 방안 (미간행 자료).
교육과학기술부(2010b). 특수교육 교육과정.
교육과학기술부(2011). 2011 특수교육통계.
교육과학기술부(2011). 특수교육 교육과정. 서울: 교육과학기술부.
교육과학기술부(2011a). 특수교육 교육과정 교육과학기술부 고시 제2011-501호 [별책1].
교육과학기술부(2011b) 특수교육 교육과정 교육과학기술부 고시 제2011-501호 [별책2].
교육과학기술부(2011c) 특수교육 교육과정 교육과학기술부 고시 제2011-501호 [별책3].
교육과학기술부(2012). 2011 특수교육 연차보고서.
교육부(1998). 특수학교 교육과정(교육부 고시 제1998-11호(별책1).
교육부(1999a). 특수학교 교육과정 해설(Ⅰ) 총론.

교육부(1999b). 특수학교 교육과정 해설(Ⅱ) 기본교육과정·국민공통기본교육과정.

교육인적자원부(2008). 특수학교 교육과정(교육인적자원부 고시 제2008-3호, 별책1)

국립특수교육원(2002). 국립특수교육원 한국형 개인 지능검사 실시요강. 서울: 교육과학사.

국립특수교육원(2003). 국립특수교육원 적응행동 검사: KISE-SAB 요강. 경기: 국립특수
교육원.

국립특수교육원(2012). 한국 장애학생 진로·직업교육의 현황과 과제. 제19회 국제세미나
(장애학생 진로·직업교육의 국제동향) 자료집.

권오상(2006). 직업상담학. 서울: 고시각.

김병숙(1999). 직업상담심리학. 서울: 박문각.

김병숙(2007). 직업심리학. 서울: 시그마프레스.

김병숙(2008). 직업상담심리학. 서울: 시그마프레스.

김삼섭(1997). 장애인의 직업적 성공 관련 요인에 관한 연구. 특수교육논총, 3, 1-19.

김삼섭(2001). 장애학생의 직업흥미에 관한 연구: 직업흥미검사 개발을 위한 기초연구.
공주: 21C특수교육포럼.

김삼섭(2001). 장애학생의 직업흥미에 관한 연구: 직업흥미검사 개발을 위한 기초연구.
한·일국제특수교육포럼 3차 세미나, 3, 5-38.

김삼섭(2005). 특수교육의 심리학적 기초. 서울: 시그마프레스.

김삼섭(2009). Exploration job success by employers of people with severe
disabilities. CEC 2009 Convention & Expo (p. 290). Council for Exceptional
Children.

김성희(2004). 장애인 직업상담 실무정보서. 경기: 한국장애인고용공단.

김언아 외(2007). 장애인고용네트워크의 구조분석과 활성화 방안. 서울: 한국장애인고용
공단 고용개발원.

김언아(2007). 직업적 장애 기준 연구의 전망과 계획. 2007 하반기 수시과제 자료집. 성
남: 한국장애인고용촉진공단 고용개발원.

김용탁, 변민수, 장창엽, 유완식, 이효성(2011). 우리나라 장애인 고용정책 길라잡이. 성남:
한국장애인고용공단 고용개발원.

김종진(2004). 서비스 전달체계 개선을 위한 장애인고용네트워크 운영에 관한 논의. 장애
인과 고용, 제53권 가을호.

김진호(2007). 발달장애학생을 위한 학령기전환교육모형 개발과 교육프로그램 및 방법
모색. 특수교육저널: 이론과 실천, 8(3), 1-27.

김충기, 김병숙 역(1995). 진로상담 기술과 기법. 서울: 현민시스템.

김형완 외(2010). 복지일자리 직무매뉴얼 I. 서울: 한국장애인개발원.

김형완(2001). 장애인복지관 직업 훈련 활성화 방안. 서울: 한국장애인고용공단.

김형완(2001). 직업재활센터의 사업과 운영 매뉴얼. 서울: 한국장애인단체총연맹.

김형완(2003). 지원고용 10년 성과분석 및 실천사례. 2003 지원고용 전문요원 국제워크

숍 자료집. 지원고용의 성과와 전망. 서울: 서울장애인종합복지관.

김형완(2005). 직업재활관련 기관 간 네트워크구축을 통한 장애인 자립지원활성화 방안. 서울: 서울장애인종합복지관.

김형완(2007). 지원고용 전문가를 위한 직무 분석과 사례관리. 서울: 서울장애인종합복지관.

김형완(2007). 직업재활 네트워크구축을 통한 자원개발 및 고용활성화 방안연구. 서울: 한국장애인복지관협회.

김형일(2010). 전환교육의 이해와 실행. 경기도: 교육과학사.

남용현, 박자경, 심창우(2007). 연계고용제도 사업평가 및 개선방안. 성남: 한국장애인고용촉진공단 고용개발원.

문교부(1974). 정신박약학교(초등부) 교육과정(문교부령 제334호, 1974. 1. 31).

문교부(1983). 정신박약학교 교육과정(문교부 고시 제83-13호, 1983. 12. 31. 별책3).

문교부(1994a). 정신박약학교 고등부(훈련가능) 직업 교사용 지도서.

문교부(1994b). 정신박약학교 중학부(훈련가능) 직업 교사용 지도서.

문수백, 변창진(2008). K-ABC 실시 채점요강. 서울: 학지사.

박영근(2010). 특별한 교육적 지원 요구학생의 전환교육 실행 과정 분석 연구. 대구대학교 대학원 석사학위논문.

박자경, 권영민, 구인순, 박재희, 박수정, 강용주, 김현주(2010). 장애인 직업상담 기술훈련 프로그램 개발. 서울: 한국장애인고용공단 고용개발원.

박자경, 김종진, 이승복(2005). 직업평가개론. 서울: 시그마프레스.

박치성(2006). 사회서비스 비영리조직들의 협력패턴에 대한 탐색적 연구. 한국행정학보, 40(4, 겨울).

박혜원, 곽금주, 박광배(1996). 한국웩슬러유아지능검사. 서울: 도서출판특수교육.

박희찬 외(2000). 장애인직업재활시설 사업과 운영. 서울: 한국장애인복지시설협회.

박희찬 외(2001). 직업재활센터의 사업과 운영. 서울: 한국장애인단체총연맹.

박희찬(1999). 전환교육의 이론과 적용방안. 제44회 전국특수교육연수회, 267-286. 한국정신지체아교육학회.

박희찬(1999). 지원고용의 이론과 실제. 서울: 한국장애인고용촉진공단.

박희찬(2009). 장애인복지관 직업재활서비스 체계 개발연구. 경기도 장애인복지관.

박희찬(2010). 중증장애인직업재활지원사업 운영매뉴얼 I. 서울: 한국장애인개발원.

박희찬, 김정일(2006). 한국판 신경근육발달검사(K-MAND) 표준화 연구. 직업재활연구, 16(1), 83-103.

박희찬, 김종환, 백영배, 박혜영(2007). 발달장애 특수학교의 지역사회 현장실습 중심 직업교육 실시 방안. 서울: 교육인적지원부.

박희찬, 이상진, 이은정, 박은영(2010). 직업평가사 자격 구분과 교부 및 양성 교육과정. 장애와 고용, 20(4), 47-68.

박희찬, 이상진, 이종길(2005). 직업재활 네트워크구축 모형개발 연구. 서울: 서울장애인

종합복지관.

박희찬, 이종남(1997). MDS의 구성과 사용법. 서울: 서부장애인종합복지관.

박희찬, 이종남(1999). 직업개발. 자원고용기초. 서울: 한국장애인고용공단.

박희찬, 이효자, 장병연(1998). 중증장애학생 전환교육의 실제. 안산: 국립특수교육원.

박희찬, 정민호, 김기석(2005). 정신지체특수학교 직업교육 혁신을 위한 교사참조요목 개발과 적용방안. 서울: 가톨릭대학교.

변경희(2007) 사례관리를 통한 직업재활서비스. 한국장애인고용공단 본부 교육자료.

보건복지가족부, 한국보건사회연구원(2009). 2008년 장애인 실태조사.

서울장애인종합복지관(2001). 중증장애인 지원고용워크숍. 서울장애인종합복지관.

성규탁 역(1993). 진로계획과 직무 개발. 서울: 한국장애인고용공단.

송정선(2008). 전환사정 실천사항에 대한 교사인식수준과 기준개발. 대구대학교 대학원 박사학위논문

신상현(2001). 정신지체 학생의 직업흥미에 관한 연구. 공주대학교 교육대학원 석사학위논문.

신현기, 김희규, 박정식, 유애란, 유장순, 정동영, 채희태, 최혜승(2010). 장애 중등학생을 위한 전환계획. 서울: 박학사.

심진예, 김경아, 김용탁, 남용현, 박자경, 이국주(2006). 장애인 고용정책 국제비교 연구. 성남: 한국장애인고용촉진공단 고용개발원.

안창규, 안현의(2000). 자기탐색검사. 서울: 한국가이던스.

오길승 외(2001). 장애인직업재활 중장기 정책에 관한 연구. 서울: 한국장애인복지시설협회.

오길승(1994). 발달장애인을 위한 지원고용지침서. 서울: 서울장애인종합복지관.

오길승(2003). 직업재활분야에서 본 현재 특수 직업교육의 문제점과 앞으로의 개선 및 협력 방안. 2003년도 연차 학술대회 자료집, pp. 7-52. 한국직업재활학회.

오길승, 변경희(1997). Vocational interest temperament aptitude system 실시 설명서. 서울: 장애우권익문제연구소.

유완식, 장창엽, 김용탁, 변민수, 홍자영, 윤형경(2011). 장애인 고용정책의 변천과 의무고용제도의 발전 방향. 성남: 한국장애인고용공단 고용개발원.

유태균, 김자옥(2001). 서울시 소재 종합사회복지관 간의 네트워크 특성 및 네트워크상에서의 중심자적 역할 정도 결정요인에 관한 연구. 사회보장연구, 17(2).

윤광보(2008). 정신지체 교육과정의 교육목표와 교육 내용 쟁점 분석. 특수교육저널: 이론과 실천, 9(2), 339-357.

이경아(2008) 사례관리의 이론. 사례관리실무 교육연수자료. 한국장애인고용공단 고용개발원.

이달엽(2004). 장애인을 위한 직업개발과 배치. 서울: 학지사.

이달엽, 김동일, 박희찬(2004). 지역사회 적응검사. 서울: 학지사.

이달엽, 노임대(2005). 직업평가. 서울: 학지사.

이무근(1996). 직업교육학 원론. 서울: 교육과학사.

이선우 외(2001). 장애유형별 고용현황과 직업재활 방안. 서울: 한국보건사회연구원.

이정근(1996). 진로지도와 진로상담. 서울: 중앙적성출판사.

이현주(1998). 진로의사결정과 개인적 변인들과의 관계 분석: 인지복잡성, 직업흥미, 성격
　　을 중심으로. 직업교육연구, 9, 223-276.

이현주(1998). 진로의사결정과 개인적 변인들과의 관계 분석: 인지복잡성, 직업흥미, 성격
　　을 중심으로. 직업교육연구, 9, 223-276.

이효성, 진홍섭, 홍자영, 현정훈, 최종철(2007). 중증장애인 직업영역 개발사업의 동향분
　　석. 서울: 한국장애인고용공단 고용개발원.

임경원, 김삼섭(2008). 정신지체인의 적성직종 고찰. 특수교육학연구, 43(1), 37-67.

임경원, 박은영 김삼섭 (2005). 직무체험이 고등부 정신지체 학생의 직업흥미에 미치는
　　영향. 특수교육연구, 12(1), 245-261.

장진호 (1979). 사회교육의 방향: 평생교육의 관점에서. 서울: 정익사.

전보성(2000). 장애인의 전환교육을 위한 개별화전환교육계획과 지원고용프로그램 실행
　　에 관한 연구. 대구대학교 교육대학원 석사학위논문.

전보성(2005). 대인·사회적기능 중심의 전환교육 활동이 정신지체학생의 사회적 능력과
　　지역사회적응 기술에 미치는 효과. 대구대학교 대학원 박사학위논문.

정명현, 견미리(2001). 직업선호도검사를 통한 정신장애인 직업특성. 특수교육재활과학연
　　구, 40(2), 381-407.

정민호(2009). 특수학교「학교기업형 직업 훈련실」설치 사업의 전망과 과제. 현장특수교
　　육, 16(3). 22-27.

정민호, 김삼섭(2010). 특수학교의 학교기업 운영에 대한 장애유형별 특수교육교원의 인
　　식 비교. 특수교육연구, 17(1), 101-127. 안산: 국립특수교육원.

정민호, 최영종, 김삼섭(2009). 특수학교의 학교기업 운영 배경과 타당성 고찰. 특수교육연
　　구, 16(2), 115-135. 안산: 국립특수교육원.

정우현, 구병림, 이무근 (1989). 직업기술교육론. 서울: 교육과학사.

조성열(2004). 장애인 직업재활분야의 현황과 과제: 관련법과 제도를 중심으로. 職業再活硏
　　究, 14(1), 247-271.

조인수(2000). 장애인의 전환교육. 대구: 대구대학교출판부.

조인수(2002). 장애인의 삶의 질 향상을 위한 전환교육과 서비스. 대구: 대구대학교출판부.

조인수(2005). 장애인 삶의 질 향상을 위한 전환교육. 대구: 대구대학교출판부.

조인수(2009). 전환사정. 대구: 대구대학교출판부.

조인수, 이상춘, 강위영(1993). 장애인 직업 적응을 위한 재활 방법. 서울: 성원사.

최종철, 강필수(2008). 장애인고용 촉진 및 직업재활법령의 연혁적 고찰. 성남: 한국장애
　　인고용촉진공단 고용개발원.

한국고용정보원(2011). 2012 한국직업사전.

한국교육개발원(1991). 한국교육개발원 개인지능검사. 서울: 한국교육개발원.

한국보건사회연구원(2006). 직업재활기금사업평가보고서. 서울: 한국보건사회연구원.

한국장애인고용촉진공단 고용개발원(2003). 그림직업흥미검사 개발 연구. 경기: 한국장애인고용촉진공단 고용개발원.

한국장애인고용촉진공단 고용개발원(2005). 장애인 고용 네트워크를 활용한 고용사례집: 정신지체인 세차직무를 중심으로. 서울: 한국장애인고용촉진공단 고용개발원.

한국장애인고용공단 고용개발원(2011). 2011 장애인 통계. 성남: 한국장애인고용공단 고용개발원.

한국장애인고용공단 고용개발원(2011). EDI 2011 장애인 통계.

한국장애인고용공단(2011). 기업지원 안내서. 서울: 한국장애인고용공단.

한인숙, 김희연(2001). 네트워크 이론에서 본 지역사회 복지: 지방정부와 사회복지관의 관계를 중심으로. 한국행정학회 추계학술대회발표논문집.

홍선미(2006) 사례관리 이론과 실제. 사례관리실무 교육연수자료. 한국장애인고용공단 고용개발원.

황윤의(2003b). 특수학교(급)교사 과정연수자료—발달장애인의 고용과 진로의 실제. 국립특수교육원, 177-189.

Athansou, J. A., & Cooksey, R. W. (2001). Judgement of factors influencing interest: An Australian study. *Journal of Vocational Education Research, 26*(1), 77-96.

Becker, R. L. (2000). Reading Free Vocational Interest Inventory 2 manual (2nd ed.). Columbus: Elbern Publications.

Becker, R. L., Widener, Q., & Soforenko, A. K. (1979). Career education for trainable mentally retarded youth. *Education and Training of the Mentally Retarded, 14*(2), 68-71.

Beckham, K., & King, J. (2004). Building coalition fact sheet: Communication in coalitions. The Ohio Center for Action on Coalitions, The Ohio State University, Columbus, OH.

Bell, C. H., & Smith, P. (2004a). Building coalition fact sheet: Coalition facilitator guide. The Ohio Center for Action on coalitions, The Ohio State University, Columbus, OH.

Bell, C. H., & Smith, P. (2004b). Building coalition fact sheet: Coalition functioning. The Ohio Center for Action on coalitions, The Ohio State University, Columbus, OH.

Bell, C. H., Smith, W., & King, J. (2004). Building coalition fact sheet: Coalition goal setting. The Ohio Center for Action on Coalitions, The Ohio State University, Columbus, OH.

Berkell, D. E. (1987). Vocational assessment of students with severe handicaps: A review of the Literature. *Career Development for Exceptional Individuals, 10*, 61-75.

Brohn, D. E. (1982). *Vocational preperatim of persons loith handicaps* (2nd ed.). Columbus. OH: Herill Publishing Co..

Brolin, D. E. (1989). *Life-centered career education: A competency based approach* (3rd ed.). Reston, VA: The Council for Exceptional Children.

Brolin, D. E. (1995). *Career education: A functional life skills approach* (3rd ed.). Englewood Cliffs, NJ: Prentice-Hall.

Brolin, D. E., & Kokaska, C. (1979). *Career education for Handicapped Children and Youth.* Columbus, Oh: Charles E. Merrill.

CARF(Commission on Accreditation of Rehabilitation Facilities). (1987). *Standards for organizations serving people with disabilities.* Tucson, AZ.

Clark, G. M. (1998). *Assessment for transitions planning.* Austin, TX: Pro-Ed.

Clark, G. M., & Kolstoe, O. P. (1995). *Career development and transition education for adolescents with disabilities* (2nd ed.). Boston: Allyn & Bacon.

Clark, G. M., Carlson, B. C., Fisher, S., Cook, I. D., & D'Alonzo, B. J. (1991). Career development for students with disabilities in elementary schools: A position statement of the Division on Career Development. *Career Development for Exceptional Individuals, 14*, 109-120.

Clark, G. M., Field, S., Patton, J. R., Brolin, D. E., & Sitlington, P. L. (1994). Life skills instruction: A necessary component for all students with disabilities. A position statement of the Division on Career Development and Transition. *Career Development for Exceptional Individuals, 17*, 125-134.

Clark, R. W. (2004). Building coalition fact sheet: Evaluating the collaboration process. The Ohio Center for Action on coalitions, The Ohio State University, Columbus, OH.

Cronin, M. E., & Patton, J. R. (1993). *Life skills instruction for all students with special needs: A practical guide for integrating real-life content into the curriculum.* Austin, TX: Pro-Ed.

Dawes, S. S. (1996). Interagency information sharing: Expected benefits, manageable risks. *Journal of Policy Analysis and Management, 15*(3), 377-394.

Dever, R. B. (1998). *Community living skills: A taxonomy.* Washington, DC:

American Association on Mental Retardation.

DiMaggio, P. J., & Walter W. P. (1983). The iron cage revisited: Institutional isomorphism and collective rationality in organizational fields. *American Sociological Review, 48*, 147-60.

Ditty, J. A., & Reynolds, K. (1980). Traditional vocational evaluation: Help or hindrance? *Journal of Rehabilitation, 46*(4), 22-25.

Donaldson, L. (1995). *American anti-management theories of organizations: A critique of paradigm proliferation.* Melbourne: Cambridge University Press.

Dowd, L. R. (1993). *Terminology used in vocational evaluation and assessment: VEWAA glossary of terms.* Menomonie: University of Wisconsin-Stout, Materials Development Center.

Feuerstein, R., & Shalom, H. (1976). Problems of assessment and evaluation of the mentally retarded and culturally deprived child and adolescent: The learning potential assessment device. Paper presented at the meeting of the First Congress of the International Association for the Scientific Study of Mental Deficiency, Montpellier, VT.

Frey, W. D. (1984). Functional assessment in the '80s. In A. S. Halpern & M. J. Fuhrer (Eds.), *Functional assessment in rehabilitation* (pp. 11-43). Baltimore, MD: Paul H. Brookes.

Gaylord-Ross, R. J., Forte, J., Storey, K., Gaylord-Ross, C., Jameson, D. (1985). Community-referenced instruction in technological work settings. In R. J. Gaylord-Ross (Ed.), *Community vocational training for handicapped youth.* San Francisco: State University.

Gellman, W. (1968). *The principle of vocational evaluation. Rehabilitation Literature, 29*, 98-102.

Giest, I. (1979). A hierachical model for the structure of vocational interest. *Journal of Vocational Behavior, 15*, 90-106.

Greene, G., & Kochhar-Bryant, C. A. (2003). *Pathways to successful transition for youth with disabilities.* Columbus, OH: Merrill Prentice Hall.

Guthrie, G. P., & Guthrie, L. F. (1991). Streamlining interagency collaboration for youth at risk. *Educational Leadership, 49*(1), 17-22.

Halpern, A. S. (1985). Transition: A look at the foundation. *Exceptional Children, 51*(6), 476-486.

Halpern, A. S. (1994). The transition of youth with disabilities to adult life: A position statement of the Division on Career Development and Transition, The Council for Exceptional Children. *Career Development for Exceptional*

Individuals, 17, 115-124.

Hamilton, M., & Shumate, S. (2005). The role and functional of certified vocational evaluation specialists. *Journal of Rehabilitation, 71*(1), 5-19.

Hillsdale (1983). Work ethics and satisfaction, alienation, and other reactions. *Handbook of vocational psychology.* Mahwah, NJ: Lawrence Erlbaum.

Holland, J. L. (1985). *Vocational Preference Inventory Manual-1985 edition.* Odessa, FL: Psychological Assessment Resources.

Horner, R. H., McDonnell, J. J., & Bellamy, G. T. (1986). Teaching generalized skills: General case instruction in simulation and community settings. In R. H. Horner, L. H. Meyer, & H. D. Fredericks (Eds.), *Education of learners with severe handicaps: Exemplary service strategies.* Baltimore: Paul H. Brookes.

Hoyt, K. B. (1977). *The school counselor and career education.* Washington, D.C.: U.S. Goverment Printing Office.

Hunt, N., & Marshall, K. (1994). *Exceptional children and youth.* Boston: Houghton Mifflin.

Imel, S (1992a). For the common good: A guide for developing local interagency linage teams. Center on Education and Training for Employment. The Ohio State University, Columbus, OH.

Imel, S., & Sandoval, G. T. (1990). Ohio at-risk linage team project: A report on three state team projects. Center on Education and Training for Employment. The Ohio State University, Columbus, OH.

Individuals with Disabilities Education Act Amendments of 1997, Pub. L. No. 105-17, 105th Cong., 1st sess.

Individuals with Disabilities Education Act of 1990, Public Law 101-476 (October 30, 1990). Title 20, U.S.C. 1400-1485: U.S. Statutes at large, 104, 1103-1151.

Individuals with Disabilities Education Act of 2004, P.L. 108-466(online), Retrieved March 28, 2005, from http://thomas.loc.loc /cgi-bin/query /z/c 108h.1350. enr.

Individuals with Disabilities Education Act Regulations, 34 C.F.R 300.533 et seq. (1997)

Isaacson, L., & Brown, D. (1993). Career information, career counseling, and career development. Boston: Allyn & Bacon.

Jackson, D., & Maddy, W. (2004). Building coalition fact sheet: Introduction. The Ohio Center for Action on coalitions. The Ohio State University, Columbus, OH.

Jastak, J. F., & Jastak, S. (1979). *Wide Range Interest Opinion Test Manual.*

Washington, Delaware: Jastak Associates, Inc.

Johnson, J. R., & Rusch, F. R. (1993). Secondary special education transition services. *Career Development for Exceptional Individuals, 16*(1), 1-18.

Klein, M. A., Wheaton, J. E., & Wilson, K. B. (1997). The career assessment of persons with disabilities: A review. *Journal of Career Assessment, 5*(2), 203-211.

La Greca, A. M., Stone, W. L., & Bell, C. R. Ⅲ. (1983). Facilitating the vocational-interpersonal skills of mentally retarded individuals. *American Journal of Mental Deficiency, 88*, 270-278.

Levinson, E. M. (1994). Current vocational assessment models for students with disabilities. *Journal of Counseling & Development, 73*, 94-101.

Lewis, J. (1992). Interlinking technology education and Tech-Prep: One schllo system's approach. *The Technology Teacher*, April, 26-28.

Lofquist, L. H., & Dawis, R. V. (1969). *Adjustment to work.* New York, NY: Appleton-Century-Crofts.

Luckasson, R., Coulter, D. L., Polloway, E. A., Reiss, S., Schalock, R. L., Snell, M. E., Spitalnik, D. M., & Stark, J. A. (2002). *Mental retardation: Definition, classification, and systems of supports* (10th ed.). Washington, DC: American Association on Mental Retardation.

Mattessich, P. W., & Monsey, B. R. (1992). *Collaboration: What makes it work.* St. Paul, MN: Amherst H. Wilder Foundation.

McCarron, L., & Dial, J. (1976). *McCarron-Dial Work Evaluation System: Evaluation of the mentally disabiled-A systematic approach.* Dallas, TX: McCarron-Dial Systems.

Miller, R. J., Lombard, R. C., & Corbey, S. A. (2007). Transition Assessment Planning Transition and IEP Development for Youth with Mild to Moderate Disabilities. Pearson Education, Inc.

Mitchell, D. E., & Scott, L. D. (1994). Professional and institutional perspectives on interagency collaboration. In L. Adler and S. Gardner (Eds.), *The politics of linking schools and social services.* Washington, D.C.: Falmer Press.

Morgan, R. L., Gerity, B. P., & Ellerd, D. A. (2000). Using video and CD-ROM technology in a job preference inventory for youth with severe disabilities. *Journal of Special Education Technology, 15*(3), 25-33.

Morgan, R. L., Gerity, B. P., & Ellerd, D. A. (2000). Using video and CD-ROM technology in a job preference inventory for youth with severe disabilities. *Journal of Special Education Technology, 15*(3), 25-33.

Noll, J. M. (1997). Developing a model process for planning school linked interagency collaboration. A Dr. Dissertation of the University of San Francisco.

O'Bryan, A. (1985). The STP Benchwork model. In P. McCarthy, J. M. Everson, M. S. Moon, & J. M. Barcus (Eds.), *School-to-work transition for youth with severe disabilities* (pp. 183-19). Ricmond: Virginia Commonwealth University, Project Transition into Employment, Rehabilitation Research and Training Center.

Pierson, N., & Crimando, W. (1988). The effects of vocational evaluation on client's attitudes toward work. *Vocational Evaluation and Work Adjustment Bulletin, 21*(4), 133-137.

Powell, W. W. (1990). Neither market nor hierachy: Network forms of organization. In B. M. Staw & L. L. Cummings (Eds.), *Research in Organizational Behavior* (pp. 295-336). Greenwich: JAI Press.

Powell, W. W., & Smith-Doerr, L. (1994). Networks and economic life. In N. J. Smelser, & R. Swedberg (Eds.), *The handbook of Economic Sociology.* Princeton: Princeton University Press.

Power, P. W. (1991). *A guide to vocational assessment* (2nd ed.). Austin, TX: PRO-ED.

Powers, J. G. (2001). The formation of interorganizational relationships and the development of trust. Unpublished Doctoral Dissertation. SUNY Albany.

Pruitt, W. A. (1986). *Vocational Evaluation* (2nd ed.). WI: Walt Pruitt and Associates.

Robert, R. W. (1971). *Vocational and practical arts education.* New York: Harper & Row.

Rusch, F. R. (1992). In F. R. Rusch (Ed.), *Transition from school to adult life.* Sycamore, IL: Sycamore.

Sailor, W., & Skrtic, T. (1996). School-linked services integration. *Remedial and Special Edcuation, 17*(5), 271-283.

Salvia, J., & Ysseldyke, J. E. (1995). *Assessment* (6th ed.). Boston: Houghton Mifflin.

Sandra, A., Diane, L. R., & Cynthis, N. S. (2009). 장애아동 진단 및 평가 (권요한, 이만영, 이말련, 이혜경, 최미숙 역). 서울: 시그마프레스. (원서 출간 2000년)

Scarf, R. (1970). Relative importance of interest and ability in vocational decision making. *Journal of Counselling and Psychology, 17*, 258-262.

Schalock, R. L., & Harper, R. S. (1978). Placement from community-based mental retardation programs: How well do clients do?. *American Journal of Mental*

Deficiency, 83, 240-247.

Selznick, P. (1996). Institutionalism 'old' and 'new'. *Administrative Science Quarterly, 41,* 270-277.

Shumate, S., Hamilton, M. & Fried, J. (2004). Vocational evaluation: The development of a profession. *Vocational Evaluation and Career Assessment Professionals Journal, 1*(1), 25-39.

Sitlington, P. L., & Clark, G. M. (2006). *Transition education and services for students with disabilities* (4th ed). Boston, MA: Pearson Education Inc.

Sitlington, P. L., Clark, G. M., & Kolstoe, O. P. (2000). *Transition education and service for adolescents with disabilities* (3rd ed). Newton, MA: Allyn & Bacon.

Sitlington, P. L., Clark, G. M., & Kolstoe, O. P. (2006). 장애청소년 전환교육 (박승희, 박현숙, 박희찬 역). 서울: 시그마프레스. (원서 출간 2000년).

Sitlington, P. L., Neubert, D. A., & Clark, G. M. (2011). 장애학생을 위한 전환교육과 전환서비스(박승희, 박현숙, 박희찬, 이숙향 역). 서울: 시그마프레스. (원서 출간 2010년).

Sitlington, P. L., Neubert, D. A., & Clark, G. M. (2010). *Transtion education and services for students with disabilities* (5th ed.). Upper Saddle River, NJ: Pearson Merrill Prentice-Hall.

Smith, D. D., & Luckasson, R. (1995). *Introduction to special education: Teaching in an age of challenge.* Boston: Allyn and Bacon.

Sowers, J. & Powers, L. (1991). V*ocational preparation and employment of students with physical and multiple disabilities.* Baltimore: Paul H. Brookes publishing.

Stodden, R. A., Casale, J., & Schwartz, S. E. (1977). Work evaluation and the mentally retarded: Review and recommendations. *Mental Retardation, 15,* 25-27.

Sullivan, B. A., & Hansen, J. C. (2004). Evidence of construct validity of the interest scales on the Campbell Interest and Skill Survey. *Journal of Vocational Behavior, 65,* 179-202.

Taylor, R. L., Richard, S. B., & Brady, M. P. (2007). 정신지체: 역사적 관점, 현재의 동향, 그리고 미래의 방향 (신현기 역). 서울: 시그마프레스. (원서 출간 2005년).

Texas Center for the Advancement of Literacy and Learning (2004). Texas Adult Education - Soaring into the 21st Century Administrators' Manual.

Thomas, S. W. (1996). Position paper supporting the continued funding of vocational evaluation training by the Rehabilitation Services Administration.

Vocational Evaluation and Work Adjustment Bulletin, 29(1), 4-8.

Thomas, S. W. (1999). Vocational evaluation in the 21st century: Diversification and independence. *Journal of Rehabilitation, 65*(1), 10-15.

Tracey, W. R. (1984). *Designing training and development systems*. New York: American Management Association.

U. S. Department of Labor (2002), Dictionary of Occupational Titles.

Vocational Evaluation and Work Adjustment Association. (1976). Vocational Evaluation Project Final Report. Menomonie, WI: University of Wisconsin-Stout.

Vocational Evaluation and Work Adjustment Association. (1983). VEWAA Glossary. Menomonie, WI: University of Wisconsin-Stout.

Wechsler, D. (1974). Manual for the Wechsler Intelligence Scale for Children-Revised. N.Y.: Psychological Corporation.

Wehman, P. (1996). *Life beyond the classroom* (2nd ed.). Baltimore: Paul H. Brookes.

Wehman, P., Kregel, J., & Barcus, M. (1985). From school to work: A vocational transition model for handicapped student. *Exceptional Children, 52*(1), 25-37.

Wehman, P., Renzaglia, A., & Bates, P. (1985). *Functional living skills for moderately and severely handicapped adults*. Austin, TX: Pro-Ed.

Whitehead, A. N. (2004). 교육의 목적 (오영환 역). 파주: 궁리. (원서 출판 1967년)

Will, M. (1984). OSERS programming for the transition of youth with disabilities: Bridges form school to working life. Washington, DC: U.S. Department of Education of Education, Office of Special Education and Rehabilitative Services.

Winer, M., & Ray, K. (1994). *Collaboration handbook: Creating, sustaining, and enjoying the journey*. St. Paul, MN: Amherst H. Wilder Foundation.

Wolery, M., & Haring, T. G. (1994). Moderate, serve, and profound disabilities. In N. G. Haring, L. McCormick & T. G. Haring (Eds.), *Exceptional children and youth* (pp. 261-298). Columbus, OH: Merrill.

Wright, G. N. (1980). *Total rehabilitation*. Boston: Little, Brown & Company.

한국장애인고용공단 (https://www.kead.or.kr/) (2012. 4. 3. 검색)

미국직업사전 홈페이지 (www.oalj.dol.gov/libdot.htn)

찾아보기

내용

저자 소개

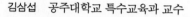

김삼섭 공주대학교 특수교육과 교수

구인순 한국장애인고용공단 고용개발원 연구원

김형완 다운복지관 관장

박은영 전주대학교 중등특수교육과 교수

박희찬 가톨릭대학교 특수교육과 교수

서종열 천안인애학교 교장

이효성 한국장애인고용공단 일산직업능력개발원 직업지원처장

임경원 공주대학교 특수교육과 교수

전보성 대구한의대학교 중등특수교육과 교수

정민호 교육부 특수교육정책과 과장

황윤의 성남방송고등학교 특수교사

장애인 직업교육의 이론과 실제

2013년 9월 10일 1판 1쇄 발행
2018년 1월 20일 1판 2쇄 발행

지은이 • 김삼섭 · 구인순 · 김형완 · 박은영 · 박희찬 · 서종열
　　　　이효성 · 임경원 · 전보성 · 정민호 · 황윤의

펴낸이 • 김 진 환

펴낸곳 • (주) **학지사**

　　　　04031 서울특별시 마포구 양화로 15길 20 마인드월드빌딩 5층

대표전화 • 02) 330-5114　　　팩스 • 02) 324-2345

등록번호 • 제313-2006-000265호

홈페이지 • http://www.hakjisa.co.kr
페이스북 • https://www.facebook.com/hakjisabook

ISBN 978-89-997-0217-4 93370

정가 **18,000원**

이 도서의 국립중앙도서관 출판시도서목록(CIP)은 서지정보유통지원시스템
홈페이지(http://seoji.nl.go.kr)와 국가자료공동목록시스템(http://www.nl.go.kr/kolisnet)
에서 이용하실 수 있습니다.
(CIP제어번호: CIP2013016773)

교육문화출판미디어그룹 **학지사**

학술논문서비스 **뉴논문** www.newnonmun.com
심리검사연구소 **인싸이트** www.inpsyt.co.kr
원격교육연수원 **카운피아** www.counpia.com
간호보건의학출판 **정담미디어** www.jdmpub.com